Wolfgang Foerster

Graf Schlieffen und der Weltkrieg

EHV
HISTORY

Wolfgang Foerster

Graf Schlieffen und der Weltkrieg

ISBN/EAN: 9783955643836

Auflage: 1

Erscheinungsjahr: 2013

Erscheinungsort: Bremen, Deutschland

EHV
HISTORY

Graf Schlieffen und der Weltkrieg

Von

Wolfgang Foerster

Oberstleutnant a. D.
im Kriege zuletzt Chef des Generalstabs
des Generalkommandos z. b. V. Nr. 66

Drei Teile in einem Bande

Berlin 1921 / Verlag von E. S. Mittler & Sohn

Inhaltsverzeichnis.

Graf Schlieffen und der Weltkrieg

Erster Teil

Die deutsche Westoffensive 1914 bis zur Marneschlacht

Von

Wolfgang Foerster

Oberstleutnant a. D.
im Kriege zuletzt Chef des Generalstabs
des Generalkommandos z. b. V. Nr. 66

Berlin 1921 / Verlag von E. S. Mittler & Sohn

Inhaltsverzeichnis.

Einleitung.

In einem Aufsatz über Ludendorffs Kriegserinnerungen von Johannes
Ziebursch (Historische Zeitschrift, Band 121, Heft 3) steht zu lesen:
„In der Geschichte der Kriegskunst wechseln Zeitalter der Ver=
nichtungsstrategie mit solchen der Ermattungsstrategie ab. Der Ver=
nichtungsstratege, wie der erste Napoleon oder Helmuth v. Moltke,
sucht den Feind auf, wo er ihn findet, packt ihn, schlägt ihn, verfolgt ihn
unablässig. Der Krieg rollt unaufhaltsam immer tiefer in das Land des
Besiegten, bis dessen Kräfte gebrochen sind und er vom Sieger das
Friedensangebot annehmen muß. Der Ermattungsstratege darf sich so
hoher Ziele nicht unterfangen. Er kann wohl einige feindliche Grenz=
gebiete besetzen, erfolgreiche Schlachten und Gefechte liefern, aber auch
im besten Falle vermag er nur allmählich die militärischen, finanziellen
und wirtschaftlichen Kräfte des Gegners derart zu schwächen, daß dieser
nach dem Frieden verlangt, und deshalb wird der Ermattungsstratege
guttun, während er mit der einen Hand möglichst starke Schläge auszu=
teilen versucht, mit der anderen dem Gegner einen Frieden zu bieten, der
diesen mit einem blauen Auge davonkommen läßt."

Nach Zieburfch ist das Zeitalter solcher Ermattungsstrategie mit dem
Weltkriege wiedergekehrt, „nicht aus den gleichen Ursachen wie im 18. Jahr=
hundert infolge der Schwäche der Heere und der Minderwertigkeit des
Soldatenmaterials, sondern vielfach aus den entgegengesetzten Gründen
infolge des Aufgebots der Massenheere, ihres unermeßlichen Trosses, der
sich ergebenden Verpflegungsschwierigkeiten, des großen Vorteils, den dem
Angegriffenen die Eisenbahnlinien in seinem Rücken boten".

Im Anschluß an diese Ausführungen wirft Zieburfch die Frage auf:
„Ist sich unser Generalstab zu Beginn des Krieges dieses völligen Um=
schwunges in den Grundbedingungen der Strategie bewußt gewesen, oder
ist der Feldzug im Westen in letzter Linie daran gescheitert, daß die
Führung damit rechnete, in wenig Wochen das französische Heer über=
flügeln, aufrollen und an und über die Schweizer Grenze drücken zu
können, also Vernichtungsstrategie in einem Zeitalter der Ermattungs=
strategie treiben zu dürfen? . . . . . Liegt hier der letzte Grund für unsere
Niederlage, der entscheidende Fehler in der Schulung unserer General=
stabsoffiziere? Gewinnen wir hier den Maßstab, an dem die Strategie
Hindenburgs und Ludendorffs gemessen werden muß?"

Hans Delbrück beantwortet die von seinem Jünger aufgeworfene Frage in den Preußischen Jahrbüchern (Maiheft 1920) dahin, daß Luden=
dorff, „der glänzende Routinier einer großen Schule", sich nicht über die Vorstellungen der Niederwerfungsstrategie zu erheben, sich nicht auf das richtige Ziel einzustellen gewußt und deshalb alles Heldentum zunichte gemacht habe*). „Wenn in den Kreisen, in denen sich die Anschauungen der Falkenhayn und Ludendorff oder schon früher der Schlichting, der Schlieffen, Moltke II bildeten, eine stetige, eindringende Überlegung über das Wesen und die Möglichkeiten der friderizianischen Ermattungsstrategie stattgehabt hätte, so hätte unsere Vorbereitung für den Weltkrieg vielleicht eine etwas andere Gestalt angenommen." Dem General von Falkenhayn räumt Delbrück allerdings eine bedingte Ausnahmestellung ein insofern, als die von ihm in seinem Werk vertretenen Ideen über die Krieg=
führung sich mit denen der Ermattungsstrategie deckten. Auch im prak=
tischen Handeln während des Weltkrieges habe Falkenhayn den Er=
mattungsgedanken erkannt und festgehalten, ohne sich des Begriffs an sich bewußt zu sein. Den Mißerfolg bei Verdun erklärt Delbrück als eine Überspannung des Ermattungsgedankens.

Wenn obige Gedankengänge richtig sind, so haben wir den Weltkrieg letzten Endes durch eine einseitige und falsche Friedensschulung unseres Generalstabes im operativen Denken verloren, durch seine Unkenntnis der Grundbedingungen und des Wesens der Kriegführung unserer Zeit. Denn unbestreitbar ist, daß unser Generalstab in den Anschauungen der Ver=
nichtungsstrategie erzogen worden ist und gelebt hat, die sich auf die Lehren von Clausewitz gründeten, freilich nicht eines Clausewitz, wie er von Delbrück seit Jahrzehnten im Sinne einer „doppelpoligen Strategie" inter=
pretiert war, sondern eines Clausewitz, der „unter den Zwecken, die im Kriege verfolgt werden können, die Vernichtung der feindlichen Streit=
kräfte den über alle gebietenden" genannt hat.

Eine Auseinandersetzung mit Delbrück und seinen Anhängern über die von ihnen vertretene Lehre von der zwiefachen Form der Strategie liegt mir fern. Indessen hier handelt es sich doch um mehr. Denn ähnliche Schlußfolgerungen wie die vorstehenden werden heute vielfach auch von Kritikern gezogen, die der Delbrückschen Theorie völlig fernstehen. Nach Tirpitzscher Auffassung sind wir nicht nur politisch, sondern auch militärisch in den Krieg „hineingetapert". Dem Generalstab im besonderen wird sein

---

*) Übrigens scheinen sich die Anhänger der Delbrückschen Lehre von der zwiefachen Form der Kriegführung über Ludendorff selbst nicht einig zu sein. So sieht Professor Gustav Roloff=Gießen in Ludendorff mehr den Vertreter der Ermattungsstrategie. Vgl. „Deutsche Politik", 1919, Heft 45.

„absolutes Vertrauen in das Siegesrezept des toten Schlieffen" vor-
gehalten. Ist es angängig, aus dem unglücklichen Verlauf der Dinge
rückschließend den letzten Grund unserer Niederlage in fehlerhafter Einstellung unseres Generalstabes auf das moderne Kriegsproblem zu finden?
Muß nicht zum mindesten vom Standpunkt des Historikers eine derartige
Erklärung des Mißerfolges so lange als verfrüht betrachtet werden, als sie
sich nur auf den äußerlichen Hergang der Ereignisse im großen berufen
kann, ohne daß die inneren Zusammenhänge erforscht und aufgehellt, Ursachen und Wirkungen klargelegt worden sind?

Daß unsere militärische Führung ihren Anteil am Verlust des Weltkrieges hat, wird kein objektiv Urteilender bestreiten wollen. Die Frage
ist aber, ob sie dabei gewissermaßen zwangsmäßig einem Schicksal zum
Opfer gefallen ist, das eine Folge ihrer Friedensschulung war, indem diese
die kriegerische Probe auf ihre Richtigkeit nicht bestanden hat, oder ob nicht
vielmehr die militärische Führung gerade in entscheidenden Lagen dadurch
gefehlt hat, daß sie von den Lehren ihrer Theorie in der Praxis abwich,
den Forderungen ihres eigenen Glaubensbekenntnisses nicht in vollem,
notwendigem Umfange Rechnung trug, also hinter ihrem Ideal zurückblieb,
wenn nicht gar ihm untreu wurde. Zur Klärung dieser Frage durch einige
besonders geeignete Beispiele aus dem Weltkriege beizutragen, soll im
folgenden versucht werden. Der vorliegende I. Teil ist einer Betrachtung
der deutschen Westoffensive 1914 bis zur Marneschlacht gewidmet. Die
beiden folgenden Teile werden die Ostoffensive in Galizien und Rußland
1915, den Angriff auf Verdun 1916 und die große Schlacht in Frankreich
1918 behandeln.

Erftes Kapitel.

Die Bedeutung des Grafen Schlieffen als Fortbildner Moltkescher operativer Gedanken.

Die Friedensschulung unseres Generalstabes war das Werk des älteren Moltke, des Grafen Walderfee, weit mehr noch des Grafen Schlieffen. Die Verdienste Walderfees um die kriegsmäßige Ausbildung der General=stabsoffiziere sind größer, als allgemein bekannt ist. Seine Aufmarsch=entwürfe gegen Rußland kennzeichnen sich durch große Kühnheit und Ein=stellung auf weitgesteckte Ziele. Hatte Walderfee die Erbschaft seines großen Vorgängers treu gehütet, so wurde sie von Schlieffen erheblich vermehrt und erweitert, indem er die Lehre von der Vernichtungsstrategie den Erforderniffen des modernen Krieges, dem Anwachsen der Streitkräfte zu Millionenheeren und der Riesenentwicklung der Technik anzupassen suchte. Auch nach seinem Rücktritt wirkte er noch weit über den Kreis des Generalstabes bahnbrechend auf das operative und taktische Denken des deutschen Offizierkorps in seiner Gesamtheit, indem er es zum Lesen im Buch der Kriegsgeschichte anregte und mit seinen Ideen durchtränkte. In seinen Cannae=Studien bediente er sich dabei der geschichtlichen Rolle des Feldmarschalls Moltke in einer vom Standpunkt des Historikers gewiß nicht unanfechtbaren Weise, indem er ihm Gedanken, Pläne und Ziele zuschrieb, die Moltke in Wirklichkeit oft gar nicht oder nicht in vollem Um=fange gehabt hat. Es sei nur auf Schlieffens Auslegung des Moltkeschen operativen Gedankens im Feldzuge 1866, speziell auf das von ihm ge=zeichnete Königgrätz=Cannae, und auf seine Darstellung der August=Ope=rationen 1870 hingewiesen. Die Unterführer kommen dabei meist sehr schlecht weg, manchmal schlechter, als sie es vom geschichtlichen Standpunkte aus verdienen. Der Abstand zwischen ihnen und Moltke wird bis zu einer historisch nicht immer vertretbaren Kluft gesteigert. Wenn selbst der Verfasser der „Kritik des Weltkrieges" (Leipzig, Köhler 1920) hierüber hinwegsehend die kritischen Ausführungen Schlieffens als ein zutreffendes Ergebnis historischer Forschung wertet, so darf das nicht unwidersprochen bleiben. Vielleicht geschah diese Idealisierung Moltkes mehr oder weniger unabsichtlich, weil Graf Schlieffen in aufrichtiger und rückhaltloser Be=wunderung für das Genie und die Leistungen seines Vorgängers überzeugt war, daß Moltke so gedacht haben m ü s s e, wie er von ihm schrieb. Wahr=

scheinlich aber nahm sein Stift die künstlerische Ausgestaltung des Moltke=
Bildes bewußt vor, um dadurch desto wirkungsvoller und anziehender die
eigenen Ideen zu versinnbildlichen und ihre Überzeugungskraft zu erhöhen.
Jedenfalls dürfen wir es heute, ohne ungerecht zu sein, wohl aussprechen,
daß Graf Schlieffen in moderner Durchbildung und Fortentwicklung seiner
operativen Gedanken, in den Schlußfolgerungen, die er aus dem tiefen
Eindringen in das Wesen der Vernichtungsstrategie zog, über Moltke
hinausgewachsen war. Sehen doch auch die Gegner in seiner Operations=
lehre eine wenn auch einseitige Steigerung Moltkescher Führungs=
grundsätze.

Die Bezeichnung „Operationslehre" bedarf einer kurzen erläuternden
Bemerkung, um sie vor Mißverständnissen zu schützen. Schlieffen sagt von
Moltke*):

„Nicht in stattlichen Bänden, vielen Kapiteln und zahlreichen Para=
graphen hat der Feldmarschall die großen strategischen Probleme zu lösen
gesucht, er hat vielmehr seine Offenbarungen über das Wesen des Krieges
auf die wenigen Worte beschränkt: Die Strategie ist ein System der Aus=
hilfen. Das scheint ein Stein zu sein, der dem Hungernden statt des Brotes
geboten wird, oder ein Orakelspruch, welcher mehr verwirrt als aufklärt.
Das scheint nichts zu sein und ist alles. Es ist ein Protest gegen diejenigen,
welche in einer Theorie, einer Methode, in inneren oder äußeren Linien,
in Umfassung oder Durchbruch das alleinige Heil suchen. Es ist die Be=
hauptung, daß für jeden Fall das Zweckmäßigste gesucht werden muß, und
es ist die Herstellung voller Freiheit für den Führer, das zu tun, wodurch
er den Sieg gewinnen zu können glaubt."

Hiernach ist es im buchstäblichen Sinne des Wortes gewiß nicht
statthaft, von einer Moltkeschen oder von einer Schlieffenschen Operations=
lehre zu sprechen. Wer aber Moltkes und Schlieffens Anschauungen und
Gedanken über Strategie studiert, wird doch erkennen, daß sie in der Kunst
der Heerführung gewisse Ziele als ideale Ziele hinstellen, ihre Verwirk=
lichung als Höchstleistungen bewerten und das eifrige Streben nach solchen
Höchstleistungen in der operativen Gedankenarbeit des Feldherrn zum
Ausdruck gebracht wissen wollen. So stammt von Moltke der bekannte
Satz: „Die Vereinigung von mehreren, bis dahin getrennten Armeen auf
dem Schlachtfelde halte ich für das Höchste, was strategische Führung zu
leisten vermag." Nur im Sinne des Strebens nach operativen Höchst=
leistungen sollen die nachfolgenden Sätze aus Schlieffens hinterlassenen
Schriften als der Niederschlag seiner „Operationslehre" aufgefaßt werden:

*) Graf Schlieffen, Gesammelte Schriften, Berlin 1913, E. S. Mittler & Sohn,
Bd. II S. 439.

„Der bloße Angriff auf die feindliche Front kann trotz aller Schwierig=
keiten sehr wohl gelingen. Der Erfolg eines solchen Angriffs ist aber auch
im günstigsten Falle nur ein geringer. Der Feind wird allerdings zurück=
gedrückt, wiederholt aber nach einiger Zeit an anderer Stelle den vorüber=
gehend aufgegebenen Widerstand. Der Feldzug schleppt sich hin. Solche
Kriege sind aber zu einer Zeit unmöglich, wo die Existenz der Nation auf
einen ununterbrochenen Fortgang des Handels und der Industrie be=
gründet ist und durch eine rasche Entscheidung das zum Stillstand ge=
brachte Räderwerk wieder in Lauf gebracht werden muß. Eine Er=
mattungsstrategie läßt sich nicht treiben, wenn der Unterhalt von Millionen
den Aufwand von Milliarden erfordert*)."

Mit Recht ist darauf hingewiesen worden**), daß der Weltkrieg die
hier gemachte Voraussetzung, als ob die Volkswirtschaft und die Finanzen
des Staates einen langandauernden Krieg nicht ertragen könnten, als un=
zutreffend erwiesen habe. Auch ist leider zuzugeben, daß unsere Kriegs=
vorbereitungen im Frieden durchaus nicht hinreichend die Möglichkeit einer
langen Kriegsdauer in Rechnung gestellt haben. Aus den angeführten
Worten aber zu folgern, daß Graf Schlieffen an solche Möglichkeit nicht
gedacht habe, und daraus einen Gegensatz zu Moltkes Ausspruch abzu=
leiten, der Zukunftskrieg könne ein siebenjähriger, auch dreißigjähriger
Krieg werden***), heißt Schlieffens Gedanken doch zu wörtlich nehmen.
Er schrieb vom deutschen Standpunkt und durfte dabei nicht öffentlich zum
Ausdruck bringen, daß D e u t s c h l a n d s wirtschaftliche und finanzielle
Kräfte in einem sich lange hinschleppenden Ermattungskriege im Vergleich
zu den überlegenen Kraftquellen seiner Gegner ringsum sich schneller auf=
zehren würden und dies schließlich zur Erschöpfung des Volkes führen
könnte. Aus dieser Einschätzung leitete er für Deutschland die Notwendig=
keit her, den Mehrfrontenkrieg unter Aufgebot aller Kräfte so rasch wie
irgend angängig zur Entscheidung zu bringen, um dem sonst leicht möglichen
allmählichen Hinsiechen und schließlich dem Erstickungstode vorzubeugen.
In der verallgemeinernden Fassung des Gedankens lag also eine bewußt
geübte Vorsicht, die auch sonst vielfach in seinen für die Öffentlichkeit be=
stimmten Niederschriften erkennbar ist.

Graf Schlieffen folgerte weiter:
„Um einen entscheidenden und vernichtenden Erfolg zu erzielen,

---

*) Graf Schlieffen a. a. O. Bd. I S. 17.
**) v. Kuhl, Der deutsche Generalstab in Vorbereitung und Durchführung des Welt=
krieges, Berlin 1920, E. S. Mittler & Sohn, S. 131.
***) Reden des Generalfeldmarschalls Grafen v. Moltke. v. Moltke, Gesammelte Schriften
und Denkwürdigkeiten, Bd. VII (Reden), S. 139, Berlin 1892, E. S. Mittler & Sohn.

ist ein Angriff von zwei oder drei Seiten, also gegen die Front
und gegen eine oder beide Flanken erforderlich. Ein solcher Angriff
ist verhältnismäßig leicht für denjenigen auszuführen, der sich im
Besitz der größeren Zahl befindet. Auf eine solche Überlegenheit ist
aber unter den gegenwärtigen Verhältnissen schwer zu rechnen. Die für
einen starken Flankenangriff erforderlichen Mittel sind nur dadurch zu
gewinnen, daß die gegen die feindliche Front zu verwendenden Kräfte
möglichst schwach gemacht werden. . . . . . Unter allen Umständen muß
aber auch die Front „angegriffen", auch gegen die Front „vorwärts" ge=
gangen werden. . . . . . Alle Truppen, die sonst wohl zurückgehalten
wurden, mit denen die Entscheidung gegeben werden sollte, müssen jetzt
von Hause aus zum Flankenangriff vorgeführt werden. Je stärker die
Kräfte sind, die hierfür herangezogen werden können, desto entscheidender
wird der Angriff ausfallen." Die Reserven dürfen dorthin aber nicht erst
gebracht werden, „wenn der Adlerblick des Feldherrn im Toben der viele
Quadratmeilen umspannenden Schlacht den Punkt der Entscheidung
erkannt hat, sondern bereits durch den Anmarsch zur Schlacht, durch den
Vormarsch von den Ausladestationen, ja durch den Eisenbahntransport"*).

An anderer Stelle**): „Konzentrisches Wirken gegen den Feind ziemt
dem Schwächeren nicht", hat Clausewitz, „der Schwächere darf nicht auf
beiden Flügeln zugleich umgehen", hat Napoleon gelehrt. Der schwächere
Hannibal hat aber, wenn auch unziemlicherweise, konzentrisch gewirkt und
nicht nur auf beiden Flügeln, sondern sogar gegen den Rücken des Feindes
umgangen. . . . . . Waffen= und Kampfesart haben sich seit 2000 Jahren
völlig geändert. . . . . . Die großen Schlachtbedingungen sind indes un=
verändert geblieben. Die Vernichtungsschlacht kann heute nach dem Plan,
wie ihn Hannibal in vergessenen Zeiten erdacht hat, geschlagen werden. Die
feindliche Front ist nicht das Ziel des hauptsächlichsten Angriffs. Nicht
gegen sie brauchen die Massen versammelt, die Reserven aufgestellt werden.
Das Wesentliche ist, die Flanken einzudrücken. Sie dürfen nicht in den
Flügelspitzen der Front, sondern müssen in der ganzen Tiefe und Aus=
dehnung der feindlichen Aufstellung gesucht werden. Vollendet wird die
Vernichtung durch einen Angriff gegen den Rücken des Feindes."

Ist die Anlage und Durchführung einer derartigen Vernichtungsope=
ration mit den Millionenheeren der Gegenwart überhaupt noch möglich?
Die Frage selbst soll später an der Hand unserer praktischen Beispiele aus
dem Weltkrieg geprüft werden. Hier interessiert zunächst nur, wie Graf
Schlieffen darüber gedacht hat. Er sagt***):

---

*) Graf Schlieffen a. a. O. Bd. I S. 225. — **) Ebenda Bd. I S. 29. — ***) Ebenda
Bd. I S. 24.

„Die Führung eines Millionenheeres ist freilich, so wird behauptet, ein kaum zu lösendes Problem. Daran ist soviel richtig, daß die Führung eines Heeres, eines großen wie eines kleinen, von jeher ein Kunststück gewesen ist. Daß aber die Schwierigkeit, dieses Kunststück auszuführen, in gleichem Maße wächst, wie die Stärke des Heeres zunimmt, wird schwer nachzuweisen sein. Es hat Generale gegeben, die mit 300 000 Mann völlig gescheitert sind. Damit ist aber nicht gesagt, daß sie 100 000 Mann oder 50 000 Mann zum Sieg geführt hätten. Soviel ist gewiß, daß unter allen Feldherren noch keiner über die allzu große Menge der ihm untergebenen Truppen Beschwerde geführt hat, daß aber alle ohne Ausnahme über das zu Wenig geklagt haben."

Soviel über Schlieffens operative Gedanken.

Die Frage, die es zu untersuchen gilt, darf demnach so gestellt werden: Hat unsere militärische Führung im Weltkriege, insbesondere die Oberste Heeresleitung, nach Schlieffenschen Grundsätzen gehandelt?

Zweites Kapitel.

Der Operationsplan des Grafen Schlieffen für den Kampf im Westen.

Der Entschluß der deutschen Obersten Heeresleitung, den Weltkrieg mit einer gewaltigen Offensive im Westen zu eröffnen und im Osten mit möglichst geringen Kräften sich zunächst auf die strategische Abwehr zu be= schränken, entsprach durchaus der Lösung, die Graf Schlieffen als General= stabschef für das Problem des Zweifrontenkrieges gewählt hatte und der er bis an seinen Tod treu geblieben war. Von einer Abwägung des Für und Wider dieser Lösung kann hier abgesehen werden. Das Problem des Mehrfrontenkrieges ist außerdem vom General v. Kuhl nach allen Seiten hin so eingehend erörtert worden, daß wir uns damit begnügen, an dieser Stelle auf seine Ausführungen hinzuweisen*). Nur ein Punkt bedarf noch einer kurzen Bemerkung. Die Gegner des Schlieffenschen Planes halten ihm vor, daß er die Niederwerfung Frankreichs in einer viel zu kurzen Zeitspanne für möglich gehalten habe. In Wirklichkeit würde dieses Unter= fangen, wenn es überhaupt glückte, so viel Zeit beansprucht haben, daß

---

*) Vgl. auch die von mir verfaßte Artikelfolge in der Unterhaltungsbeilage der „Tägl. Rundschau", 1920, Nr. 64, 65, 66.

inzwischen die russische Dampfwalze Deutschland zermalmt hätte. Wie
Graf Schlieffen über die Zeitdauer einer entscheidungsuchenden Offensive
im Westen und die Abwehr im Osten gedacht hat, erhellt am besten aus
seinen eigenen Worten. Sie sind entnommen der Schlußkritik seines
operativen Kriegsspiels aus dem Jahre 1905*). Dort heißt es:

„Die Theorie der Entscheidungsschlacht im Westen spielt eine große
Rolle, seitdem der Krieg mit Frankreich und Rußland für Deutschland
drohend ist. Die Theorie lautet ungefähr so: Wir gehen mit allen Kräften
nach Frankreich, liefern dort eine Entscheidungsschlacht, die selbstverständ=
lich zu unseren Gunsten ausfällt, und am Abend des Schlachttages oder
spätestens am nächsten Morgen stehen die Eisenbahnzüge bereit, und die
Sieger rollen nach dem Osten, um an der Weichsel, am Njemen oder am
Narew eine neue Entscheidungsschlacht zu schlagen. In dieser Weise ver=
laufen die Kriege heute nicht. Nach der Schlacht kommt, und das kann
man ja schon in Elementar=Büchern nachlesen, die Verfolgung, und diese
dauert bisweilen recht lange. Als Entscheidungsschlacht kann man doch
wohl trotz des ungünstigen Urteils, welchem jetzt die Siege von 1870 in
der Presse verfallen, nachdem das Auge des echten Deutschen durch den
Glanz von Mukden geblendet wurde, immerhin Sedan ansehen. Wenn
am 2. September 1870 die deutschen Armeen von Sedan nach der Weichsel
transportiert worden wären, was wäre dann wohl aus dem Feldzuge in
Frankreich geworden? Wir brauchen aber, um uns dies klar zu machen,
nicht in die Geschichte zurückzugreifen, wir sehen es vor unseren Augen.

„Schon im Sommer vorigen Jahres wurde von der Presse voraus=
gesagt, daß General Kuropatkin bei Liaoyan den Entscheidungskampf an=
nehmen werde. In der Tat kam es in den ersten Septembertagen bei
Liaoyan zur Schlacht. Die Russen gingen zurück, die Japaner waren
Sieger. Aber sie waren weit entfernt, ihre Armeen nach einem anderen
Kriegsschauplatz abtransportieren zu können, wenn einer dagewesen wäre.
Im Gegenteil, durch den Sieg waren sie zu der Überzeugung gekommen,
daß sie den Krieg mit vollständig unzureichenden Kräften unternommen
hatten und daß sie zu einem durchschlagenden Erfolge viel zu schwach
waren. Sie transportierten ihre Truppen nicht zu einem anderen Kriegs=
schauplatz, sondern sie holten von einem zukünftigen anderen Kriegsschau=
platz die Truppen heran. Sie hatten sich zwei Divisionen aufgespart für
die Belagerung von Wladiwostok. Kaum war der Sieg von Liaoyan
erfochten, so zogen sie diese Divisionen nach der Mandschurei und ver=

---

*) Mitteilung des Schwiegersohnes des Generalfeldmarschalls Grafen Schlieffen,
Generals Wilhelm v. Hahnke.

stärkten ihre Armee in jeder Weise, wie sie es nur konnten. Das ist doch wohl ein Beweis, daß es mit der Entscheidungsschlacht und dem gleich darauffolgenden Wegziehen der Truppen nicht so leicht ist. . . . .

„Wenn wir in Frankreich monatelang Krieg führen wollen, so können wir anderseits unmöglich die Russen völlig unbeachtet lassen. Wir können nicht zusehen, daß sie über die Weichsel, Oder, Elbe marschieren, und dabei in Frankreich weiter Krieg führen. Das ist völlig ausgeschlossen. Wenn wir also nicht nach der Entscheidung Truppen dort wegziehen können, so müssen wir schon bei Beginn des Krieges die Russen zurückzutreiben suchen. Aus diesen Überlegungen haben die Deutschen 3 Armeekorps und die dazu= gehörigen Reserve=Divisionen nach Ostpreußen gezogen, sobald sie erkannt hatten, wo die Russen aufmarschierten. Sie erlangten dadurch eine Stärke, die ihnen ermöglichte, wenigstens eine der beiden feindlichen Armeen zu schlagen."

Hindenburg und Ludendorff haben bei Tannenberg in Schlieffens Geist gedacht, gehandelt und gesiegt. Wenn sich das Land östlich der Weichsel indessen auf die Dauer einem übermächtigen Feinde gegenüber nicht behaupten ließ, so war Graf Schlieffen gewillt, dieses Gebiet schlimmstenfalls zu „sakrifizieren". Was im Osten vorübergehend verloren wurde, ließ sich später wiedergewinnen und wiedergutmachen. Und gingen Milliardenwerte dabei in Trümmer, was wogen sie im Vergleich zu dem endlichen Siegespreise?

Im Rahmen unserer Aufgabe liegt nur die Prüfung der Frage, ob Schlieffens Nachfolger bei dem Festhalten am operativen Grundgedanken sich von gleichen Erwägungen und Zielen leiten ließ, wie sie seinem Vorgänger vorgeschwebt hatten, oder ob und welche Änderungen hierin eingetreten sind, einmal schon im Frieden in der Vorbereitung des Auf= marsches, dann bei der Durchführung der Operationen selbst im Sommer 1914.

Zunächst der Aufmarsch im Westen. Ihren Ausgangspunkt muß die Erörterung dieser Frage von dem letzten Schlieffenschen Operationsplan im Dezember 1905 nehmen, den er als Frucht seiner jahrelangen, unaus= gesetzten Studien seinem Nachfolger hinterließ. Er ist durch das Werk des Generals v. Kuhl in seinen Grundzügen bekanntgeworden*). Dieser Plan baute sich auf dem für das laufende Mobilmachungsjahr (1906/07) ausgearbeiteten Westaufmarsch auf, der für den Fall eines Krieges aus= schließlich gegen unsere westlichen Gegner — Frankreich, England und

---

*) Mitteilungen des Generals v. Hahnke, die unsere Kenntnis des Planes erweitern, sind im Nachfolgenden verwertet worden.

Belgien —, nicht also für den Fall eines Zweifrontenkrieges galt*). Die Verwendung des gesamten Feldheeres war auf dem westlichen Kriegs=schauplatz beabsichtigt.

Der Schlieffensche Aufmarsch war mit acht Armeen geplant in einer Gesamtstärke von 72 aktiven und Reserve=Divisionen**), 11 Kavallerie=Divisionen, 26½ Landwehrbrigaden. In seiner Denkschrift legte Schlieffen die unbedingte Notwendigkeit dar, unmittelbar im Anschluß an die Mobil=machung des Feldheeres außer dem Aufgebot des Landsturmes im ge=samten Reichsgebiet mindestens acht neue Korps aus Ersatztruppen, noch verfügbaren Mannschaften der Reserve, erforderlichenfalls auch der Land=wehr aufzustellen und sobald als möglich zu den Operationen heranzuziehen.

Die Masse des Westheeres — sieben Armeen mit 63 aktiven oder Reserve=Divisionen, 8 Kavallerie=Divisionen, 22 Landwehrbrigaden — sollte in der Rheinprovinz, mit Teilen auch in Lothringen an der Saar aufmarschieren und zur entscheidungsuchenden Offensive mit ihrem linken Flügel über Metz vorgehen, die 8 Ersatzkorps, sobald sie verfügbar waren, folgen, in Lothringen nur eine Armee mit 9 aktiven und Reserve=Divi=sionen, 3 Kavallerie=Divisionen, 1 Landwehrbrigade außer den Kriegs=besatzungen von Metz und Straßburg, am Oberrhein 3½ Landwehr=brigaden verbleiben, das Oberelsaß ungeschützt gelassen werden***). Das Kräfteverhältnis zwischen rechtem und linkem Heeresflügel stellte sich in bezug auf aktive und Reserve=Divisionen auf mehr als 7 : 1. Innerhalb des rechten Heeresflügels waren drei große Gruppen vorgesehen, die weit=aus stärkste mit 24 Divisionen wiederum auf dem rechten Flügel, die schwächste mit 13 Divisionen in der Mitte, eine dritte mit 16 Divisionen auf dem linken Flügel. Der letzteren sollten 10 Reserve=Divisionen folgen.

Der Vormarsch war als große Linksschwenkung gedacht mit dem Drehpunkt um Metz, zunächst gegen die Linie Dünkirchen—Verdun. Die

---

*) Die vom General v. Stein in der „Tradition" (1. Jahrgang, Heft 48) ausge=sprochene Ansicht, daß der Schlieffensche Operationsplan erst nach seinem Ausscheiden aus dem Dienste niedergelegt sei und den Kriegsvorarbeiten nicht zugrunde gelegt habe, ist unzutreffend.

**) 52 aktive, 20 Reserve=Divisionen. Kuhl gibt 13½ Reservekorps an. Eine Anzahl dieser Korps war indessen damals noch nicht zu zwei Divisionen formiert.

***) Die Behauptung des Verfassers der „Kritik des Weltkrieges", daß Schlieffen zwischen Luxemburg und der Schweiz nur „einen verstärkten Grenzschutz aus Ersatz=Divisionen vorgesehen habe mit einer dahinter stehenden Operationsgruppe der Haupt=reserve von Metz", ist unzutreffend. Vgl. v. Kuhl a. a. O. S. 157. Die Verwendung von Ersatz=Divisionen im Grenzschutz, die frühestens 14 Tage nach Ausspruch der Mobil=machung operationsbereit waren, ist übrigens während des Aufmarsches undenkbar. Auch die sonstigen Bemerkungen des Verfassers der „Kritik des Weltkrieges" über den Schlieffenschen Operationsplan gründen sich vielfach auf irrige Voraussetzungen.

Nordgruppe sollte mit dem rechten Flügel über Brüssel vorgehen in tiefer Staffelung, um sich in der rechten Flanke decken und baldigst zur Ein=schließung von Antwerpen schreiten zu können. Da es darauf ankam, die Enge zwischen Brüssel und Namur nach Möglichkeit vor einem Zusammen=stoß mit dem Feinde zu überwinden und jenseits von ihr Raum zur Ent=wicklung zu gewinnen, so hatte der rechte Flügel seinen Vormarsch zunächst zu beschleunigen, während die mittlere und linke Gruppe entsprechend der geplanten Linksschwenkung ihr Marschtempo mehr und mehr verlang=samen sollten. Der mittleren Gruppe fiel dabei zunächst die Richtung gegen die Maasstrecke Namur—Mézières, der linken gegen die Maasstrecke Mézières—Verdun zu, während die 10 Reserve=Divisionen links gestaffelt in Anlehnung an Metz—Diedenhofen die linke Flanke gegen einen feind=lichen Angriff von Verdun—Toul her zu decken und nach Maßgabe der allgemeinen Vorwärtsschwenkung Verdun abzuschließen hatten.

War die Enge zwischen Brüssel und Namur vor dem Feinde durch=schritten, so handelte es sich auch für den rechten Flügel nicht mehr um möglichste Schnelligkeit des Vorrückens. An ihre Stelle trat vielmehr für die Fortsetzung der Schwenkung die Forderung einer geschlossenen, in sich vom rechten bis zum linken Flügel räumlich und zeitlich nach der Exer=zierplatz=Vorschrift „Augen rechts, Fühlung links" abgestimmten Vor=wärtsbewegung des gewaltigen bataillon carré, unter dessen dröhnendem Tritt alles zermalmt werden sollte, was sich ihm entgegenstellte. Wie Graf Schlieffen sich das dachte, zeigt seine Kritik an den Maßnahmen einiger Führer auf der von ihm geleiteten zweiten großen Generalstabs=reise des Jahres 1904*): „Alles stürmte weiter, jeder für sich, soweit er konnte an den Feind heran, von dem man nicht wußte, wo er eigentlich stände. Es wäre hier entschieden etwas mehr Exerzierreglement zu wünschen gewesen, etwas „Augen links" nehmen und „Fühlung rechts", und etwas von dem methodischen Verfahren der Japaner, die in dieser Weise ganz gewiß nicht vorgegangen wären." In der Kritik seines ope=rativen Kriegsspiels vom Frühjahr 1905 sagt er*): „Wir müssen uns durchaus gewöhnen, die Armeen einheitlich zu führen. Man war oft in Versuchung, den Armeeführern zuzurufen: Wollen Sie nicht einmal erst Ihre Leute ausrichten und Points vornehmen? Ein solches Durchein=ander war vorhanden. Die Leute, welche die Richtung erfunden haben, sind ja zu großen Pedanten geworden, aber ursprünglich wollten sie doch ihre Kräfte zusammenhalten und mit diesen einheitlich wirken." Auch die Rücksicht auf die Verhältnisse des gesamten Nachschubs, der bei mehr oder

*) Mitteilung des Generals v. Hahnke.

minder nachhaltigen Bahnzerstörungen voraussichtlich großen Schwierig=
keiten begegnen würde, machte eine Ermäßigung des Tempos in der Vor=
wärtsbewegung unerläßlich.

Traf der Vormarsch auf ein vom französischen Heer abgesondert ope=
rierendes englisches Expeditionskorps oder wurde er von solchem in der
Flanke oder im Rücken angegriffen, so wurde verhalten, der Feind —
erforderlichenfalls mit Hilfe rückwärtiger Staffeln des tiefgegliederten
rechten Flügels — angegriffen und erledigt, und dann die Vorwärts=
schwenkung wiederaufgenommen. Dem Grafen Schlieffen schwebte für
die Führung seiner Operation das Bild eines Angriffs auf die
große Festung Frankreich vor. Sie sollte nicht dort angepackt werden,
wo sie fast uneinnehmbar war — auf der Ostfront Verdun—Belfort —,
sondern dort eingedrückt werden, wo sie nur lückenhaft befestigt und
zunächst fast gar nicht besetzt war — auf der Nordfront Dünkirchen—
Lille—Maubeuge—Mézières. War das gelungen, so galt es, den weiter
rückwärts gelegenen Teil einer zweiten unvollendeten Festungslinie, der
von Verdun hinter der Aisne über Reims—Laon bis La Fère lief, frontal
zwar anzufassen, mit der tiefgestaffelten Angriffsmasse des rechten Flügels
aber von Norden zu umgehen, ihren Stoß in die linke Flanke und in den
Rücken der feindlichen Aufstellung zu führen. Die Franzosen mochten
handeln, wie sie wollten, angreifen, stehenbleiben oder ausweichen, durch
unausgesetzten und immer wiederholten Druck auf ihren äußeren Flügel
und ihre äußere Flanke sollten sie allmählich in ö st l i ch e Richtung gegen
ihre Moselfestungen, gegen den Jura und gegen die Schweiz gedrängt
werden. Das Günstigste für die Deutschen war, wenn der Feind selbst zur
Gegenoffensive vorging. Seine schnell zusammengerafften und noch nicht
völlig geordneten Verbände begegneten dann einer geschlossenen, links an=
gelehnten, rechts starken und voraussichtlich überragenden Front. „Es ist
nicht wahrscheinlich" — sagt Graf Schlieffen*) — „daß die Franzosen,
welche ihre Korps erst zusammenziehen mußten, das gesamte Heer so gut
geordnet haben. Die Lage, in welche sie durch die feindliche Umgehung
durch Belgien gebracht worden sind, wird sie zu Übereilungen und zu mehr
oder weniger ungerechtfertigten Detachierungen veranlaßt haben." Genau
so ist es den Franzosen 1914 ergangen. Nur auf deutscher Seite fehlte die
überragende und geschlossene Front. Wählte der Feind — so führt Graf
Schlieffen seinen Gedanken fort — eine abschnittsweise Verteidigung, so
drückte die Umfassung auf Amiens, nötigenfalls auf Abbéville den linken
Flügel ein. Bildete er eine Abwehrflanke hinter der Oise zwischen Paris

---

*) Mitteilung des Generals v. Hahnke.

und La Fère, so wurde er in der Front nach Art des Belagerungskrieges unter Ausnutzung aller Errungenschaften der Technik angegriffen. Eine ent= scheidende Wirkung aber war von diesem Angriff kaum zu erhoffen. Sie blieb vielmehr der operativen Umfassung westlich und südlich um Paris herum vorbehalten — zur Abschließung der Riesenfestung auf der West= und Südseite waren 6 Ersatzkorps bestimmt. Diese Operation ergab sich auch dann als Notwendigkeit, wenn der Feind die Stellung hinter der Oise aufgab und hinter die Marne oder gar die Seine auswich. Aber auf die Dauer konnte sich der Feind der Waffenentscheidung nicht versagen. Einmal mußte er sich stellen mit Rücksicht auf den Zusammenhang mit Paris, dem Herzen des Landes, auf die Moral der eigenen Truppen, die Stimmung des Volkes, die Haltung der Verbündeten und des neutralen Auslandes. Der operative Pfeilstrich des Grafen Schlieffen wies daher für 7 Armeekorps in die Richtung auf Auxerre—Troyes. Der Gedanke eines gewaltigen Cannae auf französischem Boden kam zum Ausdruck.

Welche Aufgabe hatte Graf Schlieffen dabei dem deutschen linken Heeresflügel in Lothringen zugedacht? Er war absichtlich schwach ge= halten und sollte doch möglichst viele feindliche Kräfte fesseln, um dem ent= scheidenden Angriffsflügel seine schwere Aufgabe zu erleichtern. Wie diese Fesselung zu bewerkstelligen war, hing in erster Linie vom Verhalten des gegenüberstehenden Feindes ab. War er defensiv gesinnt, so sollte Nancy angegriffen werden. Damit bot sich die Aussicht, daß der Franzose, um die lothringische Hauptstadt zu retten, sich vielleicht bestimmen ließ, aus seinen Befestigungen herauszutreten und zum Gegenangriff zu schreiten. Ein solcher operativer Erfolg genügte vollkommen. Die schwachen deutschen Kräfte durften sich nur nicht auf eine entscheidende Feldschlacht einlassen, sie mußten ausweichen, den Feind nach sich ziehen und mit Hilfe der im Sinne einer großen Feldstellung Mosel—deutsche Nied—Saar erweiterten Festung Metz festhalten. Erreichte der Angriff auf Nancy diesen Zweck nicht, blieb der Gegner vielmehr defensiv, so sollten unverzüglich z w e i K o r p s der deutschen Lothringer Armee mit der Bahn hinter den rechten Heeresflügel gebracht werden, auf dem die Entscheidung lag. Es war auch möglich, daß der Feind seinerseits von Hause aus offensiv gegen die Reichs= lande wurde, vielleicht sogar unter Verletzung der Schweizer Neutralität in Süddeutschland einbrach. Schlieffen hielt dies nicht für wahrscheinlich, weil er nicht glaubte, daß die französische Besatzung die Festung Frankreich in dem Augenblicke verlassen würde, wo der deutsche Angreifer an anderer bedrohlicher Stelle zum Sturm gegen die Festung schritt. Geschah es dennoch, so war es nur willkommen. Denn alle für diesen Einbruch in deutsches Land eingesetzten Teile des Feindes fielen für die große Ent=

scheidung aus. Verharrte der deutsche Feldherr zielsicher auf der Durch=
führung seiner Offensivoperation mit der Masse des deutschen Heeres durch
Belgien und Luxemburg nach Nordfrankreich hinein, so würde er sehr bald
die Genugtuung haben, daß der Feind in den Reichslanden und in Süd=
deutschland nicht nur halten, sondern schleunigst kehrtmachen würde in der
Richtung, von der die meiste Gefahr drohte*). Dann aber ließ sich auch
der Augenblick übersehen, wo das strategische Cannae, eingeleitet durch
die große Umfassung des feindlichen linken Heeresflügels, zur höchsten
Vollendung kam, indem nunmehr auch alle noch in Lothringen und im
Elsaß verfügbaren deutschen Kräfte, verstärkt durch die Kriegsbesatzungen
von Metz und Straßburg, durch die bisher zur Abschließung von Verdun
bestimmten Reserve=Divisionen, die Landwehr=Brigaden vom Oberrhein
und Neuformationen, zum Angriff gegen die vom Feinde preisgegebene
Front schritten. So schaute das geistige Auge des Feldherrn auf die
völlige Einkesselung des Feindes durch doppelte Umfassung.

Es wäre eine Versündigung am Geiste des Grafen Schlieffen, wollte
man annehmen, daß er mit diesem Vermächtnis seinem Nachfolger ein
„Siegesrezept" zu hinterlassen beabsichtigte, dessen pünktliche und lücken=
lose Befolgung den Sieg über unsere Westgegner gewissermaßen garan=
tiert hätte. Graf Schlieffen war sich der Wahrheit des Moltkeschen Aus=
spruches wohl bewußt**): „Kein Operationsplan reicht mit einiger Sicher=
heit über das erste Zusammentreffen mit der feindlichen Hauptmacht
hinaus. Nur der Laie glaubt im Verlauf eines Feldzuges die konsequente
Durchführung eines im voraus gefaßten, in allen Einzelheiten überlegten
und bis ans Ende festgehaltenen ursprünglichen Gedankens zu erblicken."
Er hat mit seinem Operationsplan vom Dezember 1905 nichts anderes
gewollt, als den operativen Grundgedanken einer gegen unsere Westgegner
durchzuführenden Offensive zum Ausdruck zu bringen, der darin be=
stand: Mit erdrückend gemachtem rechtem Flügel soll der feindliche linke
Flügel operativ umfaßt, durch immer wiederholten Druck auf seine äußere
Flanke zum Wanken und Weichen, zum Verwerfen seiner Operationsbasis
gebracht und schließlich unter zeitgerechter Steigerung dieses Druckes auch
von der entgegengesetzten Seite eingekreist werden. D a s   w a r   d i e
o p e r a t i v e   H ö c h s t l e i s t u n g ,   d i e   a n z u s t r e b e n   w a r.   Den
Beweis für die Möglichkeit ihrer Durchführung zu bringen, war der Zweck
seiner Niederschrift.

---

*) S. 18.
**) v. Moltke, Gesammelte Schriften. Gruppe IV: Kriegslehren. I. Teil. Die
operativen Vorbereitungen zur Schlacht. S. 71. Berlin 1911. E. S. Mittler &
Sohn.

Theoretisch wäre eine solche oder ähnliche Höchstleistung auch denkbar gewesen durch die operative Umfassung des feindlichen Südflügels durch die Schweiz. Gelang sie, so schien die strategische Auswirkung sogar leichter und schneller: Der Feind wurde von seinem Hinterlande ab nach Norden, vielleicht auf belgisches Gebiet, gedrängt. Die Verletzung der belgischen Neutralität durch Deutschland bei Kriegsbeginn wurde ver= mieden. Statt ihrer mußte indessen die Neutralität der Eidgenossenschaft verletzt werden, sofern es nicht der Diplomatie glückte, sie auf unsere Seite zu ziehen. Das war nicht anzunehmen. So hatte man zunächst den nicht zu unterschätzenden Widerstand eines zur Wahrung seiner Rechte entschlossenen, kriegerisch veranlagten Volkes zu brechen und dann unter äußerst schwierigen Geländeverhältnissen den stark befestigten Jura zu überschreiten. Die Nachschubverhältnisse und rückwärtigen Verbindungen mußten sich für das Millionenheer überaus ungünstig gestalten. Graf Schlieffen hat diese theoretische Lösung aus guten Gründen verworfen*).

Drittes Kapitel.
Der deutsche Westaufmarsch 1914.

Um den richtigen Maßstab für den Vergleich des Schlieffenschen Aufmarsches und Operationsplanes von 1905 mit dem später 1914 zur Durchführung gelangten zu gewinnen, bedarf es noch einer Einschränkung. 1914 handelte es sich nicht wie 1905 um den Kampf nur gegen die West= gegner, sondern um den Zweifrontenkrieg. Es war daher für die deutsche Oberste Heeresleitung nicht möglich, alle Kräfte ihres Feldheeres auf dem westlichen Kriegsschauplatz einzusetzen, den Osten ganz schutzlos zu lassen und Österreich=Ungarn im Kampf gegen die Russen zunächst auf die eigenen Kräfte anzuweisen. Schlieffens letzte Aufmarschentwürfe sahen für den damals allerdings ganz unwahrscheinlichen Fall eines Zweifrontenkrieges gegen Rußland 10 aktive und Reserve=Divisionen, 2 Kavallerie=Divisionen und 7 Landwehr=Brigaden vor. Etwa gleich starke Kräfte — 9 aktive und Reserve=Divisionen, 1 Kavallerie=Division, 1 Landwehrkorps und 3 Land= wehr=Brigaden — beließ Generaloberst v. Moltke bei Kriegsausbruch 1914 im Osten. Schlieffen verblieben damit für den Westaufmarsch 62 aktive und Reserve=Divisionen, 9 Kavallerie=Divisionen und 19½ Landwehr=

*) Die Hoffnung auf das Eingreifen italienischer Truppen auf dem Kriegsschauplatz nördlich der Alpen hatte Graf Schlieffen seit Jahren als „Illusion" bezeichnet und nicht damit gerechnet.

Brigaden, zu denen noch 16 Erſatz-Diviſionen treten ſollten. Das Stärke-
verhältnis zwiſchen rechtem Angriffsflügel und linkem Flügel ſüdlich der
Moſel wurde dabei in kaum nennenswerter Weiſe verſchoben, da die Abgaben an den Oſten der ganzen Weſtfront entnommen werden ſollten. 1914
beſtand das deutſche Weſtheer aus 68 aktiven und Reſerve-Diviſionen,
10 Kavallerie-Diviſionen, 17½ Landwehr-Brigaden, denen bald zwei
weitere Reſerve-Diviſionen (IX. R. K.) und 6½ Erſatz-Diviſionen folgten.
Es hatte alſo annähernd die gleiche Stärke an Diviſionen wie 1905 für
den Fall eines Zweifrontenkrieges. Aber das Kräfteverhältnis der beiden
deutſchen Aufmarſchflügel zeigte 1914 eine weſentliche Verſchiebung gegen
früher: In den Reichslanden marſchierten zwei Armeen — 6. und 7. —
mit insgeſamt 16 aktiven und Reſerve-Diviſionen auf, d. h. faſt ein Viertel
der Geſamtkräfte. Hierzu traten dann ſehr bald noch die Erſatz-Diviſionen,
ſobald ſie verwendungsbereit waren, und die Hauptreſerven von Metz
und Straßburg. Auch der Aufmarſchraum dieſes Heeresflügels wies eine
erhebliche Ausdehnung ins Oberelſaß auf. Die Hauptkräfte marſchierten
in 5 Armeen in der Rheinprovinz, in Luxemburg und mit ihrem linken
Flügel auch auf Lothringer Gebiet übergreifend auf.

Wie erklärt ſich dieſe Abweichung von der Schlieffenſchen Kräfteverteilung? Zahlreiche Anzeichen, insbeſondere durch ſorgfältiges Verfolgen
der geiſtigen Strömungen im franzöſiſchen Offizierkorps gewonnen, hatten
beim Generaloberſt v. Moltke die ſichere Erwartung hervorgerufen, daß
der Feind den Krieg mit einer ſtarken Offenſive in die deutſchen Reichslande eröffnen würde. Das Oberelſaß ſollte ihm hierbei im Gegenſatz zu
der Auffaſſung des Grafen Schlieffen nicht ſofort ohne Schwertſtreich zufallen, nachhaltiger Widerſtand aber erſt an der Breuſchlinie und zum
Schutze Süddeutſchlands am Oberrhein geleiſtet werden. Im übrigen hatte
die 6. Armee in Lothringen zunächſt der Schlachtentſcheidung in Richtung
auf die Saar auszuweichen und den Gegner ſüdlich Metz möglichſt weit
vorkommen zu laſſen. Während Metz und die von Landwehren mit
ſchwerer Artillerie beſetzte Feldſtellung an der Nied durch Teile der 6.
Armee, erforderlichenfalls auch der 5. Armee, verſtärkt werden ſollten,
um eine Umgehung des deutſchen Angriffsflügels durch Umfaſſen der
Niedſtellung zu verhindern, war die Heranziehung der 7. Armee oder
doch wenigſtens ſtarker Teile von ihr aus dem Unterelſaß über die Nord-
vogeſen an den linken Flügel der 6. Armee beabſichtigt. Auf dieſe Weiſe
hoffte Generaloberſt v. Moltke, gleich bei der Feldzugseröffnung den gegen
die Saar vorgedrungenen, vorausſichtlich überlegenen Feind durch
doppelten Angriff von Norden und Süden her entſcheidend zu ſchlagen.
Beſtätigte ſich hingegen die Erwartung eines frühzeitigen feindlichen Ein-

bruches in die Reichslande nicht, so war es Aufgabe der 6. und 7. Armee, durch eigenes offensives Vorgehen gegen die Mosel unterhalb Frouard und gegen die Meurthe den Feind festzuhalten und am etwaigen Abtrans= port seiner hier befindlichen Kräfte nach dem linken Heeresflügel zu hindern.

Sieht man von dem nur als vorübergehender Widerstand gedachten Schutz des Oberelsaß ab, so erhellt, daß die operativen Aufgaben des deutschen Südflügels bei Moltke die gleichen blieben wie bei Schlieffen. Der Unterschied beruht aber in dem um das Doppelte gesteigerten Kräfteeinsatze und in der geplanten Durchführung dieser Aufgabe. Schlieffen wollte gegenüber einer feindlichen Offensive in die Reichslande eine bewegliche Rückzugsdefensive führen, sich nicht in hartnäckige Kämpfe verstricken, nur Zeit gewinnen. Moltke schwebte als Abschluß dieser Ope= ration ein entscheidender doppeltumfassender Angriff gegen einen über= legenen Feind vor. Gelang das, so machte sich der auf diesem Flügel errungene Waffenerfolg voraussichtlich auch für die Bewegungen des rechten Heeresflügels vollauf bezahlt. Denn alles, was der Feind in den Reichslanden in die Entscheidungsschlacht warf, fiel für seine Abwehr der durch Belgien geführten Offensive der Deutschen aus, und es schien dann nichts auszumachen, wenn der rechte Flügel im Anfang um eine ganze Anzahl Korps schwächer war, als Graf Schlieffen gewollt hatte. Die alsbaldige Verschiebung der Hauptkräfte der 6. und 7. Armee nach er= fochtenem Siege mit der Bahn hinter den rechten Heeresflügel wurde als Ziel festgehalten, durch die Bereitstellung umfangreichen Leermaterials zu beiden Seiten des Rheins noch während des Aufmarsches hierfür ausdrück= lich vorgesorgt. Moltke wollte also mit dieser Gruppierung seine Kräfte ge= wissermaßen vervielfältigen, erst in Lothringen siegen und dann sofort die freigewordenen Kräfte größtenteils auf und hinter den entscheidenden Nord= flügel werfen. Indessen ist mit diesen Bemerkungen die kritische Stellung= nahme zu der Frage nicht erschöpft. Denn anders lagen die Dinge, wenn die Auswirkung der Operation in den Reichslanden geringer ausfiel, als sie dem Geiste des Feldherrn vorschwebte. Und das war leicht möglich, weil auf einen entscheidenden Schlag überhaupt nur gerechnet werden konnte, wenn der Gegner in den Sack, den man ihm öffnen wollte, hinein= lief. Graf Schlieffen hielt, wie wir gesehen haben, eine solche Gunst der Lage für die Deutschen für wenig wahrscheinlich und nahm daher auch von einem stärkeren Kräfteeinsatz in den Reichslanden von vornherein Abstand. Denn soviel war klar: ein unentschiedener Kampf oder auch ein bloßer taktischer Erfolg, der dem Feinde nicht die Möglichkeit eines geordneten Rückzuges auf und hinter seinen starken Festungsgürtel nahm. sondern ihm die Freiheit für eine anderweitige Verwendung seiner hier

eingesetzten Truppen ließ, konnte in der Rechnung der deutschen Gesamt=
operation schwerlich als operativer Gewinn von Bedeutung gebucht
werden, weil er durch Einsatz starker Kräfte an nichtentscheidender Stelle
erzielt wurde. Graf Schlieffen sagt darüber*): „Ein Angriff auf Nancy
bietet fast nur den Vorteil, daß die Franzosen, um die lothringische Haupt=
stadt zu retten, sich vielleicht bestimmen lassen werden, aus ihren Befesti=
gungen herauszutreten und sich zur Feldschlacht zu stellen. Sie haben
aber dann ihre schützenden Linien so nahe hinter sich, daß ihnen eine
Niederlage keinen großen Schaden, dem Sieger keinen großen Vorteil
bringt. Es ist ein abgeschlagener Ausfall aus einer Festung, der dem
Belagerer wie dem Verteidiger ungefähr dieselben Verluste bereitet, die
Lage beider aber ziemlich unverändert läßt." 1914 lagen die Verhältnisse
für die Franzosen noch günstiger, weil in den letzten Jahren vor dem
Kriege um Nancy starke Befestigungen angelegt worden waren. Es
konnte weiterhin im praktischen Falle schwer werden, sofort nach
einem taktischen Zusammenstoße, auch wenn er günstig verlief, die
Verschiebung hinter den rechten Heeresflügel durchzuführen, der ·Ge=
fahr einer Festlegung starker Kräfte durch frontale Verfolgung in
taktisch unwirksamer und operativ nicht auszubeutender Richtung vor=
zubeugen. Die gleiche Gefahr lag vor, wenn die 6. und 7. Armee
von Hause aus gegen Mosel und Meurthe offensiv wurden, um den
nicht selbst vorgehenden Gegner festzuhalten. Das war nur durch
taktischen Angriff möglich, der aber die freie Verfügung der hierzu
verwendeten Kräfte im gegebenen Augenblick für andere Zwecke in Frage
stellte. Wie man also auch die Änderung in der Kräftegruppierung im
Westaufmarsch betrachten mag, der Schlieffenschen Forderung „möglichst
viele französische Kräfte durch möglichst wenig deutsche zu fesseln", wurde
durch den veränderten Aufmarsch nicht mehr Rechnung getragen. Die
Möglichkeit, aus ihm heraus noch zum Handeln im Sinne Schlieffens zu
gelangen, war zwar nicht ausgeschlossen, wohl aber durch unberechenbare
Vorbedingungen erschwert. Alles kam darauf an, daß im gegebenen
Augenblick ein kraftvoller Wille der Obersten Heeresleitung, unbeirrt
durch Sonderwünsche der unterstellten Armeeführer und durch die örtliche
taktische Lage in den Reichslanden, den Entschluß zu solchem Handeln fand
und in die Tat umsetzte.

So stellen sich die Dinge heute dar, wenn wir vom Standpunkt rück=
schauender Kritik den tatsächlichen Aufmarsch von 1914 mit der Vorarbeit
des Grafen Schlieffen vergleichen. An sich dürften hiermit die abweichen=

---

*) Mitteilung des Generals v. Hahnke.

den Anordnungen des Generalobersten v. Moltke ausreichend erklärt sein*), und doch ist der innerste Grund dadurch noch nicht berührt. Dieser liegt vielmehr in einem offenbaren Gegensatz Schlieffenscher und Moltkescher Auffassung über die Bedeutung und Wirkung des Durchmarsches durch Belgien. Graf Schlieffen war der Vater dieses Gedankens; auch bei ihm war er nicht plötzlich entstanden, sondern erst auf dem Wege einer allmählichen, jahrelangen Entwicklung in die gigantische Form ge= gegossen, in der er uns heute bekannt ist. Dafür hatte er aber auch zum Schluß eine tiefgefestigte und unerschütterliche Überzeugungskraft für seinen Schöpfer gewonnen. Dieser Feldherr glaubte an die sieghafte, alle Widerstände niederwerfende Macht seines Gedankens. Sein Nachfolger fand sich einem fertigen, bis in die äußerste Konsequenz durchdachten Plane gegenüber; er hatte ihn nur zu übernehmen oder abzulehnen. Bei dem tiefen Ernst und Verantwortlichkeitsgefühl des Generals v. Moltke ist ihm die Übernahme nicht leicht geworden: einmal wegen der mit dem Plane verbundenen Verletzung der belgischen Neutralität, deren politischer Trag- weite sein klarer Blick und Wirklichkeitssinn sich nicht einen Augenblick verschloß. Sodann aber auch aus operativen Erwägungen: Er konnte sich anfangs nur schwer darin finden, daß der rechte Flügel durch Belgien gewissermaßen völlig ins Ungewisse hinein marschieren sollte. Auch ver= hehlte er sich nicht, daß bei der Länge der für den Vormarsch beanspruch= ten Zeit auf eine strategische Überraschung des Feindes höchstens für den ersten Augenblick zu hoffen war. Die Franzosen konnten dem deutschen Vorgehen entweder durch Versammlung starker Kräfte im Norden oder durch eine Gegenoffensive aus der Mitte ihrer Front heraus begegnen. Und schließlich — das erscheint besonders bemerkenswert — schätzte Moltke die Wirkung einer frühzeitig gleich bei Feldzugsbeginn mit über= legenen Kräften unternommenen Offensive des Feindes in die deutschen Reichslande erheblich höher ein als Graf Schlieffen. Über diesen Unter= schied der Auffassungen geben die Schlußkritiken beider bei einigen von ihnen geleiteten Generalstabsreisen Aufschluß. Graf Schlieffen spielte im

---

*) In der jüngst veröffentlichten Schrift des Generals Tappen (Bis zur Marne 1914, S. 7) wird der Versuch gemacht, die Kräftebemessung, wie sie der Aufmarsch 1914 vor= sah, damit zu erklären, daß eine weitere Verstärkung des rechten Heeresflügels aus rein technischen Gründen nicht möglich gewesen sei. Wenn hierbei an den zur Verfügung stehenden Aufmarschraum gedacht sein sollte, so fehlte es an solchem am Niederrhein und im Hinterland von Koblenz-Köln nicht. Da es sich zunächst um einen Vormarsch des rechten Flügels in tiefer Staffelung handelte, so konnten die weiter rückwärts aus= geladenen Korps erforderlichenfalls mit Bahntransport bis an die Grenze nachgeführt werden.

Sommer 1904 eine Offensive der Franzosen in die Reichslande und nach Süddeutschland durch und bemerkte zum Schluß*): „Ich glaube, daß i n W i r k l i ch k e i t die Franzosen ihren Plan nicht ausgeführt hätten. Wenn sie gehört hätten, daß die deutschen Streitkräfte an der belgischen Grenze bereitstanden, um gegen Paris zu marschieren, so hätten sie wahrscheinlich ihre Operation ganz unterlassen und sich in irgendeiner Weise gegen die ihnen drohende Invasion gewendet. Dagegen war zu hoffen, daß die Deutschen ihren Plan beibehalten hätten." Und in seinem Operations= plan vom Dezember 1905 sagt er*): „Die Deutschen können, wenn sie auf ihren Operationen verharren, sich versichert halten, daß die Franzosen, falls sie ins Ober=Elsaß und in Lothringen eingedrungen sein sollten, schleunigst umkehren werden, und zwar nicht nördlich, sondern südlich von Metz in der Richtung, von welcher die meiste Gefahr droht. Es ist daher geboten, daß die Deutschen auf dem rechten Flügel so stark wie möglich sind. Denn hier ist die Entscheidungsschlacht zu erwarten." Anders lautete die Schlußkritik Moltkes bei Generalstabsreisen, denen dieselbe oder eine ähnliche Kriegslage zugrunde gelegt war. 1906 sagte er: „Es hat keinen Zweck mehr mit starken Kräften in Belgien weiterzumarschieren, wenn das französische Hauptheer in Lothringen vorgeht . . . . . Dann muß nur e i n Gedanke maßgebend sein, das französische Heer mit allen verfügbaren Kräften anzufallen und zu schlagen, wo man es findet. Hier lag die Entscheidung in Lothringen und zu ihr mußten unverzüglich alle Kräfte herangeführt werden." Und ähnlich 1912: „Von dem Augenblick an, wo das Vorgehen der französischen Hauptmasse zwischen Metz und den Vogesen erkannt war, wurde das Vorgehen des deutschen rechten Flügels durch Belgien gegenstandslos . . . . Die Operation mußte so ge= führt werden, daß der deutsche linke Flügel sich dem Vormarsch der Fran= zosen defensiv entgegenstellte, während alles, was nicht zur Abwehr der Belgier und Engländer nötig war, in südwestlicher Richtung herunter= marschierte, um durch und westlich Metz anzugreifen." Der Grundgedanke, daß die Vernichtung des feindlichen Heeres das Ziel der deutschen Opera= tion sein mußte, ist unbestreitbar und bedarf keiner Erörterung. Es zeigt sich aber, daß Moltke nicht so wie Graf Schlieffen von der gesetzgebenden Wirkung des deutschen Vormarsches durch Belgien auf die Entschlüsse der feindlichen Heeresleitung überzeugt war. Statt durch Verharren auf der eigenen Operation den Gegner unter dieses Gesetz zu zwingen, war Moltke gewillt, es unter Umständen von ihm anzunehmen und sich vor= schreiben zu lassen, wo die Entscheidungsschlacht zu schlagen war. So

---

*) Mitteilung des Generals v. Hahnke. Vgl. S. 12.

führt die Betrachtung denn schließlich zu dem Ergebnis, daß der große operative Gedanke des Schöpfers, als er zur Tat werden sollte, nicht nur durch den gewählten Aufmarsch gefährdet war, sondern sich auch bereits im Geiste dessen getrübt hatte, der zu seiner Ausführung berufen war.

Viertes Kapitel.

Der letzte Plan des Grafen Schlieffen.

Allgemein wird angenommen, daß Graf Schlieffen selbst mit seinem Operationsplan vom Dezember 1905 das Problem der Westoffensive als endgültig gelöst betrachtet hat. Das trifft nicht zu. Seinen nimmerrastenden Geist beschäftigte der Gedanke auch nach seinem Rücktritt unausgesetzt weiter, und noch in den letzten Tagen seines Lebens, als ihn schon die Schatten des Todes umgaben, im Dezember 1912, befruchtete den bisherigen Plan ein neuer Keim*): Nicht nur die Nordostfront der großen Festung Frankreich von Dünkirchen bis Verdun gilt es anzugreifen, sondern die ganze Front bis zur Schweizer Grenze! Denn es ist fraglich, ob es bei recht= zeitiger Mobilmachung unserer Westgegner möglich sein wird, die Enge zwischen Antwerpen und Namur vor dem Feinde zu überwinden. Geschieht es nicht, dann ist eine Umfassung unmöglich. Da der Feind jetzt von aus= gesprochen offensivem Geist erfüllt ist, muß man annehmen, daß der nicht angegriffene Teil zur Offensive vorgehen wird**). Um dem zu begegnen, wäre ein Zurückhalten von starken Reserven erforderlich, die man ein= facher, um selbst die Initiative zu ergreifen, gleich von vornherein zum Angriff verwenden kann. Also nur ein Angriff auf die gesamte Front und ein Durchbruch an einer durch zahlreiche schwere Artillerie vorbereiteten Stelle kann dann Hilfe bringen. Bei diesem Angriff darf es sich Belfort und Epinal gegenüber um nicht viel mehr als um Abschließung der Ostseite handeln. Gegen die Forts der oberen Mosel, gegen die Lücke zwischen Epinal und Toul, sowie gegen die Höhenstellung zwischen dieser Festung und Verdun muß belagerungsmäßig vorgegangen werden. Die Befesti= gungen um Nancy können durch die Androhung oder durch die Ausführung eines Bombardements der Stadt zu Fall gebracht werden, und die Deutschen dadurch in den Besitz der von Meurthe und Mosel umspülten Hochfläche gegenüber Toul gelangen. Ein Durchbruch der stark besetzten Stellung Verdun—Belfort ist aber erst zu erhoffen, wenn die Maas unterhalb Verdun überwunden und der rechte Flügel die französische Grenze überschritten hat.

*) Mitteilung des Generals v. Hahnke.
**) S. 59.

Nach wie vor ist daher das Vertrauen auf einen
überragenden und tiefgestaffelten rechten Flügel
zu setzen, der allmählich die ganze Linie vorwärts
bringen wird. Ist diese bis in die ungefähre Höhe von Abbéville—
St. Quentin—Rethel—Verdun gekommen, so werden die Franzosen die
Stellung Verdun—Belfort allmählich räumen. Der allgemeine Rückzug
wird die Richtung zunächst auf die Stellung La Fère—Reims, dann auf
Paris nehmen. Die ganze Heeresmasse des deutschen Nordflügels folgt
mit weit überragender Linie mit tiefer Rechtsstaffelung, starke Kavallerie
auf den Flügeln, in der Absicht, einen möglichst großen Teil der feind=
lichen Armee vollständig einzuschließen.

Graf Schlieffens Studie vom Dezember 1912 ist darum besonders be=
merkenswert, weil in ihr eine Offensive abgehandelt wird, die gegen einen
auf beiden Seiten an unüberwindliche Hindernisse — neutrale Landes=
grenzen — angelehnten Feind zu führen ist, also eine Erscheinungsform
der Kriegführung, wie sie der Weltkrieg im Spätherbst 1914 auf dem west=
lichen Kriegsschauplatz geschaffen und 4 Jahre hindurch erhalten hat, wie
sie auch der Zukunftskrieg gewiß häufig bringen wird. Eine operative Um=
fassung ist dann zunächst unmöglich. Graf Schlieffen findet die Lösung des
Problems in einem gleichzeitigen Anfassen des Feindes auf der ganzen
Front, um zunächst an einer Stelle den taktischen Durchbruch in möglichster
Breite zu erzwingen. Dieser ist, wenn erforderlich, noch durch taktische Um=
fassung eines oder beider auseinandergesprengten und damit der Anlehnung
beraubten Flügel der feindlichen Aufstellung zu erweitern. Erst dann kann
die operative Ausbeutung folgen. Sie findet nicht so sehr in einer Auf=
rollung der Anschlußfronten als in der auf die Flanken, wenn möglich in
den Rücken dieser Fronten gerichteten Umfassungsoperation ihren höchsten
Ausdruck*). Wo solche operativen Erfolgsmöglichkeiten aus geographischen
oder anderen Gründen nicht in Aussicht stehen, darf der Durchbruch nicht
stattfinden, selbst wenn die taktischen Verhältnisse für ihn besonders günstig
liegen. Sind die operativen Erfolgsmöglichkeiten an verschiedenen, für
den Durchbruch in Frage kommenden Stellen die gleichen, so ist diejenige
zu wählen, an der er aus taktischen Gründen am leichtesten ausführbar
erscheint. Diese Überlegungen führen in der Studie des Grafen Schlieffen
zu dem Entschluß, den Durchbruch in Belgien zu erzwingen, wo er auf
geringere taktische Schwierigkeiten stößt und doch ebenso große operative
Erfolgsmöglichkeiten bietet als der mehr Kräfte und Zeit raubende Angriff
gegen die Festungsfront an der französischen Ostgrenze. Graf Schlieffen
setzt allein gegen die Linie Abbéville—St. Quentin 21 Korps an.   Wir

---

*) Vgl. v. Bernhardi, Vom Kriege der Zukunft, Berlin 1920, E. S. Mittler & Sohn,
S. 13ff.

werden uns dieses Gedankenganges später bei der Betrachtung der großen Durchbruchsoperationen im Weltkriege zu erinnern haben.

Daß die zahlenmäßige Stärke der deutschen Armee zu dieser gewaltigen Operation nicht ausreichte, darüber täuschte sich der Wirklichkeitssinn des Strategen nicht hinweg. Der Organisator sollte helfen. War eine wesentliche Heeresvermehrung, wie sie Graf Schlieffen seit Jahren mittels restloser Durchführung der allgemeinen Wehrpflicht für unbedingt notwendig hielt, bei dem zu erwartenden Widerstande von Bundesrat und Reichstag nicht zu erlangen, so mußte eine Änderung der Organisation des mobilen Feldheeres wenigstens eine erhöhte Zahl verwendungsfähiger Truppeneinheiten schaffen. Graf Schlieffen will daher 51 gleichmäßig gegliederte und gleichwertige Korps bilden, und zwar durch Mischung der bisherigen aktiven und Reserveformationen dergestalt, daß jedes Korps zur Erhöhung seiner Beweglichkeit nur auf 20 Bataillone — 12 aktive, 8 Reserve — und 90 Geschütze gebracht wird, das heißt auf eine Stärke, die derjenigen im Kriege von 1870 nahezu gleichkommt, sie aber an Feuerkraft, ohne Maschinengewehre und schwere Artillerie zu rechnen, weit übertrifft. Was wir erst unter dem harten Druck des Krieges und nach blutigen Erfahrungen als richtig erkannt und durchgeführt haben, das hatte hier in dem ahnenden Geist des Sterbenden schon festumrissene Gestalt gewonnen. Der Vorschlag gelangte nach seinem Tode sofort zur Kenntnis seines Nachfolgers, blieb indessen unbeachtet, jedenfalls unausgeführt*).

Für die nachfolgende Betrachtung des Verlaufs der Operationen 1914 darf daher dieser auf einer nicht zur Tat gewordenen, völligen Organisationsänderung der Armee beruhende Plan nicht herangezogen werden. Wir werden die Vergleichspunkte vielmehr im Plan vom Dezember 1905 zu suchen haben.

Fünftes Kapitel.
Graf Schlieffen und der jüngere Moltke.

Graf Schlieffen gehörte zu jenen echten und darum so seltenen Feldherrnnaturen, die im festen Glauben an Gott und ihre Bestimmung, in klarer Selbsteinschätzung und im Vertrauen auf das eigene Können ihren

---

*) Am Gedanken der Aufstellung von acht Ersatzkorps im Mobilmachungsfall hielt Graf Schlieffen außerdem fest. Generaloberst v. Moltke suchte in jenen Tagen die Organisation des deutschen Friedensheeres durch Neuaufstellung von drei Armeekorps zu verbessern, drang jedoch mit seiner Forderung beim Kriegsminister und Reichskanzler nicht durch.

Schwerpunkt ganz ausschließlich in sich selbst suchen und finden, ein Menschenkenner und Menschenverächter zugleich. Ein ganzes langes Leben hindurch hatte er still und geräuschlos, getreu dem Wahlspruch „Non videri, sed esse" an seiner inneren Vorbereitung auf den Feldherrnberuf gearbeitet. Denn auch das Genie macht insgeheim seinen Entwicklungs= gang durch. Wer sich mit Schlieffen beschäftigt, kann ihn genau verfolgen. Darauf einzugehen, müssen wir uns heute noch versagen. Genug, er hatte alles vorbedacht und vorbereitet und mußte sich fertig, um als „moderner Alexander" mit geschlossenem Auge, aber mit geistesklarer Zielsicherheit, stahlharter Willenskraft und zündenden Befehlen die Feldschlacht zu leiten. Der sich glücklich schätzte, daß er doch einmal im Leben „auf den Höhen vor Königgrätz das beseeligende Gefühl empfunden hatte, eine große Schlacht, einen glänzenden Sieg, einen unübertroffenen Triumph preußischer Waffen mitgemacht zu haben"*), der sehnte sich auch als Generalstabschef in einer Stellung, die er die ehrenvollste der Welt nannte, und noch als Greis mit der heißen Inbrunst tiefverhaltener Leidenschaft, mit dem Feuer jugend= lichen Kraftgefühls, das unter der Asche gelassener Selbstzucht glomm, danach, im kriegerischen Ernst den Befähigungsnachweis für die Nach= folgerschaft eines Moltke zu führen. Sein Kaiserlicher Herr, mochte er im Manöver oder im Kriegsspiel „originelle Ideen" entwickeln, würde in der Stunde des Ernstes an ihn glauben wie Wilhelm I. an seine Paladine. Glauben würde an ihn auch die Armee, glauben lernen das deutsche Volk.

Wie wäre es auch anders möglich gewesen? Vor der überlegenen und unerbittlich strengen Logik seines Gedankens, vor der Macht seiner Persön= lichkeit beugte sich jeder, mußte sich jeder beugen. Und es waren doch kluge und selbständig denkende Köpfe, die Oberhoffer, Graf Keller, Graf York, Hausmann, Falkenhausen, Hausen, Endres, Beseler, Tylander, Matthias, Zwehl, Deines, Below, Graf Montgelas, Gündell und die jüngeren Stein, Ludendorff, Lauenstein, Freytag, Kuhl, Groener und wie sie alle hießen, die mit ihm rangen und schließlich doch immer willig und vorbehaltlos die lückenlose Folgerichtigkeit, die Überzeugungskraft seiner Ideen anerkannten und sich ihnen unterordneten. Graf Schlieffen beherrschte die Materie, be= herrschte die Geister. Aber mit den Siegen seines Geistes fröhnte er nicht der Befriedigung der Eitelkeit. Sich im Glanze überlegener Dialektik und eines klassischen Stils zu sonnen, lag seinem ernsten Wesen völlig fern. Wort und Stil waren ihm nur selbstverständliche äußerliche Ausdrucksformen der Wahrheit, daß niemand ein großer Geist sein kann, ohne sich dessen innerlich bewußt zu sein, und daß ein Zweifel daran eine Absurdität ist, die nur urteilslose Köpfe sich einreden, um das Gefühl des eigenen Unvermögens

---

*) Graf Schlieffen a. a. O. Bd. II, S. 451.

auch für Bescheidenheit halten zu können. Dem Grafen Schlieffen war nicht bange um sich. Er spürte Cäsars Geist in sich. „Gib mir sein Glück, das andere will i ch tragen."

Kaum ein Jahr vor seinem Rücktritt schien der große Augenblick ge= kommen. Es war während der Marokko=Krise 1905; die politische Lage so günstig wie nie zuvor und später. Graf Schlieffen hielt sich wie immer streng innerhalb der Befugnisse seines Ressorts und vermied jede, auch die leiseste Einwirkung auf die politische Staatsleitung. Daß es aber nur e i n e, die kriegerische Lösung gab, war für sein staatsmännisches und militärisches Denken und Empfinden selbstverständlich. Er dachte wie Bismarck. „Der Krieg mit Frankreich war nicht zu vermeiden, einmal mußte zwischen den beiden Nationen Abrechnung gehalten werden. . . . Sobald Bismarck die Unabwendbarkeit des Krieges erkannt hatte, säumte er nicht, ihn aufzunehmen, durch keine Unterhandlungen seinen Ausbruch aufzuhalten"*). Der Befehl zur Mobilmachung hätte Schlieffen einen Jubelschrei von den Lippen gerissen**). Doch anders dachten Wilhelm II. und seine Ratgeber. Sie wollten den Frieden um jeden Preis. Da wurde es dem Grafen Schlieffen klar, daß er in diese Zeit der Illusionen und Utopien nicht paßte. Bald darauf wurde denn auch „dem unnütz ge= wordenen Knecht die Bürde abgenommen, die zu tragen sein alternder Geist und sein morscher Körper nicht mehr vermochten"***). So dachten der Staatsmann und der Chef des Militärkabinetts, auf deren Veranlassung sein Rücktritt herbeigeführt wurde. Sie irrten. Denn ewig jung blieb in dem Greise bis an seinen Tod der Tatendrang und die Phantasie kriege= rischer Begeisterung. Aber bange Sorge schlich in das Herz des glühenden Patrioten, der den politischen Gedanken der Reichsleitung nicht begriff, der die drohenden Wetterwolken sich dichter und dichter am Himmel türmen und das Wetterleuchten sah, das für Deutschland inmitten einer Welt von Feinden ein politisches Cannae ankündigte. Würde in dem Komitee, das in der Gegenwart den Feldherrn zu ersetzen hatte, wenigstens einer sein, der einen Tropfen vom Salböl Samuels abbekommen hatte?

„Ganz Deutschland muß sich auf einen Gegner werfen, auf denjenigen, der der stärkste, mächtigste und gefährlichste ist, und das kann nur Frank= reich — England sein! Österreich mag ohne Sorge sein: Die russische, gegen Deutschland bestimmte Armee wird nicht nach Galizien marschieren, bevor nicht die Würfel im Westen gefallen sind, und das Schicksal Österreichs

---

*) Graf Schlieffen a. a. O. Bd. II, S. 15.
**) v. Gottberg, Schlieffen. Unterhaltungsbeilage zur „Tägl. Rundschau", 1920, Nr. 47.
***) Graf Schlieffen a. a. O. Bd. II, S. 458.

wird sich nicht am Bug, sondern an der Seine entscheiden," — so lautete
das Testament, das Graf Schlieffen wenige Tage vor seinem Tode nieder=
schrieb. „Es muß doch noch zur Schlacht kommen. Macht mir nur den
rechten Flügel stark!" — diese Mahnung mischte sich in die letzten Fieber=
phantasien des Sterbenden*).

Wir sind uns wohl bewußt, daß wir mit dieser Würdigung des Grafen
Schlieffen auf den Widerspruch des Historikers stoßen werden. Wie darf
man den einen Feldherrn nennen, der in der Geschichte nicht bewiesen hat,
daß er nicht nur ein großer Geist, sondern auch ein Mann der Tat gewesen
ist? Der Einwurf ist berechtigt. Dem Grafen Schlieffen ist es nicht ver=
gönnt gewesen, Geschichte zu machen. Sein Name wird im Buch der Kriegs=
geschichte nicht verzeichnet stehen. Auf das Glück Cäsars hat er vergebens
geharrt. Wenn aber nach Lessing Raphael das größte Malergenie seiner
Zeit gewesen wäre, auch falls er ohne Hände zur Welt kam, so darf nach
unserer festen, auf Studium und Psychologie begründeten Überzeugung
Graf Schlieffen ein Feldherrngenie ersten Ranges genannt werden, das
nur das tragische Schicksal jener teilt, die die Vorsehung bei der Verteilung
der Lose leer ausgehen ließ.

In der Tat, bei der hervorragenden Tüchtigkeit, der vortrefflichen
Ausbildung und dem glänzenden Geiste, der die deutsche Armee des Jahres
1914 beseelte, knüpfte sich die Entscheidung über Sieg oder Niederlage ganz
wesentlich an die Person des Feldherrn, in dessen Hand das kostbare Werk=
zeug gelegt war.

War General v. Moltke der rechte Mann am rechten Platz? Nur un=
voreingenommene und sachliche Prüfung, die sich fernhält von der heute
mehr denn je beliebten Manier, nach dem Erfolge zu urteilen, und dafür
Menschen und Dinge psychologisch zu ergründen sucht, wird uns den
richtigen Standpunkt in dieser Frage gewinnen lassen.

General v. Moltke war 1906 an die Spitze des Generalstabes gestellt
worden, ohne je nach diesem Posten gestrebt oder auf ihn gerechnet zu
haben. Er wußte, was es hieß, der Nachfolger eines Genies zu sein.
Es steht fest, daß er den Kaiser gebeten hat, von seiner Ernennung
Abstand zu nehmen. Nachdem ihn aber das Vertrauen seines Aller=
höchsten Kriegsherrn mit der schweren Bürde beladen hatte, hat er
mit höchstem Pflichtgefühl und unermüdlicher Arbeitskraft sich in den ihm
bisher fremden Aufgabenkreis versenkt, sein ganzes Sinnen, seine ganze
Kraft in den Dienst der Sache gestellt und ihr geopfert. Durch ernstes

---

*) Mitteilung des Generals v. Hahnke.

Nachdenken und tiefes Eindringen in das Wesen der modernen Heerführung
hatte er sich auf die im Kriege seiner harrenden Feldherrnaufgaben vorzu=
bereiten gesucht. Die von ihm geleiteten operativen Kriegsspiele, seine tak=
tischen Aufgaben und Generalstabsreisen legen dafür Zeugnis ab. Freilich
sieht die Heerführung in der Theorie des Studierzimmers und der Übungs=
reise anders aus als in der harten Wirklichkeit, im erschwerenden Element
des Krieges selbst.

„Im Kriegsspiel hat der Heerführer jeden Abend seine Armeeführer
um sich versammelt. Sie geben ihm genaue Mitteilungen über die statt=
gehabten Ereignisse des Tages, teilen ihm mit, wo jedes einzelne Korps
ihrer Armee steht, was es erreicht oder verloren hat, welche Meldungen
über den Gegner eingegangen sind. Der oberste Führer zeichnet sich die
Abendstellungen der Armeen in die Karte und hat jeden Abend einen
völlig klaren Überblick über alle Teile seines Heeres. Es kann ein sofortiger
Gedankenaustausch mit den Armeeführern stattfinden. Vorschläge werden
gemacht, die angenommen oder verworfen werden; das alles erleichtert
die Leitung in hohem Maße. Solche Klarheit über die Gesamtlage wird
im Ernstfalle niemals herbeigeführt werden können, am allerwenigsten
dann, wenn sie am wünschenswertesten sein würde, wenn nämlich die
Armeen in die Gefechtshandlung eingetreten sind. Man muß sich die zer=
setzenden Wirkungen der Schlacht vor Augen halten. Schon der Armee=
führer wird am Abend einer Schlacht nicht über die genaue Stellung seiner
Korps unterrichtet sein, am allerwenigsten bei einer unglücklich verlaufenen
Schlacht, wo die Verbände gelockert und vermischt sind und ein ungeregeltes
Zurückfluten der Massen stattgefunden hat. Erst langsam werden sich die
Verhältnisse klären. In den allermeisten Fällen wird dann die Ausgabe
eines strikten Armeebefehls nicht ausführbar sein, man wird sich auf all=
gemeine Direktiven beschränken müssen. Die Oberste Heeresleitung wird
dann kaum etwas anderes erfahren als: die Armee hat glücklich oder un=
glücklich gefochten. Ihre schwere Aufgabe besteht darin, sich aus den spär=
lichen und ungenauen Nachrichten ein allgemeines Bild der Gesamtlage zu
konstruieren. Wieviel Intuition, ja fast prophetischer Scharfblick gehört
dann dazu, nicht zu irren! Die Oberste Heeresleitung bedarf daher der
verständnisvollen Unterstützung der Armeeführer durch eigene Initiative.
Diese wiederum müssen d a u e r n d im Bilde der Gesamtlage bleiben und
immer bestrebt sein, sich ihr einzufügen.

„Ein anderer Punkt, in dem sich Theorie und Praxis schneiden, ist der
folgende: Im Kriegsspiel sind abends die Befehle der Obersten Heeres=
leitung, der Armeeführer, der Kommandierenden Generale gegeben. Die
Marschzettel der Korps werden eingereicht, und mit der Genauigkeit einer

Maschine erreichen die Korps am nächsten Tage die befohlenen Marschziele, wenn sie nicht von der Leitung etwas zurückgeschraubt werden. Das geht so Tag für Tag weiter, da wird kein Ruhetag eingelegt, da wird keine Rücksicht genommen auf Verpflegung, auf Munitionsersatz, auf Gelände. Die Truppen marschieren über Berg und Tal, auf guten und schlechten Wegen, wie der Zeiger einer Uhr über das Zifferblatt dahingeht. Das schadet an und für sich, nämlich in bezug auf das Kriegsspiel, nichts. Denn diese ungeheure Leistungsfähigkeit wird beiden Teilen, Freund und Feind, gleichmäßig zugebilligt, so daß keiner einen Vorteil vor dem anderen vor= aushat. Man muß sich aber vor Illusionen bewahren, die man aus dem Operieren auf dem Plane auf das Operieren im Ernstfall übertragen könnte. Im Kriege werden die Korps vielfach die befohlenen Marschziele nicht erreichen, die rückwärtigen Verbindungen werden den Heeres= bewegungen einen Zwang auferlegen, der sich schließlich mit bleierner Schwere den Entschlüssen der Führung anhängen kann. Eine Armee, die ununterbrochen marschiert, wird bald die Marschstraßen mit Maroden garniert sehen. Wir brauchen Ruhetage für Mann und Pferd.

„Und nun die Schlacht! Wir sehen im Kriegsspiel, wie lange Armee= fronten aufeinanderstoßen und wohl geordnet in tagelangen Gefechten sich gegenüberstehen. Die mehrere 100 km betragende Front einer solchen Kartenschlacht wird im Kriege ganz anders aussehen. Da werden örtliche Erfolge oder Mißerfolge die glatten Linien brechen, die Massen werden sich zusammenballen, Gelände gewinnen, an anderen Stellen zurück= gedrängt. Die Gesamtentscheidung wird wesentlich durch örtliche Ent= scheidungen bedingt werden, und das Bild des Ganzen wird aus den ver= schiedenfarbigsten Mosaiksteinen zusammengesetzt werden müssen. Keine Erfahrung der Kriegsgeschichte läßt uns eine Grundlage dafür gewinnen, wie der Zusammenprall solcher Massen sich gestalten wird, wie wir und unsere Gegner sie ins Feld führen. Aber aus dieser Unklarheit und Ver= worrenheit, mit der wir der Blutarbeit des Krieges gegenüberstehen, geht doch das eine klar hervor: Das ist der alles entscheidende Wert der Gesamtoperation. Die Oberste Heeresleitung wird es nicht immer vermögen, jede Armee auf dem weiten Operationsgebiet unter günstigen Bedingungen zum Schlagen zu bringen, wohl aber kann und muß sie ein großes, klar erkanntes und folgerichtig festgehaltenes Ziel haben und allen Kräften dauernd die Richtung auf dieses Ziel geben. Es wird immer die Herbeiführung der Entscheidung gegen die Hauptmasse der feindlichen Streitkräfte und ihre Niederwerfung bleiben. Nur so wird der Gedanke und der Wille die Materie bezwingen. Führen aber unver= meidliche Einzelkämpfe der Armeen zur Zersplitterung, indem jede ihre

Sonderzwecke verfolgt, für die das Streben nach gemeinsamem Handeln nicht mehr maßgebend ist, so hat die Oberste Heeresleitung die Zügel aus der Hand verloren, sie hat es nicht verstanden, die unerläßliche Einheit= lichkeit in die Bewegungen und Kämpfe der Einzelgruppen zu bringen." Kein anderer als Generaloberst v. Moltke selbst hat diese Worte ge= sprochen in der Schlußkritik seiner letzten Generalstabsreise kurz vor Aus= bruch des Weltkrieges. Soviel ist sicher: Was der Soldat in ernster Friedensarbeit an Verständnis für die Grundbedingungen moderner Kriegführung, für die wesentlichen Unterschiedsmerkmale zwischen Theorie und Praxis zu gewinnen vermag, das hatte sich der deutsche Generalstabs= chef zu eigen gemacht, und unentwegt hatte er auch in diesem Sinne auf die ihm unterstellten Generalstabsoffiziere eingewirkt, insbesondere auf die, denen im Kriegsfalle die wichtigen Stellen der Armeechefs zugedacht waren. Die Armee blickte mit Vertrauen auf ihn. Den Kaiser mußte Moltke ge= schickter und besser als jeder andere zu nehmen, namentlich in der Richtung des Verzichtes auf überraschende persönliche Eingriffe. Es wird dereinst eine dankbare Aufgabe objektiver Geschichtschreibung sein — General v. Kuhl hat ihr die Wege geebnet — die großen und unbestreitbaren Ver= dienste zu würdigen, die sich General v. Moltke um die Friedensschulung des Generalstabes in der Vorbereitung auf den Krieg erworben hat.

Jetzt forderte das Schicksal das von ihm, was es einem Schlieffen miß= günstig versagt hatte: den Beweis für die Feldherrneignung. Klarer Verstand, schnelle Auffassungsgabe, umfassende Allgemeinbildung, real= politischer Scharfblick, nüchternes und gesundes Urteil über Menschen und Zeitverhältnisse, Verständnis für die moralischen Faktoren der Krieg= führung, Kenntnis der Volkspsyche ergänzten seine militärischen Fähig= keiten. Ein edler, vornehmer Charakter, nach der Gemütsseite hin reich entwickelt, von tiefem, zartem, fast weichem Empfinden, voll Selbstlosigkeit und Bescheidenheit — hierin seinem großen Oheim ähnlich — war er frei von persönlichem Ehrgeiz und von dem „Bedürfnis, die Tüchtigkeit der von ihm geleiteten Truppen und die eigene Befähigung zu dieser Leitung zu verwerten und in der Geschichte zur Anschauung zu bringen"*). Seine Natur neigte zum Grübeln und war pessimistischen Anwandlungen nicht unzugänglich, für die allerdings die politischen und Zeitverhältnisse reichliche und begründete Veranlassung boten. Schwere Kämpfe in den Tagen unmittelbar vor und während des Kriegsausbruches hatten das Gleichgewicht seiner empfindsamen Seele erschüttert. Was das bedeutet, wird nur der voll zu würdigen wissen, der mit den psychologischen Zu= sammenhängen jener Vorgänge vertraut ist. Moltke war aus diesen

---

*) Bismarck, Gedanken und Erinnerungen. Volksausgabe, Bd. II, S. 114.

Kämpfen schließlich als Sieger hervorgegangen. Ihre Nachwirkungen hatten sich aber noch nicht völlig verwischt, als die Operationen begannen. In den Tagen von Lüttich, als der erhoffte Erfolg zunächst auszubleiben schien, legte sich erneut ein schwerer Druck auf seine Seele: Das Vertrauen seines Allerhöchsten Kriegsherrn in sein Können schien erschüttert. Dieser Eindruck traf ihn an seiner verwundbarsten Stelle. Denn nichts loderte in ihm vom „feu sacré" des geborenen Feldherrn. Er glaubte nicht genug an seinen Stern. Was ihm an Selbstvertrauen abging, konnte durch Pflicht= gefühl und eiserne Selbstzucht nicht voll ersetzt werden. Die seelischen Kämpfe in Verbindung mit seinem durch körperliches Leiden geschwächten und im Jahre des Kriegsausbruches durch eine zweimalige Kur nicht gebesserten Gesundheitszustand blieben nicht ohne Einfluß auf seine geistige Frische und Spannkraft. Es erscheint als eine Tragik des Schicksals, daß die Feuer= seele eines Ludendorff, der jahrelang als Chef der Operationsabteilung den Kriegsvorbereitungen seine ganze Kraft gewidmet hatte, beim Kriegs= ausbruch nicht an seiner Seite stand. Dieser hätte, so dürfen wir wohl annehmen, mit der Stärke seiner Nerven, seiner Charakterhärte und leiden= schaftlichen Willenskraft die beste Ergänzung der hohen Geisteseigenschaften seines Chefs gegeben. So war unter den Männern seiner nächsten Um= gebung, wie es scheint, keiner, der unter den unaufhörlich einstürmenden, gewaltigen und oft einander widersprechenden Eindrücken des Krieges den beherrschenden Überblick über das Ganze und jene divinatorische Weitsicht zum Ausdruck gebracht hätte, die frei von den Fesseln vorausgefaßter Meinungen und Wünsche sich vor Selbsttäuschungen bewahrt und aus der Verworrenheit und Unklarheit der Dinge die Wirklichkeit ahnt und fühlt.

Sechstes Kapitel.
Die deutsche Westoffensive bis zum 27. August 1914.

Im Nachfolgenden handelt es sich nicht um die Schilderung des Verlaufs der Operationen auch nur in großen Zügen, sondern lediglich um Betrachtungen, die der Frage gelten, ob und inwiefern die deutsche Oberste Heeresleitung auf die Gestaltung der Dinge eingewirkt und im Geiste des Grafen Schlieffen gedacht und gehandelt hat. Die Führung der einzelnen Armeen wird dabei nur soweit berührt, als sie im Zusammen= hang mit dieser Frage steht.

Der Handstreich auf Lüttich schuf, wenn er auch zunächst nicht in vollem Umfange glückte, im Verein mit dem anschließenden allmählichen Fall der einzelnen Forts die Vorbedingung für die Durchführung des

deutschen Operationsplanes. Gleichzeitig mußte er dem Feinde die Gewiß=
heit geben, „daß die deutschen Streitkräfte an der belgischen Grenze bereit=
standen, gegen Paris zu marschieren*)". Den Leiter der deutschen Ope=
rationen, der schon bei seinen Friedenserwägungen dem Feinde die Ent=
schlußkraft zugetraut hatte, trotz der drohenden Invasion der Deutschen den
Feldzug seinerseits mit eigener Offensive zu eröffnen, beherrschte aber diese
Einschätzung auch jetzt. Vielfache Anzeichen für den erwarteten Einbruch
starker französischer Kräfte, wenn nicht gar der Hauptmasse, in die Reichs=
lande, dessen erster Ausdruck in den Zusammenstößen im Oberelsaß bei
Mülhausen und in Lothringen bei Lagarde gesehen wurde, stärkten die
Hoffnung, daß es bald zu der erwünschten ersten Abrechnung in einer
Entscheidungsschlacht auf dem deutschen Südflügel kommen würde. So
stark war der Glaube an ihre Bedeutung für den Verlauf der Gesamt=
operationen, daß die Oberste Heeresleitung entschlossen war, auch die
5. Armee statt der ihr obliegenden Vorwärtsschwenkung zur Mitwirkung
beim Cannae auf lothringischem Boden heranzuziehen und sie aus Metz
und der Riedstellung gegen die linke Flanke des Feindes vorbrechen zu
lassen. Man entschied sich weiter, die sechs Ersatz=Divisionen, deren
größter Teil eigentlich nach dem an Österreich gegebenen Versprechen auf
dem östlichen Kriegsschauplatze Verwendung finden sollte, nunmehr in
den Reichslanden auszuladen. Die 6. Armee wich planmäßig ein Stück
zurück, die 7. Armee gewann Anschluß an ihren linken Flügel, die Ersatz=
Divisionen trafen ein. Alles schien zu klappen. Aber der Feind kam
zunächst gar nicht, dann nur langsam und vorsichtig tastend heran. V o r
Beginn des allgemeinen Vormarsches des deutschen Angriffsflügels war
also auf den Sieg in Lothringen nicht mehr zu rechnen. Die geplante
unmittelbare Mitwirkung der 5. Armee bei den Operationen in Lothringen
fiel damit aus der Rechnung wieder aus. Sie wurde ihrer eigentlichen
Aufgabe zurückgegeben, auf dem inneren Flügel an der großen deutschen
Linksschwenkung um den Drehpunkt Metz—Diedenhofen teilzunehmen,
doch sollte die Möglichkeit ihrer Einwirkung gegen die linke Flanke einer
auf die Reichslande gerichteten feindlichen Offensive dabei im Auge behalten
werden. Der Führer der 6. Armee erhob Einspruch gegen die Fort=
setzung des ihm zugedachten Ausweichverfahrens. Wo alles vorging, wollte
auch er angreifen. Die Oberste Heeresleitung ließ es geschehen. So kam
es vom 20. bis 23. August zur Schlacht in Lothringen. Sie wurde ein
„ordinärer" Sieg. Der Feind wurde ein Stück zurückgedrückt. Die
Oberste Heeresleitung forderte Verfolgung mit dem rechten Flügel, um

---

*) S. 18

den an und in den Vogesen stehenden Feind in südöstlicher Richtung ab=
zudrängen. Das erwies sich als unausführbar angesichts des starken feind=
lichen Widerstandes an der Mortagne und Meurthe. Die Franzosen
griffen nunmehr selbst den rechten Flügel der 6. Armee an. Auf der
ganzen Südfront verstrickte man sich in Frontalkämpfe. Die Kräfte der
6. und 7. Armee waren festgelegt. Der Feind behielt — wie Graf
Schlieffen es geweissagt hatte — Bewegungsfreiheit hinter seiner
Festungslinie.

Inzwischen hatte sich der Einbruch des deutschen Angriffsflügels in
Belgien ebenso schnell wie planmäßig vollzogen. Gelang es auch nicht, die
Belgier von Antwerpen abzuschneiden, so schieden sie doch durch die ihnen
beigebrachten Verluste für die nächste Zeit als Gegner im freien Felde aus.
Am 20. August hatten die 1. und 2. Armee unter einheitlichem Befehl des
Generalobersten v. Bülow die Linie Brüssel—Gemblour erreicht. Die
3. Armee näherte sich der Maasstrecke Namur—Givet, die 4. Armee hing
mit ihrem rechten Flügel etwas ab, die 5. Armee schwenkte durch Luxem=
burg und Südbelgien bis Etalle—Diedenhofen vor. Man hoffte, den Feind
hinter der Maas zu finden, seinen linken Flügel angelehnt an die Sambre.
Diesen also galt es unter Ausschaltung von Namur zunächst zu umfassen.
Die Oberste Heeresleitung verzichtete darauf, das hierfür erforderliche Zu=
sammenwirken der Armeen des rechten Flügels selbst einheitlich zu regeln.
Sie überließ in einer Weisung am Abend des 20. August den Oberkomman=
dos „den bevorstehenden Angriff der 2. Armee gegen den westlich Namur
befindlichen Feind in Übereinstimmung zu bringen mit dem Angriff der
3. Armee gegen die Maaslinie Namur—Givet". Die 4. Armee sollte gegen
einen etwaigen feindlichen Angriff die linke Flanke der 3. Armee decken,
im übrigen im Verein mit der 5. Armee auf die Wahrung einer einheit=
lichen Front bedacht sein. Begab sich die Oberste Heeresleitung in Koblenz
freiwillig ihres Führungsrechtes, so zeitigte das Streben des Generals
v. Bülow nach engem taktischen Zusammenwirken mit der 3. Armee und
die gegen die eigene bessere Einsicht gegebene Zustimmung des Generals
v. Hausen*) hierzu statt des durchaus im Bereich der Möglichkeit liegenden
Cannae im Sambre—Maasknie nicht viel mehr als einen Luftstoß. Der
Feind entzog sich rechtzeitig dem ihm drohenden Unheil. Der nur in Form
einer Empfehlung gehaltene Hinweis der Obersten Heeresleitung an die
3. Armee vom Morgen des 23. August, ihre verfügbaren Teile südlich um
Givet herum gegen die Rückzugsstraßen des Feindes in Marsch zu setzen,
kam verspätet und wurde von der 3. Armee nicht in ausreichendem Maße
befolgt. Auch der bei Mons geschlagene Engländer ließ sich von der

---

*) Frhr. v. Hausen, Erinnerungen an den Marnefeldzug 1914, S. 133 ff.

1. Armee nicht umfassen und vernichten. Die 4. und 5. Armee brachen inzwischen in heißem Begegnungstampf den Angriff starker Feindträfte am 22. und 23. August und arbeiteten sich in den folgenden Tagen gegen den zähen Widerstand von Nachhuten bis an die Maas auf der Strecke von Sedan bis nördlich Verdun vor.

Auch hierbei fehlte es zum Teil an straffer Führung durch die Oberste Heeresleitung, der es nicht gelang, ihren Willen in einer dem operativen Gedanken voll entsprechenden Weise Geltung zu verschaffen. Der 5. Armee war die Aufgabe gestellt, auf dem inneren Flügel der großen Schwenkung den Anschluß an den Festungsbereich von Metz—Diedenhofen aufrechtzuerhalten. Sie sollte daher am 22. August in der Linie Etalle—Diedenhofen stehenbleiben und den Zusammenhang mit dem linken Flügel der vorwärtsschwenkenden 4. Armee wahren. Auf die Nachricht vom Vorgehen starker feindlicher Kräfte — sie wurden auf mindestens 6 Korps geschätzt — gegen die Linie Montmédy—Landres entschloß sich der deutsche Kronprinz am 21. August für den folgenden Tag selbst zum Angriff. Die Oberste Heeresleitung wies zunächst darauf hin, daß für die 5. Armee in dieser Lage die Verteidigung geboten sei. Indessen, so wenig sie einige Tage vorher dem Vorwärtsdrängen des bayerischen Kronprinzen in Lothringen Zügel angelegt hatte, so wenig bestand sie jetzt auf der Innehaltung ihres Befehls. Auf die Gegenvorstellungen des Generals v. Knobelsdorff erklärte sie sich mit dem Angriffsentschluß einverstanden. Die Gefahr, die dadurch für den rechten Flügel der 5. Armee heraufbeschworen wurde, konnte durch unmittelbare Vereinbarungen zwischen den kommandierenden Generalen des V. und VI. Armeekorps*) glücklich behoben werden. Was aber bezweckte der Frontalangriff der 5. Armee? Unwillkürlich denkt man bei der Betrachtung der Armeeführung des deutschen Kronprinzen im Rahmen der Gesamtoperation an die Rolle, die in kleineren Verhältnissen, aber, operativ genommen, in dem gleichen Sinne dem Prinzen Friedrich Karl bei Königgrätz zugefallen war. Sie ist von Graf Schlieffen dahin gekennzeichnet worden, daß der Frontalangriff der preußischen 1. Armee der Gesamtlage nicht entsprochen hätte, daß vielmehr ein Angriff Benedeks, selbst wenn er vorübergehende Erfolge zeitigte, erwünscht gewesen und in seiner Auswirkung nur um so vernichtender für ihn geworden wäre. „Die Folge wäre gewesen, daß der Sieger sehr bald von dem Besiegten ablassen mußte, um sich gegen einen der Feinde zu wenden, die seine Flanken bedrohten, daß dann der zurückgedrängte Feind wieder Front machte und so durch den scheinbaren Sieg die endliche Einschließung und Vernichtung

*) Das V. Armeekorps befand sich auf dem rechten Flügel der 5. Armee, das VI. auf dem linken Flügel der 4. Armee.

wesentlich gefördert, wenn nicht ermöglicht wurde*)." Wie hätte wohl
Graf Schlieffens Antwort gelautet, wenn er gebeten worden wäre, dem
erwarteten Angriff des Feindes am 22. August 1914 mit einem aus dem
Rahmen der Gesamtoperation herausfallenden Gegenangriffe zu begegnen? Uns dünkt, ähnlich wie jenes Wort aus der Schlußkritik von 1905:
„Wollen Sie nicht erst einmal Ihre Leute ausrichten und Points vornehmen**)?"

Nach dem Siege bei Longwy am 22. August gab die Oberste Heeresleitung selbst der 5. Armee vollste Freiheit des Handelns. Sie wurde darin
gefunden, daß die ganze Armee gegen die Maas nördlich Verdun vorging
und der Anschluß an Diedenhofen gänzlich aufgegeben wurde. Der
überraschende Vorstoß starker Feindkräfte aus der Woëvre-Ebene, der am
25. August bei Etain und östlich die linke Flanke der Armee traf und durch
eiligst herangezogene Landwehrbrigaden nur mangelhaft abgewehrt werden
konnte, führte vorübergehend eine nicht unbedenkliche Krise herbei, die
erst schwand, als der Feind, auf die Ausbeutung seines Erfolges ver-
zichtend, zurückging.

Wie gestalteten sich inzwischen die Dinge auf dem entscheidenden
rechten Heeresflügel? Schon waren ansehnliche Kräfte, fast ein Fünftel,
für Nebenzwecke aus der an sich nicht allzu großen Streiterzahl ausgefallen,
die zur Lösung der Offensivaufgabe zur Verfügung stand. Der gegen Antwerpen notwendige Flankenschutz hatte zwei Korps der Verwendung für
die Durchführung der großen Operationen entzogen. Die Belagerung von
Maubeuge beanspruchte ein weiteres Korps. Um so willkommener mußte
es sein, daß der schnelle Fall von Namur am 23. August die Möglichkeit
gab, die zur Belagerung dieser Festung eingesetzten zwei Korps den
Aufgaben des Bewegungskrieges wiederzuzuführen. Indessen, was
geschah?

Wir lassen zuerst das Wort dem damaligen Chef der Operationsabteilung, General Tappen. Er berichtet***):

„In diesen Tagen hatte auf der ganzen Heeresfront im allgemeinen
an der belgisch-französischen Grenze in mehr oder weniger engem Zeit- und
Raumzusammenhange eine große Schlacht stattgefunden. Die Franzosen
hatten sich, wie erwartet, zum Kampfe gestellt, um uns am Eindringen
nach Frankreich hinein zu verhindern; und in dieser großen mehrtägigen
Schlacht waren sie geschlagen. Die überaus günstigen Nachrichten, die täglich
und auch am 25. August einliefen, in Verbindung mit dem großen Siege

---

*) Graf Schlieffen a. a. O. Bd. I, S. 262.
**) S. 9.
***) Bis zur Marne 1914, S. 18.

der 6. und 7. Armee in Lothringen am 20. bis 23. August, erweckten im Großen Hauptquartier den Glauben, daß die große Entscheidungsschlacht im Westen zu unseren Gunsten geschlagen sei. Unter dem Eindrucke dieses »entscheiden= den Sieges« hat sich der Chef des Generalstabes trotz der entgegenstehen= den Bedenken am 25. August zur Abgabe von Kräften nach dem Osten ent= schlossen. Er glaubte den Augenblick gekommen, wo nach entscheidendem Siege im Westen im Sinne des großen Operationsplanes erhebliche Kräfte nach dem Osten abgegeben werden könnten zum Suchen der Entscheidung auch dort. Es wurden dafür sechs Korps bestimmt, unter ihnen das XI. Armeekorps und Garde=Reservekorps. Diese beiden Korps befanden sich auf den sich berührenden Flügeln der 2. und 3. Armee, sie waren beim Angriff auf Namur verwendet und beim weiteren Vorgehen der 2. und 3. Armee über Namur hinaus gewissermaßen aus der vordersten Kampf= linie herausgedrängt worden. Von den Oberkommandos der 2. und 3. Armee wurden die beiden Korps — wohl auch im Vollgefühl des er= rungenen Sieges — als sofort verfügbar bezeichnet*). Die übrigen vier Korps, die nach dem Osten gehen sollten, zwei aus der Mitte und zwei vom linken Flügel des Westheeres, standen nicht sofort zur Verfügung, sie mußten erst aus der Front herausgezogen werden. Schnelle Hilfe sollte aber im Osten gebracht werden. So kam es, daß gerade das XI. Armee= korps und Garde=Reservekorps, also gerade zwei Korps des rechten Heeres= flügels, der doch auch weiterhin stark gehalten und verstärkt werden mußte, zuerst nach dem Osten abgingen. Hätte beim Generalstabschef bei der Ab= gabe so starker Kräfte nach dem Osten lediglich der Grund zu großer Weichheit gegenüber den schwierigen Verhältnissen im Osten vorgelegen, so hätte er die am 25. getroffene Maßnahme bereits am 26. unter Berück= sichtigung der günstigen Nachrichten aus dem Osten wieder rückgängig machen können. Erst nachdem der Sieg von Tannenberg in seinem ganzen Umfange bekannt war, wurde auf Grund nochmaliger Erwägung der Be= denken einer Schwächung der Westfront die Abgabe wenigstens der vier Korps aus der Mitte und vom linken Flügel rückgängig gemacht; eins dieser Korps, das V. Armeekorps, stand bereits bei Diedenhofen verlade= bereit. Das XI. Armeekorps und Garde=Reservekorps waren schon unter= wegs. Wie schlecht die Eisenbahnverhältnisse auf dem rechten Heeresflügel und in Belgien zu dieser Zeit noch waren, geht am klarsten daraus hervor, daß das XI. Armeekorps und Garde=Reservekorps von Namur nach

---

*) Seitens des Armee=Oberkommandos 3 ist das in bezug auf das XI. Armeekorps nicht geschehen. Vgl. Frhr. v. Hausen im Militär=Wochenblatt Nr. 116 vom 2. Juni 1920.

Aachen, Malmedy und St. Vith marſchieren mußten, um erſt von dort mit
der Eiſenbahn abbefördert zu werden*)!"

Generaloberſt v. Moltke ſelbſt berichtet in einem im Sommer 1915
verfaßten Rückblick auf den Verlauf der Operationen:

„Während die 1. bis 5. Armee in ſiegreichem Vorgehen über die Maas
und Sambre waren, machten die Verhältniſſe im Oſten, wo die Ruſſen
gegen Erwarten ſchnell in Preußen eingedrungen waren, eine Entſendung
von Verſtärkungen dorthin nötig, b e v o r e i n e e n d g ü l t i g e E n t =
ſ c h e i d u n g i m W e ſ t e n h a t t e e r r e i c h t w e r d e n k ö n n e n.
Ich beabſichtigte, dieſe Verſtärkungen der 7. Armee zu entnehmen, die
ebenſowenig wie die 6. trotz langen, ſchweren Ringens an der Moſel
vorwärtsgekommen war. Die beſtimmten Meldungen beider Armeen, daß
der Feind ihnen dauernd mit überlegenen Kräften gegenüberſtehe, und
daß die eigenen Verluſte ſo groß ſeien, daß eine andere Verwendung von
Teilen der 7. Armee erſt nach Wiederauffüllung möglich ſei, waren Ver=
anlaſſung, nach dem Fall von Namur dem deutſchen rechten Flügel zwei
Korps zu entnehmen und ſie nach dem Oſten zu überführen. I c h g e b e
z u, d a ß d i e s e i n F e h l e r w a r, d e r ſ i c h a n d e r M a r n e
r ä c h t e."

So geben der Generalſtabschef und ſein Berater nach den Ereigniſſen
verſchiedene, nicht völlig miteinander vereinbare Gründe für die Abgabe
der beiden Korps an den Oſten an. Wir können es dahingeſtellt ſein laſſen,
welche Erwägungen im gegebenen Augenblick für den Entſchluß ausſchlag=
gebend geweſen ſind, ob ſie mehr einer übertrieben optimiſtiſchen Be=
urteilung der Lage auf der Weſtfront oder einer zu peſſimiſtiſchen Ein=
ſchätzung der Dinge im Oſten entſprangen. Es genügt die Feſtſtellung, daß
General v. Moltke ſelbſt die Abgabe der beiden Korps als einen Fehler be=
zeichnet hat. Damit iſt zugegeben, daß die Maßnahme hätte vermieden
werden können und müſſen.

Ließ ſich der begangene Fehler im Intereſſe der Geſamtoperation
wiedergutmachen, der Kräfteausfall auf dem Entſcheidungsflügel aus=
gleichen? Wir wiſſen, daß Graf Schlieffen zur Belagerung von Maubeuge
der Schlachtfront kein Korps entzogen hätte. Er wollte die Feſtungen der
franzöſiſchen Nordfront nur durch Landwehrtruppen einſchließen oder beob=
achten. Das VII. Reſervekorps konnte alſo der Verwendung im freien Felde
vielleicht erhalten bleiben. Antwerpen gegenüber mußte freilich der Rücken-

---

*) Es kann ſich jedenfalls bei der Abgabe von 6 Korps nur um Erwägungen
gehandelt haben. Befehle zur Abgabe ſind nur an das XI. Armeekorps, Garde=Reſerve=
korps und V. Armeekorps erlaſſen worden. Der Befehl zum Abtransport des V. Armee=
korps wurde am 30. Auguſt wieder rückgängig gemacht.

schutz des Heeres durch das III. und IX. Reservekorps unbedingt aufrecht=
erhalten bleiben. Wie aber stand es mit dem mehr als reichlich ausgestatte=
ten Südflügel des deutschen Heeres? Er zählte jetzt einschließlich der Ersatz=
Divisionen und der Hauptreserven von Metz und Straßburg 24 Divisionen.
Die Gelegenheit, in dem Augenblicke, als der deutsche Vormarsch durch
Belgien seine Gesetzeskraft auf den Gegner zu äußern begann, starke
Kräfte aus den Reichslanden mit der Bahn hinter den Nordflügel zu führen
und als Staffel folgen zu lassen, war freilich schon verpaßt. Man hatte dem
Gedanken des Grafen Schlieffen zwar theoretisch in den Friedensvorberei=
tungen Rechnung getragen, ihn aber in der Stunde, da es seine Aus=
führung galt, einer verlockenden Aussicht geopfert, die sich nicht erfüllt hatte.
Auch in den Tagen nach der Lothringer Schlacht ließ man von dieser
Hoffnung nicht ab und wollte durch Verfolgung eine Siegesernte ein=
bringen, ohne daß die Sichel genügend geschnitten hatte. Jetzt war es zu
einer Verschiebung starker Kräfte mit der Bahn hinter den rechten Flügel
reichlich spät. Zwar standen das I. bayerische und das XXI. Armeekorps
günstig bereit, um schnell von Metz abgefahren zu werden*). Die belgischen
Bahnen erwiesen sich aber als so nachhaltig zerstört, daß zu diesem Zeit=
punkt aus der Gegend von Aachen für größere Truppenmengen nur Fuß=
marsch möglich gewesen wäre**). Das bedeutete ein so erhebliches Ab=
hängen der Flügelstaffel, daß es fraglich war, ob sie rechtzeitig zum Ein=
greifen in eine Entscheidungsschlacht vorgezogen werden konnte. Verzichtete
man also auf diesen Bahntransport, so gab es doch eine andere Möglichkeit,
auch jetzt noch starke Teile des Südflügels dem Gedanken der großen Um=
fassungsbewegung dienstbar zu machen: Eine Truppenverschiebung aus den
Reichslanden mit Fußmarsch und Eisenbahn über Metz und Diedenhofen
in die Gegend westlich Luxemburg, das augenblickliche Operationsgebiet der
5. Armee, lag jederzeit durchaus im Bereich der Möglichkeit. Das ist keine

---

*) Sie wären somit auch für einen Abtransport nach dem Osten viel eher ver=
fügbar gewesen als das XI. Armeekorps und das Garde=Reservekorps.

**) Die ungünstige Eisenbahnlage wurde übrigens dank der Energie des Feldeisen=
bahnchefs und der gewaltigen Leistungen der Bautruppen überraschend schnell gebessert.
Von den beiden als Transportstraßen in Betracht kommenden Strecken vom linken zum
rechten Heeresflügel war diejenige über Aachen—Lüttich—Löwen—Brüssel—Mons—Va=
lenciennes—Cambrai betriebsfähig am 22. August bis Landen, am 25. August bis Löwen,
am 29. August bis Mons, am 30. August bis Valenciennes, am 31. August bis Cambrai,
am 10. September bis St. Quentin. Die andere Strecke Metz—Luxemburg—Libra=
mont—Namur—Charleroy war betriebsfähig am 27. August bis Libramont, am 1. Sep=
tember bis Jemelle, am 9. September bis zur Maasbrücke bei Namur. Die Brücke selbst
wurde erst am 30. September fertiggestellt, doch konnten kleinere Truppentransporte
durch Umladen in Namur auf der Strecke nach Charleroy weitergeleitet werden, die
schon vom ?. September an betriebsfähig war.

nachträgliche Entdeckung kritisierender Schreibtischarbeit. Eine derartige
Verwendung der 6. Armee war bereits in den Aufmarschanweisungen für
den Fall ins Auge gefaßt, daß eine unmittelbare Unterstützung der
5. Armee westlich der Mosel notwendig werden sollte. Entschloß man sich
jetzt zu dieser Maßnahme, so ließen sich alle fünf durch Belgien und Luxem=
burg marschierenden Armeen des rechten Flügels mit einer Verlegung
ihrer Marschrichtungspunkte nach rechts schieben und damit annähernd
jene überragende und doch geschlossene Front gewinnen, die die unerläß=
liche Vorbedingung Schlieffenscher Cannae=Strategie war. Gewiß konnte
dabei hier und da ein Stopp in der allgemeinen Vorwärtsbewegung ent=
stehen, die Fühlung am Feinde vorübergehend verlorengehen. Nach
Schlieffenscher Lehre kam es aber jetzt nach Überwindung der Enge
Brüssel—Namur nicht sowohl auf Schnelligkeit als auf Geschlossenheit und
Wahrung der operativen Umfassungsmöglichkeit an.

Solche Entschlüsse verboten sich für eine Heeresleitung, die von der
durch die Berichterstattung einiger Armeen genährten, leider unzutreffen=
den Vorstellung ausging, daß es sich bei der Fortführung der Operationen
lediglich um die Verfolgung eines geschlagenen, zum Teil fliehenden
Feindes handele, der man nicht Einhalt tun dürfe, um seine Wiedererstar=
kung und Neubildungen zu verhindern. Was an Zahl, an materieller Kraft
fehlte, sollte durch die moralische Wucht „brutaler" Kraftäußerung ersetzt
werden. Der hohe Schwung, der die Führung der Armeen ganz offenbar
beseelte, durfte durch die Oberste Heeresleitung nicht gelähmt werden.
Kurz, die Entscheidung fiel gegen eine Heranziehung stärkerer Kräfte des
Südflügels zu den Operationen westlich der Mosel*). D a m i t   s c h w a n d
d i e   M ö g l i c h k e i t ,   d e n   S c h l i e f f e n s c h e n   U m f a s s u n g s =
g e d a n k e n ,   w e n n   a u c h   n u r   a n n ä h e r n d ,   b e i z u b e =
h a l t e n .

Die Oberste Heeresleitung zog freilich diese Schlußfolgerung vor der
Hand noch nicht. Sie wurde sich der Notwendigkeit straffer Zügelführung
infolge der Täuschung über die Größe der bisher errungenen Erfolge über=
haupt gar nicht bewußt. Das muß hervorgehoben werden; denn damit
erklärt sich die Tatsache, daß sie so sehr den Dingen ihren freien Lauf ließ.
In Wahrheit glaubte sie, den siegreichen Armeen nicht in die Zügel fallen
zu dürfen, und gedachte, bei der Fortsetzung der Verfolgung in südwest=
licher Richtung das Land in großer Breite zu überschwemmen, den rechten
Flügel zur Wahrung der Umfassungsfreiheit weit nach Westen aus=
zudehnen.

---

*) Nur zwei Ersatz=Divisionen sollten gemäß Befehl der Obersten Heeresleitung
vom 27. August von der 6. zur 5. Armee übertreten.

Siebentes Kapitel.

Die Verfolgungsoperation vom 27. August bis zum 4. September 1914.

Die am 27. August erlassenen Weisungen gaben der 1. Armee die Vormarschrichtung westlich der Oise gegen die untere Seine, also ganz im Sinne Schlieffens, nur ganz und gar nicht auf der Grundlage seiner Kräfte= gruppierung und Kräfteverteilung. Außerdem fiel der 1. Armee der Flankenschutz des Heeres zu. Der Marsch der 2. Armee sollte über die Linie La Fère—Laon auf Paris gehen, die auf dem Wege liegenden Festungen, wie Maubeuge, La Fère und Laon — letzteres im Verein mit der 3. Armee —, weggenommen werden. Dieser Armee war die Richtung auf Château Thierry, der 4. Armee über Reims, das wegzunehmen war, auf Epernay, der 5. Armee auf Châlons=sur=Marne—Vitry=le=François gegeben. Die 5. Armee hatte weiterhin durch Staffelung links rückwärts für den Flankenschutz zu sorgen und Verdun abzuschließen. Man messe den Raum, den sie damit umspannen sollte! An Stelle der bisherigen Linksschwenkung des großen rechten Heeresflügels trat also der Vormarsch in breiter Front in südwestlicher Richtung. Alle Armeen wurden auf gegenseitiges Einvernehmen und Unterstützung im Kampfe an den einzel= nen zu überwindenden Abschnitten hingewiesen. Starker Widerstand an der Aisne und später an der Marne könne ein Eindrehen der Armeen aus südwestlicher Richtung in eine südliche erforderlich machen. Die Wichtigkeit schnellen Vorgehens wurde betont.

Für die Mitwirkung der 6. und 7. Armee bei diesen Operationen fand man als einzigen Ausweg, der noch blieb, wenn man sie überhaupt operativ zur Geltung bringen wollte, den Durchbruch durch die Festungsfront an der Ostgrenze. Der 6. Armee wurde die Moselstrecke zwischen Toul und Epinal und dann die allgemeine Richtung auf Neufchâteau zugewiesen. Ihr sollte hierbei der Schutz der linken Heeresflanke, die Abschließung von Toul und Nancy, die Sicherung gegen Epinal zufallen. Die 7. Armee, durch Abgabe mehrerer Korps an die 6. Armee geschwächt, hatte diesseits der Mosel den Schild gegen ein Vorbrechen des Gegners zwischen Epinal und der Schweizer Grenze zu bilden.

Mit dem Auftrag für die 6. Armee wurde der Operationsplan um einen ganz neuen, wesentlichen Gesichtspunkt erweitert: Man wollte nicht nur an dem bisherigen Ziele der operativen Umfassung mit dem rechten Heeresflügel festhalten, sondern gleichzeitig mittels Durchbruchs durch den Festungsgürtel die doppelseitige Einkreisung des Gegners herbeiführen.

Im Frieden hatte es auch nach dem Rücktritt des Grafen Schlieffen an Warnungen vor derartigen Verſuchungen auf Grund von Erkundungen der Geländeschwierigkeiten und der Stärke der feindlichen Befestigungen bis in die letzte Zeit vor dem Kriege nicht gefehlt. Sie wogen jetzt leicht im Vergleich zu den Erfahrungen, die man mit dem schnellen Fall der Lüt= ticher Forts gemacht hatte*). Hatte nicht auch Graf Schlieffen die fran= zöſiſche Feſtungsfront durchbrechen wollen? Gewiß. Indessen, erinnern wir uns seines Gedankenganges: Zunächſt in der Denkschrift von 1905. Da war für ihn der Augenblick zu solchem Schritte erst gekommen, wenn der erdrückend gemachte rechte Heeresflügel, westlich und südlich um Paris herumgreifend, den auf der ganzen Linie geschlagenen und durcheinander= geschüttelten Feind von Weſten her gegen seine eigenen Befeſtigungen zu= rückwarf. Dann wollte er ihm von Oſten her den Genickfang geben. Und in der Studie vom Dezember 1912 war dieser Durchbruch als Krönung eines in belagerungsmäßigen Formen geführten Angriffs gedacht unter der Voraussetzung, daß die Zahl der deutschen Streitkräfte die Offenſive auf der gesamten Front von Antwerpen bis zur Schweizer Grenze erlaubte, und auch dann erst zu dem Zeitpunkt, wo der Entscheidungsflügel über Abbéville in die Feſtung Frankreich eingedrungen war. Uns erscheint heute eine solche Berufung auf Schlieffen als eine Versündigung an seinem Geiſt. Sie iſt nur verſtändlich, wenn man sich auch hier vergegenwärtigt, daß die Oberſte Heeresleitung sich in einem rosig gefärbten Bilde der Gesamtlage befand, das einer gesunden Skepsis keinen Raum ließ.

Zu diesem Bilde paßten nun die Vorgänge der nächſten Tage nicht mehr. Es wurde klar, daß der Feind entscheidend noch nirgends geschlagen war. Die 4. und 5. Armee fanden an und jenseits der Maas so starken, immer wiederholten Widerſtand, daß sie nur langsam und unter großen Verluſten Gelände gewannen. Erſt das mit Zuſtimmung der Oberſten Heeresleitung am 30. August vollzogene Eindrehen der 3. Armee aus ihrer südwestlichen Verfolgungsrichtung in eine südliche auf Rethel brachte zunächſt den rechten Flügel der 4. Armee, in den folgenden Tagen auch die 5. Armee vorwärts. Alle drei Armeen nahmen dabei unter fortgesetz= ten Kämpfen allmählich die Front nach Süden. Operativ wirksamer wäre freilich eine Belaſſung der 3. Armee in ihrer bisherigen Richtung gewesen. Das Vorwärtskommen des inneren Schwenkungsflügels, der 4. und 5. Armee, war im Sinne der Gesamtoperation weniger wichtig als das Ge= lingen eines Cannae auf dem äußeren Flügel. Zu einem solchen beizu= tragen bot sich der 3. Armee ähnlich wie zuvor an der Maas jetzt bei un= entwegtem Fortschreiten in südwestlicher Richtung eine neue günſtige Ge=

---

*) Vgl. Tappen a. a. O. S. 15.

legenheit, da die 2. Armee bei Guise und östlich auf hartnäckigen Widerstand der vereinzelt zum Gegenangriff schreitenden französischen 5. Armee stieß. Im Zusammenwirken mit dem über St. Quentin geführten Umfassungs= angriff des Bülowschen rechten Flügels mußte ein Herumgreifen der 3. Armee um die rechte Flanke des Feindes in seinen Rücken ein großes Ergebnis zeitigen. Lanrezac konnte zum zweiten Male vernichtet werden. Auch jetzt entkam er wieder. Die frontale Verfolgung nach der dreitägigen Schlacht bei St. Quentin führte nun auch die 2. Armee in eine direkt süd= liche Richtung, während die 1. Armee sich zuvor noch gegen die ihre rechte Flanke von Amiens her bedrohenden neugebildeten Feindkräfte am 28. und 29. August südwestlich Peronne mit anschließendem Vorstoß auf Amiens Luft machen mußte, um dann auch ihrerseits, den Rückzugsspuren der Engländer folgend, gegen die Oise=Strecke Compiègne—Noyon einzu= drehen. Die Oberste Heeresleitung gab ihre Zustimmung zu dieser durch die Initiative der Armeeführer eingeleiteten Änderung der Operations= richtung, in deren Verfolg bei der 1. Armee der Gedanke einer starke Marschleistungen fordernden operativen Umfassung des immer weiter zu= rückweichenden Feindes zum Ausdruck kam. Sah man von anscheinend schwachen, mithin bedeutungslosen französischen und englischen Verbänden ab, so schien der linke Flügel des Feindes die Verbindung mit Paris ver= loren zu haben.

Der am Abend des 2. September ausgegebene Befehl der Obersten Heeresleitung, die inzwischen nach Luxemburg vorgegangen war, stellte nunmehr als neue Operationsabsicht d i e A b d r ä n g u n g d e r F r a n = z o s e n i n s ü d ö s t l i c h e r R i c h t u n g hin. Sie kehrte damit äußerlich zum Schlieffenschen Grundgedanken zurück. Und doch, welch tiefgreifender Unterschied des aus den augenblicklichen Verhältnissen geborenen Ent= schlusses gegen das, was Schlieffen auf der Grundlage einer völlig anderen Ökonomie der Kräfte als erstrebenswert, ja unumgänglich notwendig er= achtet hatte! Ein Übergang über die Seine unterhalb Paris verbot sich jetzt ganz einfach mit Rücksicht auf die geringe Zahl der zur Operation zur Ver= fügung stehenden Kräfte. Statt westlich und südlich um Paris herumzu= gehen, gedachte man auf kürzerem Wege östlich an Paris vorbei auf gleicher Fährte jagen zu dürfen.

Sachlich wägende Kritik wird dem Gedanken eine g e w i s s e Berechti= gung nicht versagen dürfen. Die frühere Selbsttäuschung über den Umfang und die Tragweite der bisherigen Erfolge war der Erkenntnis gewichen, daß die Hauptarbeit noch zu leisten war. Wie die Dinge jetzt lagen, hatte man sich der Möglichkeit begeben, durch rechtzeitige Umgruppierung oder Verschiebung der Kräfte eine Überlegenheit auf dem operativ entscheiden=

den Flügel zur Geltung zu bringen. Jetzt konnte man nur dadurch, daß man dem Gegner überall an der Klinge blieb, ihn überall fesselte, nirgends von ihm abließ, noch hoffen, ihm weiterhin das Gesetz vorzuschreiben, ihn daran zu hindern, Reserven flüssig zu machen und der drohenden deutschen Umklammerung ausreichend, womöglich gar durch Flankenstoß, zu begegnen. Freilich setzte man damit das für den Zustand der Truppe und die Nach= schubfrage bereits recht bedenklich gewordene Rennen ohne Unterlaß fort und entfernte sich auch hierin vom Grundgedanken des Grafen Schlieffen. Weiterhin war ein Schutz der rechten Heeresflanke für alle Fälle not= wendig. Denn so hieß die Lehre des Grafen Schlieffen: „Moderne Festun= gen sind bestimmt, auch den numerisch Schwächeren zur Offensive zu be= fähigen, indem sie den sie benutzenden Heeresteilen überraschendes Vor= brechen nach den verschiedensten Richtungen gestatten und ihnen Flanken und Rücken decken*).“ Das galt hier von der Festung Paris, die Berück= sichtigung heischte. Dem ließ sich zur Not noch Rechnung tragen, indem der Flankenschutz wie bisher der 1. Armee übertragen blieb. Sie sollte ge= staffelt der 2. Armee folgen.

Aber in der Kette dieser Überlegungen fehlt doch ein wichtiges, ja das wichtigste Glied: Durfte man noch hoffen, die 6. und 7. Armee im Inter= esse dieser Gesamtoperation auf dem eingeschlagenen Wege zur Geltung bringen zu können? Die 6. Armee hatte in den letzten Augusttagen die Vorbereitungen für den ihr zunächst obliegenden Angriff auf die befestigte Stellung östlich Nancy getroffen, deren Wegnahme die Voraussetzung für den geplanten Durchbruch über die Mosel durch das Loch zwischen Toul und Epinal war. Am 30. August hatte die Oberste Heeresleitung für diesen Angriff nahezu 70 schwere Batterien aus den deutschen Westfestungen zur Verfügung gestellt. In einer Besprechung mit dem Oberkommando der 6. Armee am 2. September scheinen zum ersten Male Zweifel laut gewor= den zu sein, ob es glücken würde, durch Festhalten an dem Durchbruchs= gedanken den erhofften Erfolg, wenn überhaupt, noch so rechtzeitig zu erreichen, daß seine operative Auswirkung für die Gesamtlage ins Gewicht fiel. Für den Gedankengang, der die Oberste Heeresleitung jetzt beherrschte, genügte es aber schon, wenn man den gegenüberbefindlichen Feind, dessen Stärke noch immer auf etwa 13 Armeekorps geschätzt wurde, durch den Angriff wenigstens f e s s e l t e. Das mußte doch möglich sein. Die Ent= scheidung fiel dahin, daß der Angriff auf Nancy nach sorgfältiger und plan= mäßiger Vorbereitung am 4. September beginnen sollte. Auch Graf Schlieffen hatte ja solchen Angriff auf Nancy bei Feldzugsbeginn vor=

---

*) Mitteilung des Generals v. Hahnke.

geschlagen, um den Gegner zu fesseln. Er hatte freilich Aushilfen bei der Hand, wenn das Mittel seinen Dienst versagen sollte.

Gab es 1914 keine Aushilfen, gab es überhaupt keinen aussichtsvolle= ren Weg für die Verwendung der 6. Armee, wenn man durchaus am Ge= danken des Durchbruchs oder zum mindesten des Fesselns festhalten wollte? Wir glauben doch. Der Durchbruchsgedanke spielte jetzt noch an einer ande= ren Stelle eine Rolle, weiter nördlich zwischen Verdun und Toul durch die Sperrfortslinie auf den Maashöhen. Hier sollte die 5. Armee das ihr nach nutzlosen Hin= und Hermärschen wieder zur Verfügung gestellte V. Armee= korps zur Wegnahme der Forts Troyon, Les Paroches und Camp des Romains verwenden. Da dieses gleichzeitig die Abschließung von Verdun auf der Südostfront übernehmen und sich gegen die Südfront sichern mußte, blieben ihm für den besagten Zweck nicht viel Kräfte übrig. Glückte der Versuch, so war ihm eine nicht zu unterschätzende unmittelbare taktische Einwirkung auf die Lage der 5. Armee sicher, die jenseits der Maas, süd= westlich von Verdun, in harten Kämpfen nur schrittweise Boden gewann. Er durfte auch als aussichtsreich angesehen werden, weil die Sperrforts, mehr oder weniger auf sich selbst angewiesen, einer Unterstützung durch Feldtruppen zu entbehren schienen. In der Woëvre=Ebene und auf den Maas=Höhen war Anfang September weit und breit kein Feind zu sehen. Alle seine Kräfte hatten sich in den Kampf jenseits der Maas gegen die fortgesetzten Angriffe der 5. Armee verstrickt. Der Gedanke ist daher nicht von der Hand zu weisen, daß es besser gewesen wäre, für diesen Durch= bruch starke Kräfte der 6. Armee freizumachen, um den Erfolg sicherzu= stellen und jenseits der Maas nicht nur taktisch, sondern auch o p e r a t i v ausbeuten zu können. Denn auch in letzterer Hinsicht eröffneten sich hier weitreichende Aussichten: der Eckpfeiler der ganzen französischen Festungs= mauer an der Ostgrenze, Verdun, wurde herausgesprengt — ihn kleinzu= schlagen, war eine spätere Sorge. Damit fiel die Front mindestens bis Toul und wurde auch weiter südlich hinter der Mosel ins Wanken gebracht. Der frontale Angriff und Durchbruch, wie er dem Grafen Schlieffen als Restarbeit doppelseitiger Umklammerung vorgeschwebt hatte, gewann innere Berechtigung und Aussicht auf Erfolg. Die Oberste Heeresleitung will diesen Gedanken auch in den letzten Augusttagen erwogen, aber „mit Rücksicht auf erhebliche entgegenstehende Schwierigkeiten" fallengelassen haben*). Worin diese bestanden haben sollen, wird nicht gesagt. Jeden= falls waren sie zu überwinden, sofern man sich nur klar war, daß diese Operation nach Lage der Dinge Anfang September die einzige war, mit der

---

*) Vgl. Tappen a. a. O. S. 16.

man noch den Feind an seiner Ostfront fesseln und damit die unerläßliche Vorbedingung schaffen konnte, um überhaupt die Gesamtoperation im Sinne des am Abend des 2. September gefaßten Entschlusses fortzuführen. Statt dessen wurden die 6. und 7. Armee weiterhin an eine Aufgabe gebunden, an deren erfolgreiche und rechtzeitige Lösung man bei nüchterner Betrach= tung nicht glauben konnte und innerlich auch kaum mehr geglaubt hat. Die verhängnisvollen Wirkungen des Festlegens der 6. und 7. Armee auf taktisch unlösbare und damit operativ unwirksame Aufgaben und ihrer Ausschaltung für die Zwecke der Gesamtoperation gewannen in jenen ersten Septembertagen unmittelbar greifbare Gestalt.

So drängt sich schließlich aus der Würdigung aller in Betracht kom= menden Momente der Schluß auf, daß es für die Oberste Heeresleitung bereits am Abend des 2. September die richtigste Maßnahme gewesen wäre, von der Fortsetzung der Verfolgung überhaupt Abstand zu nehmen und die ganze Operation auf einen neuen Gedanken umzustellen. Er konnte nur in der inneren Rückkehr zur Lösung des Grafen Schlieffen be= stehen: Macht mir nur den rechten Flügel stark. Dazu war erforderlich: Statt der erstrebten Fesselung der Kräfte des Feindes erst einmal die eige= nen Kräfte neu zu sammeln, den rechten Heeresflügel wieder einzufangen, den linken aus seiner unlösbaren Aufgabe zurückzunehmen, die Mitte zu verhalten, alle irgend entbehrlichen Kräfte aus den Fronten zu lösen und mit Bahn und Fußmarsch hinter den rechten Flügel zu schieben, um diesem die notwendige Tiefenstaffelung zu geben, und schließlich auch den Nachschub zur Stützung und Festigung des inneren Gefüges der Truppe nutzbar zu machen.

Indessen ein solcher oder ähnlicher Entschluß wurde nicht gefaßt. Unsere weiteren Betrachtungen haben sich daher zunächst auf den Stand= punkt zu stellen, der in dem Befehl der Obersten Heeresleitung vom Abend des 2. September zum Ausdruck kommt.

Wollte die 1. Armee der ihr von der Obersten Heeresleitung zu= gedachten Rolle, als r ü c k w ä r t i g e Staffel hinter der 2. Armee zu folgen und somit die rechte Heeresflanke zu decken, entsprechen, so mußte sie bei der augenblicklichen Aufstellung der beiden deutschen Armeen am 3., vielleicht auch noch am 4. September stehenbleiben. Denn während die 2. Armee erst am 3. die Marne erreichte, hatte der linke Flügel der 1. schon tags zuvor bei Château Thierry den Fluß überschritten. Sie befand sich also gegenüber der Nachbararmee in einer Vorwärtsstaffelung. Das Ober= kommando der 1. Armee glaubte aber im Sinne des neuen, der Gesamt= operation zugrunde gelegten Gedankens aus dieser Aufstellung den größten Vorteil zu ziehen, wenn es entgegen der ihm zugegangenen Weisung durch

rücksichtsloses Vordrängen dem weichenden Feinde die linke Flanke abzu=
gewinnen trachtete. Es zog daher am 3. September weitere Kräfte auf
das südliche Ufer der Marne vor und setzte am folgenden Tage die Ver=
folgung über die Linie Rebais—Montmirail fort. Nur ein durch Abgaben
geschwächtes Korps und eine Kavallerie=Division blieben zum Flankenschutz
auf dem nördlichen Marneufer zurück. Ein am Morgen des 4. September
an die Oberste Heeresleitung gerichteter Funkspruch begründete die ab=
weichenden Maßnahmen, bat um Benachrichtigung über die Gesamtlage
und um baldige Verstärkungen, da der „notwendige Flankenschutz die
Offensivkraft schwäche". Die 2. Armee gewann am 4. September erst die
Linie südlich Condé=en=Brie—Epernay, die 3. Armee überschritt abends
mit Vortruppen die Marne bei und westlich Châlons, die 4. Armee ver=
folgte bis Marson—Valmy, die 5. gelangte unter fortgesetzten schweren
Kämpfen bis St. Ménéhould—Clermont—Rarécourt. Die 6. Armee nahm
eine Vorstellung der Befestigungen östlich Nancy. Die 7. Armee machte im
Vorgehen auf Epinal nur geringe Fortschritte.

Einige Worte zu der Auffassung und den Maßnahmen der 1. Armee.
„Die Oberste Heeresleitung bedarf der verständnisvollen Unterstützung der
Armeeführer durch eigene Initiative. Diese wiederum müssen dauernd im
Bilde der Gesamtlage bleiben und immer bestrebt sein, sich ihr einzufügen."
So hatten die Worte der Schlußkritik Moltkes bei seiner letzten General=
stabsreise kurz vor dem Kriege gelautet*). Die 1. Armee hatte bisher
während des ganzen Vormarsches den Absichten der Obersten Heeresleitung
verständnisvoll vorgearbeitet und bei entscheidenden Maßnahmen ihre nach=
trägliche Billigung gefunden. Sich dauernd im Bilde der Gesamtlage zu
halten, war ihr freilich bei der höchst mangelhaften, meist auf kurze Funk=
sprüche beschränkten Nachrichtenverbindung mit der weit entfernten Obersten
Heeresleitung nicht möglich gewesen. Der Befehl vom Abend des 2. Septem=
ber war auch alles andere als eine Orientierung über die Gesamtlage. Aber
er wies doch der 1. Armee eine bestimmte Aufgabe im Rahmen der Gesamt=
operation zu. Entsprach die 1. Armee dieser ihr anbefohlenen Aufgabe,
so führte nach ihrer Auffassung die Gesamtoperation nicht zu dem gesteckten
Ziel. Dieses schien nur erreichbar, wenn die Armee entgegen ihrem Auf=
trage aus eigener Initiative dem operativen Gedanken Rechnung trug.
Hielt die Offensivkraft der Truppe trotz unerhörter Anstrengungen nur noch
kurze Zeit durch, so bestand „Hoffnung auf Ausbeutung des Erfolges"**).
Wurde durch Abweichen vom Befehle die Gesamtlage nicht gefährdet, so

---

*) S. 25.
**) v. Kluck, Der Marsch auf Paris und die Marneschlacht 1914, Berlin 1920,
E. S. Mittler & Sohn, S. 90.

konnte daher der Entschluß nicht zweifelhaft sein. So leicht lag hier der
Fall aber nicht. Denn machte man den Flankenschutz zugunsten der Fort=
führung der Offensive zu schwach, so konnten die Folgen von unüberseh=
barer Tragweite werden. Alles hing davon ab, wie hoch man die für die
rechte Flanke von Paris her drohende Gefahr einschätzte. Sichere Anhalts=
punkte waren nicht vorhanden. Man war auf Vermutungen angewiesen.
Im Kriege ist nach Clausewitz alles unsicher, außer was der Feldherr an
Willen in der eigenen Brust trägt. Hier siegte der Wille zum Siege über
die Bedenken, die das Wagnis einflößte. Einen Hindenburg und Luden=
dorff umstrahlt der Ruhm von Tannenberg, weil der Erfolg für sie war.
Ihr Entschluß war noch viel kühner, das Wagnis viel größer als beim
Handeln des Oberkommandos der 1. Armee. Diesem blieb der Erfolg
versagt. Aus seinen Maßnahmen entstand die Krise der Marneschlacht.
Darf man es tadeln, wenn man Hindenburg und Ludendorff bewundert?

Diese zustimmende Beurteilung des Verhaltens der 1. Armee bis zum
5. September läßt sich freilich nur unter der Voraussetzung vertreten, daß
das Oberkommando bei voller Würdigung der operativen Bedeutung der
Festung Paris wirklich an die Minderwertigkeit der feindlichen Führung
und gleichzeitig an einen operativen Erfolg seiner eigenen Verfolgung
geglaubt hat. War das nicht der Fall — die Ausführungen des General=
obersten v. Kluck in seinem jüngst erschienenen Werke*) erwecken den
Eindruck, daß er persönlich zum mindesten starke Zweifel am eigenen Er=
folge gehegt hat — so war es geboten, mit Rücksicht auf den Zustand der
Truppe auf die Fortführung der Operation in Form der Vorwärtsstaffe=
lung zu verzichten. Ein abschließendes Urteil erscheint daher erst möglich,
wenn die inneren Zusammenhänge durch die Forschung klargelegt sein
werden.

Achtes Kapitel.
Der Abend des 4. September 1914.

Sehr bald sollte die Undurchführbarkeit der am Abend des 2. Sep=
tember beschlossenen Operation zutage treten. Zahlreiche am 2. und
3. September einlaufende Nachrichten über feindliche Truppentransporte
vor der Front der 3., 5., 6. und 7. Armee ließen die Verschiebung starker
Feindkräfte von Osten nach Paris wahrscheinlich erscheinen. Dies im
Verein mit der berechtigten Annahme, daß sich in dem befestigten Raum
der französischen Hauptstadt außer Besatzungstruppen in erheblicher Stärke
auch Teile des vor der 1. Armee zurückgewichenen Feindes, vielleicht auch

*) v. Kluck a. a. O. S. 86.

Neubildungen versammelten, machte die Bedrohung der deutschen rechten
Heeresflanke von Paris her, die ja an sich immer im Bereich der Mög=
lichkeit lag, nunmehr sehr wahrscheinlich. Der Flankenschutz der 1. Armee
im Sinne des Befehls vom Abend des 2. September genügte dann nicht
mehr, noch viel weniger die von dieser Armee tatsächlich getroffenen Ab=
wehrmaßnahmen. Die Gefahren, die ein Vorstoß starker Kräfte von Paris
her in die rechte Flanke und in den Rücken des deutschen rechten Flügels
für die Gesamtlage heraufbeschwor, lagen auf der Hand. Die Oberste
Heeresleitung entschloß sich daher noch am 4. September abends, von der
Fortführung der eben erst eingeleiteten Umfassungsoperation, die den
Feind in südöstlicher Richtung von Paris abdrängen sollte, Abstand zu
nehmen und die 1. und 2. Armee mit der Bildung einer Abwehrfront
gegenüber der Ostseite von Paris zu betrauen. Hierbei sollte die 1. Armee
den Raum zwischen Oise und Marne (einschließlich der Übergänge westlich
Château Thierry), die 2. Armee den zwischen Marne und Seine (ein=
schließlich der Übergänge zwischen Nogent und Méry) decken, die Masse
beider Armeen dabei von Paris so weit entfernt gehalten werden, daß
genügende Operationsfreiheit für eine offensive Abwehr blieb. Der Ent=
schluß war die schnelle, wenn auch nicht einwandfreie Schlußfolgerung
aus einer zwar reichlich spät gewonnenen, aber doch richtigen Einschätzung
des Feindes. Welche Wirkungen mußte aber der Verzicht auf den bisher
leitenden operativen Gedanken für die Gesamtlage nach sich ziehen? Setzte
man die Bewegungen der anderen Armeen fort, so war es schwer, für sie
noch ein einheitliches Ziel zu finden, das durch ein Zusammenfassen aller
verfügbar gebliebenen Kräfte zu erreichen war. Die Oberste Heeresleitung
entschloß sich gleichwohl, mit der 3., 4. und 5. Armee die Verfolgungs=
operation fortzusetzen. Aber schon für die 3. Armee ergab sich dabei die
Schwierigkeit, eine bestimmte Richtung zu wählen. Sie hatte in den letzten
Tagen wenig oder gar keinen Widerstand gefunden. Der Feind war vor
ihr ziemlich geordnet zurückgegangen. Es fehlte also an einem taktisch
greifbaren Objekt. Man überwand diese Unbequemlichkeit, indem die
3. Armee in der bisher von ihr verfolgten Richtung belassen und auf
Troyes—Vendeuvre gewiesen wurde mit dem Vorbehalt, sie „je nach der
Lage, entweder zur Unterstützung der 1. und 2. Armee über die Seine in
westlicher Richtung, oder zur Beteiligung am Kampf der Armeen des linken
Heeresflügels in südlicher oder südöstlicher Richtung zu verwenden". Die
4. und 5. Armee sollten „durch unentwegtes Vorgehen" den in enger
Gefechtsberührung mit ihnen stehenden Feind dauernd nach Südosten zu
drängen suchen, die 5. Armee gleichzeitig mit den geringen verfügbaren
Kräften (10. Inf. Div.) den Angriff auf die Sperrforts zwischen Verdun

und Toul beginnen. Man hoffte, daß der Druck dieser beiden Armeen dem linken Nachbar, der 6. und 7. Armee, den Übergang über die obere Mosel öffnen würde, deren Aufgabe damit wieder über das Ziel eines bloßen Fesselns der feindlichen Kräfte hinaus zum Durchbruch gesteigert wurde*). Ob es den vier Armeen des linken Flügels gelingen würde, „nennenswerte Teile des Gegners gegen das Schweizer Gebiet abzudrängen, war noch nicht zu übersehen"**).

Den im Sinne dieser Absichten noch am Abend des 4. September erlassenen kurzen Befehlen folgten am 5. September ausführliche Weisungen der Obersten Heeresleitung. Man wird sie schwerlich als der Lage ent= sprechend ansehen können. Beharrlichkeit im Entschluß ist gewiß eine wichtige Eigenschaft des Feldherrn. Sie darf aber nicht dazu führen, an einem Operationsziel festzuhalten, wenn die zu seiner Erreichung verfüg= baren Kräfte im offenbaren Mißverhältnis zu der Schwere und Größe der Aufgabe stehen, noch weniger, wenn das Ziel selbst sich als unerreichbar erweist. So war es hier. Nüchterne Abwägung des Für und Wider mußte zu dem Ergebnis kommen, daß die Kräfte schwerlich noch aus= reichten. Die gewaltigen Marschleistungen des ununterbrochenen Vor= marsches hatten die Truppe auf das äußerste angestrengt, die fast täglichen Schlachten und Gefechte schwere Verluste verursacht, die Kopfstärken waren in beängstigender Weise gesunken, auf Ersatz war in absehbarer Zeit nicht zu rechnen, der Nachschub hatte mit dem Tempo der fechtenden Truppe nicht Schritt halten können***). Nur der über jedes Lob erhabene Geist und die Siegeszuversicht, die alle Teile beseelte, war der riesigen Schwierig= keiten bisher Herr geworden. Die moralischen Faktoren würden auch weiter durchhalten, aber doch nur bei denen, die nicht aus physischer Über= anstrengung oder durch die feindliche Waffenwirkung aus den Frontstärken ausfielen. Und diese Zahl der übrigbleibenden Kämpfer mußte reißend zusammenschmelzen. Der Zustand der Truppe forderte gebieterisch eine endliche, wenn auch nur vorübergehende Schonung, eine Ruhepause. Doch der mitleidlose Wille des Feldherrn darf sich nicht an die Klagen der unter= stellten Führer, an die Opfer der Truppe kehren, wenn es das Höchste gilt, den Sieg. Stand hier ein Sieg in Aussicht? Ein Sieg, der die Entscheidung des Feldzuges, die Vernichtung des Gegners brachte? Das zu erhoffen, war selbst der kühnsten Phantasie nicht möglich. Indirekt gestand das übrigens der Befehl der Obersten Heeresleitung auch ein. Der operative

---

*) Der am 27. August abends erlassene Befehl zum Durchbruch war übrigens trotz der auf S. 40 geschilderten Zweifel an der Ausführbarkeit niemals aufgehoben worden.
**) General Tappen stellt als Absicht des Befehls hin „den Gegner noch zu fassen".
***) „Wissen und Wehr." E. S. Mittler & Sohn. Berlin 1920. 1. Heft. Beiträge zur Geschichte der Marneschlacht. S. 89 ff.

Umfassungsgedanke war auch für jetzt tot. Die beiden Armeen des rechten Flügels, die nach dem Aufmarsch von 1914 seine alleinigen Träger ge=wesen waren, fielen aus und mußten sich auf die eigene Abwehr umstellen. Für die übrigbleibenden drei Armeen der Mitte handelte es sich also nur noch um eine rein frontale Operation, die ein g r o ß e s Ergebnis nach Schlieffenscher Lehre nicht zeitigen konnte. Wie wenig der vor der feind=lichen Festungsmauer festgebannte linke Flügel zur Verbesserung der Lage beitragen konnte, sah auch die Oberste Heeresleitung selbst ein. Sollte ihm doch erst der frontale Stoß der 4. und 5. Armee die Möglichkeit zu eigenem Vorgehen schaffen. Dabei durfte es der Feind riskieren, seine Kräfte hier zu schwächen, sie wegzuziehen an eine andere, für die Lage der Deut=schen strategisch höchst gefährliche Stelle. Die Oberste Heeresleitung selbst hat der am Abend des 4. September beschlossenen Operation die Absicht eines Durchbruchs durch die feindliche Mitte untergelegt. Bei der 4. und 5. Armee war darauf angesichts der Stärke des feindlichen Widerstandes schwerlich zu rechnen. Eher bei der 3. Armee. Ein taktischer Durchbruch hat aber nur dann Wert, wenn man in der Lage ist, ihn operativ durch starke und frische Kräfte auszubeuten. Diese fehlten hier, zumal an der richtigen Stelle, und waren auch durch Umgruppierungen erst sehr all=mählich heranzubringen. Man hatte sich verausgabt und befand sich — um mit Clausewitz zu reden — im Zustand strategischer Schwindsucht.

Wenn die Oberste Heeresleitung bisher allen Schwierigkeiten zum Trotz an dem höchsten Ziel der Kriegführung, der Vernichtung des Feindes, festgehalten hatte, auch nachdem sie aus ihrem anfänglich übertriebenen Siegesgefühl zu einer nüchternen, der Wirklichkeit näherkommenden Vor=stellung von der Größe der noch bevorstehenden Aufgabe gelangt war, so war am Abend des 4. September zum letzten Male der psychologische Augenblick gekommen, wo sie sich in Würdigung der Gesamtlage und aller für sie in Betracht kommenden Faktoren eingestehen mußte: Auf dem bis=herigen Wege geht es nicht weiter. Dem klar und noch nicht zu spät erkannten Verzicht auf den Umfassungsgedanken mußte sich folgerichtig der Entschluß anreihen, „das Ganze Halt" zu blasen, aber nicht bloß, um Atem zu schöpfen, sondern um gleichzeitig auf der ganzen Front überall, wo es angängig war, starke Kräfte aus der Kampflinie herauszuziehen und als Reserven flüssig zu machen. Mit ihnen war dann nach einiger Zeit je nach den inzwischen erkannten Maßnahmen des Feindes und den daraufhin notwendig werdenden eigenen Gegenzügen eine neue Offensive im Sinne des Schlieffenschen Grundgedankens zu beginnen. Vernichtungsstrategie läßt sich nur treiben mit offensivkräftigen Truppen und operativen Führungsreserven.

Der vorentwickelte Gedankengang führt zu folgendem Vorschlag:

1. Armee übernimmt die Abwehrflanke gegen Paris im Raume zwischen Oise und Marne, linker Flügel bei Château Thierry, unter allmählicher Staffelung starker Kräfte hinter dem Nordflügel. 2. und 3. Armee halten an der Marne, 4. und 5. Armee im Anschluß daran in Linie Châlons—St. Ménéhould—Clermont unter Abschließung von Verdun. Alle vier Armeen scheiden starke Reserven zur Verfügung der Obersten Heeresleitung aus. Sie werden auf St. Quentin mit dem weiteren Zielpunkt Amiens in Marsch gesetzt. Der beabsichtigte Angriff gegen die Sperrforts zwischen Verdun und Toul wird durchgeführt, der Angriff auf Nancy und das Vorgehen gegen Epinal sind einzustellen. Die 6. Armee übernimmt unter Mitverwendung von Teilen der bisherigen 7. Armee auf der Ostfront die Deckung bis zur Schweizer Grenze. Eine neue 7. Armee — gebildet aus starken Teilen der 6. und 7. Armee — wird als Heeresreserve bei Metz und Diedenhofen zwecks Umleitung auf den rechten Flügel verladebereit gestellt*). Gegen den voraussichtlich auf der ganzen Front angreifenden und in Kämpfe verstrickten Feind läßt sich dann von Amiens her eine umfassende Offensive führen. Tatsächlich hat sich Joffre an demselben Abend des 4. September zum Angriff entschlossen. Das konnte man natürlich nicht wissen. Aber auch wenn er nicht angriff, so schuf die Umgruppierung die Möglichkeit, den Schlieffenschen Plan mit starkem und tief gestaffeltem rechten Flügel durchzuführen. Auch ein operativer Durchbruch war als Lösung denkbar, aber niemals in unmittelbarer Folge der bisherigen Operationen, sondern erst nach Zusammenziehung der hierzu ausreichenden Kräfte von allen Fronten.

Kaum waren die Weisungen im Sinne der eingeschränkten Fortsetzung der Offensive verausgabt, als Ereignisse eintraten, die ernste Zweifel an ihrer Durchführbarkeit auslösen mußten. Es war der Feind, der, überdrüssig der ihm bisher zugefallenen Rolle des Ambosses, endlich einmal Hammer sein wollte. Er hatte sich zur Einstellung seiner Rückzugsbewegung und zur Gegenoffensive entschlossen. Zur unmittelbaren Auswirkung dieses Entschlusses kam es am 5. September freilich noch nicht. Die 1. Armee konnte sogar ihre Verfolgung gegen die Seine, an der sie — übrigens in Übereinstimmung mit einem zu ihr entsandten Verbindungsoffizier der Obersten Heeresleitung — auch am 5. September noch festhielt, bis an, teilweise über den Grand Morin fortsetzen. Erst für den folgenden Tag wurde der staffelweise Rückmarsch hinter die Marne beabsichtigt. Schon tauchte aber das den Rücken bedrohende Gespenst eines von Paris her vorgehenden starken Feindes in leibhaftiger Gestalt auf. General v. Gronau führte mit dem IV. Reservekorps den ihm anvertrauten

---

*) Über die Transportmöglichkeiten vergleiche das in der Fußnote **) zu S. 35 Gesagte.

Flankenschuß bei Dammartin offensiv durch. Die 2. Armee gelangte am 5. September mit dem rechten Flügel bis Montmirail und wollte am 6. durch Vorwärtsschwenkung die anbefohlene Front gegen Paris gewinnen. Die 3. Armee ruhte, die 4. traf nördlich des Rhein—Marne=Kanals auf Widerstand, die 5. Armee gewann noch etwas Gelände. Die 6. und 7. Armee standen in Kämpfen gegenüber Nancy und Epinal, ohne irgend= welche nennenswerten Fortschritte zu erzielen.

In dieser für die Fortführung der geplanten Operation wenig aus= sichtsreichen Gesamtlage schienen plötzlich die Dinge im Rücken des deutschen Heeres eine bedrohliche Gestalt anzunehmen. Die Erwartung eines neuen Ausfalls aus Antwerpen und die Ansammlung englischer Truppen in West= belgien, französischer in Nordfrankreich zwangen dazu, die dort befindlichen deutschen Kräfte zu verstärken. Aus der Heimat war das nicht möglich. Die 1. bis 5. Armee kamen für Abgaben auch nicht in Betracht. Blieben also nur die 6. und 7. Armee. Die Oberste Heeresleitung entschloß sich, die 7. Armee und den linken Flügel der 6. gegenüber Epinal in die Ver= teidigung zurückfallen zu lassen und dadurch zwei Armeekorps und eine Kavallerie=Division zum Abtransport nach Belgien verfügbar zu machen, alle in Französisch=Lothringen verbleibenden Kräfte der 6. Armee zu unter= stellen. Der Angriff auf Nancy sollte gleichwohl fortgeführt werden. Also trotz Verringerung der Kampfkraft zähes Festhalten am Durchbruchs= gedanken! Erst die Erfolglosigkeit der am 6. und 7. September unter= nommenen Angriffe vor Nancy, die Unmöglichkeit ausreichender Muni= tionslieferung und das Ausbleiben des von der 4. und 5. Armee erhofften entlastenden Druckes jenseits der Maas befreiten endlich am 8. September den Geist der obersten Führung von dem Alpdruck dieser Idee. Nur so wird verständlich, daß die Oberste Heeresleitung auch am 5. und 6. September noch an der Durchführung ihres operativen Planes festhielt.

Neuntes Kapitel.
Die Marneschlacht.

Über die nun folgende Marneschlacht können wir uns kurz fassen, da es sich in ihr nicht mehr um einen Sieg oder Mißerfolg des operativen Umfassungsgedankens, sondern um ein frontales Ausringen der Kräfte bei gleichzeitiger Abwehr eines feindlichen Umfassungsversuches handelte, der aus seiner ursprünglich operativ gedachten Form durch die rechtzeitigen Gegenmaßnahmen der 1. Armee zum taktischen Frontalangriff herabsank. Und dieser wurde von der 1. Armee schließlich in eine taktische Umfassung des feindlichen Nordflügels umgewandelt und damit jeder Wirkung beraubt — allerdings um den Preis, daß nun durch die zwischen 1. und 2. Armee entstandene Lücke dem Gegner die Möglichkeit eines Durchbruchs geboten wurde. Der dazu berufene Feind, der Engländer, wußte die Gunst des Augenblicks nicht zu nutzen und ließ sich durch schwache Deckungstruppen hinhalten. Erst der Entschluß des Generalobersten v. Bülow vom Morgen des 9. September, seine fast auf der ganzen Linie im Kampfe stehende Armee, deren rechter Flügel bereits am vorangegangenen Abend aus der Gegend nördlich Montmirail etwas zurückgebogen worden war, nach Norden zurückzunehmen, gab dem linken Flügel ihres Gegners, der französischen 5. Armee, die Freiheit, die dadurch geschaffene erhebliche Erweiterung der Lücke zum Versuch eines operativen Durchbruchs auszuwerten.

Die Oberste Heeresleitung war infolge ihrer weiten Entfernung und der Unzulänglichkeit der Nachrichtenvermittlung an diesem Entschluß des unterstellten Armeeführers nicht unmittelbar beteiligt. Es hatte durchaus ihrem Plan entsprochen, daß die vom Feinde angetragene Waffenentschei= dung, über deren Absicht ein erbeuteter Heeresbefehl des Marschalls Joffre volle Klarheit gegeben, von allen Armeen nicht nur angenommen, sondern mit der Fortsetzung des eigenen Angriffs beantwortet worden war. Was allem Streben ihrer Führung bisher nicht gelungen war, dem Feinde den Entschluß abzuringen, die Klingen in der Entscheidungsschlacht zu kreuzen, das konnte jetzt dank der Initiative des Gegners, wenn auch unter anderen als den bisher erwünscht erschienenen operativen Bedingungen zum Austrag gebracht werden. Der Kampf des 6. und 7. September hatte keine Entscheidung gezeitigt. Die Gefahr der Umfassung des Nordflügels der 1. Armee schien durch deren Maßnahmen beschworen. Mit Besorgnis sah man freilich die zwischen ihr und der 2. Armee entstandene Lücke. Sie konnte bei entschlossener Ausbeutung durch den Feind von verhängnisvollen Folgen werden und die 1. Armee vom Körper des deutschen Heeres ab= trennen. Diesen schlimmsten Fall zu verhüten, waren Maßnahmen zur Sicherstellung eines einheitlichen Zusammenwirkens beider Armeen er= forderlich. Wenn irgend angängig, galt es aber, die Krise, die auch beim Kampf der 2. Armee zu bestehen schien, durch Ausharren auf der ganzen Linie zu überwinden und jede rückgängige Bewegung zu verhindern*). Sollten indessen solche von den Armeeoberkommandos aus eigener Ent= schließung auf Grund der im einzelnen nicht zu übersehenden örtlichen Kampflage getroffen werden, so war beabsichtigt, den Zusammenschluß beider Armeen durch ein Zurücknehmen wiederherzustellen. Für die

---

*) Tappen a. a. O. S. 24.

1. Armee kam dann die Richtung auf Soissons—Fismes, für die 2. Armee ein Rückzug hinter die Marne, nötigenfalls hinter die Vesle, in Frage.

Um die Auffassung der Obersten Heeresleitung im Sinne dieser Über= legungen zu vertreten, wurde Oberstleutnant Hentsch am Morgen des 8. September zu den Oberkommandos entsendet. Er fand die Lage auf dem rechten Flügel der 2. Armee „ernst, aber nicht aussichtslos". Für aussichtslos aber sah Generaloberst v. Bülow die Lage seiner rechten Nachbararmee an, falls sie nicht zurückging. Er hat seinen Rückzugsentschluß n i ch t mit der taktischen Lage seiner eigenen, allerdings fast überall im Kampfe stehenden Truppen begründet, sondern mit der Rücksicht auf die nach seiner Meinung unhaltbar gewordene operative Lage der im Rücken be= drohten 1. Armee*). Mußte diese zurückgehen, was er für unvermeidlich hielt, so konnte auch die 2. Armee den Kampf in der jetzigen Linie nicht durchkämpfen. Generaloberst v. Bülow sah dann seine Aufgabe darin, nörd= lich der Marne den Anschluß an die 1. Armee wiederzugewinnen und sie zu stützen. Oberstleutnant Hentsch stimmte seiner Auffassung zu. Wenn man sich diesen Zusammenhang vergegenwärtigt, so ist man geneigt, den aus subjektiver Anschauung geborenen Entschluß des Generalobersten v. Bülow als die wahre psychologische Ursache für die Wendung anzusehen, die nun die Dinge in der Marneschlacht genommen haben. Wäre die Entscheidung des Führers der 2. Armee für das eigene Standhalten ausgefallen, unbe= kümmert um die operative Lage der rechten Nachbararmee, so wäre die Marneschlacht vielleicht ein deutscher Sieg, jedenfalls der in seinen Folgen so verhängnisvolle Rückzug vermieden worden. Die 1. Armee brauchte sich dann nach dem Erfolge auf ihrem rechten Flügel nur gegen den von der Marne her ihren Rücken bedrohenden Engländer zu wenden und ihn zum Halten zu bringen. Das lag im Bereich des Möglichen. „Eine ver= lorene Schlacht ist gewiß oft nur eine Schlacht, die man verloren glaubt; an deren folgendem Tage ein an Seelenkraft stärkerer Feldherr mit einem hierin stärkeren Heere, statt sich zurückzuziehen und geschlagen zu bekennen, Viktoria geschossen und die Geschichte gezwungen hätte, ihn für den Sieger zu halten." — So sagt Prinz Friedrich Karl.

Alles andere, was jetzt folgte, ist schließlich nur die unabänderliche, folgerichtige Wirkung dieses Entschlusses. Zunächst der unter bestimmendem Einfluß des Oberstleutnants Hentsch beschlossene Rückzug der 1. Armee trotz ihres auf dem rechten Flügel errungenen unbestreitbaren Erfolges.

---

*) v. Bülow, Mein Bericht zur Marneschlacht. 1920. S. 60. Tatsächlich befand sich auch der rechte Flügel der 2. Armee durchaus nicht in einer so schwierigen Lage, daß der Rückzug notwendig gewesen wäre. Vgl. „Wissen und Wehr", 4. Heft, Beiträge zur Geschichte der Marne=Schlacht, S. 376.

Diesen Erfolg jetzt noch unter den veränderten Verhältnissen durch Herumwerfen gegen die Engländer und Franzosen auszubeuten, mochte heroischer Wille vielleicht v e r s u ch e n , schwerlich aber im Hinblick auf die Psychologie des benachbarten Armeeführers mit dem Ergebnis, dadurch die ins Wanken gekommene Schlachtfront wieder zu schließen und zu stützen. Noch unmittelbarer äußerte sich die Wirkung des Bülowschen Ent= schlusses auf das Verhalten der 3. Armee, die nunmehr gleichfalls zum Zurückgehen gezwungen war. Noch lehnte sich die letzte Spannkraft des Generalobersten v. Moltke gegen das Weitergreifen des auf dem rechten Flügel eingeleiteten und dort unvermeidlich gewordenen Rückzuges auf die Bewegungen der übrigen Armeen auf. Mit Befehlen und persönlichem Eingreifen suchte er durch Fortsetzung des Angriffs auf dem linken Flügel eine Entlastung zu schaffen, die Lage ins Gleichgewicht zu bringen. Es war nicht möglich. Ein gebrochener und schwerkranker Mann, kehrte er am Abend des 11. September in das Große Hauptquartier zurück. Am folgenden Tage schlossen sich auch die 4. und 5. Armee der Rückzugs= bewegung an. Erst dem General v. Stein und dem Chef der Operations= abteilung gelang es in den folgenden Tagen, die Lage zu meistern und eine neue, einigermaßen geschlossene Einheitsfront herzustellen. Dann über= nahm General v. Falkenhayn die Leitung der Operationen.

Stellt man den Verlauf der deutschen Westoffensive 1914 in Vergleich mit dem Bilde, das Graf Schlieffen 1905 in seinem Operationsplan ge= zeichnet hat, so ist zusammenfassend zu sagen: Die verminderten Stärke= verhältnisse und der veränderte Aufmarsch verboten 1914 zwar eine getreue Kopie des Bildes, wie sie der Schöpfer übrigens nie verlangt hätte, beließen jedoch die Möglichkeit, die Operationen v o n A n b e g i n n nach seinem Plane zu führen. Erst die Lothringer Schlacht und ihre unmittelbaren Folgen schlossen diese Möglichkeit aus. Trotzdem konnte auch jetzt noch eine Rechtsschiebung aller Armeen in der Bewegung die Voraussetzung für eine Fortführung der Operationen annähernd in Schlieffenschem Geiste schaffen. Dem legten sich die Anordnungen vom Abend des 27. August hindernd in den Weg. Erst am Abend des 2. September wurde der Ge= danke der operativen Umfassung mit dem Ziel der Abdrängung des Feindes in südöstlicher Richtung wieder aufgenommen. Für sein Gelingen unter den gewandelten Verhältnissen war die Fesselung aller Feindkräfte auf der Gesamtfront Vorbedingung. Sie wurde auf dem rechten Flügel unter gewissen Vorbedingungen, in der Mitte durchaus mit Aussicht auf Erfolg, auf dem linken Flügel hingegen auf unmöglichem Wege und daher gänzlich ohne Erfolg angestrebt. So entstand die Gefahr von Paris. Die daraufhin getroffenen Maßnahmen vom Abend des 4. September mußten notgedrungen den Umfassungsgedanken begraben. Die beschränkte

Fortsetzung der Offensive mit der Mitte und dem linken Flügel erwies sich als aussichtslos. Der Wille des Gegners anderseits führte zur Schlacht= entscheidung unter operativ höchst ungünstigen Bedingungen für die Deut= schen. Ein „ordinärer Sieg" war auch jetzt noch möglich, eine Feldzugs= entscheidung im Sinne des Schlieffenschen Vernichtungsgedankens ausge= schlossen. Der allgemeine Rückzug wurde durch die der Entwicklung der Dinge vorgreifende Entschließung eines Armeeführers unvermeidlich.

Zehntes Kapitel.
Die französische Führung bis zur Marneschlacht.

Wenn wir den Urgrund des Mißerfolges der deutschen Westoffensive 1914 in dem Abweichen vom operativen Gedanken des Grafen Schlieffen sehen müssen, so soll damit nicht gesagt sein, daß dieser Mißerfolg nun eintreten m u ß t e. Schon die bisherigen Betrachtungen gaben mehrfach Gelegenheit, die Möglichkeiten aufzuzeigen, die sich der deutschen Führung 1914 für einen entscheidenden Sieg boten. Dabei wurde noch nicht berück= sichtigt, ob und in welchem Maße das tatsächliche Verhalten des Feindes die Aussichten solcher Siegesmöglichkeiten gesteigert hat. Es ist von hohem Reiz, auf Grund des bis jetzt veröffentlichten feindlichen Quellenmaterials über den Marnefeldzug dieser Frage näherzutreten. Sie soll hier nur in ganz großen Umrissen behandelt werden.

Dem ursprünglichen französischen Aufmarschplane, der die Versamm= lung der Hauptkräfte in vier Armeen (1., 2., 3., 5.) von der Schweizer Grenze bis Mézières, mit einer Armee (4.) in zweiter Linie um Châlons und Gegend östlich und zwei Gruppen von Reserve=Divisionen hinter dem rechten und linken Flügel vorsah, lag der Gedanke einer Offensive auf der ganzen Front zugrunde. Nur die Mitte sollte sich den Befestigungen von Metz und Diedenhofen gegenüber versagen. Die Versammlung der Eng= länder war im Raume von Vervins—Hirson—Maubeuge—Landrecies— Le Câteau vorgesehen.

Für diesen Aufmarsch war von vornherein eine Änderung plan= mäßig vorbereitet — angeblich für den Fall, daß die Deutschen die Neutralität Belgiens verletzten. Dann sollte die ursprünglich für die zweite Linie bestimmte Armee (4.) sich zwischen die 3. und 5. in die erste Linie einschieben, die 5. nach links zusammenziehen. Diese Variante des Aufmarsches kam zur Durchführung. Es sollten an= greifen: 1. Armee mit dem rechten Flügel am Vogesenkamm in Richtung Saarburg—Saargemünd unter gleichzeitigem Nebenangriff in das Ober=

elsaß, 2. Armee in Richtung Château=Salins—Saarbrücken, 3., 4. und
5. Armee gegen die Linie Luxemburg—Arlon—Neufchâteau—Gedinne mit
der Absicht, die deutsche Mitte zu durchbrechen und dann den deutschen
rechten Flügel aufzurollen. Die 3. Armee hatte sich gleichzeitig gegen
Metz—Diedenhofen zu sichern, die Engländer den linken Flügel des An=
griffs zu decken.

So rang also von Anbeginn der deutsche Gedanke der operativen Um=
fassung mit dem französischen Gedanken des operativen Durchbruchs um
die Palme des Sieges. Joffre schätzte die Gefahr der·Umfassung gering.
Er glaubte zunächst, daß sie, wenn überhaupt, so nicht mit nennenswerten
Kräften nördlich der Maas ausholen würde. Doch schon am 8. August
macht der Durchbruchsgedanke ein Zugeständnis, vielleicht auf Grund der
Ereignisse von Lüttich. Mit der Möglichkeit der Ausdehnung des deutschen
rechten Flügels in Richtung Brüssel wird gerechnet. Mitte und linker
Flügel sollen daher zunächst abwarten, den Vormarsch erst antreten, falls
die Deutschen vor Lüttich aufgehalten werden oder nach Süden abbiegen.
Den Hauptdruck soll der eigene rechte Flügel, die 1. und 2. Armee, durch
die Offensive in die Reichslande ausüben. An eine Umfassung ist auch hier
nicht gedacht. Es handelt sich nur um ein Eindrücken der deutschen Front.
In den folgenden Tagen bis zum 15. August gewinnt allmählich der Durch=
bruchsgedanke für die Mitte und den linken Flügel wieder das Über=
gewicht. Diese werden verstärkt. Der rechte Flügel soll nur noch durch
seinen zeitlich vorangehenden Angriff möglichst starke Feindkräfte fesseln,
auf sich ziehen, um die deutsche Mitte und den Nordflügel zu schwächen.
Für die Deckung des linken Flügels genügen noch in Anbetracht des zu
erwartenden Widerstandes der Belgier die Engländer und die dort
stehenden Gruppen von Reserve=Divisionen. Dem fortgesetzten Drängen
des Generals Lanrezac auf Ausdehnung des linken Flügels der 5. Armee
bis an die Sambre wird am 15. August nur zögernd und ungern nach=
gegeben, am Gedanken des Durchbruchs durch die deutsche Mitte festge=
halten. Wenn angängig, sollen nur die Engländer durch Vorgehen nörd=
lich der Sambre und die Belgier der deutschen Umfassung begegnen.

Am 14. August beginnt langsam die Offensive der 1. und 2. Armee,
am 21. folgt der Stoß der Mitte und des linken Flügels. Für den Durch=
bruch fällt aber jetzt die 5. Armee aus, da sie westlich der Maas vorgehend
die Sambre nach Norden überschreiten und im Verein mit den über Mons
auf Nivelles gehenden Engländern den deutschen rechten Flügel angreifen
soll. Deutlich prägt sich in dieser Schwächung der zur entscheidenden Durch=
bruchsaufgabe bestimmten Masse die Überlegenheit und gesetzgebende
Gewalt des deutschen Umfassungsgedankens aus. Trotzdem hält der fran=

zösische Generalissimus an seiner Absicht fest. Die Operation mißlingt auf der ganzen Linie. Die Schlacht in Lothringen vom 20. bis 23. August endet mit dem Rückzug der Franzosen. Der Durchbruchsversuch der Mitte scheitert am 22. und 23. August in den Schlachten bei Longwy (3. Armee) und an der Semois (4. Armee). Auch die 5. Armee wird an der Sambre, der Engländer bei Mons geschlagen. Joffre gesteht seine große Enttäuschung ein. „Unsere Armeekorps haben trotz der zahlenmäßigen Überlegenheit, die wir besaßen, im freien Felde nicht die offensiven Eigenschaften gezeigt, die wir nach den anfänglichen Teilerfolgen erwartet hatten. Wir sind daher zu einer Defensive gezwungen, gestützt auf unsere Festungen und auf starke Geländeabschnitte." So meldete er dem Kriegsminister. Dem deutschen Umfassungsflügel winkte im Sambre—Maasknie ein großer Schlachterfolg. Wir wissen indessen bereits, daß die deutsche Oberste Heeres= leitung auf eine einheitliche Führung der Armeen verzichtet hatte. Die Gunst der Lage blieb daher ungenutzt. Der rechtzeitig gefaßte Rückzugs= entschluß des Generals Lanrezac rettete die französische 5. Armee vor der Vernichtung.

Nach weitverbreiteter Lesart soll Joffre nach dem Scheitern seiner Offensive den Plan gefaßt haben, durch eine großzügige und zielbewußte Rückzugsbewegung die Deutschen hinter sich herzuziehen, bis sie sich soweit geschwächt haben würden, daß ein Gegenangriff gegen sie Aussicht auf Erfolg bot. Das ist eine Legendenbildung. Zunächst fehlte der fran= zösischen Führung jedenfalls jeder große operative Gedanke. Am 24. August versuchte Joffre die Rückzugsbewegung der einzelnen Armeen, die bis dahin unter dem Zwang der Verhältnisse auf eigene Faust ge= handelt hatten, einheitlich zu regeln. Am späten Abend des 25. August folgten dann neue Weisungen, um das Heer in die Linie Verdun—Laon— Sommeabschnitt—Amiens zu bringen. Diese Stellung sollte für den linken Flügel — die 4., 5., englische und eine bei Amiens zu bildende neue Armee (später 6. Armee unter Maunoury) — die Ausgangsstellung für die Wiederaufnahme der Offensive bilden. Dem äußersten linken Flügel war dabei je nach der Ausdehnung der deutschen Umfassungsbewegung die Richtung entweder auf Arras oder auf St. Pol zugedacht. Die Bereit= stellung zur Gegenoffensive sollte bis zum 2. September durchgeführt sein. Darin lag ein arger Rechenfehler, der die Bewegungen des Feindes völlig unberücksichtigt ließ. Es soll dahingestellt bleiben, ob es Joffre mit der Absicht einer Gegenoffensive aus dieser Stellung wirklich ernst gewesen ist, oder ob der Gedanke nur zur Hebung der Moral der Truppe und zur Beruhigung der Volksstimmung Aufnahme in den Befehl vom 25. August gefunden hat, in Wahrheit aber eine Verteidigung in der genannten Linie

geplant worden ist — in jedem Falle erwies sich der Versuch, ein zweites
Mal an die Waffenentscheidung zu appellieren, unter dem Druck des
deutschen Umfassungsflügels als undurchführbar. Zwar an der befestigten
Ostfront verliefen die Dinge ganz nach Wunsch. Auch die 3. und 4. Armee
konnten, schrittweise unter geschickten Nachhutkämpfen ausweichend, die
ihnen vorgeschriebenen Bewegungen ausführen. Auf dem linken Flügel
hingegen fehlte jede Einheitlichkeit des Handelns: French paßte sich dem
Plane Joffres in keiner Weise an, sondern war nur auf schleunige Fort=
setzung seines Rückzuges bedacht. Die neue bei Amiens in der Ausladung
begriffene Armeegruppe des Generals Maunoury wurde noch vor voll=
endeter Versammlung von der deutschen 1. Armee angegriffen und zum
Rückzuge auf Paris genötigt. Auch Lanrezac vermochte — von Joffre
gegen seine eigene Überzeugung dazu gedrängt — durch die aus dem
Rahmen der Gesamtlage herausfallenden Offensivstöße bei Guise und
St. Quentin trotz vorübergehender Teilerfolge den Vormarsch der deutschen
2. Armee nicht zum Halten zu bringen. Er mußte durch neue Befehle
Joffres zu eiligem Rückzug auf Laon gerufen werden. Die fehlerhafte
Verwendung der deutschen 3. Armee rettete ihn zum zweiten Male vor
dem Untergang*).

In dieser Lage blieb zunächst gar nichts anderes übrig, als durch
Fortsetzung des Rückzuges die zerrissene und erschütterte Front des linken
Flügels wiederherzustellen. Es war der letzte Rettungsanker, wenn der
französische Generalissimus nicht bereits jetzt endgültig auf den Gedanken
verzichten wollte, durch Wiederaufnahme der Offensive zu gelegener Zeit
das Schicksal zu wenden. Eine weite Strecke Landes mußte notgedrungen
preisgegeben werden, bevor die erforderlichen Umgruppierungen vor=
genommen werden und die Ersatztransporte eintreffen konnten. Selbst der
Marneabschnitt schien zu weit nördlich zu liegen, um diese Vorbedingungen
zu schaffen. Erst die Seine versprach für den linken Flügel die Befreiung
aus der Gefahr der Umfassung. Joffres Befehl vom 1. September, dem
am folgenden Tage genaue Ausführungsbestimmungen folgten, sah daher
die Fortsetzung des Rückzuges der 3. bis 6. Armee und der Engländer
auf eine weite Strecke vor. Als äußerste Grenze dieser Bewegung, die
indessen durchaus nicht unter allen Umständen erreicht werden mußte,
wurde gegeben: für die 5. Armee die Seine südlich von Nogent, für die
4. Armee der Ornain östlich Vitry, für die 3. Armee die Gegend nördlich
Bar le Duc**). Die 6. Armee hatte sich in das befestigte Lager

---

*) S. 39.
**) Die Ausführungsbestimmungen vom 2. September gaben in teilweisem Gegensatz
hierzu für die Bereitstellung zum Gegenangriff die Linie an: Pont s. Yonne—Joinville.

von Paris zurückzuziehen und den Schuß der Hauptstadt zu übernehmen. Die Engländer handelten bereits im Sinne dieses Befehls, indem sie selbständig den Abmarsch hinter die Seine fortsetzten.

Alles hing davon ab, daß die Deutschen dieser Bewegung unausgesetzt folgten. Geschah das, so sollte nach Heranziehung von Verstärkungen vom rechten Flügel (1. und 2. Armee) auf der ganzen Front zum Gegen= angriff geschritten werden. Der Garnison von Paris — Gallieni mit unterstellter 6. Armee — war dabei die Richtung auf Meaux zugedacht. Die Bewegungen vollzogen sich bis zum 5. September planmäßig, ohne daß es den Deutschen troß ihrer scharfen Verfolgung gelungen wäre, eine wesentliche Störung hervorzurufen. Die 1. und 2. Armee hielten ihre Stellungen nördlich Epinal und östlich Nancy und gaben starke Kräfte für die Offensivaufgabe ab. Die 3. und 4. Armee wichen weiterhin unter heftigem Widerstand ihrer Nachhuten bis in Höhe des Ornain=Abschnittes aus, wobei der neuernannte Führer der 3. Armee Sarrail entgegen Joffres Befehl den Anschluß an Verdun aufrechterhielt. Eine neue Armeegruppe (später 9. Armee) unter Foch schloß notdürftig in der Cham= pagne die Lücke zur 5. Armee, die beiderseits Montmirail bis an den Grand=Morin=Abschnitt auswich. French setzte den Rückzug auf die Seine in Richtung auf Melun fort.

In dieser Lage taten die Deutschen das einzige, was sie mit Rücksicht auf die Stärkeverhältnisse und die Schwächung ihrer Offensivkraft n i c h t tun durften: Sie setzten die Verfolgung unter Aufbietung aller Kräfte unentwegt fort und schufen damit erst dem feindlichen Führer die Unter= lage, auf der sich sein Plan mit Aussicht auf Erfolg aufbauen konnte. Denkt man an Schlieffens gewaltige Operation westlich und südlich um Paris herum, so hatte Joffre den Feldzug in jedem Falle verloren. Die dann mehr als unwahrscheinliche Wiederaufnahme der Offensive führte ihn rettungslos ins Verderben. Eine Verteidigung an der Seine wurde in der linken Flanke und im Rücken tödlich getroffen. Aber auch eine Fort= setzung des Rückzuges nach Süden wäre von so gewaltigen moralischen Folgen gewesen*), daß sie einer vernichtenden Niederlage gleichsam und jedenfalls den Deutschen völlige Freiheit gab, nunmehr ohne die Gefahr eines Rückschlages das Schwergewicht ihrer Kriegführung auf den öst= lichen Kriegsschauplatz zu verlegen. Die Schlieffensche Lösung konnte frei= lich unter den vorliegenden Verhältnissen für die deutsche Heeresleitung nicht in Frage kommen. Wohl aber waren noch am Abend des 4. September die Voraussetzungen gegeben, die nach planmäßiger Umgruppierung der

---

*) Vgl. Les Archives de la grande guerre November 1919, Nr. 9. La genèse de la bataille de la Marne par le général Le Gros.

Kräfte die Einleitung einer neuen Operation mit starkem rechten Flügel in Schlieffenschem Sinne erfolgverheißend machten — um so mehr erfolg= verheißend, wenn man den Entschluß zugrunde legt, den Joffre an dem= selben Abend des 4. September tatsächlich gefaßt hat, den Entschluß zur Gegenoffensive*). Bei näherer Betrachtung verliert dieser Entschluß viel von der ihm angedichteten Größe in operativem Sinne. Das französisch= englische Heer stand in stark nach Süden gebogener Stellung rechts und links angelehnt an zwei große Festungen, Verdun und Paris. Auf eine operative Ausnutzung des rechten Eckpfeilers Verdun, wie sie Sarrails selbständiger Entschluß ermöglicht hätte, wurde völlig verzichtet. Aus dem anderen Eckpfeiler Paris brach eine in strategischem Sinne viel zu schwache Stoßgruppe hervor**), für deren Vorgehen Gallieni erst nach wiederholten Vorstellungen mit Mühe und Not die entscheidende Richtung n ö r d l i ch der Marne statt der von Joffre beabsichtigten Richtung südlich des Flusses zu erwirken vermochte. Der Hauptnachdruck war bei der ganzen Operation auf den Frontalangriff gelegt. Das Ergebnis k o n n t e nach Schlieffenscher Gedankenfolge kein großes sein und ist es auch in operativem Sinne nicht gewesen.

Napoleon und Moltke suchten sich in die Seele des feindlichen Feld= herrn zu versetzen und grübelten darüber nach, wie dieser ihnen wohl am meisten Schaden zufügen könnte. Auch Graf Schlieffen hat in der selbst= geschaffenen Gedankenwerkstatt des feindlichen Führers gearbeitet und einen Operationsplan für die Franzosen erdacht, der an Größe und Kühn= heit seinen vom deutschen Standpunkt entwickelten Entwürfen nicht nach= steht. Er entrollt das Bild eines gewaltigen französischen Cannae auf deutschem Boden***).

Die Stärke des deutschen Heeres läßt annehmen — so mußte nach Schlieffen der moderne Napoleon überlegen — daß es bei seinem Angriff die ganze Länge der Grenze von Belfort bis Luxemburg einnehmen wird. Es trifft hier auf befestigte Linien oder Stellungen, die durch ihre natür= liche Stärke es für nicht allzu kurze Zeit aufhalten. Es ist daher nicht un= wahrscheinlich, daß es sich noch weiter rechts ausdehnen und luxemburgisches und belgisches Gebiet durchschreiten wird. Frankreich aber hat Kräfte genug, um sich nicht nur gegen eine solche Umgehung oder Umfassung zu

---

*) S. 48.
**) „Wissen und Wehr", 3. Heft, Beiträge zur Geschichte der Marne=Schlacht, S. 302.
***) Mitteilungen des Generals v. Hahnke. Die operative Studie stammt aus dem Jahre 1911.

sichern, sondern auch, um ihr durch eine noch weiter ausgedehnte Umgehung zu begegnen. Die Front seiner Grenzstellung ist so stark, daß sie mit wenigen Truppen gesichert werden kann. Die Sperrforts mögen vielleicht nur geringen Wert haben. Aber die Stärke der Verteidigung liegt nicht in der Linie der tiefgelegenen Forts, sondern auf dem östlichen, höher= gelegenen Maasufer. Der weitaus größere Teil der Armee bleibt somit für offensive Flankenbewegungen verfügbar. Frankreich wird sich Belgiens beizeiten versichern. Es wird der belgischen Regierung ankündigen, daß es eine pénétration pacifique beabsichtigt, die Selbständigkeit des Landes garantiert, aber dafür die Verfügung über die belgische Armee, die belgischen Festungen und Eisenbahnen fordert. Belgien hat sich durch Festungen gegen Deutschland, aber nicht im mindesten gegen Frankreich gesichert. Das Land liegt offen vor dem Nachbar da, der es friedlich durch= dringen will. Vor die Wahl gestellt, entweder durch seinen Hinzutritt zu Frankreich diesem den Sieg zu verschaffen und dann glimpflich davon= zukommen oder nach einem Verzweiflungskampf entweder von dem einen oder dem anderen Gegner unterjocht zu werden, wird es nicht lange schwanken. Will es aber doch seine Neutralität aufrechterhalten, so wird die französische Armee einrücken und zunächst eine Kriegskontribution von einigen Milliarden erheben. Die Neutralität Belgiens ist zwar von den Großmächten garantiert. Wird aber das Frankreich verbündete Rußland, das mit ihm in der Entente lebende England oder vollends Österreich einschreiten?

Der Aufmarsch der französischen Armee erfolgt sodann in der Linie Belfort—Lüttich. Er kann noch verbessert werden, wenn vor Kriegs= erklärung bei dem ersten Wort von Mobilmachung eine Abteilung von Belfort aus Hüningen besetzt und sich der dortigen Rheinbrücke bemächtigt, andere stärkere Abteilungen von Belfort und den Vogesen aus die Besatzung von Mülhausen überrumpeln, die Brücke gegenüber Müllheim in die Hand nehmen, dann weiter abwärts marschierend bis Straßburg vordringen, die Festung im Süden abschließen, Neubreisach zusammen= schießen, aller Übergänge über den schwer zu passierenden Oberrhein sich bemächtigen und die Ufer besetzen. Solche Unternehmungen vor erreichter völliger Kriegsstärke sind seit 1870 übel berufen. Sie haben aber damals ihre vollständige Wirkung gehabt und nur deswegen zu keinem guten Ende geführt, weil weder der Transport von Truppen in Friedensstärke noch von solchen auf Kriegsstärke, noch die Mobilmachung überhaupt genügend vorbereitet war.

Die französische Armee besteht dann aus einem rechten Flügel in der Linie südlich Straßburg—Nancy, aus einer Mitte zwischen Nancy und

Verdun und aus einem linken Flügel in der Linie Verdun—Lüttich. Die rechte Flanke wird gedeckt durch die am Oberrhein poftierten Befatzungen, zu denen auch die Feftungsbefatzungen von Belfort und Epinal größten= teils herangezogen werden können. Zur Deckung der linken Flanke läßt fich unter günftigen Umftänden auch noch die niederländifche Armee ver= wenden, die unter Garantie der Unabhängigkeit des Landes aufzufordern wäre, zunächft die Maas von Lüttich abwärts zu befetzen und dann als linke Staffel dem linken Armeeflügel zur Sicherung des Rheins zu folgen. Zur Ausfüllung der beiden Flügel — 250 Kilometer Frontlänge — find die 24 aktiven Korps (dabei 4 belgifche) in erfter Linie beftimmt. Der weitere Bedarf wird durch Refervekorps gedeckt. Die Mitte befteht nur aus Refervekorps neben den Feftungsbefatzungen von Toul und Verdun. Zweite und dritte Treffen (Territoriale) folgen befonders auf den Flügeln zur Deckung der Flanken.

Nach beendigtem Aufmarfch und fchon zum Teil während desfelben wird der linke Flügel rechtsfchwenkend vorgehen in die Linie Sierck— Koblenz, der rechte unter Einfchließung von Straßburg rechts fich an den Rhein anlehnen, links die Richtung auf Saarbrücken nehmen. Die Mitte geht im Anfchluß an die beiden Flügel gegen die Weft= und Südfront von Metz vor und fchwenkt fpäter gegen die Oftfront ein. Kavalleriemaffen, von Infanterie unterftützt, gehen auf das rechte Rheinufer über, fuchen die Flußübergänge dem Feinde wegzunehmen, der eigenen Armee zu ge= winnen, Flanke und Rücken des Feindes zu bedrohen oder anzugreifen, während die beiden Flügel ihren konzentrifchen Marfch fortfetzen. Je mehr diefer Marfch nach vorwärts kommt, defto ftärkere Truppen können über den Rhein für den allfeitigen Angriff hinübergeworfen werden.

Graf Schlieffen hat feinen franzöfifchen Operationsplan im Schreib= tifch wohl verwahrt gehalten. Er ift nur wenigen Vertrauten bekannt ge= wefen. Wir dürfen uns Glück wünfchen, daß 1914 an Stelle Joffres nicht ein Schlieffen gegen uns geführt hat. Denn, als wir 1914 über den Rhein zogen, haben wir auch das andere kleine und unfcheinbare Buch, das uns das „Siegesbrevier" hätte fein können und müffen, „zu Haufe im Winkel des Schubfaches liegen laffen*)".

---

*) General Groener, Die Liquidation des Weltkrieges. Preußifche Jahrbücher. Januar 1920.

Graf Schlieffen und der Weltkrieg

Zweiter Teil

Die
Ostoffensive 1915 in Galizien und Rußland
Betrachtungen über die Heerführung des
Generals v. Falkenhayn

Von

Wolfgang Foerster
Oberstleutnant a. D.

im Kriege zuletzt Chef des Generalstabs
des Generalkommandos z. b. V. Nr. 66

Vorbemerkung.

Die im ersten Teil niedergelegten Betrachtungen über den Verlauf der deutschen Westoffensive 1914 bis zur Marneschlacht waren für die Untersuchung der Frage, ob die deutsche militärische Führung den operativen Grundanschauungen ihres Meisters aus der Friedenszeit in der praktischen Kriegsarbeit treu geblieben ist oder nicht, um deswillen besonders geeignet, weil in diesem Beispiel eine unmittelbare Gegenüberstellung des vom Grafen Schlieffen Erstrebten und des von unserer Obersten Heeresleitung Geleisteten möglich war. So greifbarer Vergleichspunkte werden sich die nachfolgenden Untersuchungen nicht bedienen können, da sie operativen Lagen aus dem Verlauf des Weltkrieges gewidmet sind, für die die Friedensarbeit des Generalstabschefs keine Vorbereitung bot. Wir müssen dafür eine unsichere Größe in die Rechnung einstellen, die in der Frage ausgedrückt ist: Welche Lösung würde Graf Schlieffen in solchen Lagen gefunden haben? Ihre Beantwortung ist naturgemäß auf Mutmaßungen und Kombinationen angewiesen, die ihre Anhaltspunkte meist lediglich in den allgemeinen theoretischen Gedankengängen und operativen Grundsätzen des Grafen Schlieffen finden. Auch wenn wir diese anrufen und verwerten, dürfen wir in ihnen nicht bindende Vorschriften, sondern nur Hinweise darauf sehen, welche operativen Höchstleistungen unter den vorliegenden Verhältnissen zu erstreben und zu erzielen waren.

Es soll nicht verkannt werden, daß eine derartige spekulative Betrachtungsweise kein unumstößliches und unanfechtbares Ergebnis zeitigen kann. Wenn der Versuch gleichwohl gewagt wird, so geschieht es in der Überzeugung, daß die Versenkung in die operative Gedankenwelt des Grafen Schlieffen der Erforschung der Gründe, warum wir im Weltkriege nicht rechtzeitig zu einem vollen militärischen Siege gekommen sind, die Wege weist.

Inhaltsverzeichnis.

Erstes Kapitel.
General v. Falkenhayn.

Ein abschließendes Urteil über die geschichtliche Bedeutung des Gene=
rals v. Falkenhayn, das ihn nach allen Richtungen hin als General=
stabschef, Armeeführer, Taktiker, Organisator und Politiker, also nach der
Gesamtauswirkung seiner Persönlichkeit wertet, wäre sicherlich verfrüht.
Auch ist mit dem Folgenden keineswegs eine erschöpfende Zeichnung seines
Charakterbildes beabsichtigt, zumal es hierzu noch an einwandfreien und
ausreichenden Unterlagen fehlt. Immerhin dürfen schon heute gewisse
Grundlinien seines Wesens als feststehend erachtet werden, die für eine Ein=
schätzung der Leistungen des G e n e r a l s t a b s c h e f s als des Leiters
der Operationen von Wichtigkeit sind.

Als der Krieg ausbrach, fürchtete man an maßgebender Stelle der
Obersten Heeresleitung etwaige Eingriffe von seiten des Kriegsministers in
Fragen des operativen Gebietes und suchte zu erwirken, daß er in Berlin
belassen würde, — eine Auffassung, wie sie bekanntlich schon Feldmarschall
Moltke auf Grund seiner Kriegserfahrungen vertreten hat. Das Militär=
kabinett verhinderte das. Man vermied es nun, den Kriegsminister über
alle mit den Operationen zusammenhängenden Fragen zu orientieren. Es
gelang ihm gleichwohl aus der Ferne einen klaren Einblick in die Maschine
der Obersten Heeresleitung zu gewinnen und mit einem allen Illusionen
abholden Wirklichkeitssinn und Scharfblick die Schwächen der Führung zu
erkennen. Als dem General v. Moltke sein körperlicher und seelischer
Zustand die Weiterführung der Geschäfte des Generalstabschefs unmöglich
machte, betraute der Kaiser den General v. Falkenhayn mit dieser ebenso
schwierigen wie undankbaren Aufgabe. Daß die Initiative dazu von Falken=
hayn selbst nicht ausging, steht fest. Jedenfalls ergriff er aber die Zügel im
Vollgefühl des Ernstes der Stunde mit ebenso großer Entschlossenheit wie
aufopfernder Selbstverleugnung.

General v. Falkenhayn war Soldat vom Scheitel bis zur Sohle. Das
straffe, elegante Äußere, die Frische und Elastizität seiner Bewegungen,
das blitzende Auge, die präzise, klare und kurze Dialektik waren der Aus=
druck einer ausgesprochen militärischen Persönlichkeit, der es bei aller Be=

stimmtheit und Sicherheit des Auftretens an liebenswürdiger Verbindlich=
keit im gewöhnlichen Verkehr nicht fehlte. Große Willenskraft, Rücksichts=
losigkeit gegen sich selbst und eine schier unerschöpfliche Arbeitsfreude und
Arbeitskraft ließen ihn die große Bürde seines Amtes mit spielender
Leichtigkeit auf die eigenen Schultern nehmen. Er hat sie getragen, ohne
sich zu schonen, ohne nachzulassen oder zu erlahmen. Um die Gunst der
Armee, der öffentlichen Meinung hat er nicht gebuhlt. Ruhe und Bequem=
lichkeit waren ihm fremd. In den Anforderungen an seine Untergebenen
kannte er freilich auch keinerlei Rücksichten — hierin der Typus des alt=
preußischen Offiziers.

Angeborenes Selbstgefühl, gesteigert durch die verdienten Erfolge einer
ebenso schnellen wie abwechslungsreichen, aller Widerstände Herr geworde=
nen Friedenslaufbahn, hochstrebender Ehrgeiz und Drang nach Betätigung,
die Glut eines schwer zu zügelnden Temperaments ließen ihn seine Ansichten
mit Schärfe und Zähigkeit, wo er es für klug und geboten hielt mit diplo=
matischem Geschick, verfechten, ohne ihn indessen gegen Einwendungen taub
zu machen. Solche waren ihm willkommen, an ihrer Widerlegung übte er
die eigene Verstandesschärfe und Ausdrucksweise. Auf dem Papier und in
der Debatte behielt er schließlich immer recht — äußerlich. Tatsächlich war
er berechtigten Gegengründen und Vorstellungen nicht unzugänglich und
konnte sich sogar fremde Gedankengänge ganz zu eigen machen. Aber sein
rastlos unter Hochspannung arbeitender, ideenreicher Geist ließ sich nicht
immer die Ruhe, seine Pläne, in die Tat übersetzt, ausreifen zu lassen. Un=
aufhörlich drängten sich neue Gedanken, neue Fragen auf, wurden andere
Wege erwogen. Die Folge waren häufige, nicht immer glückliche Eingriffe
in die untere Führung. Bei seiner stark ausgeprägten Individualität ist
unverkennbar, daß Selbstbewußtsein und Machtgefühl das sachliche Denken
und Handeln häufig nach persönlichen Richtungen, eigenen Wünschen,
Neigungen und Abneigungen, beeinflußt haben. In diesem Zusammen=
hange bedarf sein Verhältnis zum Oberbefehlshaber Ost und zum öster=
reichisch=ungarischen Generalstabschef, General v. Conrad, einer kurzen
Bemerkung. An sich wäre es psychologisch wohl verständlich gewesen, wenn
der an militärischer Rangstellung und an Jahren ihm überlegene Feld=
marschall v. Hindenburg, gestützt auf weitgehende Vollmachten als Ober=
befehlshaber aller deutschen Streitkräfte auf dem östlichen Kriegsschauplatz
und im Vollgefühl seiner glänzenden Erfolge, dem jungen Generalstabschef,
der von seinem Können auf operativem Gebiete noch keine Probe abgelegt
hatte, mit einer gewissen Zurückhaltung gegenübergetreten und von vorn=
herein auf die Wahrung seiner Stellung bedacht gewesen wäre. Der Feld=
marschall war aber viel zu sehr Soldat, um aus solchen Regungen heraus

irgendwelche Schwierigkeiten zu machen. Die sofortige Abberufung Luden=
dorffs nach Schlesien — Falkenhayns erste Tat — mochte ihn verstimmen.
Der Vorfall fand indessen schnell seine befriedigende Erledigung. Die
grundsätzliche Verschiedenheit der Anschauungen in der entscheidenden
Frage, wohin das Schwergewicht der Kriegführung zu legen sei, also eine
sachliche Differenz, bildete den Ausgangspunkt der allmählich eintreten=
den Spannung. Eine persönliche Note kam erst dadurch hinein, daß
General v. Falkenhayn als erster und ausschließlicher Ratgeber des Aller=
höchsten Kriegsherrn seinen Auffassungen und Befehlen nicht nur einen
sehr bestimmten, sondern zuweilen auch recht scharfen Ausdruck lieh. Das
blieb nicht ohne Widerhall. Ein Vertrauensverhältnis konnte so nicht
aufkommen. Tatsächlich haben sich die Beziehungen beider Kommando=
behörden besonders in Zeiten unmittelbaren Zusammenarbeitens sowohl
durch dienstliche wie durch persönliche Meinungsverschiedenheiten nicht
immer zum Vorteile der Sache geltend gemacht. Wir möchten hierbei aber
unserer Überzeugung Ausdruck geben, daß die von gegnerischer Seite mit
Vorliebe herausgestellten persönlichen Gesichtspunkte in den Erwägungen
und Entschließungen des Generals v. Falkenhayn, wenn sie auch gelegent=
lich nicht zu verkennen sind, bei den entscheidenden Fragen der Krieg=
führung — soweit das Verhältnis zum Oberbefehlshaber Ost in Betracht
kommt — doch sicher nicht den A u s s c h l a g gegeben haben.

Noch ungünstiger gestaltete sich von Anfang an die Stellung Falken=
hayns zu Conrad. Beider Naturen waren grundverschieden, der eine aus=
gesprochen preußischer Offizier, der andere von spezifisch österreichischer
Denkungsart, der die Erinnerung an das Jahr 1866 innerlich nicht ver=
wunden hatte und auf die Wahrung seines Prestige ängstlich bedacht war.
Conrad kam in der Debatte dem lebhaften Falkenhayn gegenüber nicht voll
zur Geltung, mied daher, wenn angängig, die persönliche Aussprache und
bevorzugte schriftlichen Meinungsaustausch. Falkenhayn legte sich die Zurück=
haltung und geringere Dialektik Conrads bei mündlichen Besprechungen als
Zustimmung aus, sah sich dann enttäuscht, wenn die scharf herausgemeißelte
schriftliche Äußerung hinterher ein anderes Gesicht zeigte, und konnte sich
schließlich nicht immer des Mißtrauens und Zweifels an dem guten Willen
und der Offenheit seines Bundesgenossen erwehren. Dasselbe Gefühl be=
herrschte diesen gegenüber Falkenhayn. Von tiefgreifender Wirkung waren
hierbei die immer wiederholten, sachlich durchaus begründeten, aber in der
Form oft schonungslosen Versuche des deutschen Generalstabschefs, seinen
Einfluß auf die Regelung der Befehlsverhältnisse im Osten dahin auszuüben,
daß die deutschen Führer zu immer größerer Geltung kamen. Der öster=
reichisch-ungarische Generalstabschef sah hierin unberechtigte Eingriffe und

wies die Versuche in ähnlich unverbindlicher Form zurück. Im schriftlichen
Meinungsaustausch sagte man sich versteckt und offen mit Vorliebe unan=
genehme, oft verletzende Dinge. Erregte Auseinandersetzungen über per=
sönliche Reibungen an der Ostfront, die durch das offenkundige Versagen
österreichisch=ungarischer Führer und Verbände hervorgerufen waren,
führten schließlich in Teschen dazu, daß man über dem Auftreten und den
Äußerungen des deutschen Generalstabschefs, über den vielfachen Spitzen
und Vorwürfen ganz die Sache aus dem Auge verlor und bedenklich in ein
Fahrwasser geriet, das von dem Bundesverhältnis und der einheitlichen
Kriegführung geradezu ableitete. Das zeigte sich besonders deutlich am
Schluß des serbischen Feldzuges in der Extratour gegen Montenegro und
später bei der italienischen Offensive im Frühjahr 1916. Aber auch General
v. Falkenhayn trieb das Mißtrauen und die Geheimhaltung seiner Ab=
sichten vor dem Bundesgenossen so weit, daß schließlich ein gedeihliches Zu=
sammenwirken ernstlich in Frage gestellt war und die Einheit des Ge=
dankens und der Tat längere Zeit ganz in Verlust geriet. Die Schuld lag
auf beiden Seiten. „Mit der Zeit empfand einer den anderen als Last und
Hemmnis. Sie standen einander im Wege und suchten beide, jeder für sich,
den Weg zum Erfolge — über Asiago der eine, der andere über Verdun —
und sie trafen sich bei Luzt*).“

Ein Jünger des Grafen Schlieffen im eigentlichen Sinne kann General
v. Falkenhayn nicht genannt werden. Jedenfalls gehörte er nicht zu dem
engeren Kreise derjenigen Generalstabsoffiziere, die Graf Schlieffen auf ope=
rativem Gebiet zu seiner unmittelbaren Mitarbeit heranzog. Das findet seine
einfachste Erklärung wohl darin, daß er dem Großen Generalstabe, als Graf
Schlieffen an seiner Spitze stand, nur kurze Zeit angehört hat. Er war über=
haupt weniger der Mann theoretischer Kenntnisse und Studien als praktischer
Arbeit mit hervortretender organisatorischer Begabung. „Wollen wir Frie=
drich dem Großen, Napoleon und Moltke glauben, so ist das, was einen Feld=
herrn ausmacht, nur durch Versenkung in die Vergangenheit, in die Geschichte,
in die Feldzüge großer Meister zu erwerben —“ sagt Graf Schlieffen**).

Zweites Kapitel.
Kriegführung mit beschränkten Zielen.

Die Marneschlacht hatte zwar die deutsche Westoffensive zum Scheitern gebracht, einen wenn auch nur vorübergehenden Stillstand in den Opera= tionen indessen nicht herbeigeführt. Der Feind behielt die Initiative auch weiter in der Hand. Das äußerte sich in fortgesetzten Versuchen, durch Truppenverschiebungen unter Ausnutzung der Eisenbahnen den deutschen rechten Heeresflügel nicht nur zu umfassen, sondern zu umgehen. Dem= gegenüber sah der neue Leiter der Operationen auf deutscher Seite seine Aufgabe darin, einmal durch Gegenangriffe auf der ganzen Front die Kräfte des Feindes zu binden und gleichzeitig seine Umfassungsbestrebungen durch beschleunigte Flüssigmachung beweglicher Kräfte und ihren Einsatz an der bedrohten äußeren Flanke abzuwehren. Wo irgend angängig sollte auch das in offensivem Verfahren geleistet werden. Als dritte Notwendig= keit ergab sich die möglichst schnelle Beseitigung der Rückengefahr durch einen Angriff auf Antwerpen. Der französischen Ostfront gegenüber wurden nur schwächere Kräfte belassen, die dort freiwerdenden großenteils allmäh= lich mit der Bahn auf den rechten Flügel geführt. Daß man hierin weit genug ging, darf allerdings bezweifelt werden. Auch General v. Falkenhayn machte sich zunächst nicht völlig von der Vorstellung frei, durch einen Durch= bruch auf der französischen Ostfront die deutsche Gesamtlage zu beeinflussen. Diesem Bestreben entsprang der Entschluß, in der zweiten Hälfte des September mit mehr als drei Korps die Sperrfortslinie auf den Maas= höhen zwischen Verdun und Toul zu durchbrechen — ein Unternehmen, das 14 Tage früher durchaus am Platze und eines großen Erfolges wohl sicher gewesen wäre, jetzt aber unter den völlig veränderten Verhältnissen nur unter schwersten Verlusten zur Festlegung dieser Kräfte in dem weit vorspringenden Bogen von St. Mihiel unter taktisch wenig günstigen Be= dingungen führte. Im übrigen glückte es, den Gegner an den Kampffronten zwischen Maas und Oise überall in die Verteidigung zu zwingen. Die Abwehr der feindlichen Umfassungsversuche zeitigte schließlich den be= kannten Wettlauf bis zum Meere, der unter fortgesetztem Einsatz neuer Kräfte und stetiger äußerster Anstrengung auf beiden Seiten auf ein opfer= volles und entscheidungsloses Ausringen hinauslief. Selbst der von der Obersten Heeresleitung unter Verzicht auf weitergehende operative Ziele an= gestrebte Gewinn der französischen Nordküste, der die Herrschaft über den Englischen Kanal in deutsche Hand bringen sollte, konnte nicht erreicht werden. So blieb als Ergebnis der Operationen nur die Abwehr aller feindlichen Um=

fassungsbestrebungen und mit der Anlehnung an das Meer die Herstellung einer geschlossenen Front von der belgischen Küste bis an die Vogesen, die Erstarrung im Stellungskriege. Mit dem Fall von Antwerpen konnte die Rückengefahr als endgültig beseitigt angesehen werden.

Gewiß gab es in der zweiten Hälfte des September noch andere Möglichkeiten des operativen Handelns für die Deutschen. Generaloberst v. Bülow hat am 20. und 21. September der Obersten Heeresleitung die Wiederaufnahme der Offensive mit der Absicht vorgeschlagen, nach Versammlung starker deutscher Kräfte, deren Kern die neugebildete 6. Armee abgeben sollte, in der Gegend von Amiens gegen den in den Kampf mit unserem rechten Heeresflügel verwickelten Feind vorzustoßen*). Die Oberste Heeresleitung ging darauf nicht ein. General v. Falkenhayn erörtert diesen Gedanken in seinem Werke**) nicht. So bleiben wir auch in Unkenntnis der Gründe, die zu seiner Ablehnung führten. Auch aus einem großzügigen exzentrischen Rückzuge, der außer der neugebildeten 6. Armee die 1. in die Gegend von Amiens, die übrigen Armeen etwa in die Linie St. Quentin—nördlich Verdun bringen konnte, wäre die Wiederaufnahme der Offensive denkbar gewesen. Vor allem blieb dabei die Hoffnung, dann wenigstens in den Besitz der Kanalküste zu kommen. Indessen diese oder ähnliche Operationen würden ebensowenig wie das vom General v. Falkenhayn gewählte System der Aushilfen die Feldzugsentscheidung im Sinne der von Schlieffen für notwendig erachteten Lösung des Problems des Mehrfrontenkrieges gebracht, den Stellungskrieg im Westen vermieden haben. Schlieffens operativer Gedanke war für den westlichen Kriegsschauplatz endgültig verloren und nicht wieder aufzunehmen.

An den deutschen Generalstabschef trat somit Anfang November die schwerwiegende Frage heran: Auf welchen neuen operativen Gedanken ist die Fortführung des Krieges einzustellen? Die Entscheidung darüber konnte niemals aus militärischen Erwägungen allein getroffen werden. Politische und Wirtschaftsfragen spielten eine bedeutende, wenn nicht ausschlaggebende Rolle. Auch der Operationsplan von 1914 war das ausgleichende Ergebnis militärischer, politischer und wirtschaftlicher Überlegungen gewesen, hatte der Sanktion des Staatsmannes bedurft und sie, wiewohl nicht ohne schwere Bedenken, gefunden. Daß wir sofort bei Feldzugsbeginn die Offensive gegen unsere Westgegner ergriffen, entsprang mit

---

*) v. Bülow, Mein Bericht zur Marneschlacht, S. 79 ff.
**) Die Oberste Heeresleitung in ihren wichtigsten Entschließungen 1914 bis 1916. Berlin 1920, E. S. Mittler & Sohn.

der wirtschaftlichen Erkenntnis, daß unsere für die Durchführung des
Krieges unerläßlich notwendigen industriellen Kraftquellen in Westdeutsch=
land vor einer Preisgabe, Stillegung oder Zerstörung durch den Feind
gesichert werden mußten*). Die schnelle Niederwerfung des militärisch
stärksten und gefährlichsten Gegners, Frankreich, sollte nicht nur den mili=
tärischen, sondern auch den wirtschaftlichen Ring um die Mittelmächte
sprengen, Deutschland nach einer Seite hin völlig Luft schaffen und den
Einsatz seiner Hauptkräfte zum zweiten entscheidenden Schlage im Osten er=
möglichen. Daß England hierbei frühzeitig getroffen wurde, fiel stark ins
Gewicht der Erwägungen. Wurde das englische Expeditionskorps in das
Schicksal der französischen Armee mitverstrickt, so verlor auch England die
Möglichkeit, sich militärisch auf dem Festlande zur Geltung zu bringen.
Entzog sich der Engländer durch gesonderten Rückzug solchem Schicksal,
so konnte eine Wiederholung Wellingtonscher Taktik in irgendeinem
Winkel Frankreichs keinesfalls von langer Dauer oder von Einfluß auf
die Gesamtlage sein. Landeten die Engländer bei Kriegsbeginn in der
Festung Antwerpen, so waren sie dort „am besten untergebracht"**)
und für die Kriegführung im freien Felde ausgeschaltet. Anderseits
eröffnete der Besitz der Kanalküste für Deutschland die begründete
Aussicht offensiver Betätigung gegen das Inselreich. Ob der militärische
Zusammenbruch Frankreichs den sofortigen Frieden mit diesem Lande
zur Folge haben, inwieweit er auf die Entschließungen Rußlands und
Englands im Sinne der Geneigtheit zu Friedensverhandlungen einwirken
würde, ließ sich im voraus natürlich nicht abschätzen. Die gewählte opera=
tive Lösung erschien aber als das geeignetste Mittel und bot die meiste
Gewähr, daß die Mittelmächte nicht nur schnell und endgültig die Um=
klammerungsgefahr beseitigten, sondern durch militärische Erledigung eines
Gegners nach dem anderen schließlich aller Herr wurden. Es muß hierbei
betont werden, daß Graf Schlieffen gegen Ende seines dienstlichen
Wirkens ebenso wie sein Nachfolger England insbesondere als Gegner
Deutschlands keineswegs gering eingeschätzt haben. Sie hofften aber gerade
auf dem Wege, für den sie sich entschieden, England am ehesten die Möglich=
keit zu nehmen, seine gewaltigen volkswirtschaftlichen und finanziellen
Kräfte gegen uns zur vollen Auswirkung zu bringen. Schließlich wurde auch
der Gefahr einer Einmischung anderer Mächte in den Krieg am sichersten
vorgebeugt, wenn die in Frankreich schnell fallenden „wuchtigen Schläge alle

---

*) Arthur Dix, Wirtschaftskrieg und Kriegswirtschaft, S. 192. Berlin 1920,
E. S. Mittler & Sohn.
**) Worte aus dem Operationsplan des Grafen Schlieffen vom Dezember 1905.

Kabinette und Staatskanzleien durchzitterten und die Unternehmungslust auch der Mutigsten lähmten*)".

Dieser ganze Gedanke war nun, wie gesagt, tot. Der Kriegswille der Entente war nicht geschwächt, vielmehr unverkennbar gesteigert. Frank=reich stand als gefährlicher Machtfaktor, moralisch gestärkt, im Felde. Eng=land hatte seine Festlandsstellung behauptet, damit die Sicherung seiner Inseln gewahrt und war an der vollen Entfaltung seiner Volks= und Wirt=schaftskraft nicht mehr zu hindern. Im Osten war nach Beseitigung der Gefahr einer Überschwemmung des Landes östlich der Weichsel durch Ruß=lands Heere ein neues schweres Ungewitter heraufgezogen, das die schlesischen Grenzlande und damit die dortigen aus Wirtschaftsgründen wichtigen Grubengebiete bedrohte. Noch folgenschwerer — in ihrer Tragweite gar nicht absehbar — fiel die Erschütterung ins Gewicht, die die Wehrmacht des verbündeten Österreich=Ungarn in den bisherigen harten Kämpfen gegen die feindliche Überlegenheit erlitten hatte. Eine volle Heilung der Schäden, die sich bei ihr in dieser Hinsicht bereits zeigten, war kaum zu erhoffen. Schlieffens Wort „Das Schicksal Österreichs wird sich nicht am Bug, sondern an der Seine entscheiden**)" hatte sich durch den Verlauf der deutschen West=offensive so wenig verwirklicht, daß jetzt umgekehrt Deutschlands Schicksal an den Ausgang der kriegerischen Ereignisse in Galizien und Polen geknüpft schien. Um den neuen Verbündeten, die Türkei, als Machtfaktor in die Rechnung der Gesamtkriegführung einzustellen, bedurfte es Zeit und um=fassender Vorbereitungen. Zunächst bildete ihr Anschluß an die Mittelmächte zweifellos weit mehr eine Belastung als einen Aktivposten. Schließlich erhob sich die Frage: Werden Italien und Rumänien noch lange in ihrer kaum wohlwollend zu nennenden Neutralität verharren?

Sollte der Krieg unter diesen Verhältnissen nicht besser schon jetzt liquidiert, die Einleitung eines erträglichen Friedens versucht werden? General v. Falkenhayn spricht sich darüber wie folgt aus***):

„Man mußte sich mit der Möglichkeit vertraut machen, daß sich der täglich klarer hervortretende Plan Englands, den Krieg durch Aus=hungerung und Abnutzung zu gewinnen, durchsetzte. Ihn durch angriffs=weises Handeln der Marine vereiteln zu wollen, war nach dem Gutachten des Admiralstabschefs vorläufig aussichtslos. Es war zu hoffen, daß der Plan bei vorsichtigem Haushalten mit den Mitteln Deutschlands und seiner Verbündeten keinen Erfolg haben würde. Mit einer sehr viel längeren Kriegsdauer als allgemein an=

---

*) Graf Schlieffen a. a. O. Bd. II S. 17.
**) Erster Teil S. 24.
***) v. Falkenhayn a. a. O. S. 20.

genommen war und noch wurde, war aber bestimmt zu rechnen. Daburch standen Anforderungen von ganz außerordentlicher Höhe an das innere Widerstandsvermögen der Mittelmächte in Aussicht. Wie sie sich damit abfinden würden, war noch nicht zu übersehen, jede Erleichterung des auf ihnen von zwei Seiten lastenden Druckes dabei jedoch von größter Be= deutung. Verfügte die politische Leitung über gangbare Wege zur An= bahnung einer Verständigung mit den Gegnern — ob im Osten oder im Westen war vom militärischen Standpunkte aus gleich —, so war es an= gezeigt, sie zu gehen. War dies nicht der Fall, wie von den politischen Führern überzeugend und in vollster Übereinstimmung mit der Beurteilung der Lage durch den Generalstabschef versichert wurde, dann durfte kein Mittel unversucht gelassen werden, durch das die Fähigkeit und der Wille zum Durchhalten im deutschen Volke wie in der Doppelmonarchie gehoben und gestärkt werden konnten."

In diesen kurzen Sätzen liegt der Schlüssel für das Verhalten des Generals v. Falkenhayn, für die von ihm verfolgten Ziele und die zu ihrer Erreichung eingeschlagenen Wege während der ganzen Folgezeit, solange er die Operationen geleitet hat. Klare Erkenntnis der Lage und realpolitische Einschätzung der beiderseitigen Machtverhältnisse sind der Ausgangspunkt. Es kam nur auf die Schlußfolgerungen an, die daraus gezogen wurden. Unter dem harten Druck der von allen Seiten eingekeilten Lage der Mittel= mächte wurde General v. Falkenhayn der Vertreter des Gedankens, daß es in diesem Welt= und Wirtschaftskriege darauf ankam, nicht früher zu erlahmen als die Gegner und darum sich vor einer vorzeitigen Veraus= gabung der Kräfte durch Überspannung zu hüten*). Die Übertragung dieses allgemeinen Gesichtspunktes auf das besondere Gebiet der Operationen führte — wenn auch durchaus nicht mit zwingender Logik — zur Fest= setzung beschränkter Ziele, zu einem Rahmen der Kriegführung, der die Erreichung und sichere Behauptung dieser beschränkten Ziele ohne über= triebene Inanspruchnahme oder restlosen Verbrauch der Reserven erlaubte. So kam der Stratege in bezug auf die Wahl der Mittel und Wege zu der Schlußfolgerung: Der Feldherr darf in diesem Ermattungskriege nicht das ganz Große wagen, die „physische Niederkämpfung*)" der Gegner durch Flüssigmachung und zusammengefaßten Einsatz aller Kräfte in einigen ge= waltigen Schlägen, sondern nur solche Erfolge anstreben, die mit geringeren Mitteln zu erreichen sind und deren Wirkung genügt, wenn sie dem Gegner nur „einhämmern, wie wenig er imstande ist, den Preis für unsere Über= wältigung zu zahlen**)", und wenn sie ihn mehr schädigen, lähmen, er=

---

*) v. Falkenhayn a. a. O. S. 58.
**) Ebenda S. 245.

schöpfen als uns. Auch diese beschränkten Ziele sind aber „unter allen Um=
ständen nur durch Handeln im Angriff...., nicht durch lediglich duldendes
Ausharren in der Verteidigung*)" erreichbar. Endlich wird dann doch
einmal die allmähliche Zermürbung des Feindes einen so hohen Grad an=
nehmen, daß er sich zur Verständigung bereit zeigt.

Graf Schlieffen sagt: „Die Aufgabe des Feldherrn ist,
einen Gegner, auch einen stärkeren, von dem man
nicht weiß, wo er steht, wohin er geht, was er be=
absichtigt, zu vernichten oder völlig niederzu=
werfen. Den Weg, den er gewählt, um dieses Ziel
zu erreichen, muß er mit Hartnäckigkeit verfolgen,
alle sich entgegenstellenden Schwierigkeiten voll
Tatkraft überwinden, für Zwischenfälle schnelle
Abhilfen finden, den Erfolg bis zum äußersten an=
streben, die Schicksalsschläge standhaft ertragen**)."
Damit ist der klaffende Gegensatz zwischen Schlieffens theoretischer Auf=
fassung des Feldherrnamtes und Falkenhayns praktisch betätigter Krieg=
führung herausgestellt. Hierbei darf freilich nicht übersehen werden, daß
auch der letztere, als er die Leitung der Operationen in die Hand nahm, noch
durchaus auf dem Standpunkt der Vernichtungstheorie gestanden und ihn
auf dem westlichen Kriegsschauplatz bis Anfang November mit einem hohen
Maße von Zähigkeit, fast ist man versucht zu sagen Starrsinn, zur Geltung
zu bringen gestrebt hat. Die Art, wie er das tat, soll damit keineswegs
als einwandfrei hingestellt werden. Sie entsprach auch ganz sicherlich
nicht den operativen Anschauungen des Grafen Schlieffen. Der eine Name
Ypern genügt als Beweis dafür, daß der deutsche Generalstabschef zur
Erreichung seines Zieles, die Engländer vernichtend zu schlagen, mit
Menschenkraft und Menschenblut so wenig gegeizt hat, daß darauf die
schwierige Lage Deutschlands, wie er sie selbst vorstehend schildert, zum
guten Teil zurückzuführen ist. Wenn General v. Falkenhayn also nach
dem endgültigen Abschluß des Bewegungskrieges im Westen in so völlig
verändertem Lichte erscheint, so liegt der Grund dafür ganz offensichtlich,
wenigstens zum Teil, in der Rückwirkung des Mißerfolges von Ypern auf
die Psyche des Feldherrn.

Für uns wird es sich darum handeln festzustellen, ob es unter den
nach Ypern vorliegenden unendlich schwierigen Verhältnissen des Welt= und
Wirtschaftskrieges eine Utopie gewesen wäre, an Graf Schlieffen festzuhalten.
Die Untersuchung des Problems gewinnt an praktischer Bedeutung und

---

*) v. Falkenhayn a. a. O. S. 245.
**) Graf Schlieffen a. a. O. Bd. I S. 3.

erhebt sich über eine rein akademische Erörterung dadurch, daß tatsächlich
ein Teilführer in der Gesamtkriegshandlung im Gegensatz zur Auffassung
des Leiters der Operationen in entscheidenden Lagen ganz offenbar in
Schlieffenschem Geist zu handeln bestrebt war, ohne indessen zu dem er=
hofften Ergebnis zu gelangen. Mit der Erforschung der Gründe des nicht=
ausreichenden Ergebnisses finden wir Anhaltspunkte für die Prüfung der
Frage, ob eine Steigerung dieses Ergebnisses bis zur Ideallösung
Schlieffens möglich und somit auch geboten war.

Daß auch die beschränkteren Ziele der vom General v. Falkenhayn
gewählten Kriegführung nicht bei unveränderter Aufrechterhaltung der bis=
herigen Kräfteverteilung auf den verschiedenen Kriegsschauplätzen zu er=
reichen waren, lag auf der Hand. Der Leiter der Operationen mußte sich
vielmehr schlüssig werden, wohin in Zukunft das Schwergewicht der kriege=
rischen Handlungen gelegt, auf welchem Kriegsschauplatz zunächst eine
Waffenentscheidung gesucht werden sollte. Dorthin waren dann die er=
forderlichen Kräfte auf Kosten der übrigen Fronten, die solange zu Neben=
fronten herabsanken, zusammenzuziehen, dorthin die Masse der Neuauf=
stellungen von Truppen zu leiten, die mit Eifer betrieben wurden. Auch
darüber galt es zum Entschluß zu kommen, ob eine solche Waffenentschei=
dung schon jetzt mit den vorhandenen Kräften anzustreben war oder erst
zu einem späteren Zeitpunkte nach umfangreichen Vorbereitungen und
Flüssigmachung neuer Streitkräfte und Streitmittel. Fiel der Entschluß
im letzteren Sinne, dann mußten auch die Mittel und Wege bedacht werden,
mit denen die zeitliche Hinausschiebung ermöglicht und gewährleistet
werden konnte.

Die Frage war bereits akut, als die Kämpfe in Flandern noch nicht
völlig zum Abschluß gekommen waren, indem General v. Conrad Ende
Oktober bei der deutschen Obersten Heeresleitung dahin vorstellig wurde,
starke Kräfte, mindestens 30 Divisionen, vom westlichen auf den östlichen
Kriegsschauplatz überzuführen, um hier die Entscheidung zu suchen, die bei
dem rücksichtslos offensiven Kräfteeinsatz der Russen schnell fallen könne.
Sonst würde schlimmstenfalls ein Rückzug der Verbündeten bis in die
Donaulinie Budapest—Wien nötig werden.

General v. Falkenhayn konnte diesem Ersuchen schon mit Rücksicht auf
die noch im Gange befindlichen Flandernkämpfe im Augenblicke nicht ent=
sprechen. Er lehnte es aber auch für die nächste Zukunft ab, da ihm die
Westfront vor der Hand noch nicht genügend gefestigt erschien, um etwaigen
neuen Offensivanstrengungen der Feinde gegenüber eine derartige
Schwächung zu verantworten. Er hielt es vielmehr für das Zweckmäßigste,
die eigene Offensive überhaupt erst wieder aufzunehmen, wenn durch Neu=

bildungen gewonnene Kräfte — es handelte sich um neun Infanterie-Divisionen — hierzu verfügbar sein würden. Sie konnten nicht vor Ende Januar
oder Anfang Februar 1915 verwendungsbereit sein. „Weitere Truppenauf-
stellungen in der Heimat kamen infolge des Fehlens von Unterführern und
von Ausrüstung vorläufig nicht in Frage. Ferner sprach dagegen die Notwendigkeit, bei der nun mit Sicherheit vorauszusehenden langen Kriegsdauer sparsam mit dem Menschenersatz umzugehen. Die größten Erfolge
an der Front waren aussichtslos, wenn die Lage in der Heimat aus Mangel
an Arbeitskräften unhaltbar wurde oder aus dem gleichen Grunde die
schnell steigenden Bedürfnisse des Feldheeres nicht zu befriedigen waren*).“
Aus diesen Worten Falkenhayns spricht deutlich der Gesichtspunkt des
Haushaltens mit der Volkskraft. Hier darf die Frage aufgeworfen werden,
ob man nicht schon jetzt auf anderem Wege als lediglich auf dem der Neuaufstellungen in der Heimat zur Flüssigmachung und besseren Verwertung
der v o r h a n d e n e n Kräfte gelangen konnte. Bekanntlich ist er erst
Ende Februar 1915 auf Anregung des Kriegsministeriums hin beschritten
worden, indem aus Abgaben der bestehenden Divisionen unter gleichzeitiger
Erhöhung der Mannschaftsbestände neue Divisionen — es waren im ganzen
19, davon 14 auf dem westlichen, 5 auf dem östlichen Kriegsschauplatze —
gebildet wurden. Gewiß klingt diese Frage etwas nach Treppenwitz. Es
läßt sich aber nicht leugnen, daß gerade die Einstellung der Obersten Heeresleitung auf beschränkte Ziele es gewesen ist, die von der sofortigen und rücksichtslosen Inangriffnahme derartiger organisatorischer Maßnahmen Abstand nehmen ließ. Hätte die Heeresleitung von vornherein größere Ziele
ins Auge gefaßt und an ihnen unverrückt festgehalten, so würde man sicherlich schon damals Mittel und Wege gefunden haben, die einen aus-
giebigeren, auch den bisherigen taktischen Erfahrungen Rechnung tragenden
Gebrauch der vorhandenen Kräfte und damit eine wesentliche Vermehrung
verwendungsfähiger Truppenkörper erlaubten. Auch hier hatte schon Graf
Schlieffen im Frieden die Bahn gewiesen**).

Ein weiterer sehr wesentlicher Grund, der für die Hinausschiebung
einer großen Angriffshandlung sprach, lag in dem zur Zeit bedenklich an-
gewachsenen und nur ganz allmählich zu bessernden Mangel an Munition
wie überhaupt in der unzureichenden Sicherstellung des jede Erwartung
und Berechnung weit übertreffenden Kriegsbedarfes aller Art. Industrie
und Wissenschaft konnten trotz ihrer bewunderungswürdig schnellen, verständnisvollen und weitgehenden Umstellung auf den Krieg nur allmählich
die unentbehrlichen Hilfen schaffen. Aber auch hier muß darauf hingewiesen

---

*) v. Falkenhayn a. a. O. S. 37.
**) Erster Teil S. 21.

werden, daß nach fachmännischem Urteil „während der Ära Falkenhayn
zu verschiedenen Zeitpunkten bezüglich der Bestellung von Heeresliefe=
rungen fiskalischen Sparsamkeitsbedenken Rechnung getragen worden ist,
zeitweise Aufträge für die Munitionsindustrie ins Stocken gerieten, wie
namentlich auch die Kriegsbekleidungsindustrie ihren Beschäftigungsgrad
einschränken mußte. Solchen kurzen Perioden folgte aber binnen kurzem
wieder die Erkenntnis der Notwendigkeit wesentlich gesteigerter Rüstungs=
arbeit*).“

Alles in allem sprachen somit gewichtige Gründe für den Entschluß des
Generals v. Falkenhayn, eine neue Offensive erst auf der gesicherten Grund=
lage umfangreicher und zeitbeanspruchender Vorbereitungen auf allen in
Frage kommenden Gebieten zu unternehmen. Wenn danach der Entschluß
an sich durchaus gerechtfertigt und geboten erscheint, so wird sachliche Kritik
doch gleichzeitig feststellen müssen, daß größere Leistungen in der schnellen
Bereitstellung der nötigen Kräfte und Mittel im Bereich der Möglichkeit
lagen, sofern die Ziele höher gesteckt und mit Hartnäckigkeit festgehalten
worden wären.

Drittes Kapitel.

Die deutsche Oberste Heeresleitung im Winter 1914/15.

General v. Falkenhayn hielt aus dem vorentwickelten Gedankengange
die Entscheidung der Frage, „an welchem Frontabschnitt der nächste Offen=
sivschlag geführt werden sollte, nicht für dringlich“**), und glaubte sie bis
zu dem Zeitpunkt verschieben zu können, wo mit dem bevorstehenden Ab=
schluß der in Angriff genommenen Neubildungen zu rechnen war. E i n
n e u e r   o p e r a t i v e r   G e d a n k e   t r a t   a l s o   n i c h t   h e r v o r. Im
Grunde hoffte er diesen Schlag, wenn der Gang der Dinge es nicht gebiete=
risch anders verlangte, im Westen führen zu können, um dasjenige Gegner=
paar zu treffen, das er mit Recht als den militärisch stärksten und seiner aus=
gedehnten Machtmittel wegen als den gefährlichsten Feind bewertete: Frank=
reich und England. Über das Stadium unbestimmter Wünsche und Hoffnun=
gen in dieser Richtung hinaus konnte es freilich bei der Unsicherheit der
Kriegslage im Osten vorläufig nicht kommen. Dort reihte sich Krise an Krise.
Im Augenblick, Anfang November, kam alles darauf an, den Rückzug der
österreichisch=ungarischen Armee von der Nida an der Pilica, bei Krakau und

---

*) Arthur Dix a. a. O. S. 194.
**) v. Falkenhayn a. a. O. S. 35.

an den Karpathen zum Stehen zu bringen. Hindenburg entschloß sich zur Entlastungsoffensive aus der Linie Gnesen—Thorn gegen die rechte Flanke der russischen Hauptmacht in Polen. Sie begann am 11. November. Die Oberste Heeresleitung war an diesem Entschluß nicht unmittelbar beteiligt. Ludendorff verhieß von vornherein „nur Teilerfolge" und bat am 9. November um Freimachung von drei bis vier aktiven Korps für den Osten. Später werde mehr erforderlich werden. Falkenhayn stellte in 14 Tagen vier Korps in Aussicht. Am 15. November, als die Operation im besten Fluß war, hielt Hindenburg „eine baldige Unterstützung des Ostheeres für dringend geboten. . . . . Sie müsse um so stärker ausfallen, je später sie im Osten einträfe". Falkenhayn antwortete am 18. November mit einer ausführlichen Beurteilung der Gesamtlage und erkannte eine „baldige Verstärkung des Ostheeres nicht nur als wünschenswert, sondern selbst als notwendig" an. Indessen machte er doch wesentliche Einschränkungen: „Der Entschluß dazu würde erleichtert werden, wenn eine begründete Hoffnung bestände, daß das Eintreffen neuer Kräfte in dem in den Grenzen des Möglichen liegenden Umfange eine endgültige Entscheidung im Osten herbeiführen würde. Diese Hoffnung besteht indessen augenscheinlich nicht. Im besten Falle wird es uns gelingen, den Feind hinter den Narew und die Weichsellinie zurückzudrücken und ihn zur Räumung Galiziens zu zwingen. Eine Kriegsentscheidung liegt darin an sich noch nicht, wenn ich auch nicht bestreiten will, daß ein solcher Erfolg von weittragender politischer Bedeutung sein kann. Sicherlich wird er es im Hinblick auf unseren Verbündeten sein, der der Aufmunterung bedarf. Aus diesem Grunde ist er denn auch anzustreben. Freilich würde er ohne jeden Wert sein, wenn es dem Westgegner in der Zwischenzeit etwa gelänge, unsere Westkräfte einzudrücken und auch nur zum Aufgeben der Nordseeküste zu nötigen. Denn unser gefährlichster Feind ist nicht der im Osten, sondern England, mit dem die Verschwörung gegen Deutschland steht und fällt. Ihm können wir nur wehe tun, wenn wir die Verbindung mit dem Meere aufrechterhalten. Ebenso können wir Frankreich nur in Schach halten, wenn wir unsere Stellung im Westen behaupten. Trotzdem ist die Heeresleitung entschlossen, Kräfte dorthin abzugeben, schon um unserem Verbündeten zu zeigen, daß wir ernstlich gewillt sind, ihm zur Befreiung Galiziens vom Feinde beizustehen. In welchem Umfange die Hilfe im Osten gewährt werden kann, hängt einmal von der Gestaltung der Verhältnisse auf der Westfront, dann aber auch davon ab, welche Erfolge die so glänzend eingeleitete Operation bei der 9. Armee und bei den Armeen in Südwest-Polen haben wird. Ich habe aber das allmähliche Herausziehen der zunächst zur Abgabe dorthin in Aussicht genommenen Truppenteile schon angeordnet. Sie werden also nicht gleichzeitig, sondern nacheinander eintreffen." Ludendorff vermerkte hierzu: „Entscheidende Zeit ist verlorengegangen."

Im ganzen wurden im letzten Drittel des November dem Oberbefehls=haber Ost 8 Infanterie=Divisionen und 1 Kavallerie=Division aus dem Westen zugeführt*). Sie trafen allmählich ein, aber erst nachdem der Offensivschlag Hindenburgs gegenüber der gewaltigen Überlegenheit der Russen sein Ende gefunden hatte. Falkenhayn knüpfte jetzt in auffallendem Gegensatz zu seiner bisherigen Auffassung hohe Erwartungen an den Einsatz der neuen Kräfte. Am 26. November wies er darauf hin, daß der Kriegserfolg davon abhänge, daß die Offensive in Nord=Polen nicht ver=sande und daß es dort nicht, wie im Westen, zum Positionskrieg komme. Ein Erfolg in Nord=Polen entscheide nicht nur die galizische Frage, son=dern vermutlich den Krieg.

Die Frage liegt nahe, ob es mit Hilfe der Abgaben vom Westen mög=lich gewesen wäre, Hindenburgs Offensive zu einem entscheidenderen Er=gebnis zu führen. Sie ist zu bejahen, da der Kräftezuwachs eine erhebliche Steigerung des Druckes auf die rechte Flanke des Feindes rechts der Weichsel in operativ höchst wirksamer Richtung gestattet haben würde. Vor=bedingung aber war das rechtzeitige Eintreffen der Verstärkungen auf dem östlichen Kriegsschauplatz. Dieses durch eine Hinausschiebung des Beginns der Offensive zu erreichen, verbot sich mit Rücksicht auf das Moment der Überraschung, auf das sich die ganze Operation gründete, und auf das be=denkliche Wanken der österreichisch=ungarischen Front, die dringend einer sofortigen Entlastung bedurfte. Nur wenn die Oberste Heeresleitung so=gleich in den ersten Tagen des November, nachdem sie Kenntnis von dem Plane Hindenburgs erhalten hatte, die Herauslösung der erforderlichen Kräfte aus der Westfront vorgenommen hätte, wäre es möglich gewesen, sie rechtzeitig auf dem rechten Weichselufer zum einheitlichen Einsatz zu bringen. Daß das nicht geschah, findet seine Erklärung darin, daß in jenen Tagen General v. Falkenhayn sich noch der Hoffnung hingab, durch neue Angriffe mit der 4. und 6. Armee in Flandern eine günstige Wendung der Dinge im Westen herbeiführen zu können. Erst am 12. November ver=zichtete er endgültig auf diese Absicht, hielt jedoch auch dann noch etwa eine Woche hindurch an dem Gedanken fest, den Ypern=Bogen in systematischem Vorgehen nach Art des Stellungskrieges einzudrücken. Wie die Dinge sich im Osten abgespielt haben, war eine entscheidende Wirkung von einem Vor=

---

*) Das allmähliche Herausziehen dieser Kräfte aus der Westfront begann in der Nacht vom 19. zum 20. November. Zwei Kavallerie=Divisionen waren bereits Ende Oktober auf den östlichen Kriegsschauplatz überführt worden. Eine Infanterie=Division wurde auf dringende Bitte des Generals v. Conrad nach Krakau weitergeleitet.

gehen starker deutscher Kräfte rechts der Weichsel von dem Augenblicke an
nicht mehr zu erwarten, als durch die Rückwärtsschwenkung aus der
feindlichen Mitte und den Vorstoß der über Warschau herangeführten
Massen des Feindes die deutsche Offensiv=Operation im großen ihr
Ende erreicht hatte. Das war bereits am 22. November. Als dann die
deutschen Kräfte nacheinander eintrafen, hatte sich die ganze Kriegslage so
sehr verschoben, daß ihr einheitlicher Einsatz rechts der Weichsel, wo sich der
Russe nunmehr stark gemacht hatte, nicht mehr in Frage kam. Hindenburg
vermerkt denn auch am Rande des Falkenhaynschen Hinweises vom 26. No=
vember: „Zu spät!" In ununterbrochenen Kämpfen bis in die zweite Hälfte
des Dezember, zum Teil unter heftigen Gegenangriffen des Feindes, gelang
es, die deutschen Linien bis über die Pilica und Bzura und bis an die
Rawka vorzudrücken. „Es war aber nur ein frontales Abringen, keine
großzügige Umfassung mehr" — sagt Ludendorff*). Auch die Absicht Hin=
denburgs, durch Fortsetzung des Angriffs die Russen hinter die Weichsel zu
werfen, erwies sich angesichts des starken feindlichen Widerstandes nicht als
durchführbar.

Dieser Verlauf der Operationen bestärkte den General v. Falkenhayn
in seiner früheren, nur vorübergehend aufgegebenen, skeptischen Auffassung,
daß im Osten auch bei Einsatz neuer Kräfte eine nachhaltige Entscheidung
nicht zu erzielen sei. Als daher General v. Conrad am 19. Dezember die
Notwendigkeit betonte, nach Zurückwerfung der Russen bis an oder über
die Weichsel durch eine gleichzeitige Offensive der Deutschen aus West=
preußen über die Narewlinie in der allgemeinen Richtung auf Siedlce und
starker österreichisch=ungarischer Kräfte über den San in derselben Richtung
einen Vernichtungsschlag anzustreben, begründete Falkenhayn eingehend
seinen ablehnenden Standpunkt:

„Ich bin überzeugt, daß die österreichisch=ungarische Armee gar nicht
mehr fähig ist, in den kommenden Monaten bei der vor uns liegenden
Jahreszeit und den Wegeverhältnissen in dem in Betracht kommenden Ge=
biet eine so groß angelegte Operation durchzuführen. . . . Es ist für
mich ferner über jeden Zweifel erhaben, daß die Russen sich einer solchen
Umfassung, deren Einsetzen ihnen nicht unbekannt bleiben kann, wenn sie
ihr nicht offensiv zu begegnen vermögen, durch rechtzeitigen weiteren Abzug
nach Osten entziehen werden. Die ganze Sache käme dann auf einen ufer=
losen Vorstoß ins Innere Rußlands hinaus. Auch ist eine deutsche Offen=
sive von der westpreußischen Grenze her unmöglich, solange nicht die russi=
schen Kräfte in Ostpreußen geworfen sind. Endlich halte ich den ganzen

---

*) Ludendorff, Meine Kriegserinnerungen, S. 85. 6. Auflage. Berlin 1920,
S Mittler & Sohn.

Plan für unausführbar, weil er eine Zeit koften würde, die wenigftens der deutfchen Heeresleitung nicht zur Verfügung fteht."

Es waren alfo nicht nur die Verhältniffe der augenblicklichen Kriegs= lage im Often — mangelnde Offenfivfähigkeit des öfterreichifch=ungarifchen Heeres, Jahreszeit und das Vorhandenfein ftarker ruffifcher Kräfte in Oft= preußen —, worauf General v. Falkenhayn feine ablehnende Stellung= nahme ftützte, fondern darüber hinaus allgemeine Erwägungen über den Zeitaufwand und die Reichweite einer entfcheidungfuchenden Offenfive in Rußland überhaupt — ein Gefichtspunkt, deffen eingehende Erörterung für fpäter vorbehalten bleibt. Der deutfche Generalftabschef faßte für die Zu= kunft im Often eine mehr hinhaltende Kriegführung ins Auge, bei der nur mit den gegenüber Weftpreußen und in Oftpreußen ftehenden Kräften des Feindes aufgeräumt und in Polen, wenn angängig, die Weichfellinie ge= wonnen werden follte. Hingegen beabfichtigte er fpäteftens Ende Januar im Weften mit Hilfe der Neuaufftellungen in der Heimat und erheblicher Abgaben aus dem Often zur Offenfive überzugehen. „Die Kräfte unferer Wefttruppen werden durch den aufreibenden Stellungskrieg, den fie viel= fach ohne genügende Ablöfung führen müffen, fo in Anfpruch genommen, daß es unverantwortlich wäre, diefen Zuftand einen Tag länger, als es die Lage im Often unbedingt erforderlich macht, beftehen zu laffen." Bei der öfterreichifch=ungarifchen Heeresleitung regte er gleichzeitig den Gedanken an, dem er fchon Mitte November in Übereinftimmung mit der deutfchen Diplomatie, allerdings vergeblich, Ausdruck gegeben hatte, ftatt Offenfiv= Unternehmungen in Galizien, Serbien, erforderlichenfalls mit Unterftützung einiger deutfcher Divifionen, niederzuwerfen, weniger um die dort unlängft erlittene fchwere Niederlage des Bundesgenoffen wieder auszugleichen, als um fich dadurch den Weg nach Konftantinopel zu öffnen. Auch verfprach er fich hiervon einen günftigen Einfluß auf die Haltung Rumäniens und der übrigen Balkanftaaten.

Indeffen auch diesmal ließen fich diefe Abfichten unter der Zwangslage im Often nicht verwirklichen. Zunächft war es wieder General v. Con= rad, der gegen Ende des Jahres unter Ablehnung des ferbifchen Planes dem Gedanken erneut Ausdruck lieh, im Often die Kriegsentfcheidung zu er= kämpfen. „Mir fcheint voller Erfolg auf dem öftlichen Kriegsfchauplatze nach wie vor entfcheidend für die Gefamtlage und äußerft dringend, ins= befondere mit Rückficht auf das kommende Frühjahr und die drohende Ver= fchiebung der Kräfteverhältniffe durch das Eingreifen Neutraler, welches nur ein Erfolg gegen Rußland ficher verhindern dürfte. Die Folgen eines folchen Eingreifens aber find nicht vorauszufehen für die militärifche Lage der Monarchie und damit auch für Deutfchland. Wir können unfere Divi=

stonen selbst bis Anfang Februar nicht viel über Brigadestärke auffüllen.
Ein voller Erfolg wird nur durch rascheftes Einsetzen neuer deutscher Kräfte
aus dem Westen oder neuer Formationen erreichbar. Besteht für deren
Einsetzen nördlich der Weichsel Besorgnis, daß sich diese Kräfte etwa an der
befestigten Narewlinie festfahren, dann kommt die Verwendung in der
Lücke zwischen Pilica und Niba, insbesondere am Nordflügel der 2. Armee
und Woyrsch, in Betracht, um dort die Lücke der ruffischen Front in Rich=
tung auf Radom durchzudrücken und Rückzug der Ruffen hinter Weichsel—
Sanlinie zu erzwingen. Mit Rücksicht auf diese Lage sind rascher Ent=
schluß und rasche Durchführung unbedingt notwendig, wenn dem Ein=
greifen Neutraler, welches spätestens Anfang März sicher zu erwarten ist,
zuvorgekommen werden soll. Hoffnungen der Diplomatie auf Sprengung
der Entente durch Sonderabkommen mit einem oder anderem Teil halte
ich unter den gegenwärtigen Verhältnissen und ohne einen entscheidenden
Erfolg unserseits für ganz aussichtslos. Ich bitte eingehende Erwägung
meiner Ausführungen, ehe es zu spät ist."

Auch Hindenburg wurde kurz vor Jahresschluß im gleichen Sinne vor=
stellig*). Von einer Fortsetzung der eigenen Offensive, sei es in Richtung
gegen die Weichsel oder aus Westpreußen auf Mlawa—Warschau, ver=
sprach er sich bei der durch das unaufhörliche Ringen eingetretenen
Schwächung der Kampfkraft nur dann Erfolg, wenn gleichzeitig die ver=
bündete Armee angriff. Hierfür fehlten aber nach seiner Ansicht alle Vor=
aussetzungen. „Die österreichisch=ungarischen Truppen, deren Gefüge ge=
lockert ist, haben das Vertrauen zur Führung verloren. Die Truppe leistet
scheinbar nur noch etwas im engsten Anschluß an deutsche Truppen oder
unter deutscher Führung. Die österreichisch=ungarische Heeresleitung und
die österreichisch=ungarischen Truppen sind nicht mehr Faktoren, mit denen
eine großzügige Operation durchgeführt werden kann. Es muß mit einem
noch weiteren Zurückgehen der Armeen in Galizien über die Karpathen
und in Richtung Krakau und damit mit einem Zurücknehmen der 1. öster=
reichischen Armee hinter die Nida gerechnet werden. . . . . Die Notlage
Österreich=Ungarns ist der springende Punkt in den Operationen des Oft=
heeres geworden und wird es immer mehr. Darüber darf keine Täuschung
walten. Sie kann nur durch erhebliche und vollwertige Verstärkungen
durch Deutschland unter energischen deutschen Führern ausgeglichen werden,
die der österreichisch=ungarischen Armee unmittelbar zugeführt werden
müssen, sei es für Verstärkung ihrer Front, sei es auf dem rechten Flügel."

Bei aller Abweichung in der Beurteilung der operativen Erfolgsmög=
lichkeiten stimmten also Conrad und Hindenburg in dem einen Punkte über=

---

*) 30. Dezember 1914.

ein: Die Ostfront bedarf dringend der Verstärkung durch deutsche Kräfte. Im Augenblick erklärte das General v. Falkenhayn mit Rücksicht auf die Lage an der Westfront und die noch unfertigen Neuformationen für aus= geschlossen. Aber auch für die Zukunft wollte er sich nicht bereits jetzt durch eine Bestimmung über die Verwendung der noch in Bildung begriffenen Heimatkräfte im Osten binden. Denn „eine solche Bestimmung bedeutete den Verzicht auf jede offensive Betätigung im Westen für absehbare Zeit mit allen seinen ernsten Folgen*).“ Noch hielt er an der Hoffnung fest, daß es gelingen würde, durch weitere Angriffe Hindenburgs in Nord=Polen den Feind an einer Verschiebung seiner Kräfte gegen die Verbündeten zu verhindern und diese somit zu entlasten. Indessen erwies sich der Wider= stand der Russen als so nachhaltig, daß Hindenburg von der Fortsetzung der Angriffe Abstand nehmen mußte. Inzwischen gerieten die Verbündeten in ihren Karpathenstellungen in harte Bedrängnis, während sie in der Buko= wina Fortschritte erzielten.

In dieser Lage tritt nun General v. Conrad am 6. Januar mit einem neuen Offensivplan hervor: Von den Karpathen aus soll durch einen nach Norden geführten Angriff möglichst starker Kräfte „ein positiver, entschei= dender Erfolg“ errungen werden. Die Verstärkung der österreichischen Karpathenfront durch Abgabe deutscher Truppen aus dem Bereich des Oberbefehlshabers Ost und durch Heranziehung von Kräften vom serbischen Kriegsschauplatz ist dazu notwendig. Hindenburg spricht sich für diesen Plan aus. „Bei guter Führung und Zusammenhalten der Kraft können Russen über San zurückgeworfen und Przemysl entsetzt werden. Dadurch weiterer Rückzug der uns gegenüberstehenden Russen gegen Weichsel. Weitere Erfolge sind nicht zu erzielen. . . . . . Ob allerdings die öster= reichisch=ungarische Armee durchhalten wird, ist mit Bestimmtheit nicht zu bejahen**).“ . . . . . „Schickt man deutsche Truppen nach Galizien, so hebt man in Österreich=Ungarn das moralische Element nicht nur der Armee, sondern auch der Bevölkerung, beeinflußt vielleicht schon durch das bloße Erscheinen die Politik der vorläufig noch neutralen Nachbarstaaten und ist jedenfalls in der Lage, den österreichischen Flügel so stark zu machen, daß ein Erfolg in Galizien bei Durchhalten der Bundesgenossen in einigen Wochen möglich ist***).“ Falkenhayn erklärt sich einverstanden. Die Kar= pathenfront wurde durch die neugebildete Kaiserlich deutsche Südarmee verstärkt.

Hindenburgs operatives Ziel ist aber höher gesteckt. „Dieser Erfolg

---

*) Falkenhayn an Oberbefehlshaber Ost am 3. Januar 1915.
**) Hindenburg an Falkenhayn am 7. Januar 1915.
***) Hindenburg an den Kaiser am 9. Januar 1915

reicht meines Erachtens für unsere Lage in Europa keinesfalls aus. Er muß verbunden werden mit einem entscheidenden Schlage in Ostpreußen. Anfang Februar sind vier neuformierte Armeekorps verwendungsbereit. Der Einsatz dieser frischen Kräfte im Osten ist eine Notwendigkeit. Mit ihnen wird es nicht schwer fallen, dem in Ostpreußen stehenden Gegner schnell eine entscheidende, wahrscheinlich vernichtende Niederlage beizubringen, die schwer heimgesuchte Provinz endlich ganz zu befreien und mit voller Wucht auf Bialystok durchzustoßen. Sind so die Russen auf beiden Flügeln scharf angefaßt, so kann der Einfluß auf ihre Mitte nicht ausbleiben. Die endgültige Besiegung Rußlands wird aber auch auf die Lage in Frankreich einwirken. Ich sehe diese Operation unter Einsatz aller neu aufgestellten Kräfte im Osten als entscheidend an für den Ausgang des ganzen Krieges, während ihr Einsatz im Westen nur zur Verstärkung unserer Verteidigungskraft oder wie bei Ypern zu einem verlustreichen, wenig aussichtsvollen frontalen Vorstoß führen wird. Unser Heer im Westen dürfte wohl in der Lage sein, sich in gut ausgebauten, in mehreren Linien hintereinanderliegenden befestigten Stellungen auch ohne Verstärkungen durch die neuen Armeekorps zu halten, bis ein entscheidender Erfolg im Osten errungen ist."

Diesem Hindenburgschen Vorschlage wiederum sekundiert sehr lebhaft General v. Conrad. Statt des Schlages in Ostpreußen befürwortet er indessen eine Offensive rechts der Weichsel über den Narew.

„Mit schwerem Herzen"*) entschließt sich jetzt Falkenhayn bald nach Mitte Januar zur Verstärkung Hindenburgs durch drei der neugebildeten Armeekorps und ein Korps der Westfront. Die hochgespannten Hoffnungen Conrads und Hindenburgs, auf diese Weise im Osten die Kriegsentscheidung herbeizuführen, teilte er zwar auch jetzt nicht. Von Vereinbarungen mit dem österreichischen Armee-Oberkommando über die Aufstellung eines einheitlichen operativen Zieles war daher keine Rede. Falkenhayn hielt den Einsatz der Verstärkungen aber um deswillen für notwendig, weil es ihm nur dann möglich erschien, „sich der russischen Gefahr im Osten für absehbare Zeit zu entledigen, wenn es gelang, den Feind fernerhin zu so gewaltigem Verbrauch an Menschen und Material wie bisher zu veranlassen**)." Der Einsatz der vier Korps war nur als eine vorübergehende Verstärkung gedacht, auf ihre spätere, möglichst baldige Verwendung im Westen, wie ursprünglich vorgesehen, sollte nicht verzichtet werden.

Die Entstehungsgeschichte des Entschlusses der deutschen Obersten Heeresleitung, nach Aufstellung der neuen Heeresreserven den ersten Offen-

---

*) v. Falkenhayn a. a. O. S. 49.
**) Ebenda S. 50.

sivschlag mit beschränktem Ziel im Osten zu führen, läßt also erkennen, daß dieser Entschluß nur unter dem Zwang der Verhältnisse und im Widerstreit mit den eigenen Wünschen und Neigungen Falkenhayns ganz allmählich zustande gekommen ist.

Die Verstärkungen trafen bis Anfang Februar auf dem östlichen Kriegsschauplatze ein. Mit ihrer Hilfe wurde der glänzende Sieg in der Winterschlacht in Masuren erfochten. Die Tage vom 18. bis 22. Februar besiegelten den Untergang der russischen 10. Armee in den Wäldern von Augustowo. Nach Tannenberg hatten Hindenburg und Ludendorff ein neues Cannae im Sinne Schlieffens vollbracht. Indessen mit der Vernichtung dieses Feindes war das Operationsziel, das ihnen vorschwebte, noch nicht erreicht: Durch Fortsetzung der Offensive in Verbindung mit einem gleichzeitigen Vorstoß über Plotzk—Prasznysch sollte der Feind auch über die Bobr—Narew=Linie zurückgeworfen und die Russen durch Druck auf ihre rückwärtigen Verbindungen zum Zurückgehen hinter die Weichsel gezwungen werden. Dieser Plan mißlang bei der Übermacht des selbst zum Gegenangriff schreitenden Feindes und bei der durch Kämpfe, Märsche und Jahreszeit hervorgerufenen Überanstrengung der Truppen. Die Deutschen fielen in die Verteidigung zurück. Der rechte Flügel wurde nach Beendigung der Kämpfe nach Norden zurückgenommen. Auch der Frontalangriff links der Weichsel kam nach Anfangserfolgen schnell zum Stehen. Ebenso verebbte auf dem Südflügel die Karpathenoffensive noch im Februar, bald auch das Vordringen in der Bukowina. Der Bewegungskrieg der Verbündeten im Osten hatte seinen vorläufigen Abschluß gefunden. Der Russe antwortete mit einem Durchbruchsversuch in die ungarische Ebene.

Es entsprach nur psychologischen Gesetzen, wenn General v. Falkenhayn jetzt zu dem Gedanken zurückkehrte, im Westen einen Offensivschlag zu tun. Schon am 19. Februar, also noch vor Abschluß der Operationen in Masuren, hatte er den Oberbefehlshaber Ost darauf hingewiesen, daß dem Streben, den Sieg mit allen Mitteln auszubeuten, durch die allgemeine militärische und politische Lage gewisse Schranken gesetzt wären. Etwa in der zweiten Hälfte des März werde er genötigt sein, sehr erhebliche Teile der jetzt im Nordosten verwendeten Kräfte auf andere Kriegsschauplätze zu ziehen, noch früher eine Herabminderung der nach dem Osten abzugebenden Ergänzungsmannschaften und Munitionsmengen eintreten zu lassen. Zu diesem Zeitpunkt war im Westen bereits die Winterschlacht in der Champagne entbrannt, deren noch unübersehbarer Verlauf derartige Maßnahmen leicht möglich machen konnte. Als Anfang März das Scheitern des französischen Durchbruchs klar wurde, verzichtete General v. Falkenhayn auf eine sofortige Zurückführung von Kräften des Ostheeres nach dem Westen

für den Monat März. Er beschäftigte sich nunmehr aber eingehend mit
dem Gedanken eines Angriffs im Westen. Verschiedene Operationen
wurden erwogen und Gutachten der mit Erkundungen beauftragten Armee=
Oberkommandos eingeholt. Am meisten neigte General v. Falkenhayn zu
einem schon früher vom Kriegsminister General Wild v. Hohenborn und jetzt
erneut vom Oberst v. Seeckt vorgeschlagenen Durchbruch durch die feindliche
Front nördlich der Somme in Richtung über Amiens. Die erforderlichen
Kräfte sollten zum Teil durch die Neuaufstellung von 14 Divisionen*) ge=
wonnen werden. Auf Verstärkungen aus dem Osten war angesichts der dort
nach wie vor schwierigen und ernsten Kriegslage nicht zu rechnen. „Der
Osten gibt nichts zurück, es sei denn zerpflückt" — hatte General v. Falken=
hayn schon als Erfahrung gebucht. Eingehende Berechnungen ergaben aber
einen so hohen Bedarf an Streitkräften und Kampfmitteln, wenn die Durch=
führung des Durchbruchs bis zum Meer und eine operative Auswirkung
gegen den nördlich der Somme stehenden Feind, die Engländer, gewähr=
leistet werden sollte, daß es zur Zeit unmöglich war, der Verwirklichung des
Planes näherzutreten.

Neben diesem Plan bewegte den General v. Falkenhayn jetzt erneut
der Gedanke der Niederwerfung Serbiens. Die Notwendigkeit der Öffnung
eines Zuganges auf dem Landwege zur Türkei machte sich immer drin=
gender geltend. Nur so ließen sich der Verbündete durch Zuführung des er=
forderlichen Kriegsmaterials auf die Dauer stützen — Rumänien ver=
weigerte die Durchfuhr — und die übrigen Balkanstaaten von einer offenen
Teilnahme gegen die Mittelmächte abhalten. Weiterhin war die Aufrecht=
erhaltung der Dardanellensperre, durch die Rußland im Süden von der
Zufuhr abgeschnitten und an der Getreideausfuhr gehindert wurde, auch
für die Bekämpfung Rußlands von ausschlaggebender Bedeutung. Seit
Ende Februar wurde die Bedrohung der Dardanellen durch wiederholte
feindliche Wasser= und Landangriffe immer greifbarer. Die politische
Leitung des Reiches, insbesondere der Unterstaatssekretär Zimmermann,
hatte schon lange mit Nachdruck darauf hingewiesen, „daß das Schwert auf
dem Balkan nicht verderben dürfe, was die Diplomatie gutgemacht habe".
General v. Falkenhayn regte daher am 21. März beim General v. Conrad
von neuem den Gedanken an, auf dem Kriegsschauplatz gegen Rußland sich
zunächst auf die Verteidigung zu beschränken und inzwischen einen schnellen
Schlag gegen Serbien zu tun. Er sollte vorzugsweise mit deutschen Truppen
geführt werden in der Hoffnung, daß Bulgarien dann auf unsere Seite
treten würde. Erfolgte ein solcher Anschluß nicht, so sollte auch Österreich=
Ungarn Verstärkungen nach dem Balkan entsenden. General v. Conrad

---

*) S. 12.

lehnte auch jetzt die Beteiligung unter Hinweis darauf ab, daß eine Schwächung der Front gegen Rußland ausgeschlossen sei. Wie sehr er damit recht hatte, zeigte sich allerdings sehr bald, als die österreichische Karpathenfront an drei Stellen durchbrochen wurde. Sogleich schwand auch die Bereitwilligkeit Bulgariens zum Anschluß an die Mittelmächte, während die Haltung Italiens bereits auf den nahe bevorstehenden Eintritt in den Krieg gegen Österreich-Ungarn schließen ließ. Unter diesen Umständen sah sich General v. Falkenhayn außerstande, vor der Hand an die Verwirklichung der beiden ihm am Herzen liegenden Pläne — Offensive im Westen und Feldzug gegen Serbien — zu gehen.

Fiel somit ein Teil der Gründe fort, die ihn bisher davon abgehalten hatten, das Schwergewicht der Kriegführung auf den russischen Kriegsschau= platz zu verlegen, so erzwang anderseits die Lage im Osten selbst mit ge= bieterischer Notwendigkeit diesen Entschluß. Der russische Druck in den Karpathen hatte sich durch die nach dem Fall von Przemysl (22. März) frei= gewordenen Kräfte vermehrt und drohte zum Durchbruch auf Budapest zu werden. Die Bildung des Beskiden=Korps aus deutschen Divisionen be= seitigte für den Augenblick diese Gefahr, doch traten fortgesetzt neue Krisen ein. Seit Ende März wankte die Karpathenfront besonders nördlich des Uszoker Passes. General v. Conrad hatte bereits mehrfach um neue Ver= stärkungen zur unmittelbaren Stützung der Karpathenfront gebeten und lieh dieser Bitte Anfang April vermehrten Nachdruck durch den Hinweis auf die drohende Haltung Italiens und Rumäniens, bei deren mit Sicherheit zu erwartender baldiger Kriegserklärung Österreich-Ungarn einen erheb= lichen Teil seiner Kräfte aus der Karpathenfront herauslösen und gegen diese Länder verwenden müsse. Ihr Ersatz durch deutsche Truppen — es handelte sich um zehn Divisionen — sei notwendig. General v. Falkenhayn, der seit langem zu weitestgehendem Entgegenkommen der österreichisch= ungarischen Diplomatie gegenüber Italien geraten hatte, warnte nachdrück= lich vor einer Zersplitterung der Kräfte und schlug vor, die Abrechnung mit Italien, falls sie notwendig werden sollte, auf eine spätere Zeit zu ver= schieben, vorerst sich auf ein hinhaltendes Verfahren zu beschränken. An ein Eingreifen Rumäniens glaubte er in absehbarer Zeit nicht. Conrad anderseits sah als einzig wirksames Mittel, um Italien und Rumänien von der Eröffnung der Feindseligkeiten abzuhalten, einen baldigen großen mili= tärischen Erfolg gegen Rußland und regte am 7. April und in den fol= genden Tagen wiederholt den Einsatz neuer starker deutscher Kräfte im Osten an. Ein großes operatives Ziel schwebte ihm dabei vor Augen: Gleichzeitiger Doppelangriff aus Preußen und Ostgalizien gegen die beiden äußeren Flügel der Russen.

In der ersten Hälfte des April entschloß sich General v. Falkenhayn zu einem entscheidenden Schlage im Osten. Zu ihm sollten vier Korps vom westlichen Kriegsschauplatz verfügbar gemacht werden.

Viertes Kapitel.

Betrachtungen.

Bevor wir uns dem Verlauf der Offensivoperation in Galizien und Rußland zuwenden, bedarf es der kritischen Stellungnahme zu dem Ergebnis der bisherigen Untersuchung. Es ist dahin zusammenzufassen: General v. Falkenhayn sah vom Standpunkt einer Kriegführung mit beschränkten Zielen bis zum Frühjahr 1915 den Osten im Vergleich zum Westen als Nebenkriegsschauplatz an, auf dem, wenn irgend angängig, mit der geringst möglichen Streiterzahl ausgekommen werden mußte, der nur vorübergehend, sei es aus Gründen einer Stützung der wankenden Verbündeten oder zur Lähmung der Offensivkraft des Feindes eine Verstärkung durch sparsam bemessene Kräfte erfahren durfte, um auf dem Hauptkriegsschauplatz im Westen allen Ereignissen gewachsen zu sein und zu bleiben. Ohne weiteres wird man der Auffassung zustimmen, die er in seinem Werke*) vertritt, daß „keine Entscheidung im Osten, mochte sie so gründlich sein, wie es denkbar war, uns das Auskämpfen der Entscheidung im Westen erspart hätte". Die Frage ist aber, ob nicht die Entscheidung im Osten die Vorbedingung für den Sieg im Westen war, mithin ihm zeitlich voranzugehen hatte. Diesen Gedanken vertraten Conrad und der Oberbefehlshaber Ost. Hindenburg gibt ihm auch jetzt noch in seinem Werke**) mit den Worten Ausdruck, „daß der Weg zu der ultima ratio für Erzwingung des Friedens über den zu Boden geworfenen Russen führte". Die Frage ist ferner, ob der Entschluß, eine solche Entscheidung im Osten im Frühjahr 1915 herbeizuführen, nicht bereits im Spätherbst 1914 gefaßt und der Kriegführung während des Winters 1914/15 das Gepräge einer planvollen Vorbereitung für die Durchführung dieses Entschlusses gegeben werden mußte.

Bestand begründete Aussicht, auf dem westlichen Kriegsschauplatze im Frühjahr 1915 zu einer Entscheidung zu gelangen, wenn auch nur im Sinne der beschränkten Ziele des Generals v. Falkenhayn, also etwa zur Gewinnung der Kanalhäfen oder zur Zerschneidung der englisch-französischen Front durch Vordringen nördlich der Somme bis zum Meer? Das letztere

---

*) v. Falkenhayn a. a. O. S. 47.
**) v. Hindenburg, Aus meinem Leben, S. 120.

Ziel hat Falkenhayn, wie wir wissen, erwogen und schließlich auf Grund der angestellten Erkundungen und Berechnungen des Kräftebedarfes als zur Zeit undurchführbar fallen gelassen. Die Gewinnung der Kanalküste ist anscheinend nach dem Ausgang der Flandernschlacht nicht mehr unmittelbar ins Auge gefaßt worden. Sie war ja auch denkbar als Folge eines geglückten Durchbruchs nördlich der Somme. Es ist nun sehr interessant, aus den unlängst veröffentlichten Berichten von Sir Douglas Haig (Quarterly Review 1920) zu ersehen, wie der Feind diese Erfolgsmöglichkeiten beurteilt hat. Hätten die Deutschen — so meint der englische General — ihre im November 1914 aufgegebenen Angriffe 1915 bei Ypern, Bethune oder Lens mit den Massen an Leuten, Geschützen und Munition erneuert, die sie damals gegen Rußland verwendeten, so war es mehr als zweifelhaft, ob die Westfront ihnen hätte widerstehen können. Denn die „erste neue Armee" Kitcheners war gerade erst in Bildung begriffen, als die Offensive in Galizien begann, und selbst, wenn alle „neuen Armeen" schon in Frankreich gewesen wären, sie hätten wenig mehr leisten können als die Russen aus den gleichen Gründen: Leute ohne Gewehre oder Geschütze seien hilflos, Gewehre oder Geschütze ohne ausreichende Munition Flitzbogen und Katapulten gleichzuachten. Wären die Nachfolger des großen Moltke im Bilde gewesen über den wahren Zustand der Munitionsvorräte ihrer Westgegner im Frühjahr 1915, so sei kaum anzunehmen, daß sie nicht den Weg zum Erfolge durch das Hinlenken auf das wahre Kriegsziel beschritten hätten. An anderer Stelle nennt Haig es ein schweres Versäumnis der Deutschen, daß sie den Gasangriff im Ypernbogen am 22. April 1915 nicht zu einem die weitesten Aussichten bietenden Entscheidungsstoße ausgenutzt hätten. Der englische General setzt mit diesen Ausführungen bei der deutschen Heeresleitung eine Kenntnis aller inneren Verhältnisse des Feindes und seiner Hilfsmittel voraus, die diese auch bei dem bestorganisierten Nachrichtenwesen schwerlich in solchem Umfange haben konnte. Auch gibt er sich offenbar einer erheblichen Überschätzung der von deutscher Seite gegen Rußland eingesetzten Streitkräfte und Kampfmittel hin. General v. Falkenhayn war nicht der Mann, der aus Sorge über das Wachsen der „Zahl" bei unseren Westgegnern das Augenmaß für die beiderseitigen Stärkeverhältnisse und Machtmittel verloren hätte. Was ihn schließlich dazu bestimmte, von dem ins Auge gefaßten Durchbruchsangriff im Westen im Frühjahr 1915 Abstand zu nehmen, war das nach eingehender Würdigung aller Faktoren klar erkannte Unvermögen, aus personellem und materiellem Kräftemangel die Dinge auch nur bis zu einer begrenzten Entscheidung hinaus zu führen. Leicht ist ihm dieser Entschluß, wie wir wissen, nicht gefallen. Daß er gefaßt worden ist, kann nur als gerechtfertigt erachtet werden. Daraus ergibt sich ohne weiteres, daß vom Standpunkt der deutschen Heeresleitung für die Herbeiführung einer wirklichen Kriegsentscheidung im Westen im Frühjahr 1915 begründete Aussichten noch viel weniger vorhanden waren.

Ein Feldherr, dem der Schlieffensche Vernichtungsgedanke als höchstes Ziel vorschwebte, hätte aber die Entscheidung der Frage, auf welchem Kriegsschauplatze er im Frühjahr 1915 offensiv werden sollte, nicht wie General v. Falkenhayn hinausgeschoben und von der erst im Zeitpunkt des Handelns vorliegenden Kriegslage abhängig gemacht. Schon im November 1914 ließen sich die großen Schwierigkeiten erkennen, die nach der Er= starrung der Kriegführung in Grabenlinien und Drahtgeflecht einer Wieder= aufnahme des Bewegungskrieges im Westen mittels eines operativen Durchbruchs — etwas anderes kam nicht in Frage — entgegenstanden. Daß sie bis zum Frühjahr 1915 wachsen würden, war vorauszusehen und wurde auch vorausgesehen. Franzosen wie Engländer hatten sich als sehr beachtenswerte, geschickte, besonders in der Verteidigung zähe und über schier unerschöpfliche Hilfsquellen an Menschen und Material gebietende Gegner gezeigt. General v. Falkenhayn selbst bezeichnete sie schon im November als „der Zahl nach weit überlegen, der Qualität nach vielfach kaum unterlegen". Alle bisherigen, mit höchster Energie und Kraft= anstrengung betriebenen Versuche, die Entscheidung zu erzwingen, waren schließlich gescheitert an dem zähen Widerstande der Gegner und aus Mangel an verfügbaren Kräften. Das letztere war eine unmittelbare Folge des Mehrfrontenkrieges. Daß im Osten mit den bei Kriegsbeginn auf das Mindestmaß beschränkten Kräften nicht auszukommen war, hatte sich bereits mit zwingender Gewalt fühlbar gemacht. Für die Zukunft war ein noch vermehrter Kräfteeinsatz dort unumgänglich, wenn man auch nur die Wage im Gleichgewicht halten wollte. Eine kühle Einschätzung der Lage der Mittelmächte mußte auf Grund der bisherigen Erfahrungen und Ergebnisse bereits im Spätherbst 1914 zu dem Eingeständnis führen: Solange uns der Mehrfrontenkrieg zur Teilung unserer Streitkräfte zwingt — mögen die Nebenfronten dabei auch noch so sparsam ausgestattet werden — solange reichen die für den Westen verfügbaren Kräfte zu einem erfolgreichen Offensivschlage nicht aus, selbst wenn er nur die vom General v. Falkenhayn erstrebte Wirkung haben soll, nämlich eine schwere Einbuße der Kampf= kraft unserer Gegner unter gleichzeitiger Verbesserung unserer taktischen Lage. Anders und günstiger lagen in dieser Hinsicht die Verhältnisse im Osten. Dort lebte im Spätherbst 1914 und während des Winters noch der Bewegungskrieg, dort ließ sich also noch operieren. Ob das freilich in dem Augenblick, wo man zu entschiedenem Handeln stark genug sein würde, noch zutraf, ließ sich im November 1914 nicht sagen. Die gesunde Skepsis des

Generals v. Falkenhayn rechnete daher sehr richtig mit der Möglichkeit, daß auch die Kriegführung im Osten über kurz oder lang sich in der starren Gestalt des Stellungskrieges festlegen würde. Es war aber anzunehmen, daß dieser bei den riesenhaften Räumen des östlichen Kriegsschauplatzes nicht überall so widerstandsfähige Formen wie im Westen zeitigen, daß Lücken bleiben würden, die den taktischen Durchbruch begünstigten, und daß schließlich auf den nichtangelehnten äußeren Flügeln auch Umfassungen möglich waren. Hierbei fiel ins Gewicht, daß das günstige, weil nicht zer= störte Eisenbahnnetz im Osten die rasche Versammlung starker Kräfte an einem Punkte leichter bewerkstelligen ließ als auf dem westlichen Kriegs= schauplatz, wo die Wiederherstellung und der Ausbau der Bahnlinien noch im Rückstande war. Der Gedanke an Rußlands unerschöpfliches Material verlor viel von seiner bedrückenden Wirkung durch den berechtigten Zweifel, ob die Mittel zur Bewaffnung vorhanden waren. Eine wesentliche mili= tärische Kräftigung Rußlands in absehbarer Zeit stand nicht zu befürchten. Man durfte auch mit Genugtuung feststellen, daß bei aller Tapferkeit und Zähigkeit der Russe sich doch dem deutschen Soldaten nicht ebenbürtig, die russische Führung der deutschen nicht gewachsen gezeigt hatte. Alles in allem schienen sich im Osten einer Offensive nicht in gleichem Maße Schwierigkeiten entgegenzustellen wie im Westen. Als weiterer Faktor ließ sich schon im November 1914 in der Gesamtrechnung die aus den Er= fahrungen gewonnene Kenntnis buchen, daß die Operationen im Osten dank der Tüchtigkeit der deutschen Westarmeen in höherem Grade einer Rückendeckung sicher waren als umgekehrt bei der Einschätzung unserer Verbündeten und der Schwäche des deutschen Ostheeres eine wiederauf= genommene Offensive im Westen.

Zu diesen militärischen Erwägungen kamen politische sehr ernster Art: die Koalition mit der Donaumonarchie war für Deutschland zur erfolg= reichen Durchführung des Weltkrieges nicht nur im hohen Grade wertvoll, sondern eine unbedingte Notwendigkeit. Das legte aber auch die fesselnde Verpflichtung auf, alles zu tun, um den Bundesgenossen militärisch, wirt= schaftlich und finanziell über Wasser zu halten. Daß seine Widerstandskraft bereits erschüttert war und ohne kräftige Unterstützung über kurz oder lang ihre Grenze finden würde, darüber konnte nach der offenen Sprache Conrads wie der sonstigen Berichterstattung unbefangener Beurteiler kein Zweifel obwalten. Auch der Gefahr, daß Italien und Rumänien, vielleicht noch andere Balkanstaaten in die Reihe unserer Gegner treten konnten, war noch am ehesten durch die Niederwerfung des russischen Kolosses im Osten vorzubeugen.

Indessen die Schlußfolgerung, die sich aus diesen Gedankengängen

ergibt, wurde von dem verantwortlichen Leiter der Operationen im Spät=
herbst 1914 nicht gezogen, vielmehr die Kernfrage dilatorisch behandelt.
Das mochte vom Standpunkt der Kriegführung mit beschränkten Zielen
allenfalls statthaft sein, wiewohl auch auf dem Boden der Auffassung, die
den General v. Falkenhayn beherrschte, schon im November 1914 der Ent=
schluß keimen konnte — nicht in buchstäblicher Zustimmung zu den auf
sofortiges, offensives Handeln im Osten abzielenden Vorschlägen Conrads,
wohl aber in Erkenntnis der Richtigkeit des Grundgedankens — das
Schwergewicht der Kriegführung im kommenden Frühjahr zunächst auf den
östlichen Kriegsschauplatz zu legen. Wie ganz anders aber schuf ein solcher
Entschluß, im Sinne Schlieffenscher Vernichtungsstrategie frühzeitig gefaßt
und folgerichtig trotz aller etwa eintretenden Zwischenfälle und Schicksals=
schläge festgehalten, die Möglichkeit, weitschauend, planvoll und zielbewußt
alle Vorbereitungen für die Flüssigmachung und Bereitstellung umfang=
reicher Streitkräfte und Streitmittel zum Entscheidungskampf im Osten zu
treffen, die Kriegführung in der Zwischenzeit bis zu dem in Aussicht ge=
nommenen Zeitpunkt auf allen Kriegsschauplätzen dem leitenden operativen
Gedanken anzupassen, ihr bewußt überall da den Charakter des Hinhaltens
und Haushaltens zu geben, wo nichts erstrebt wurde, überall da das offensive
Element zu wahren, wo es die Grundlage für das spätere Handeln schaffen
mußte. Für den westlichen Kriegsschauplatz hätte sich daraus in noch weit
schärferer Form, als es geschehen ist, die Defensive ergeben, unter Verzicht
auf örtliche Angriffshandlungen größeren Umfanges, wie z. B. zu Beginn
des Jahres 1915 in der Schlacht bei Soissons, unter Umständen auch unter
Verkürzung und Ausgleichung taktisch ungünstiger und gefährdeter Linien=
führung — man denke nur an die weit vorspringende Keilstellung von St.
Mihiel — und damit die Freimachung und Auffrischung von Kräften zur
Bildung von Heeresreserven. Schon im Winter 1914/15 mußte im Westen
der planmäßige Aufbau einer modernen Festungsmauer mit allen Mitteln
in Angriff genommen werden. Tatsächlich sind jedoch in dieser Zeit die dort
eingesetzten Truppen in einer dem General v. Falkenhayn selbst unerträglich
erscheinenden Anspannung gehalten und in hartnäckige, verlustreiche, für
die Lage im großen gänzlich bedeutungslose örtliche Kämpfe verstrickt
worden, auch ohne daß das Verhalten des Gegners überall dazu gezwungen
hätte. Man fürchtete aber, wenn man größere Unternehmungen verbot,
eine Lähmung des bewährten Offensivgeistes, man fürchtete ein Sinken der
Moral der Truppe, wenn man teuer erkauften Boden freiwillig aufgab.
Solche Folgen konnten vermieden werden, wenn nur die Truppe, wie es
später geschehen ist, mit dem zugrunde liegenden höheren Zwecke bekannt
gemacht wurde und ihre Aufgabe begriff.

Auf dem östlichen Kriegsschauplatz hätte das frühzeitige und eindeutige Bekenntnis zu dem neuen operativen Gedanken sowohl mit dem ver= bündeten A. O. K. wie mit dem Oberbefehlshaber Ost schneller und leichter eine Übereinstimmung in der Wahl der inzwischen einzuschlagenden Wege und Mittel finden lassen. Die Meinungsverschiedenheiten und Reibungen, die schon im Winter 1914/15 oft und nicht zum Vorteile der Sache zwischen den leitenden Persönlichkeiten entstanden sind, haben doch nicht zum wenigsten ihren Grund darin, daß General v. Falkenhayn sich nur langsam und schwer und immer nur unter dem Druck unabwendbarer Verhältnisse zu Zugeständnissen für den Osten bereit erklärte, statt schon im November 1914 zu sagen: „Der Schwerpunkt des Krieges liegt in Zukunft zunächst im Osten. Zu einem großen Entscheidungsschlage dort kommen wir aber erst im Frühjahr 1915." Wurde das frühzeitig erkannt und bestimmt und offen bekannt, dann sammelten sich unter dieser Losung die führenden Geister der verschiedenen, zur Mitarbeit berufenen Kommandobehörden zur Einheit des Gedankens und der Tat. Eine „Oberste Kriegsleitung" bestand ja leider nicht. Schlieffenscher Denkart hätte es entsprochen, wenn der deutsche Generalstabschef ohne weiteres die führende Rolle als etwas Selbstver= ständliches übernahm, nötigenfalls sich erzwang. General v. Falkenhayn hat die Initiative hierzu damals noch nicht ergriffen. Ludendorff bedauert in seinen Kriegserinnerungen, daß der Oberbefehlshaber Ost nur unzu= reichend über die Gesamtlage im Bilde gehalten wurde und auch von wichtigen Entschließungen, wie z. B. von dem Einsatz der neuen Korps im Osten vor der Winterschlacht in Masuren, erst sehr spät Kenntnis erhalten habe. Vor dem Beginn der Durchbruchsoperation von Gorlice—Tarnow wurde Hindenburg dringend vorstellig, „ihn fortgesetzt über das Ergebnis der Verhandlungen mit dem österreichisch=ungarischen Hauptquartier auf dem laufenden zu erhalten, damit er auch tatsächlich den ihm von Seiner Majestät übertragenen Aufgaben gerecht werden könne". Wie im übrigen die Dinge im Osten im einzelnen während des Winters 1914/15 bei früh= zeitiger Einigung auf einen großen operativen Gedanken verlaufen wären, läßt sich natürlich nicht sagen. Die Abgabe von Kräften vom Westen an den Osten, wie sie Ende November stattfand, wäre voraussichtlich ebensosehr erfolgt, wie später Anfang Februar der Einsatz starker Kräfte, darunter des größten Teiles der Neuaufstellungen, in Ostpreußen. Beide Male aber konnte die Verwendung dieser Verstärkungen mit dem operativen Zukunfts= programm in Einklang gebracht werden, das ein großzügiges Handeln erst nach Freimachung noch erheblicher weiterer Kräfte für das Frühjahr voraussah. Das erstemal, im November 1914, war bei rechtzeitigem Entschluß der Obersten Heeresleitung, wie wir gesehen haben, ein

größerer Erfolg in Polen möglich, das zweitemal, im Februar
1915, konnte der Operation von vornherein ein enger begrenztes
Ziel — die Befreiung Ostpreußens — gesteckt und sie dadurch
vor der in Wirklichkeit eingetretenen Überspannung der Kräfte
bewahrt werden. Beide Einzeloperationen dienten dann planmäßig der
Besserung der allgemeinen operativen Lage im Osten als Vorbereitung für
den großen Entscheidungsschlag. Nahm man im übrigen von den kräfte=
verzehrenden und verlustreichen Angriffsunternehmungen bewußt Abstand,
die die Zwischenzeit zwischen beiden Offensiven ausfüllten, ohne irgendein
nennenswertes Ergebnis zu zeitigen, so lag darin die richtige Ökonomie
der Kräfte bis zu dem Augenblick, wo ganze Arbeit nötig wurde.

Es mag fraglich erscheinen, ob auf dem angedeuteten Wege dem Ver=
bündeten eine ausreichende Stützung zuteil werden konnte. Anzustreben
war, daß er solange als irgend möglich aus eigener Kraft seine Partie
spielte. Im Sinne Schlieffens lag das jedenfalls, der in Hinsicht auf die
Kriegführung im Osten nichts so sehr besorgt hatte, als daß die deutsche
Führung in Abhängigkeit von der österreichisch=ungarischen Heeresleitung
geraten könnte. Man wird auch dem General v. Falkenhayn zubilligen
müssen, daß er in klarer Erkenntnis dieser Gefahr den oft wiederholten
Hilferufen Conrads so wenig wie möglich nachzugeben gewillt war. Der
erstrebte Zweck war aber eher zu erreichen, wenn der Verbündete die Zusage
bekam, daß zu gegebener Zeit im Osten zu einer Offensive großen Stils über=
gegangen werden würde, als dadurch, daß fortgesetzt die Geister im Streit
über die nächsten Ziele und die einzuschlagenden Wege aufeinanderplatzten.
Zeigte sich der Verbündete aus eigener Kraft zur Erfüllung der ihm im
Rahmen des Ganzen zufallenden Aufgaben nicht fähig, so blieb freilich als
äußerster Notbehelf nichts anderes übrig, als ihm mit Unterstützung un=
mittelbar beizuspringen. Psychologisch ist aber die Annahme berechtigt,
daß auch Conrad in solchem Falle seiner Kriegführung in der Vor=
bereitungszeit bewußt einen mehr hinhaltenden Charakter aufgedrückt, ins=
besondere die gewaltige und schließlich doch vergebliche Kraftanstrengung
der Karpathen=Offensive in den Wintermonaten vermieden hätte. Einem
ähnlichen Gedanken gibt Ludendorff Ausdruck, indem er sagt*), daß auch
er wohl weniger nachdrücklich für die Verstärkung der Karpathenfront
durch deutsche Truppen eingetreten wäre, wenn ihm damals schon die
Absicht der Obersten Heeresleitung bekannt gewesen wäre, die neuen Korps
im Osten einzusetzen.

Eine nach Schlieffenscher Gedankenfolge auf große Offensivziele ein=
gestellte Heeresleitung hätte schließlich auch wohl das Balkanproblem im

---

*) Ludendorff a. a. O. S. 94.

Winter 1914/15 anders behandelt, wie es geschehen ist. Daß der Balkan im Vergleich zum Westen und Osten Nebenkriegsschauplatz war und bleiben mußte, darüber kann ernstlich nicht gestritten werden. General v. Falken= hayn hatte zwar frühzeitig die hohe Bedeutung erkannt, die der Öffnung des Weges nach Konstantinopel nicht nur zur unmittelbaren Stützung des türkischen Bundesgenossen, zur Einwirkung auf Rumänien und die übrigen Balkanstaaten, insbesondere Bulgarien, sondern auch für die wirtschaft= liche Kriegführung gegen Rußland durch die Aufrechterhaltung der Darda= nellensperre innewohnte. Aber auch hier zeigt es sich in nachteiliger Weise, daß der Kriegführung der Mittelmächte der vom Vernichtungsgedanken ge= tragene große Zug fehlte. General v. Conrad lehnte nach dem Mißgeschick Potioreks die auf eine Niederwerfung Serbiens hinzielenden Wünsche Fal= kenhayns im Hinblick auf die schwierige Lage seiner Hauptkräfte in Galizien, zu deren Schwächung er sich nicht verstehen wollte, ab. Die Wahrscheinlich= keit spricht dafür, daß eine frühzeitige Einigung mit dem österreichisch=un= garischen Armee=Oberkommando über ein großes gemeinsames operatives Ziel im Osten auch die Zustimmung des österreichischen Generalstabschefs zu den im engen Zusammenhang mit solchem Ziele stehenden Balkanplänen Falkenhayns zur Folge gehabt hätte, zum mindesten die Zustimmung zu dem von ihm bereits Mitte November gemachten Vorschlage, mit ver= hältnismäßig geringen Kräften den sogenannten Negotiner=Zipfel an der Nordostecke Serbiens in Besitz zu nehmen und damit unter Ausschaltung Rumäniens den Durchgangsverkehr durch Bulgarien nach Konstantinopel sicherzustellen. Blieb diese Zustimmung aber aus, so mußte die deutsche Oberste Heeresleitung ihre Absicht mit eigenen Kräften durchführen. Daß solche flüssig zu machen waren, wenn nicht anders, so auf Kosten der mehr= maligen Abgaben des Westens an den Osten, die während des Winters in der Vorbereitungszeit für die große Frühjahrsoffensive geringer sein konnten, als sie in Wirklichkeit gewesen sind, kann keinem Zweifel unterliegen.

Indessen, mit der militärischen Stützung der Türkei und der Aufrecht= erhaltung der Dardanellensperre war das Balkanproblem keineswegs er= schöpfend gelöst. Ein moderner Alexander mußte weiter sehen: Das Balkan= problem rollte das ganze Orientproblem auf. Falkenhayn selbst sagt, daß unser gefährlichster Feind England war, mit dem die Verschwörung gegen uns stand und fiel. Die einzigen lebenswichtigen Stellen aber, an denen England zu Lande zu treffen war, lagen im Orient — am Suezkanal und in Indien. Feldmarschall v. der Golz hatte das schon im Herbst 1914 klar erkannt und war nicht müde geworden, auf die entscheidende Bedeutung einer Orientoperation gegen England hinzuweisen. Er hat sich bekanntlich später selbst nach Mesopotamien begeben, um den Vormarsch von dort nach

Perſien perſönlich vorzubereiten, und im Zweiſtromland den Tod gefunden.
Es handelte ſich nicht um eine Neuauflage abenteuerlicher Pläne des
korſiſchen Eroberers. Europäiſche Truppen in größerer Stärke in die
Sinaiwüſte oder nach Meſopotamien zu entſenden, verbot ſich von ſelbſt.
Deſſen bedurfte es aber auch nicht, wenn es nur gelang, den türkiſchen
Bundesgenoſſen ſelbſt zu kräftigen, die ſchwerſten Schädigungen durch den
Feind von ihm abzuwenden und ihm neben brauchbaren Führern das zu
liefern, was erforderlich war, um ſeine Truppen in ſchlagkräftigem Zuſtande
an den Feind zu bringen. Nur Formationen mit ſchwieriger techniſcher
Ausbildung waren von deutſcher Seite zu ſtellen. Die Vorausſetzung für
ſolche Stärkung des türkiſchen Staats= und Heereskörpers war das Vor=
handenſein von Transportſtraßen, um ihm die techniſchen Hilfsmittel zuzu=
leiten, die Aſien ſelbſt nicht zu ſchaffen und der Türke nicht zu handhaben
vermochte. Tatſächlich aber iſt in dieſer Hinſicht während der Ära Falken=
hayn ſo gut wie nichts geſchehen. Der Bau der Bagdadbahn war nach
Kriegsausbruch ſehr bald ins Stocken geraten, namentlich auf den
ſchwierigen Strecken des Taurus= und Amanusgebirges. Anregungen von
privater Seite im Herbſt 1914, den Weiterbau tatkräftig zu fördern und
die dazu erforderlichen Mittel zu gewähren, fanden bei der Oberſten
Heeresleitung kein Gehör, da ſachverſtändige Ingenieure auf An=
frage erklärten, daß etwa ein Jahr vergehen würde, bevor die
Verbindung über die Bagdadbahn in der Richtung auf Ägypten
benutzbar ſein würde. Noch im Jahre 1916 verweigerte die Oberſte
Heeresleitung die für die Beſchleunigung des Bahnbaues durch die
deutſchen Leiter angeforderten Geldmittel. Erſt gegen Ende des Krieges,
als es lange zu ſpät war, ſind die techniſchen Vorbedingungen geſchaffen
worden, die zur Führung des Krieges im Orient unerläßlich waren. Der
Feind, vier Jahre hindurch von der Sorge um die Erhaltung ſeines Lebens=
nervs getrieben, traf im November 1918 am Taurustunnel ein, als dieſer
endlich gerade fertig wurde. General v. Falkenhayn vertrat den Stand=
punkt, „daß die deutſchen Mittel durch Unternehmungen in Aſien nicht in
irgendwie ſchädlichem Umfange beanſprucht" werden dürften*). So hat
man ſich in der Zeit, in der er die Operationen leitete, damit begnügt, im
Frühjahr 1915 eine in Anbetracht ihrer geringen Mittel bewunderungs=
würdige Expedition gegen den Suezkanal zu entſenden. 20 000 im Gefecht
völlig unzuverläſſige, größtenteils arabiſche Truppen mit ganzen vier
ſchweren Feldhaubitzen und einer Anzahl alter Holzpontons marſchierten
durch die Sinaiwüſte, kamen ohne Unfall an den Kanal und kehrten, nach=
dem die Vorhut abgewieſen oder auf dem Weſtufer des Kanals gefangen=
genommen war, auf demſelben Wege wieder zurück. Das gleiche Manöver

---

*) v. Falkenhayn a. a. O. S. 42.

ist 1916 unter Beigabe einiger schwerer deutscher Batterien wiederholt worden. Nach Nordpersien sind 1915 eine türkische Division, nach Südwest= persien Teile eines türkischen Korps gelangt. Nachschub, Ausrüstung, Führung versagten naturgemäß. Ohne jeden dauerhaften Erfolg traten die türkischen Truppen den Rückmarsch an. Auch die Mittel der deutschen im Kaukasus, in Persien sowie über Afghanistan nach Indien eingeleiteten Propaganda erwiesen sich gegenüber der englischen mehr oder minder als wirkungslos. Die auf die Ausrufung des „Heiligen Krieges" durch den türkischen Sultan in seiner Eigenschaft als Kalif gesetzten Hoffnungen wurden völlig enttäuscht.

So vermag das Bild, das man aus der Betrachtung des Verhaltens und der Maßnahmen der deutschen Obersten Heeresleitung in der Zeitspanne von Anfang November 1914 bis zum Frühjahr 1915 gewinnt, an Schlieffenschen Gedanken gemessen, nicht zu befriedigen, weil der Verzicht auf ein voraus= schauend gewähltes großes operatives Ziel den deutschen Generalstabschef nicht zu dem Entschluß erstarken ließ, seine Kriegführung auf die Ver= nichtung des Feindes im Osten einzustellen. Es zeigen sich die Schwächen, die nach Clausewitz dem Angriffskrieg mit beschränktem Ziel anhaften. Ein solcher kann sich viel weniger von der Verteidigung der durch ihn nicht unmittelbar gedeckten Fronten losmachen als ein Krieg, der gegen den Schwerpunkt der feindlichen Macht gerichtet wird. „Alles stellt sich mehr ins Niveau. Der ganze kriegerische Akt kann nicht mehr in eine Haupt= handlung zusammengedrängt und diese nach Hauptgesichtspunkten geleitet werden. Er breitet sich mehr aus. Überall wird die Friktion größer und überall dem Zufall mehr Feld eingeräumt. Dies ist die natürliche Tendenz der Sache. Der Feldherr wird durch sie heruntergezogen, immer mehr neutralisiert*)."

Die Folgezeit mußte erweisen, ob der deutsche Feldherr, einmal ins offensive Handeln gekommen, willens war, sich von dieser Tendenz freizu= machen und seine beschränkten Ziele im Sinne Schlieffenscher Strategie zu steigern.

Fünftes Kapitel.
Die Frühjahrsoffensive 1915 in Galizien.

Über den Zweck des beabsichtigten Schlages im Osten sagt General v. Falkenhayn**):

„Er konnte nur in einer kräftigen Offensive unter Zusammenfassung

---

*) Vom Kriege, Skizzen zum achten Buch, 7. Kapitel.
**) v. Falkenhayn a. a. O. S. 67.

aller dafür überhaupt flüssig zu machenden Mittel bestehen. Die Offensive in der Form einer Neuauflage der Unternehmungen gegen den rechten russischen Flügel gegenüber Ostpreußen zu kleiden, bot keine Hoffnung. Setzte man die soeben fertig werdenden deutschen Kräfte gegen diesen Flügel an, dann fehlten sie in den Karpathen. Auch blieb keine Aussicht, daß sich Erfolge, die an der Grenze Ostpreußens errungen wurden, an den Grenzen Galiziens und Ungarns wirklich fühlbar machen würden. Und setzte man die Kräfte in den Karpathen ein, dann standen für Unternehmungen von Ostpreußen aus keine ausreichenden Mittel mehr zur Verfügung. Der von der Obersten Heeresleitung jetzt gewollte Zweck konnte nur erreicht werden, wenn man den beabsichtigten Schlag so führte, daß er zwar als Endziel die dauernde Lähmung der russischen Offensiv=kraft im Auge behielt, aber doch in erster Linie die Front der Ver=bündeten von dem auf ihr lastenden Druck befreite. Dies war allein von einem Durchbruch zu erwarten, nicht von einer Operation gegen die russischen Flügel. Eine solche gegen den rechten Flügel verbot sich aus den eben angeführten Gründen. Gegen den linken Flügel kam sie infolge der dagegen sprechenden technischen Schwierigkeiten — Gebirge, mangelnde Verbindungen — überhaupt nicht in Betracht*)."

Der deutsche Generalstabschef wählte als Durchbruchsstelle die Gegend zwischen oberer Weichsel und Bestidenfuß: Gorlice—Tarnow. An dieser vom Feinde zur Zeit stark entblößten und seine Bewegungsfreiheit ein=engenden Stelle durfte man hoffen, über den unmittelbaren taktischen Erfolg einer Entlastung der benachbarten Karpathenfront hinaus Westgalizien bis zum San vom Feinde zu befreien und damit auch die nördliche Anschlußfront im Weichselbogen ins Wanken zu bringen**). General v. Falkenhayn regte

---

*) Schon im Frieden hatten die ungenügenden Eisenbahnverhältnisse Ost=Galiziens den General v. Conrad bewogen, von einem Aufmarsch starker Kräfte in dieser Gegend abzusehen. Auch während des Krieges hatte sich der Mangel der Verbindungen bereits mehrfach erschwerend geltend gemacht.

**) General v. Cramon hat in seinem Werke a. a. O. S. 11 ff. durch die von ihm gegebene Entstehungsgeschichte des Entschlusses zum Durchbruch von Gorlice—Tarnow die zugunsten Conrads tendenziös gefärbte Darstellung des Schriftstellers Nowack (Der Weg zur Katastrophe) aktenmäßig widerlegt und nachgewiesen, daß dem General v. Falkenhayn ein viel weiter gestecktes operatives Ziel vorgeschwebt hat als dem General v. Conrad, dem es bei seiner vorangegangenen Anregung nur auf eine „taktische Maß=nahme im engsten Zusammenhang mit der Karpathenfront" ankam. Leider schwächt Cramon die Bedeutung seiner Feststellung durch den Satz ab: „Wem es Freude bereitet, der möge nun auf Heller und Pfennig ausrechnen, wie groß der Anteil des einen im Verhältnis zum andern ist". Conrads Anteil an dem Durchbruchsentschluß im operativen Sinne ist gleich Null. Um eine Ausrechnung auf Heller und Pfennig handelt es sich also doch wohl nicht.

sogleich bei der ersten Mitteilung seines Planes an General v. Conrad den Gedanken an, daß die Ernteaussicht des Durchbruchs wesentlich erhöht würde, wenn während des Aufmarsches der Stoßgruppe durch ein Zurück- verlegen der österreichisch-ungarischen Linie südlich des in Frage kommenden Gebietes der Feind zu möglichst tiefem Folgen veranlaßt und südlich der Angriffsfront im Gebirgsgelände verstrickt werden könnte. Dieser An- regung wurde nicht stattgegeben. Machte sich hier erneut das Fehlen einer einheitlichen Obersten Kriegsleitung nachteilig geltend, so trug der deutsche Generalstabschef seinerseits dafür Sorge, daß wenigstens in dem seiner unmittelbaren Einwirkung unterstehenden Befehlsbereich des Oberbefehls- habers Ost das Gelingen der geplanten Operationen nach Möglichkeit er- leichtert wurde. Am 16. April wies er Hindenburg darauf hin, daß die Bindung der vor der Front nördlich der Pilica befindlichen russischen Kräfte Vorbedingung für den Durchbruch sei, und daß Maßnahmen zur Täuschung des Feindes getroffen werden müßten.

Der am 2. Mai beginnende Durchbruch Mackensens bei Gorlice— Tarnow mit der deutschen 11. und der österreichischen 4. Armee hatte vollen Erfolg. Bis zum 6. Mai waren bereits die Übergänge über die Wisłoka in der Hand der Verbündeten, die Dunajeclinie bis zur Weichsel vom Feinde geräumt. Auf dem rechten Flügel schloß sich die österreichische 3. Armee dem Vorgehen an und gelangte bis zum Duklapaß. Damit wurde den Russen auch das Halten der Karpathenfront bis zum Lupkower Paß un- möglich gemacht. Am 8. Mai begannen sie ihren Abzug sogar bereits vor dem linken Flügel der deutschen Südarmee. Die Stoßgruppe selbst gewann am 8. und 9. Mai die Übergänge über den Wisłok. Wenige Tage später gab der Feind auch nördlich die Nidafront auf. Die österreichische 1. Armee und die Armeeabteilung Woyrsch folgten hier in der Richtung auf die Weichsel. Geringe Erfolge der Russen in der Bukowina gegen General Pflanzer- Baltin fielen demgegenüber nicht ins Gewicht. General v. Falkenhayn ist ganz erfüllt von der entscheidenden Bedeutung seiner Operation und spricht sich am 10. Mai ganz entschieden gegen die vom General v. Conrad ver- anlaßte Verstärkung der Bukowinagruppe auf Kosten der Stoßgruppe aus. „Je mehr ich mit Euer Exzellenz Ansicht übereinstimme, daß wir die Ge- legenheit, dem Feinde einen nicht wieder auszugleichenden Hieb zu ver- setzen, ausnützen müssen, um so entschiedener muß ich mich gegen die Schwächung der Stoßgruppe zu Nebenzwecken aussprechen. Hier in West- galizien liegt die Entscheidung. Es spielt bei ihr keine Rolle, ob die Gruppe Pflanzer-Baltin einige Kilometer zurückgedrängt wird oder nicht. Gelingt der Schlag, den wir eingeleitet haben, so wird auch die Frage Pflanzer erledigt; und gelingt er nicht, so wird auch die Bukowina nicht zu halten

3*

sein. Mit versammelten Kräften unternommen, wird er aber sicher
gelingen."

Am 12. Mai vereinbarten die verbündeten Heeresleitungen die Grund=
züge für die Fortsetzung der Operation gegen den San. Diesen Fluß sollten
erreichen: die österreichische 4. Armee nach Heranführung von Verstär=
kungen aus der Karpathenfront mit linkem Flügel bei Sandomierz, die
deutsche 11. Armee bei Jaroslau unter Sicherung gegen Przemysl. Der
österreichischen 3. Armee fiel das Vorgehen gegen die West= und Südfront
der Festung zu. Die übrigen Karpathenkräfte — österreichische 2. Armee,
Armeeabteilung Szurmay, deutsche Südarmee — hatten durch Vorgehen
auf dem rechten Dnjestrufer die russische Offensive in der Bukowina zum
Stillstand zu bringen. Mit dem Erreichen der San—Wißnia—Dnjestr=
linie sollte die Operation als abgeschlossen gelten. Man hoffte dann mit
Sicherheit, daß der Feind in absehbarer Zeit nicht wieder die Mittel finden
würde, den mit schwächeren Kräften zu haltenden Abschnitt oder gar den
Karpathenwall zu erzwingen*). Falkenhayn dachte in diesem Falle die
11. Armee einer anderen Verwendung zuzuführen. — „Deutsche Truppen
beteiligen sich in Galizien nur insoweit, wie es nötig ist, um das russische
Heer auf absehbare Zeit zu lähmen**)." Auch Conrad bedurfte im Hinblick
auf den unmittelbar bevorstehenden Krieg mit Italien baldigst Truppen
gegen den neuen Feind.

Das gesteckte Ziel erreichten zunächst nur die 11. Armee bei Jaroslau
und der rechte Flügel der österreichischen 4. Armee bei Sieniawa. Mitte
und linker Flügel dieser Armee vermochten ebensowenig wie die aus den
Karpathen hervorgebrochenen Kräfte der Verbündeten den Widerstand des
in starken vorbereiteten Stellungen stehenden Feindes zu brechen. Nördlich
der Stoßgruppe hatten sich die österreichische 1. Armee und Woyrsch sogar
mehrfacher Angriffe zu erwehren. Um die Operation wieder in Fluß zu
bringen, erhielt daher Mackensen den Befehl, durch erneuten Durchbruch
mit der 11. Armee in südöstlicher Richtung den Nachbararmeen rechter
Hand das Vorwärtskommen zu erleichtern. Der Durchbruch gelang am
24. Mai bei Radymno, brachte indessen zunächst nicht den erhofften opera=
tiven Erfolg. Während die österreichische 4. Armee vor feindlichen An=
griffen ihren rechten Flügel sogar wieder über den San zurücknehmen mußte,
behauptete sich die 11. Armee in den erkämpften Stellungen. Feldmarschall
v. Mackensen faßte aus eigenem Antrieb die Einnahme der Festung
Przemysl durch Angriff von Norden ins Auge.

---

*) General v. Falkenhayn an Oberst v. Seeckt am 19. Mai 1915.
**) Randbemerkung Falkenhayns an einem Bericht des österreichischen Armee=Ober=
kommandos vom 14. Mai 1915.

General v. Falkenhayn beurteilte Ende Mai „die Lage in Galizien wenig aussichtsvoll. Bei der geringen Offensivkraft unserer Verbündeten und der täglich sich verstärkenden Überlegenheit des Feindes stehen wir dort über kurz oder lang vor der Gefahr eines völligen Stillstandes, die für uns jetzt nach dem Eingreifen Italiens noch bedenklicher ist, als sie es schon bisher war*)". An die verbündeten Heeresleitungen trat somit die schwerwiegende Frage heran, ob sie sich mit dem bisher ins Auge gefaßten und auch weiterhin festgehaltenen Operationsziel auf dem östlichen Kriegs= schauplatz begnügen oder es unter Einsatz neuer Kräfte weiterstecken sollten. Die Frage konnte nur im Zusammenhang mit der Gesamtlage der Mittel= mächte geprüft und entschieden werden.

Im Vordergrunde der Erwägungen stand schon seit längerer Zeit die Form der Kriegführung, die Italien gegenüber zu wählen war. Seit Mitte Mai, noch bevor die Kriegserklärung erfolgt war, herrschte darüber ein reger Meinungsaustausch zwischen Pleß und Teschen. General v. Conrad trat in der Annahme, daß ein italienischer Angriff über Villach— Laibach gegen die Donaulinie Wien—Budapest erfolgen würde, für den offensiven Einsatz von etwa 20 Divisionen — davon die Hälfte deutsche — ein, die aus der galizischen Front freigemacht und in den Becken von Villach —Klagenfurt und Laibach versammelt werden sollten. Tirol beabsichtigte er durch schwächere Truppen, darunter auch eine deutsche Division, zu halten, auch Serbien gegenüber mit den bisher dort eingesetzten öster= reichisch-ungarischen Kräften weiter eine hinhaltende Kriegführung zu wählen. General v. Falkenhayn neigte zunächst zu noch stärkerer In= anspruchnahme der galizischen Streitkräfte und schlug vor, dort 29 Divi= sionen herauszulösen. Man konnte dann unter gleichzeitiger Heranziehung der Hälfte der zur Zeit gegen Serbien verwendeten Kräfte mit rund 40 Divi= sionen gegen Italien offensiv werden oder bei vorläufiger Defensive gegen dieses mit über 30 Divisionen einen kurzen Schlag gegen Serbien führen.

Conrad sprach sich bei der Schwäche der österreichisch-ungarischen Frontstärke in Galizien gegen eine so weitgehende Minderung aus. Falken= hayn ging auf dieses Bedenken ein und suchte nun die verbündete Heeres= leitung zu einem zunächst noch wesentlich geringeren Kräfteeinsatz gegen Italien zu bewegen, um an dem Schlage gegen Serbien wenigstens mit 17 Divisionen festhalten zu können. War solcher glücklich, so kam das Herum= werfen der Hauptmasse dieser Divisionen gegen Italien voraussichtlich immer noch rechtzeitig genug, um die vor Anfang Juli kaum bedrohlich werdende Lage an der italienischen Front durch Übergang zur Offensive günstig zu ge= stalten. Am 18. Mai erzielte man in diesem Sinne eine vorläufige Eini=

*) Falkenhayn an Oberbefehlshaber Ost am 28. Mai 1915.

gung: Österreich-Ungarn erklärte sich bereit, nach Abschluß der Operation in Galizien zunächst nur sieben Divisionen, davon fünf aus der serbischen, zwei aus der galizischen Front, zur Verteidigung gegen Italien zu ver= wenden. Die Kräfte gegenüber Serbien (in Syrmien) sollten in der Haupt= sache durch deutsche Divisionen, zum Teil aus dem Westen, zum Teil aus dem Bereich des Oberbefehlshabers Ost, ersetzt werden, im ganzen nach und nach 12 bis 14 Divisionen an der Nordgrenze Serbiens versammelt werden, um dann in der Hoffnung auf den Anschluß Bulgariens „einen zeitlich und räumlich begrenzten Vorstoß nach Serbien hinein zu machen". Sein Zweck sei erfüllt, wenn er die Bulgaren wirklich dazu veranlaßt haben werde, sich auf unsere Seite zu stellen und so Rumänien in Schach zu halten. Für später war bei weiterer Heranziehung deutscher Kräfte aus Galizien die Offensive gegen Italien ins Auge gefaßt. Die sofortige Verstärkung der Tiroler Front durch eine deutsche Division — das Alpenkorps — wurde zugesagt. Erneute Bedenken Conrads gegen die Absicht eines serbischen Feldzuges, die sich vorzugsweise auf die schwankende Haltung Bulgariens gründeten, veranlaßten ihn am 20. Mai zur Wiederholung seines Vor= schlages, gegen Italien von Hause aus mit 20 Divisionen die Offensive zu ergreifen. General v. Falkenhayn hielt diese Kräfte in Rücksicht auf das Gebirgsgelände für zu gering, wies auf den unentschiedenen Charakter der bisherigen Karpathen= und Vogesenkämpfe hin und befürwortete, nun= mehr unter Verzicht auf den serbischen Plan, auch Italien gegenüber zunächst eine rein defensive Kriegführung mit möglichst geringen Kräften. Am 22. Mai erklärte sich Conrad einverstanden und sprach die Absicht aus, die Verteidigung gegen Italien zunächst bis an den Isonzo vorzuverlegen, wofür er die Mitwirkung wenigstens einer deutschen Division — auch im Hinblick auf eine deutliche Bekundung der vollständigen Einhelligkeit der Verbündeten — für geboten erachtete. Da indessen die am 24. Mai er= folgende Kriegserklärung Italiens nur gegen die Donau-Monarchie, nicht auch gegen Deutschland gerichtet war, so konnte diesem Wunsche Conrads um so weniger entsprochen werden, als nach anscheinend sicheren Nachrichten zu befürchten stand, daß auch Rumänien bei einem Angriff Deutschlands auf Italien für sich den Bündnisfall an der Seite Italiens als gegeben er= achten würde. Die deutsche Hilfeleistung an Österreich-Ungarn beschränkte sich daher auf die Entsendung des Alpenkorps nach Tirol und einiger schwerer deutscher Batterien an die Isonzofront. So war es schließlich dem General v. Falkenhayn gelungen, nachdem er von dem Gedanken des serbischen Feldzuges vor der Hand erneut hatte Abstand nehmen müssen, zu verhindern, daß durch den Eintritt Italiens in die Reihe der Gegner der galizischen Front erhebliche Kräfte entzogen wurden.

Die Frage lag nahe, ob durch aktives Handeln auf anderen Teilen des östlichen Kriegsschauplatzes mittelbar eine Entlastung der galizischen Front herbeigeführt werden könnte. Die durch den Einsatz starker russischer Kräfte in Galizien anscheinend hervorgerufene Schwächung der übrigen russischen Fronten sprach dafür. General v. Falkenhayn stellte daher Ende Mai dem Oberbefehlshaber Ost zur Erwägung, ob durch Einsatz von drei bis vier frischen Divisionen bei der Armeeabteilung Woyrsch die dünnen russischen Linien südlich der Pilica durchstoßen und im scharfen Nachdrängen mit dem Gegner zugleich das rechte Weichselufer abwärts der Sanmündung ge= wonnen werden könnte. Dadurch würde auch die Sanlinie selbst für die Russen unhaltbar werden. Hindenburg erklärte sich indessen nach der bereits befohlenen Abgabe von zwei Divisionen zur Verfügung der Obersten Heeres= leitung außerstande, die erforderlichen Kräfte für die im übrigen auch von ihm für aussichtsvoll gehaltene Operation flüssig zu machen, da eine Ver= schiebung seiner eigenen geringen Reserven infolge von Angriffen der Russen auf den Nordflügel notwendig geworden war.

Die Frage, ob es möglich sein würde, die Operationen über das bisher erstrebte Ziel der Dnjestr—Wißznia—Sanlinie hinaus vorzutragen, hing weiterhin auch von der Gestaltung der Dinge auf dem westlichen Kriegs= schauplatz ab. Dort hatte bereits unmittelbar nach Beginn der Durch= bruchsoperation von Gorlice—Tarnow am 9. Mai der erwartete starke Angriff der vereinigten Engländer und Franzosen bei Loos und an der Lorettohöhe eingesetzt. Wenn auch abgesehen von örtlichen Erfolgen der Durchbruchsversuch schon bald als gescheitert angesehen werden konnte, so zogen sich doch hartnäckige und kräfteverzehrende Kämpfe an der Loretto= höhe bis in die Mitte des Juni hin. General v. Falkenhayn wurde aber der hierdurch geschaffenen schwierigen Lage in vollem Umfange Herr, indem er nicht nur die Verteidigung des bedrohten Frontteiles unter zeitgerechter Verstärkung und Ablösung der dort eingesetzten Verbände durchführte, sondern auch noch vor Abschluß der Kämpfe im Artois das Wagnis einer weiteren Entblößung der Westfront von Reserven auf sich nahm. Anfang Juni wurden 3½ Divisionen nach dem Osten überführt.

Es gebührt dem deutschen Generalstabschef das Verdienst, daß er an= gesichts der unbefriedigenden operativen Gesamtlage auf dem östlichen Kriegsschauplatze den Entschluß fand, der nahezu zum Stillstand ge= kommenen Operation in Galizien durch Zuführung frischer Kräfte neuen Schwung zu verleihen. Solcher konnte nur von der 11. Armee ausgehen. Diese hatte schon am 29. Mai das Feuer gegen die Nordfront von Przemysl eröffnet. In den folgenden Tagen fielen die Forts der Nord= und Nord= westfront. In der Nacht zum 3. Juni räumte der Russe die Festung. Noch) vor diesem Erfolge gab Mackensen seiner Überzeugung Ausdruck, daß die russische Widerstandskraft deutlich sinke, daß offenbar Munitionsmangel beim Feinde herrsche, und daß bei entschiedenem Handeln schnelle Erfolge in Aussicht ständen. Er schlug einen Offensivstoß der 11. Armee von Jaroslau aus mit rechtem Flügel auf Jaworow vor. Die verbündeten Heeresleitungen entschlossen sich daher, die Operationen in Galizien über das bisherige Ziel hinaus fortzuführen. Nähere Vereinbarungen wurden am 3. Juni in Pleß getroffen. Mackensen sollte mit der 11. Armee, ver= stärkt durch 4½ neuherangeführte Infanteriedivisionen und schwere Artillerie — in der Nordflanke gedeckt durch die 4. Armee — die Offensive südlich des Tanew gegen die russischen Kräfte östlich vom San „bis zur für unsere Zwecke ausreichenden Entscheidung*)" durchführen. Die öster= reichische 2. Armee**) hatte sich diesem Vorgehen auf dem rechten Flügel an= zuschließen und weiterhin die Deckung der rechten Flanke zu übernehmen, die Südarmee den rechten Flügel des der 7. Armee in der Bukowina südlich des Dnjestr gegenüberstehenden Feindes „endgültig zu schlagen". Der Oberbefehlshaber Ost wurde aufgefordert, aus dem offenbar auch auf seiner Front herrschenden Munitionsmangel des Feindes durch Vorgehen an irgendeiner Stelle Vorteil zu ziehen.

Also wiederum wurde eine Operation mit beschränktem Ziel ins Auge gefaßt. Sie führte in den nächsten Wochen zu dem gewünschten Ergebnis. Auf dem rechten Flügel setzte sich die Südarmee im Verein mit Teilen der österreichischen 2. nach vorübergehenden Rückschlägen in den Besitz der Dnjestrlinie. Unter ihrem Druck räumten die Russen sehr schnell gegenüber der 7. Armee die Bukowina und gingen auch hier hinter den Dnjestr zurück. Die deutsche 11. Armee durchbrach zum dritten Male die Stellungen des Feindes und drang bis Rawa Ruska vor. Auch vor der österreichischen 4. Armee gab der Russe den unteren San preis und wich hinter den Tanew aus. Die österreichische 2. Armee nahm am 18. Juni die Seenstellung von Grodeck. Neue Weisungen der verbündeten Heeresleitungen vom 20. Juni forderten dann die Einnahme von Lemberg, die Verfolgung des in nörd= licher Richtung weichenden Feindes bis zur Auflösung und ein Vorgehen der durch zwei deutsche Divisionen aus Syrmien verstärkten Südarmee und 7. Armee über den Dnjestr in den Raum östlich Lemberg. Am 22. Juni fiel Lemberg.

---

*) Falkenhayn an Armee=Oberkommando 11 am 2. Juni, ebenso an Conrad am 2. Juni.

**) Die österreichische 3. Armee wurde zum Teil auf den italienischen Kriegsschauplatz transportiert, zum Teil ging sie in der 2. Armee auf.

Sechstes Kapitel.

Die Eroberung Polens.

General v. Falkenhayn war der Ansicht, daß mit der Einnahme Lem=
bergs die Operationen auf dem östlichen Kriegsschauplatz zu einem befriedi=
genden und für seine Zwecke ausreichenden Abschlusse gekommen waren.
Schon am 20. Juni hatte er Mackensen wissen lassen, daß die Oberste Heeres=
leitung bei aller ihm zunächst noch zu belassenden Handlungsfreiheit sich doch
mit Rücksicht auf die Gesamtlage vorbehalten müsse, die deutschen Kräfte in
Galizien in Kürze zu vermindern. Am 22. Juni ordnete er den Abtransport
von vier Divisionen nach dem westlichen Kriegsschauplatz an, um trotz der
dort jetzt an allen Frontteilen eingetretenen Ruhe den stark in Anspruch ge=
nommenen Truppen eine gewisse Erleichterung zu bringen. General v. Con=
rad war indessen nicht geneigt, die in so günstigem Fortgang befindliche Ope=
ration jetzt schon abzubrechen. Er hatte unter dem Eindruck, daß der Gegner
in zwei Teile nach Norden und Osten auseinandergesprengt sei, noch vor
der Einnahme von Lemberg ein Vorgehen Mackensens mit der 4. und
11. Armee einschließlich des Beskidenkorps zur Verfolgung nach Norden
ins Auge gefaßt, während die österreichische 2. Armee und die Südarmee
nach Überschreiten des Dnjestr die Verfolgung in östlicher und nordöstlicher
Richtung fortsetzen sollten. Falkenhayn war einverstanden. Der starke
Widerstand jedoch, den in den folgenden Tagen die 2. Armee fand, im
Verein mit feindlichen Gegenangriffen gegen die 11. Armee erwies, daß
die Voraussetzungen für eine einfache Verfolgungsoperation noch nicht ge=
geben waren. Da waren es der Feldmarschall v. Mackensen und sein Stabs=
chef, General v. Seeckt, die die Fortführung der Operation auf einen großen
Gedanken stellten. Schon am 15. Juni hatte der letztere dem deutschen
Generalstabschef seine Auffassung der Lage dahin ausgesprochen, daß nach
der Einnahme von Lemberg ein neuer Feldzug zwischen Bug und Weichsel
gegen die Linie Brest Litowsk—Warschau einzuleiten sei, um „die Ent=
scheidung gegen die russische West= und Nordwestfront" herbeizuführen.
Falkenhayn bemerkte dazu: „Ein schöner Gedanke! Aber?" Jetzt nahm
Seeckt die Idee wieder auf. „Die südöstliche russische Heeresfront ist ge=
schlagen. Ungeschlagen ist die Nordwesthälfte. Sie kann nur geschlagen
werden, wenn sie zum Aufgeben ihrer starken Front gezwungen und im
Zurückgehen von Süden u m f a ß t wird.... Der Stoß auf dem rechten
Weichselufer, östlich Jwangorod mit starker Kraft geführt, wird die ganze
russische Nordwestfront werfen*)." Das Schwergewicht der Offensive sollte

---

*) Armee=Oberkommando 11 an General v. Conrad am 24. Juni 1915.

also in die Richtung gelegt werden, wo die Hauptmasse des Feindes zu
finden war, und damit einem ins Uferlose führenden Stoß durch Ost=
galizien nach Podolien hinein vorgebeugt werden. Zu diesem Zwecke schlug
Seeckt am 24. Juni vor: Die österreichische 4. und die deutsche 11. Armee,
verstärkt durch das Beskidenkorps, drehen nach Norden gegen die Linie
Iwangorod—Wlodawa ab, um die zwischen Bug und Weichsel stehenden
Kräfte des Feindes zurückzuwerfen. Auf dem linken Flügel schließen sich
Teile der österreichischen 1. Armee, auf das rechte Weichselufer übertretend,
an. Die Deckung der rechten Flanke der 11. Armee gegen eine Einwirkung
neuer Feindkräfte, die über Brest=Litowsk und Kowel herangeführt werden
können, übernimmt die österreichische 2. Armee durch Vormarsch in Staffeln
vom linken Flügel in der allgemeinen Richtung auf Wladimir=Wolynsk.
Dadurch wird gleichzeitig, falls die feindliche Flankenbedrohung gegen die
11. Armee ausbleibt, eine operative Umgehung östlich des Bug vorbereitet.
Die Säuberung Ostgaliziens vom Feinde fällt der Südarmee, unter Um=
ständen verstärkt durch Teile der österreichischen 2. Armee, und der
7. Armee zu. Der Vorschlag fand am 28. Juni im allgemeinen die Billigung
der verbündeten Heeresleitungen. Von einer Beteiligung der 2. Armee an
den Operationen nach Norden wurde indessen abgesehen. Sie behielt die
Aufgabe, im Verein mit der Südarmee und der 7. Armee den Feind aus
Ostgalizien zu vertreiben. Statt dessen sollte die 1. Armee, wenn sie die
Weichsel gewonnen haben würde, mit Bahntransport über Lemberg hinter
den Nordflügel der 2. Armee an den Bug herangeführt und durch ander=
weitige Abgaben verstärkt werden, um über Sokal und Radziechow vor=
gehend, je nach Bedarf bei Mackensen oder in Ostgalizien eingreifen zu
können. General v. Falkenhayn versprach sich von einem Vorgehen der
1. Armee östlich des Bug nach Norden in die Gegend von Wladimir=Wo=
lynsk im Hinblick auf die dort zu erwartenden Schwierigkeiten des Sumpf=
gebietes keinen weitreichenden Erfolg. Er gibt in seinem Werke selbst zu,
diese Schwierigkeiten auf Grund der bisherigen ungenügenden Kenntnis
der Geländebeschaffenheit überschätzt zu haben*). Woyrsch sollte die Front
von der Weichsel bis zur Pilica übernehmen, jedes Abziehen russischer
Kräfte aus dieser Front zum Angriff ausnützen und dem etwa zurück=
gehenden Feinde an die Weichsel folgen. Zwei der zum Abtransport nach
dem Westen bestimmten deutschen Divisionen wurden an den Einlade=
stationen angehalten und der 11. Armee wieder zur Verfügung gestellt.

Schon am 2. Juli erreichten die 11. und 4. Armee unter leichten
Kämpfen gegen feindliche Nachhuten zwischen Bug und Weichsel die Linie
Grubieszow—Josefow und fanden hier Anschluß an den rechten Flügel

---

*) v. Falkenhayn a. a. O. S. 93.

der von Westen her nördlich des San bis an die Weichsel vorgedrungenen
1. Armee. Schwieriger und langsamer gestaltete sich gegenüber hartnäckigem
Widerstand des Feindes das Vorgehen in Ostgalizien. Am 4. Juli er=
reichte die Südarmee, am folgenden Tage die 2. die Zlota=Lipa, während
sich die 7. Armee noch am Dnjestr wiederholter Angriffe des Feindes zu
erwehren hatte.

Es ließ sich voraussehen, daß auch die Offensive Mackensens im wei=
teren Verlaufe in dem Raum zwischen Weichsel und Bug auf große
Schwierigkeiten stoßen würde, da der Feind alle verfügbaren Kräfte zur
Abwehr des seine übrigen Fronten in Polen in der Flanke und im Rücken
bedrohenden Angriffs zusammenraffen würde. Die Einwirkung der Armee=
abteilung Woyrsch, auch wenn ihr der Weichselübergang gelang, reichte bei
ihrer Schwäche über eine örtlich begrenzte Hilfeleistung nicht hinaus. Der
Augenblick war daher gekommen, wo die verbündeten Heeresleitungen sich
darüber schlüssig machen mußten, ob den mit so günstigen Anfangserfolgen
eingeleiteten Operationen auf dem östlichen Kriegsschauplatze, entgegen
ihren ursprünglich beschränkten Zielen, noch eine größere Ausdehnung und
damit entscheidende Wirkung auf die Gesamtlage im Osten gegeben werden
sollte. Freilich wurden damit starke Kräfte bis auf weiteres auf diesem
Kriegsschauplatz festgelegt und einer Verwendung an anderen Fronten
entzogen. Die augenblickliche Lage sowohl an der italienischen Front und
gegenüber Serbien, die Haltung Rumäniens wie auch die Verhältnisse an
der Westfront erlaubten das Wagnis. Eine entscheidende Wirkung war
aber nur zu erzielen, wenn nunmehr auch die Truppen des Oberbefehls=
habers Ost aus ihrer bisher befehlsgemäß auf die Bindung der gegen=
überstehenden Feindkräfte gerichteten Haltung heraustraten und im großen
offensiv wurden. Für die verbündeten Heeresleitungen handelte es sich
in diesem vielleicht nie wiederkehrenden Augenblick darum, ein großes, ein=
heitliches Ziel zu finden, das durch operatives Zusammenwirken der ge=
trennten Gruppen zu erstreben war. General v. Conrad hatte darauf schon
in dem Meinungsaustausch hingewiesen, der zur Aufstellung der Direktive
vom 28. Juni führte, und einen Angriff der Armeegruppe Gallwitz über
den unteren Narew in der allgemeinen Richtung auf Siedlce angeregt.

Im Bereich des Oberbefehlshabers Ost hatte in den letzten Monaten
in Polen bei der 9. Armee und der Armeegruppe Gallwitz nur geringe
Gefechtstätigkeit geherrscht. Ein Angriff der 10. Armee südlich des Njemen
Mitte Juni war bald vor überlegenen Feindkräften zum Stehen gekommen.
Größere Anfangserfolge hatte die Njemenarmee des Generals v. Below
nördlich des Flusses in der ersten Junihälfte errungen. Am 7. Juni hatte
Ludendorff der Obersten Heeresleitung berichtet: „Nach den entscheidenden

Siegen in Galizien und den jüngsten Erfolgen der Njemenarmee scheint es mir unzweifelhaft, daß wir durch den Einsatz von auch nur zwei weiteren Divisionen nördlich des Njemen dort einen Erfolg erringen könnten, der zur Vernichtung des russischen Heeres sehr wesentlich beitragen wird." General v. Falkenhayn erklärte sich außerstande, diese Kräfte zur Ver= fügung zu stellen, und verwies den Oberbefehlshaber Ost auf zwei Divisionen seines eigenen Befehlsbereichs, die er durch den Einsatz von 18 Landsturm= Bataillonen freizumachen im Begriff war. Hindenburg faßte trotz der be= scheidenen Kräftebemessung für die Fortführung der Operation der Njemen= armee schon jetzt ein großes Ziel ins Auge. Sie sollte nach Eintreffen der beiden Divisionen und einer Landwehr=Brigade „durch weitausholende Umfassung des feindlichen rechten Flügels die vor ihr befindlichen Kräfte unter Sicherung gegen Riga schlagen" und die nördlich des Njemen ostwärts führenden Eisenbahnlinien bis einschließlich der Strecke Wilna—Dünaburg —Riga zerstören. Hierbei war bereits die Möglichkeit eines Einsatzes der gesamten Njemenarmee und die Vorbereitung ihres Vormarsches nördlich an Kowno vorbei ins Auge zu fassen*). Es war beabsichtigt, in Verbindung hiermit die Festung Kowno durch überraschenden Angriff mit dem linken Flügel der 10. Armee zu Fall zu bringen. Indessen, vor der Hand erwies sich dieser Plan angesichts der Schwäche der Njemenarmee noch als ver= früht. Denn ihre Offensive kam vor überlegenen Kräften des Feindes, die er zum Teil mit der Bahn nach Mitau heranführte, in der zweiten Hälfte des Juni zum Stehen.

Die verschiedenen Möglichkeiten, die ihm für eine Mitwirkung der Streitkräfte des Oberbefehlshabers Ost im Rahmen der Gesamtoperation vorschwebten, erörterte General v. Falkenhayn in einem Schreiben vom 29. Juni an Feldmarschall v. Hindenburg. Darin hieß es:

„Generalfeldmarschall v. Mackensen ist beauftragt worden, seinen Vor= marsch mit der 4. und 11. Armee zwischen Bug und Weichsel mit dem Ziel fortzusetzen, den Feind anzugreifen, wo er ihn trifft. Der so ausgeübte Druck muß bei den russischen Teilen auf linkem Weichselufer bald fühlbar werden. Armeeabteilung Woyrsch soll sich dies zunutze machen, indem sie gegen den Weichselstrom oberhalb der Pilicamündung vordringt.

.... Seine Majestät nimmt an, daß auch die Euer Exzellenz unter= stellten Truppen .... bei der Operation werden mitwirken können. Ab= gesehen von der schon in Ausführung begriffenen Unternehmung**) könnte als besondere Maßnahme zu einem gegebenen Zeitpunkt die rücksichtslose Entblößung der jetzt durch die 9. Armee gehaltenen Front und ein Vorstoß

---

*) Oberbefehlshaber Ost an Njemenarmee am 14. Juni 1915.
**) Es handelte sich um einen Gasangriff im Bereich der 9. Armee.

mit den so gewonnenen Kräften, sei es längs der Pilica bis über die
Weichsel, sei es gegen eine Stelle der unteren Narewlinie, in Frage
kommen. Der Feind würde aus der Schwächung der Bzura—Rawka=
stellung keinen wesentlichen Nutzen ziehen können, solange die Vorbewe=
gung zwischen Bug und Narew im Gange bliebe. Auf der anderen Seite
würde diese Vorbewegung gerade durch einen rechtzeitig einsetzenden selbst
schwächeren Stoß in der Nähe der Pilicamündung oder über die jetzt wohl
bald überall gangbare Narewniederung bei oder unterhalb Osowiec in un=
schätzbarer Weise erleichtert werden. Übrigens gibt es möglicherweise auch
noch andere Frontstellen, aus denen man für diesen überragenden Zweck
Truppen verfügbar zu machen in der Lage ist. Im Westen ist dies aus=
geschlossen. Wir sind dort an der äußersten Grenze des Erlaubten, und eine
Fortnahme von Kräften vom Südosten würde den ganzen Feldzug gefährden.
Ich füge aber hinzu, daß es vielleicht möglich sein würde, zu Täuschungs=
zwecken in den zu entblößenden Fronten noch einige Landsturm=Regimenter
und etwas, freilich nur unbewegliche Artillerie, verfügbar zu machen."

Hindenburg antwortete umgehend:

„Eine möglichst entscheidende Mitwirkung der mir unterstellten
Truppen im Rahmen der Gesamtoperation war von mir in Aussicht ge=
nommen, sobald ich ...... vom Auftrag der Armee Mackensen Kenntnis
erhielt. Ein Vorstoß der 9. Armee gegen die Weichsel ist von mir nicht
beabsichtigt, da er drei vorbereitete Stellungen, zuletzt die von der Weichsel
nördlich der Pilicamündung über .... Blonie laufende, überwinden
müßte. Ein Herausziehen von weiteren Kräften der 9. Armee ist deshalb
vom 2. Juli ab angeordnet. Auch auf eine Verstärkung und Offensive der
Armeegruppe Gallwitz habe ich verzichtet. Ob nun der Stoß in Gegend
Osowiec, in Gegend Kowno oder noch nördlicher erfolgen wird, mache ich
von den bereits angeordneten Erhebungen abhängig."

Seinen endgültigen Vorschlag trug der Feldmarschall am 2. Juli in
Posen dem Kaiser in Gegenwart des Generals v. Falkenhayn unter Be=
leuchtung der verschiedenen Operationsmöglichkeiten vor*). Er ging davon
aus, daß er aus den eigenen Kräften bis spätestens zum 10. Juli vier
Divisionen**) zum Einsatz an anderer Stelle freimachen könne. Ein durch
die Verstärkung der Armeeabteilung Woyrsch oder der 9. Armee erzielter
Erfolg sei nicht wirksam genug, um die Gesamtoperation zu beeinflussen.
Ein Angriff der Armeegruppe Gallwitz könnte in schweren Kämpfen die
Russen bis in die Linie Plonsk—Pultusk zurückwerfen. Ihm müßte sich
der Angriff auf die Festung Nowo=Georgiewsk anschließen. „Die Unter=

---

*) Das Folgende nach der Niederschrift des Vortrages von der Hand Ludendorffs.
**) Zwei Divisionen der 9. Armee, zwei der Armeegruppe Gallwitz.

nehmung ist aussichtsvoll, falls schwerste Artillerie zur Verfügung gestellt werden kann. Die Operation steht im Rahmen der Gesamthandlung, unter= stützt sie aber nicht in wirkungsvollster Richtung. Diese liegt bei Osowiec. Nach eingehender Prüfung der Verhältnisse ist aber festzustellen, daß ein Infanterieangriff über den Bobr südlich Osowiec und auf Goniondz zwar möglich ist. Er müßte aber in einem Stoß gelingen, sonst kommt die In= fanterie in dem Sumpfgelände in eine schwierige Lage. Ein Eingraben ist wegen des hohen Grundwasserstandes nicht möglich. Eine wirksame Ar= tillerieunterstützung des Infanterieangriffs ist ausgeschlossen, die Sicherung des Unternehmens nicht gewährleistet. Gelingt es nicht, kommt es zu einem schweren Rückschlag. Im Fall des Gelingens können sich die Truppen nach dem Fall von Osowiec günstigstenfalls nur in einem mehr oder weniger weit vorgeschobenen Brückenkopf südlich Osowiec halten. Eine Fortsetzung der Offensive in Richtung Bialystok ist nicht möglich. Dazu reichen die Kräfte nicht aus, da mit Sicherheit darauf zu rechnen ist, daß die Russen dorthin Kräfte zusammenfahren werden. Im Rahmen der Gesamtopera= tion tritt hierdurch für andere Fronten eine Erleichterung ein; zu einem unmittelbaren taktischen Zusammenwirken, das eine wirkliche entscheidende Operation krönen müßte, kommt es indessen nicht. Ohne daß die Vorteile verkannt werden, ist die Unternehmung doch nicht zu empfehlen, da ihr Gelingen nicht gewährleistet ist. Der Einsatz ist dem etwaigen Erfolg gegenüber zu hoch.

Eine Verstärkung der 10. Armee und eine Offensive hart südlich Kowno vorbei und über den Njemen weg ist nur dann angezeigt, falls die in Aussicht genommene Unternehmung gegen Kowno Erfolg hat. Ob das der Fall ist, hängt von Zufälligkeiten ab, die außerhalb der militärischen Einwirkung liegen. Eine Operation kann hierauf nicht aufgebaut werden. . . . . . . Der Einsatz der freigemachten Kräfte bei der Njemenarmee möglichst mit einem gleichzeitigen Angriff auf Kowno kann hier einen taktischen Erfolg herbeiführen. Ein Mißerfolg, wie bei der Unternehmung gegen Osowiec, ist hier ausgeschlossen. Wieweit der taktische Erfolg die Njemen= armee nach Osten bzw. in Richtung Wilna führen wird, muß dahingestellt bleiben. Die Tatsache, daß der Russe sehr erhebliche Kräfte in Gegend nördlich des Njemen geführt hat, sobald er hier eine Bedrohung fühlte, macht es wahrscheinlich, daß er nach einer Niederlage seiner 5. Armee von neuem Verstärkungen gegen die Njemenarmee heranführen wird. Dadurch tritt aber an einer anderen Stelle der Gesamtfront eine Entlastung ebenso ein wie bei einer etwaigen Unternehmung bei Osowiec.

Gelingt zudem die Wegnahme von Kowno, so würde in weiterer Folge ein großer strategischer Erfolg gezeitigt werden.   Werden die Divisionen der Njemenarmee zugeführt, so werden hierdurch 7½ Infanterie= und 5½ Kavallerie=Divisionen der Njemenarmee zur Offensive befähigt....... Wenn auch scheinbar fern von der Hauptentscheidung, wird diese durch den Einsatz der Kräfte nördlich des Njemen mehr beeinflußt werden als durch unmittelbare Zuführung. Deshalb bleibt Verstärkung und Offensive der Njemenarmee mit gleichzeitigem Angriff auf Kowno die wirksamste Betätigung des Ostheeres im Rahmen der Gesamtoperation."

Hiernach ist festzustellen: Der Oberbefehlshaber Ost war bei dem Vor= schlag verblieben, den Ludendorff bereits am 7. Juni der Obersten Heeres= leitung gemacht hatte. Die Frage einer Verstärkung durch Kräfte von Fronten außerhalb seines Befehlsbereichs wurde damals noch nicht ver= handelt. Die strategischen Erwägungen, die ihn bei seinem Vorschlag leiteten, wurden nur angedeutet. Doch legte General v. Falkenhayn nach seiner eigenen Angabe*) den Worten Hindenburgs den Sinn unter, daß an die Zuführung sonstiger Kräfte von anderen Kriegsschauplätzen und an eine operative Wirkung gedacht war, die der Hauptoperation zugute kommen sollte.

Ludendorff erläutert die strategischen Beweggründe für die in Aussicht genommene Operation in seinen Kriegserinnerungen dahin**):

„War Kowno, der Eckpfeiler der russischen Njemenverteidigung, ge= fallen, so war der Weg auf Wilna und in den Rücken der Hauptkräfte des russischen Heeres geöffnet. Es mußte daraufhin einen gewaltigen Sprung nach rückwärts ausführen. Konnten die Njemen= und die 10. Armee auch nur geringe Verstärkungen rechtzeitig erhalten und mit Kolonnen und Trains reichhaltig ausgestattet werden, so war zu hoffen, diesen Sprung derart von Norden über Wilna in der F l a n k e zu fassen, daß der Sommer= feldzug 1915 mit einer entscheidenden Einbuße des russischen Heeres endigen würde. Das war um so eher zu erreichen, je schärfer die Opera= tionen aus Galizien in den Raum ö s t l i c h d e s B u g gelegt wurden."

Hier kommt also der Gedanke der Schlieffenschen Cannä=Operation deutlich zum Ausdruck.

Der Kaiser lehnte auf Vortrag des Generals v. Falkenhayn den Vorschlag des Feldmarschalls v. Hindenburg ab und entschied dahin, daß der Angriff im Bereiche des Oberbefehlshabers Ost „gegen einen Teil der Narewfront" geführt werden sollte***). Hindenburg entschloß sich daraufhin

---

*) v. Falkenhayn a. a. O. S. 97.
**) Ludendorff a. a. O. S. 114.
***) So nach dem schriftlichen Befehl Falkenhayns vom 2. Juli an den Oberbefehls= haber Ost. In seinem Werke (S. 98) gibt Falkenhayn an, daß er am 2. Juli die Weisung gegeben habe, „die Armeeabteilung Gallwitz zu beiden Seiten von Praßnysch die russischen Stellungen am u n t e r e n Narew durchbrechen und zur Entlastung der Heeresgruppe Mackensen gegen den Bug vorgehen zu lassen".

zur Verstärkung der Armeegruppe Gallwitz durch drei bei der 9. Armee freizumachende Divisionen*). Sie sollte zu beiden Seiten von Prasznysch angreifen und die russische Narewstellung mit dem Schwerpunkt auf Pul=tusk—Rozan durchbrechen, der rechte Flügel der 8. Armee unter General v. Scholtz durch gleichzeitigen Angriff zwischen Schkwa und Pissa diese Offensive unterstützen. Der Beginn der Operation wurde zunächst auf den 12. Juli festgesetzt, dann auf den 13. verschoben.

Ludendorff hielt den durch die Entscheidung des Kaisers notwendig gewordenen Verzicht auf die Operation nördlich des Njemen noch nicht für einen endgültigen. „Ich mußte meine Gedanken zurückstellen" — so schreibt er in seinen Kriegserinnerungen**) — „und hoffte, daß die von mir gewünschte Operation durchgeführt würde, wenn General v. Gallwitz den Narew erreicht hatte und auch zum frontalen Nachdrängen gekommen war. Es schien selbst dann für ihre Ausführung noch Zeit zu sein." Auch Falken=hayn hielt es für angezeigt, rechtzeitig „Vorkehrungen zu treffen, die ein schnelles Verschieben von Truppen aus der Narewgruppe nach Norden zu einem späteren Stoß gegen die russischen Verbindungen anzubahnen ge=eignet wären***)." Aber im Gegensatz zu der Auffassung des Oberbefehls=habers Ost war es nach seiner Ansicht „voraussichtlich zweckmäßig, den Angriff über den m i t t l e r e n Njemen in südöstlicher Richtung zu führen, anstatt ihn in den weiten Gebieten nördlich des Stromes anzusetzen". Wenn er also den Narewstoß als ersten Akt der Kriegshandlung im Bereich des Oberbefehlshabers Ost forderte, so geschah es in der Absicht, zunächst eine möglichst unmittelbare Einwirkung auf die Lage der Heeresgruppe Mackensen auszuüben. Erst wenn eine solche erzielt war, kam zur Steige=rung des Erfolges eine neue Operation in Frage. Daß diese nach seiner Auffassung zweckmäßiger über den mittleren Njemen hinweg als im Raum nördlich des Flusses zu führen war, teilte General v. Falkenhayn dem Ober=befehlshaber Ost aber nicht mit. Übereinstimmung herrschte nur über den Punkt, daß die Einleitung der neuen Operation voraussichtlich auch nach der glücklich durchgeführten Narewoperation noch zurechtkommen würde.

Die Lage bei der Heeresgruppe Mackensen in der ersten Hälfte des Juli schien in der Tat ihre möglichst baldige unmittelbare Entlastung wünschenswert zu machen. Vom 3. Juli an hielten die Russen das Vor=dringen der 11. Armee durch Gegenangriffe auf. Anfängliche Erfolge, die die österreichische 4. Armee in den folgenden Tagen erzielte, kehrten sich

---

*) Vom 13. Juli ab wurde Gallwitz noch durch eine vierte Division aus der 9. Armee verstärkt.

**) Ludendorff a. a. O. S. 114.

***) v. Falkenhayn a. a. O. S. 98.

vom 7. Juli ab ins Gegenteil. Nachrichten über die Versammlung feind=
licher Truppen in der Gegend von Wladimir=Wolynsk auf dem rechten Bug=
ufer ließen einen verstärkten Schutz der rechten Flanke der 11. Armee not=
wendig erscheinen. Er fiel der über Lemberg herangeführten und durch
einige Divisionen*) verstärkten 1. Armee zu, während von der 11. Armee
die Kräfte des rechten Flügels abgetrennt und mit Verstärkungen zur Bug=
armee unter General v. Linsingen vereinigt wurden. Am 11. Juli stellten
die verbündeten Heeresleitungen die Grundzüge für die Fortführung der
Operation fest. Danach sollten die 4., 11. und Bugarmee unter Mackensen
zwischen Weichsel und Bug die Offensive fortsetzen, die Armeeabteilung
Woyrsch durch weiteres Vorgehen zwischen Weichsel und Pilica im Einklang
mit der 4. Armee die ihr gegenüberbefindlichen Kräfte des Feindes binden
und sich zum Eingreifen über die Weichsel in den Kampf jenseits des
Flusses bereithalten. Die 1. Armee hatte durch Vorstoß mit starken Kräften
in den Raum um Wladimir=Wolynsk den Angriff östlich des Bug zu be=
gleiten, im übrigen die rechte Flanke stromaufwärts zu decken. In Ost=
galizien war der 2. und Südarmee zunächst eine abwartende Haltung zu=
gedacht, bis die 7. Armee den Angriff östlich der Strypa nach Norden vor=
getragen haben würde.

Nachdem die Umgruppierung der Kräfte innerhalb der Heeresgruppe
Mackensen und der Antransport der 1. Armee hinter den rechten Flügel
vollzogen war, kam die Offensive Mackensens am 15. Juli vom rechten
Flügel beginnend unter erheblichen Gelände= und Nachschubschwierigkeiten
wieder in Fluß. Schon in den nächsten Tagen ergab der starke, unter
häufigen Gegenangriffen geführte Widerstand des Feindes in zahlreichen,
mit allen erdenklichen Mitteln der Feldbefestigung hergestellten Stellungen
die Gewißheit, daß man auf seine, durch Heranführung von Reserven ver=
stärkte Hauptmasse getroffen war. Da eine Bedrohung der rechten Flanke
der Stoßgruppe vom rechten Bugufer nicht mehr besorgt wurde, entschloß
sich Mackensen am 18. Juli selbständig, von dem beabsichtigten Vorstoße
der Hauptkräfte der 1. Armee auf Wladimir=Wolynsk Abstand zu nehmen
und sie nur mit der Sicherung längs des Flusses zu betrauen**). Auf die
Anbahnung einer Umfassung des Feindes in der operativ entscheidenden
Richtung wurde somit verzichtet. Das nimmt Wunder. Denn an sich hätte
es nur im Sinne des Seecktschen Gedankens gelegen, wenn das Ausbleiben
einer feindlichen Flankeneinwirkung Anlaß dazu geworden wäre, auf das
Vortreiben des rechten Flügels östlich des Bug vermehrten Nachdruck zu
legen. Offenbar glaubte man der nur mit wenigen deutschen Truppen

---

*) Darunter auch die letzte der deutschen in Syrmien befindlichen Divisionen.
**) Das bei ihr befindliche deutsche XLI. Reservekorps trat zur Bugarmee über.

durchſetzten 1. Armee den ſchwierigen Stoß in das gefürchtete Sumpf=
gebiet nicht zutrauen zu dürfen. Übrigens zeigte ſich der Feind öſtlich des
Fluſſes zunächſt auch noch unternehmender, als man vermutet hatte. Die
1. Armee mußte ſich in den folgenden Tagen in den gewonnenen Brücken=
kopfſtellungen ſtärkerer Angriffe erwehren. Infolgedeſſen unterblieb jetzt
auch die urſprünglich beabſichtigte Verwendung eines Kavalleriekorps
jenſeits des Bug. Die Bug= und 11. Armee drangen in rein frontalen
Angriffen unter fortgeſetzten Kämpfen nur langſam nach Norden vor. Die
4. Armee hing zurück. Auf dem linken Weichſelufer durchbrach die Armee=
abteilung Woyrſch am 17. Juli bei Sienno die ihr gegenüberſtehenden
Kräfte und gelangte am 21. Juli bis vor die Feſtung Iwangorod. Vor der
zugunſten der Narew=Stoßgruppe um ſechs Diviſionen*) geſchwächten
9. Armee räumte der Feind freiwillig ſeine Stellungen nördlich der Pilica.
Die Armee ſchwenkte darauf gegen die ſüdlich Warſchau gelegene Stellung
von Gora=Kalwarja—Blonie ein.

General v. Falkenhayn beabſichtigte der Heeresgruppe Mackenſen
das Vorwärtskommen durch Vorſtoß der zuſammengefaßten Haupt=
kräfte der Armeeabteilung Woyrſch und der 9. Armee zwiſchen
Iwangorod und Warſchau über die Weichſel in den Rücken des
Feindes zu erleichtern, während General v. Conrad auf einer mehr
unmittelbaren Hilfeleiſtung der bedrängten 4. Armee durch Übergang
der Armeeabteilung Woyrſch oberhalb Iwangorod beſtand. General
v. Falkenhayn führte am 21. Juli aus: „Meiner Anſicht nach richten ſich
unſere Operationen nicht gegen Warſchau oder Iwangorod, ſondern gegen
die feindlichen Heere, die es ſo ſchnell und ſo gründlich wie möglich zu
ſchlagen gilt. Durch meinen Vorſchlag will ich verhindern, daß die 9. Armee
zum größeren Teil gegen Warſchau eingeſetzt wird, während der Feind
Kräfte gegen Lublin—Cholm wirft. Sie muß vielmehr unter ſchwacher
Beobachtung gegen Warſchau mit ſtarken Teilen ebenſo wie Woyrſch über
die Weichſel zu kommen trachten, um den mit der Hauptfront nach Süden
kämpfenden Gegner im Rücken zu bedrohen. Allein iſt ſie dazu aber zu
ſchwach geradeſo wie Woyrſch. Nur mit vereinten Kräften iſt die Aufgabe
zu löſen. Nichts würde der Heeresgruppe Mackenſen ſchneller Entlaſtung
bringen als ein ſolcher Stoß in der allgemeinen Richtung Lukow—Siedlce.“
Der öſterreichiſche Generalſtabschef gab ſeinen Einſpruch gegen eine Ver=
wendung der Armeeabteilung Woyrſch zum Übergang unterhalb Iwan=
gorod erſt auf die Zuſicherung Mackenſens hin auf, ſich gegen alle Angriffe
des Feindes ſo lange zu halten, bis Woyrſch den Stromübergang vollzogen
haben würde. Als dann am 23. Juli die Ruſſen vor der 4. Armee in

*) S. 51.

Stellungen jüdlich und jüdweftlich Lublin zurückgingen, erhielt Woyrjch am Abend des 24. Juli den Befehl, in der Nähe der Radomka=Mündung die Weichjel zu überjchreiten. Zu der von Falkenhayn beabjichtigten Zu= jammenfajjung der Hauptkräfte der 9. Armee und der Armeeabteilung Woyrjch kam es indejjen noch nicht.

Inzwijchen hatte die Offenjive der Armeegruppe Gallwitz am 13. Juli begonnen. Die rujjijchen Stellungen beiderjeits Prajznyjch wurden durchbrochen. Auf dem linken Flügel jchloß jich die 8. Armee mit zwei Divijionen an. Um dem Angriff gegen die Narewlinie noch mehr Nach= druck zu geben, zog der Oberbefehlshaber Oft zwei weitere Divijionen der 9. Armee zur Gruppe Gallwitz heran. Bis zum 24. Juli gelang es unter heftigen Kämpfen und nach erfolgreicher Zurückweijung jtarker rujjijcher Gegenangriffe, Pultusk und Rozan zu nehmen und den Narew zwijchen beiden Fejtungen zu überjchreiten. Auf dem jenjeitigen Ufer wurde in= dejjen zunächjt nicht erheblich Gelände gewonnen.

Auch die Njemenarmee hatte am 14. Juli zunächjt mit ihrem linken Flügel angegriffen, um die vor ihr jtehenden Kräfte nach Möglichkeit zu fejjeln, und war bis zum 18. Juli unter erfolgreichen Kämpfen bis dicht vor Mitau gedrungen. Ihre Hauptkräfte griffen dann weiter jüdlich beider= jeits Schaulen an und warfen mit Unterjtützung von Teilen des linken Flügels nach der Erjtürmung von Schadow in der Nacht zum 23. Juli den jtark erjchütterten Feind in der Richtung auf Jakobjtadt—Friedrichjtadt gegen die Düna zurück.

Weiter jüdlich drückte die 10. Armee am 21. Juli die Rujjen über die Jejia auf den Njemen zurück und traf Vorbereitungen zum Angriff auf Kowno.

Während diejer Ereignijje kam es zu einem erneuten Meinungs= austaujch zwijchen dem deutjchen Generaljtabschef und dem Oberbefehls= haber Oft über die Frage, wie die Operationen im Befehlsbereich des letzteren am wirkjamjten im Interejje der Gejamthandlung fortgeführt werden jollten. Bereits am 20. Juli hatte General v. Falkenhayn das Ein= treffen von zwei Divijionen vom wejtlichen Kriegsjchauplatz angekündigt und ihren Einjatz bei der Narew=Stoßgruppe befohlen. „Nach dem Verlauf der jüngjten Ereignijje ift es in hohem Grade wahrjcheinlich, daß die Entjcheidung im Kampf gegen Rußland in dem Raume jüdlich des Narew fallen wird. In ihm ift daher der Einjatz auch des letzten, an anderer Stelle nicht unbedingt nötigen Bataillons gerechtfertigt und erforderlich." Ludendorff regte demgegen= über im Sinne jeines früheren Vorjchlages die Verwendung der beiden Divijionen zur Verjtärkung der Njemen= und 10. Armee an, da er das

4*

Ziel, die Narewfront zu durchstoßen, auch mit den vorhandenen Kräften erreichen zu können glaubte.

Falkenhayn begründete am 21. Juli seinen ablehnenden Standpunkt durch eine ausführliche Darlegung:

„Die Heeresgruppe Mackensen hat einen weitüberlegenen Feind vor sich. Diejenigen ihrer Truppen, die ihre Vorbewegung vortragen müssen, sind durch fast dreimonatigen Bewegungskrieg hart mitgenommen, ihre rechte Flanke bedarf dauernder Sorge. Es ist also nicht anzunehmen, daß Heeresgruppe aus sich selbst schnell vorwärtskommen wird. Sie muß aber möglichst schnell vorwärtskommen, weil Kräfte dringend nötig sind, um einen Druck auf die Balkanstaaten auszuüben, der für die bedenkliche Munitionslage der Türkei Abhilfe schaffen muß. Die Heeresgruppe muß also unterstützt werden. Durch direkte Unterstützung ist dies wegen der schlechten Bahnen nicht möglich. Die Einwirkung der Armeen Woyrsch und Prinz Leopold über die Weichsel wird von hohem Wert sein. Ob sie aber bei deren Schwäche bald wirksam wird, ist zweifelhaft. So bleibt nur übrig, alles daran zu setzen, die Narew=Stoßgruppe so stark wie möglich zu machen, damit sie schnell die Entscheidung erzwingt, und deshalb ist Zu= teilung der beiden frischen Divisionen an sie erfolgt. Das hindert nicht, daß, sobald sichere Anzeichen über Zusammenbruch und Nachgeben des Feindes zwischen Weichsel und Bug erkennbar werden, starke Kräfte von der Narew= Stoßgruppe an den Njemen geworfen werden, um den von Euer Exzellenz angestrebten Zweck zu verfolgen."

Hier gibt Falkenhayn zum ersten Male wieder der Absicht eines Schlages auf dem Balkan Ausdruck. Um ihn zu führen, soll die Operation in Rußland so schnell wie möglich zum erfolgreichen Abschluß gebracht werden. Hindenburg wird auf die Zukunft vertröstet. Daß dabei an eine Operation über den mittleren Njemen, nicht nördlich des Flusses gedacht ist, bleibt unausgesprochen.

Der Feldmarschall wies in seiner Antwort „pflichtmäßig darauf hin, daß er noch immer von einer Verstärkung der 10. Armee und Wegnahme Kownos einen durchschlagenden Erfolg und eine schnelle und entschei= dende Entlastung von Mackensen erwarte". Im übrigen beabsichtigte er, nach Überschreitung des Narew mit möglichst schwachen Kräften des rechten Flügels der 12. Armee (bisherige Armeegruppe Gallwitz) die Befestigungen von Zegrze zu nehmen und Nowo=Georgiewsk von Norden und Nordosten einzuschließen und anzugreifen. Die 9. Armee sollte die russische Stellung vorwärts Warschau durchbrechen, um dann mit Teilen die Weichsel ober= halb Warschau zu überschreiten, mit Teilen die Festung selbst anzugreifen. Ein enges Zusammenwirken der 9. Armee und des rechten Flügels der

Armee Gallwiß bei dem Kampf um Warschau—Nowo-Georgiewsk sei unerläßlich.

General v. Falkenhayn betonte demgegenüber am 24. Juli die Wichtigkeit, bei der schleunigen Fortführung der Operationen der Narew-Stoß-
gruppe in allgemein südöstlicher Richtung den Nachdruck auf den linken
Flügel zu legen. Gegen die Festungen Warschau, Nowo-Georgiewsk und
Zegrze seien vorläufig so wenig Kräfte wie möglich einzusetzen, da auf die
Einnahme der Festungen im Vergleich zu der Bedeutung des Stoßes nach
Südosten gegenwärtig kein Wert gelegt werde. Eine Verstärkung der
10. Armee sei zur Zeit leider noch nicht durchführbar. Von hoher Bedeutung für die Gesamtoperation werde es aber sein, wenn die Njemenarmee
zum wenigsten mit starker Kavallerie gegen die russischen rückwärtigen Verbindungen in Gegend Wilna bald vorgehe.

Bereits vor Eingang dieser Weisung hatte der Oberbefehlshaber Ost
befohlen, daß die Njemenarmee mit Teilen Kowno auf der Nordwestfront
abschließen, sich mit ihren Hauptkräften weiter nördlich zum Vormarsch auf
Janow (nördlich der Wilija) bereitstellen und die Masse ihrer Kavallerie
gegen die Bahn Kowno—Wilna sowie gegen Wilna vortreiben solle. Auf
dem linken Flügel war die Einnahme von Mitau beabsichtigt.

Nunmehr wandte sich Hindenburg unmittelbar an den Kaiser und legte
ihm am 26. Juli seine Auffassung der Kriegslage in einem eigenhändigen
Schreiben wie folgt dar:

„Vor der Armee des Feldmarschalls Mackensen zieht der Feind Kräfte
in Richtung Brest-Litowsk zurück. Der Abtransport ist wahrscheinlich, sei
es gegen Armeegruppe Gallwiß, sei es in Richtung Wilna*). Die Stoßkraft
der Armee des Feldmarschalls Mackensen ist scheinbar durch anhaltende
Kämpfe im wesentlichen erschöpft und damit das Gelingen der von Euer
Majestät befohlenen Operation in Frage gestellt. Die Weichsel ist durch an-
haltenden Regen breiter geworden, ein Übergang zwischen Iwangorod und
Warschau, solange der Feind das rechte Ufer besetzt hält, daher meines Erachtens nicht mehr ausführbar. Die Armeegruppe Gallwiß wird noch mehr
Gelände gewinnen. Setzt aber der Feind neue Kräfte gegen sie ein, so wird
auch ihre Stoßkraft bald erlahmen, wenn sie nicht weiter unmittelbar verstärkt wird**). Ist sie dann auch erfolgreich, so wird doch ihr Vormarsch
nie zur Niederwerfung des feindlichen Heeres führen. Sie vermag es
höchstens, die Russen gegen die Linie Brest-Litowsk—Bialystok zu

---

*) Randbemerkung Falkenhayns: „Das wäre nicht übel!"
**) Randbemerkung Falkenhayns: „Warum soll sie weniger leisten als Mackensen,
der drei Monate offensiv gewesen ist?"

drängen*). Damit ist aber die Entscheidung des Krieges trotz aller Erfolge noch nicht gewonnen. Der Russe muß viel empfindlicher getroffen
werden! Dies kann bei der jetzigen Kriegslage nur erreicht werden durch
eine Verstärkung der 10. Armee, die Wegnahme von Kowno und Offensive
der 10. Armee und Njemenarmee gegen die russischen Verbindungen. Diese
Operation könnte durch Bereitstellen von Angriffsgerät auf Kowno und
durch Verstärkung der 10. Armee durch Teile der Armee des Feldmarschalls
v. Mackensen, der Armeegruppe Woyrsch und der 9. Armee — von dieser
aber erst nach Durchführung ihres jetzigen Angriffs — in die Wege geleitet werden."

Hatten sich die bisherigen Vorschläge Hindenburgs damit begnügt, durch
Umgruppierung der Kräfte seines eigenen Befehlsbereichs den Nordflügel
zu verstärken und zur Einleitung der Offensive in der Richtung auf Wilna
zu befähigen, so beantragte er nunmehr den Schwerpunkt der Kriegführung
im Osten von der Heeresgruppe Mackensen auf seinen Nordflügel zu verlegen
und stellte die Vernichtung des Feindes durch Vorgehen gegen seine Verbindungen als Ziel hin. „Schon war es spät geworden" — sagt Ludendorff**) — „die Wegnahme von Kowno erforderte Zeit und der russische
Rückzug in Galizien war bereits weit gediehen. Es erschien aber noch
möglich, Großes, jedenfalls Größeres zu erreichen als bei der im Gange befindlichen Operation. Diese konnte nicht anders enden als mit einem rein
frontalen westöstlichen Zurückdrängen des Feindes."

General v. Falkenhayn verharrte indessen auf seinem ablehnenden
Standpunkt und setzte beim Kaiser die Weiterführung der Operation auf dem
bisher beschrittenen Wege durch, um so mehr, als die von Hindenburg ausgesprochene Vermutung, daß die Stoßkraft Mackensens im wesentlichen erschöpft und ein Weichselübergang Woyrschs infolge des hohen Wasserstandes
ausgeschlossen sei, durch die Ereignisse der nächsten Tage sich als unzutreffend
zu erweisen schien. Teile der 11. Armee durchbrachen am 29. Juli die feindliche
Stellung. Woyrsch leitete in der Nähe der Radomka-Mündung in der Nacht
vom 28. zum 29. Juli den Uferwechsel ein. Daraufhin gingen die Russen
zwischen Bug und Weichsel zunächst bis in Höhe von Iwangorod zurück. Die
4. Armee besetzte am 30. Juli Lublin. Auch die 11. und Bugarmee verfolgten in Richtung auf Cholm.

General v. Falkenhayn wies daher in seiner Antwort an den Feldmarschall am 31. Juli auf diese für seine Auffassung ins Gewicht fallenden Tatsachen hin. Entscheidend für seinen Standpunkt waren indessen nach wie vor
allgemeine Erwägungen über die Kriegslage. „Daß es an sich höchst

---

*) Randbemerkung Falkenhayns: „Das wäre schon genug, denn vorher müssen
die Russen geschlagen sein, ehe sie sich dazu entschließen."
**) Ludendorff a. a. O. S, 117.

wünschenswert wäre, mit einer starken Armee am mittleren Njemen*) zur
Offensive schreiten zu können, ist zweifellos. Zeit und Raum machen es
aber leider unmöglich, diese Armee aus Abgaben von Woyrsch und
Mackensen so zu bilden, daß der Feind nicht unschwer rechtzeitig Gegen=
maßregeln treffen könnte. Eine sichere Folge wäre das Festlegen unserer
gesamten jetzt hier eingesetzten Kräfte bis in den Winter hinein. Dies muß
jedoch unter allen Umständen vermieden werden. Es bleibt also nur übrig,
die Niederwerfung des Gegners durch kräftigste Fortführung der im Gange
befindlichen Operation anzustreben. Seine Majestät hofft, daß Euer Exzel=
lenz durch möglichst schnelles Vortreiben von starken Teilen der Narew=
Stoßgruppe auf dem rechten Bugufer und ebensolches Vorschieben von
Teilen der Njemenarmee im Raum östlich des Njemen wesentlich zum Ge=
lingen werden beitragen können."

Die Narew=Stoßgruppe nahm nach Abwehr mehrfacher russischer An=
griffe am 30. Juli ihren Angriff wieder auf und drang bis zum 3. August
unter hartnäckigen und verlustreichen Kämpfen auf dem linken Flügel bis
an die Eisenbahn Wüschkow—Ostrolenka vor. Auch Ostrolenka fiel am
3. August. Der rechte Flügel der 8. Armee drückte gleichfalls, wenn auch
nur langsam, vor. General v. Gallwitz legte den Schwerpunkt auf den
rechten Flügel gegen den Bug zu in der Hoffnung, auf diese Weise zu einer
Umfassung des noch bei Warschau haltenden Feindes zu kommen. Der
deutsche Generalstabschef wünschte hingegen in Übereinstimmung mit dem
Oberbefehlshaber Ost**) den Nachdruck auf den linken Flügel der Narew=
Stoßgruppe gelegt zu sehen, und stellte am 3. August deren Verstärkung
durch ein bis zwei Infanterie=Divisionen der 9. Armee zur Erwägung.
„Selbst wenn die Russen dann versuchen sollten, aus dem Festungsdreieck
nach Westen vorzustoßen, was ich für ganz unwahrscheinlich halte, werden
sie den Verlauf der Hauptentscheidung dadurch in keiner Weise zu ändern
vermögen." Der Feldmarschall hielt eine Schwächung der auf der ganzen
Front angreifenden und in enger Berührung mit dem Feinde stehenden
9. Armee erst für möglich, wenn die Bloniestellung vor Warschau ge=
nommen oder vom Feinde geräumt sein würde. Erneut sprach er sich gegen
eine Verstärkung der Narew=Stoßgruppe aus. „Am Narew fehlt es nicht
an Truppen. Wir kämpfen aber rein frontal in sehr schwierigen Gelände=
verhältnissen. Ich kann den Einsatz der bei der 9. Armee etwa freiwerdenden
Kräfte nur bei Kowno befürworten, um nach Wegnahme der Festung in
Verbindung mit der Njemenarmee gegen die rückwärtigen Verbindungen

---

*) Hier spricht Falkenhayn zum ersten und einzigen Male von einer Operation
über den mittleren Njemen, während Hindenburg bei seiner Bitte um Verstärkung der
10. Armee eine gemeinsame Offensive der Njemen= und 10. Armee im Auge hatte.

**) Ludendorff a. a. O., S. 119.

der Russen entscheidend zu wirken. Kowno unterhält nur schwaches Feuer.
Ein schneller Erfolg ist hier noch möglich. Ich werde aber Kowno auch ohne
Verstärkung meines schwachen linken Flügels angreifen, um so hier eine
Offensive vorzubereiten. Ich habe den Befehl dazu gegeben."

In den ersten Tagen des August leitete die 10. Armee bereits die Ein=
schließung der Festung ein und schob sich auf der Südwestseite nahe heran.
Weiter südlich warf sie den Feind über die Bahnlinie Suwalki—Olita
zurück. Die Fortführung der Offensive der Njemenarmee geriet gegenüber
erheblichen, mit der Bahn herangeführten Verstärkungen der Russen ins
Stocken. Nach Abweisung stärkerer Angriffe konnte die Verfolgung bis in
Linie Onikschty—Popel durchgeführt werden.

Am 5. August fiel Warschau in die Hand der 9. Armee, nachdem die
Russen die Bloniestellung geräumt hatten. Man sollte annehmen, daß der
deutsche Generalstabschef entsprechend seinen früheren Vertröstungen nun=
mehr den Augenblick für gekommen erachten mußte, den Nordflügel Hinden=
burgs zu verstärken. Indessen die Absicht des Feldmarschalls, die frei=
werdenden Divisionen der 9. Armee zur 10. Armee heranzuführen, wurde
durch den Befehl der Obersten Heeresleitung durchkreuzt, der die Armee=
abteilung Woyrsch und 9. Armee im Sinne des schon früher dem General
v. Conrad gegenüber vertretenen Gedankens unter dem Prinzen Leopold
von Bayern zu einer Heeresgruppe vereinigte und diese der Obersten
Heeresleitung unmittelbar unterstellte. Begründet wurde die Maßnahme
mit dem Auftrag für die neue Heeresgruppe, „unter Sicherung gegen die
in den Weichselfestungen noch stehenden feindlichen Kräfte mit allen Mitteln
auf und über Siedlce durchzustoßen". Sie wurde in den nächsten Tagen
angewiesen „ihren Vormarsch rücksichtslos vorzutragen und besonders ihre
starke Kavallerie soweit wie irgend möglich vorzutreiben". Der deutsche
Generalstabschef hielt also auch jetzt noch an der Absicht fest, die Bewegungen
aller in Polen kämpfenden Kräfte im engen Zusammenhange zu halten
und schnell zu einem für seine Zwecke genügenden Abschluß zu bringen.
Man geht wohl nicht fehl in der Annahme, daß bei der Bildung der
schwachen Heeresgruppe Prinz Leopold sein Wunsch maßgebend gewesen
ist, sich infolge der vielfachen Meinungsverschiedenheiten mit dem Ober=
befehlshaber Ost und gelegentlich auch mit dem österreichischen General=
stabschef einen vermehrten und unmittelbaren Einfluß auf den Gang der
Operationen in dem von ihm verfolgten Sinne zu sichern.

Mackensen erwartete in den ersten Augusttagen auf starken Widerstand
in der Linie Wlodawa—Iwangorod zu stoßen und stellte als Ziel für das
Vordringen seiner Heeresgruppe die Bahn Warschau—Brest=Litowsk hin.
Die 1. Armee sollte weiterhin die rechte Flanke decken und dabei nunmehr

doch den ihr schon früher zugedachten, dann aber wieder aufgegebenen Vorstoß auf Wladimir-Wolynsk ausführen. Seine operative Bedeutung im Sinne einer Umfassung auf dem östlichen Bugufer hatte dieser Vorstoß im Hinblick auf das inzwischen erfolgte weitere Vorgehen der Bugarmee auf dem westlichen Flußufer jetzt völlig verloren. Zudem unterlag es keinem Zweifel mehr, daß auch der Russe die Gefahr, in die ihn die Annahme des Entscheidungskampfes zwischen Weichsel und Bug bringen mußte, rechtzeitig erkannt und sich zur Rückführung seiner Massen aus dem mit Umklammerung bedrohten Gebiete entschlossen hatte. Es konnte nicht wundernehmen, daß gleichwohl das Vordringen Mackensens durch hartnäckigen Widerstand starker Nachhuten an der Tysmenica und Bystrzyca aufgehalten wurde. Die Stoßkraft der Heeresgruppe war eben doch in frontalen Kämpfen so ziemlich verbraucht. Am 13. August erreichte sie die Linie Wlodawa—Ostroki und von dort nordwärts bis zur Bahn Warschau—BrestLitowsk, stand also schon ganz mit nach Nordosten und Osten gerichteter Front. Woyrsch drang beschleunigt über Lukow nördlich der genannten Bahn vor. Die 9. Armee näherte sich mit dem linken Flügel über Sokolow dem Bug. Hier leistete der Feind nirgends erheblichen Widerstand.

War noch ein großer operativer Erfolg von dieser Operation im Raum zwischen Bug und Weichsel zu erwarten? General v. Conrad glaubte es und hatte bereits einige Tage früher vorgeschlagen, den Hauptdruck bei der Heeresgruppe Mackensen auf den zurückgebliebenen rechten Flügel in die Richtung auf Brest-Litowsk zu legen, um den Feind am Entkommen nach Osten zu hindern. Er hoffte noch, daß es gelingen würde, die im Raum zwischen Narew — Weichsel — Wieprz — Wlodawa zusammengedrängten Massen des Feindes durch Druck von drei Seiten vernichtend zu schlagen. General v. Falkenhayn gab sich solchen Erwartungen jetzt nicht mehr hin. Er war der Ansicht, „daß es bei der Erschöpfung der Truppe und den Gelände- bzw. Nachschubschwierigkeiten unendlich weniger wichtig sei, wo die 11. und Bugarmee durchstießen, als daß es ihnen an irgendeiner Stelle gelinge, wirklich durchzukommen*)". Sein Streben ging nunmehr darauf hin, durch scharfe Verfolgung auf schnellsten Wegen dem Gegner im Raume zwischen mittlerem Bug und Narew noch möglichst viel Abbruch zu tun. Zu dem Zwecke sollte Mackensen unter Sicherung gegen Brest-Litowsk den Bug beiderseits der Festung, Prinz Leopold mit rechtem Flügel bei Niemirow überschreiten, die 12. Armee, die inzwischen im Vorgehen nördlich des Flusses unter harten Kämpfen nach Osten Gelände gewonnen hatte, auf Bielsk durchstoßen. Links von ihr befand sich die 8. Armee nach der Weg-

---

*) Randbemerkung Falkenhayns an einem Schreiben Conrads vom 9. August.

nahme von Lomża im fortschreitenden Kampfe in der Richtung auf Bialy=
stok. Ihr linker Flügel lag vor Osowiec.

Der von der 10. Armee eingeleitete Angriff auf die Vorstellungen von
Kowno verhieß günstige Aussichten für den nahen Fall der Festung.

In dieser Lage richtete Hindenburg am 13. August einen neuen Appell
an die Oberste Heeresleitung, jetzt endlich einen entscheidenden Schlag gegen
den Feind durch den zu verstärkenden Nordflügel zu versuchen. Er
führte aus:

„Die Operation im Osten hat trotz vortrefflicher Leistungen des Narew=
stoßes nicht zur Vernichtung des Feindes geführt. Der Russe hat sich, wie
zu erwarten war, der Zange entzogen und läßt sich frontal in der ihm
erwünschten Richtung zurückdrängen. Er vermag sich mit Hilfe seiner guten
Bahnen nach Belieben zu gruppieren und starke Kräfte gegen meinen, seine
Verbindungen bedrohenden linken Flügel zu führen. Diesen sehe ich als
gefährdet an. Anderseits ist nur noch aus Gegend Kowno ein entscheidender
Schlag möglich, obgleich hierfür leider bedenklich viel Zeit verloren ist.
Ich beantrage daher nochmals dringend eine Verstärkung meines linken
Flügels, um je nach dem Ausfall entweder offensiv zu werden oder wenig=
stens das bis jetzt gewonnene Gebiet zu behaupten. Daß ich in der Offen=
sive meines linken Flügels gegen die Verbindungen und den Rücken des
Feindes die einzige Möglichkeit zu dessen Vernichtung erblickt habe, betone
ich nochmals. Diese Offensive ist wahrscheinlich auch jetzt noch das alleinige
Mittel, um einen neuen Feldzug zu vermeiden, im Falle es hierzu nicht
bereits zu spät ist.“

Indessen, auch dieser Appell blieb ohne Wirkung. Der deutsche General=
stabschef verwarf unter den vorliegenden Verhältnissen die vorgeschlagene
Operation aus grundsätzlichen Erwägungen. In seiner ausführlichen Ant=
wort vom 14. August behauptete er, daß es ihm auf eine Vernichtung des
Feindes bei der ganzen Operation nicht angekommen sei:

„Eine Vernichtung des Feindes ist von den laufenden Operationen im
Osten n i e m a l s erhofft worden, sondern lediglich ein den Zwecken der
Obersten Heeresleitung entsprechender entscheidender Sieg. Die Vernichtung
im großen durfte im vorliegenden Falle nach meiner Ansicht, die nach
Billigung durch Seine Majestät allein maßgebend bleiben muß, auch nicht
angestrebt werden. Es fehlen einfach die Grundbedingungen dafür. Denn
man kann einen der Zahl nach weit überlegenen, frontal gegenüberstehenden
Gegner nicht zu vernichten streben, der über vortreffliche Verbindungen,
beliebige Zeit und unbeschränkten Raum verfügt, während man selbst im
eisenbahnlosen, wegearmen Gelände mit enger Zeitbegrenzung und in Ver=
bindung mit sehr vielen nicht stoßkräftigen, teilweise sogar nicht wider=

standsfähigen Truppen zu operieren gezwungen ist. Daß der Feind aber jetzt schon für unsere Zwecke entscheidend geschlagen ist, wird niemand be= zweifeln, der sich vergegenwärtigt, daß die Russen in drei Monaten etwa 750 000 Mann allein an Gefangenen, ungezähltes Material, neben Galizien das Königreich Polen und das Herzogtum Kurland, endlich die Möglichkeit verloren haben, Österreich=Ungarn während der Einleitung des italienischen Krieges oder überhaupt in absehbarer Zeit ernstlich zu bedrohen, sowie die andere, ihre Odessa=Armee im kritischen Moment am Balkan einzusetzen. Es besteht ferner die Aussicht, daß sich die Ergebnisse der Operation noch erhöhen, da es gelungen ist, in den Raum zwischen Bialystok und Brest= Litowsk nicht weniger als fünf gründlich geschlagene feindliche Armeen zu drängen.

Freilich wäre die Operation vermutlich noch entscheidender verlaufen, wenn es möglich gewesen wäre, gleichzeitig mit ihr einen Stoß über den Njemen zu führen. Die Oberste Heeresleitung verfügte aber über keine Kräfte hierfür und Euer Exzellenz hielten die Verwendung der Njemen= armee in Kurland für notwendiger. Mit letzterem soll, wie ich zur Vor= beugung gegen Mißverständnisse bemerke, kein Urteil, sondern einfach die Tatsache ausgesprochen werden*). ...... Eine Verstärkung Ihres linken Flügels aus dem Westen oder den Heeresgruppen Mackensen und Prinz Leopold ist zur Zeit ausgeschlossen. Aus der Narew=Stoßgruppe würde sie erst angängig sein, wenn die jetzige Operation bis zur Klärung durchgeführt sein wird. Immer aber wird es erforderlich bleiben, die dann bestehende allgemeine Kriegslage in Erwägung zu ziehen, ehe zur 10. oder Njemen= armee Kräfte abgegeben werden. ...."

Die Hoffnung des Generals v. Falkenhayn, daß es gelingen würde, die Ergebnisse seiner Operation in dem Raum zwischen Bialystok und Brest= Litowsk noch zu erhöhen, erfüllte sich nicht. Denn sowohl Mackensen wie Prinz Leopold stießen bei Fortsetzung ihrer Verfolgung noch diesseits des Bug überall auf hartnäckigen Widerstand. Nur die Kavallerie der 9. Armee vollzog auf dem Nordflügel den Flußübergang. Auch jetzt nahm man davon Abstand, den Operationen auf dem östlichen Bugufer Nachdruck zu ver= leihen. Versuche der Bugarmee, von Wlodawa aus dort vorzudrücken, führten auf Wunsch der Obersten Heeresleitung selbst nur zur Gewinnung eines Brückenkopfes. Vor der über Wladimir=Wolynsk nach Norden vor= dringenden österreichischen 1. Armee räumte der Feind seine Stellungen im Winkel zwischen Bug und Naretwa. Im übrigen vollzog er unbehelligt seinen Abzug nach Norden durch die westliche Polesie. General v. Falken=

---

*) Über die Gründe des Oberbefehlshabers Ost für den Beginn der Operationen in Kurland vgl. 8. Kapitel.

hayn hielt es nicht für ausgeschlossen, daß dieser Gegner durch einen Gegenstoß „nach Art der Marneschlacht" gegen die Flanke der unterhalb Brest-
Litowsk über den Bug vordringenden deutschen Kräfte eine Wendung der
Lage herbeizuführen bestrebt sein könne. Wenn er solchem Versuch auch
keine Aussicht auf Erfolg zubilligte, so betonte er doch am 16. August die
Notwendigkeit für die Heeresgruppe Mackensen, sich durch Verstärkung
ihrer Stellungen längs des Bug oberhalb Brest-Litowsk und vor der
Festung die Möglichkeit zu schaffen, freiwerdende Kräfte als Staffel hinter
den rechten Flügel der Teile zu ziehen, die den Stoß an der Festung vorbei
über den Bug fortsetzen sollten. Diese Teile müßten zur rücksichtslosen Verfolgung so stark gemacht werden, wie es die unbedingt nötige Sicherung der
rechten Flanke irgend zulasse. Im übrigen zog er aus dem ganzen Verlauf
der Ereignisse jetzt die Schlußfolgerung dahin, die Verfolgung des Gegners
über die allgemeine Linie Brest-Litowsk—Grodno nicht fortzusetzen, „es
sei denn, daß begründete Hoffnung bestände, durch einen kurzen Nachstoß
über diese Linie dem Feinde noch erheblichen Nachteil zuzufügen". Unternehmungen größeren Stils oberhalb Brest-Litowsk über den Bug würden
aus dem Rahmen der Gesamtoperation herausfallen.

Mackensen ordnete daher an, daß die Bugarmee oberhalb Brest-Litowsk
am Bug zu sichern und die Festung bis zur Warschauer Bahn abzuschließen
habe, während die 11. Armee im Anschluß daran die Abschließung bis zum
Bug unterhalb Brest-Litowsk übernehmen, im übrigen im Verein mit der
österreichischen 4. Armee über den Fluß nachstoßen solle. Die rein frontale
Verfolgung drückte den Gegner unter zum Teil recht heftigen Kämpfen nur
langsam in der ihm erwünschten Richtung nach Osten zurück. Als er am
18. August auch auf dem rechten Ufer von Wlodawa zurückging, folgte ihm
zwar ein Teil der Bugarmee, während die österreichische 1. Armee gegen
den Eisenbahnknotenpunkt Kowel vorstieß und ihn am 23. August besetzte.
Ein Versuch jedoch, dem Feinde die von Brest-Litowsk nach Osten führenden
Verbindungen und damit den Abtransport seiner Massen zu unterbinden,
unterblieb zunächst auch jetzt noch. Die Oberste Heeresleitung gab sich zwar
alle erdenkliche Mühe bei der Verfolgungsoperation noch größere taktische
Erfolge zu erzielen. So sollte die 9. Armee auf dem Nordflügel der Heeresgruppe Leopold gegen die Rückzugsstraßen des vor Mackensen weichenden
Feindes scharf vordrücken, die 11. Armee nördlich und östlich um Brest-
Litowsk herum gegen die rückwärtigen Verbindungen der in den Wäldern
jenseits des Flusses gegen Linsingen kämpfenden Teile des Feindes wirken.
Die hieran geknüpften Hoffnungen erfüllten sich indessen nicht. Als dann
schließlich nach der Besetzung von Brest-Litowsk die Bugarmee im Raume
östlich der Festung mit ihrem linken Flügel auf Kobrin verfolgend durch

Einschwenken nach Norden dem von der 11. Armee frontal zurückgedrückten Feinde den Rückzug zu verlegen trachtete, war es für ein Abschneiden nennenswerter Kräfte zu spät.

Siebentes Kapitel.
Die Herbstoffensive bei Wilna.

Während nördlich der Heeresgruppe Prinz Leopold die 12. und der größere Teil der 8. Armee unter stetigen Kämpfen langsam gegen die Bahn Bielsk—Bialystok vordrang, fiel am 18. August die Festung Kowno. Feld=marschall v. Hindenburg traf sogleich Anordnungen, um nunmehr die Ope=ration in dem von ihm seit lange gewünschten Sinne fortzuführen. Die 12. und 8. Armee erhielten die Richtung nach Nordosten. Die 10. Armee sollte mit linkem Flügel in Richtung Wilna umfassend angreifen und die Russen über den Njemen zurückwerfen, der zunächst noch zurückgehaltene rechte Flügel später nördlich des Bobr von Augustowo auf Grodno vordrücken. Der Njemenarmee fiel der offensive Flankenschutz gegen die an der Düna stehenden Kräfte des Feindes zu.

Ludendorff begründet diese Maßnahmen wie folgt*):

„Die Flanke des aus Polen zurückweichenden Heeres konnte, wenn überhaupt, nur noch in der allgemeinen Stoßrichtung Kowno—Wilna—Minsk getroffen werden. Dieser Stoß war von der 10. Armee zu führen, während die 8. und 12. und die südlichen Heeresgruppen dicht am Feinde blieben. Die Operationen der 10. Armee bedurften im Norden des Flanken=schutzes gegen die Bahnlinie Riga—Dünaburg, in die mehrere Schienen=wege von Nordosten und Osten her einmünden, sowie gegen die Strecken Polozk—Molodetschno und Orscha—Borissow—Minsk. Die Njemenarmee mußte ihr Vorgehen mit dem Schwerpunkt auf Dünaburg fortsetzen, wäh=rend gegen die beiden letztgenannten Bahnen starke Reitergeschwader vor=gingen. Der Russe, der vor der 10. und Njemenarmee in zusammenhängender, aber nordöstlich Kowno nur dünn besetzter Front stand**), mußte demnach durchbrochen, d. h. über Wilna und nach Dünaburg zurückgeworfen werden, während die Kavallerie=Divisionen auf Polozk—Minsk vorgingen.

Es blieb die Frage, ob bei dem sehr weit nach Osten fortgeschrittenen

---

*) Ludendorff a. a. D. S. 129.

**) Nach dem Fall von Kowno standen zwischen Willkomir und Wilija nur Kavallerie, zwischen Wilija und dem Njemen östlich der Festung nur 1½ Divisionen Reichswehr, einige Dragoner-Regimenter und Ersatzbataillone, dahinter bei Koschedary Teile der 56. Infanterie-Division. Die Hauptmasse der russischen 10. Armee — 8 Infanterie-Divi-sionen, 1 Reichswehr-Division — stand westlich des mittleren Njemen.

Rückzug der Russen die Operation jetzt noch gewinnbringend sein konnte.
Es war kein Zweifel, daß jeder Tag, um den sie hinausgeschoben wurde, sie
weniger aussichtsreich machte. Ich erwog, ob wir uns nicht mit einem Stoß
über Olita—Orany auf Lida begnügen sollten. Ich verwarf dies, weil alle
ähnlichen Versuche, zu einer Flankierung zu kommen, in dem vergangenen
Sommerfeldzuge zu keinem Erfolg geführt hatten. Somit blieb ich in
meinen Gedanken bei der großen Operation, weil sie noch einen größeren
Erfolg haben konnte. Wir waren auch hier gezwungen, in das Ungewisse
zu handeln."

Der General v. Falkenhayn war mit der beabsichtigten Offensive an sich
einverstanden. In seinem Werke erklärt er sich indessen gegen die vom
Oberbefehlshaber Ost beabsichtigte Form der Durchführung und führt aus,
daß es nach seiner Ansicht möglich gewesen wäre, bei Verlegung des Schwer=
punktes des deutschen Angriffs auf die gesschwächte Mitte der feindlichen
Aufstellung etwa in die Richtung Orany—Lida den feindlichen linken
Flügel auf die Sumpfinseln von Slonim zusammenzupressen. Er will in=
dessen seine Bedenken nicht geltend gemacht haben, „weil aus der Entfernung
die örtlichen Verhältnisse nicht so zuverlässig zu beurteilen waren, wie bei
der Heeresgruppe selbst, und weil nicht durch Eingriff in letzter Stunde die
dem dortigen Führer soeben erst gewährte Entschlußfreiheit eingeschränkt
werden sollte*)".

Nachdem Nowo=Georgiewsk am 20. August gefallen war, verstärkte
Hindenburg die 10. Armee durch den größten Teil der freiwerdenden Be=
lagerungstruppen — drei Landwehr=Divisionen. Schon am 18. August
hatte er der Obersten Heeresleitung nahegelegt, ihm noch weitere Kräfte zu
einer Offensive von Kowno in Richtung Wilna zu überweisen, wovon er
sich einen weitgehenden Erfolg verspreche. Auch General v. Conrad wurde
in jenen Tagen mehrfach in diesem Sinne vorstellig. „Da die für den Stoß
über Wilna dermalen verfügbaren deutschen Kräfte des Generalfeldmar=
schalls v. Hindenburg in Anbetracht der namhaften russischen Kräftever=
schiebungen gegen Norden nicht genügend stark sein dürften, und der in
Rede stehende Stoß großen, entscheidenden Erfolg verspricht, so erlaube ich
mir bei Euer Exzellenz neuerlich anzuregen, wenn irgendwie möglich die
Heeresgruppe Hindenburg durch anderwärts freizumachende oder im Hinter=
lande verfügbare deutsche Kräfte zu verstärken**)."

Der deutsche Generalstabschef konnte sich hierzu im Hinblick auf die
Gesamtlage nicht entschließen. In seiner Antwort an Hindenburg wies er
darauf hin, „daß eine Fortsetzung des Ostfeldzuges in den Winter und in

---

*) v. Falkenhayn a. a. O. S. 115.
**) Conrad an Falkenhayn am 25. August 1915.

das Innere Rußlands hinein für uns leider nicht in Frage kommen könne. Die Operationen der Stoßgruppen in Polen würden nicht wesentlich über die allgemeine Linie Brest=Litowsk—Grodno vorgetragen werden können. Diese Gruppen müßten voraussichtlich sehr bald erhebliche Kräfte für andere Kriegsschauplätze abgeben".

Dem General v. Conrad erwiderte er:

„Gewiß ist eine Verstärkung der Kownogruppe wünschenswert, aber ungleich wichtiger ist es, daß die Dardanellen gesichert und dazu das Eisen in Bulgarien so lange geschmiedet wird, wie es heiß ist. Folglich müssen die Kräfte, die wir in der Gegend von Brest=Litowsk herausziehen können, ohne zunächst den Griff an des Feindes Gurgel zu lockern, an die Donau."

Die erste Division, die Ende August bei der Heeresgruppe Mackensen frei wurde, sandte er daher an die Donau nach Orsowa, um durch ihr Erscheinen „in der Flanke Rumäniens und nicht allzu fern von der Grenze Bulgariens einen günstigen Einfluß auf die in gutem Fortgang befind= lichen Verhandlungen mit Bulgarien*)" ausüben zu können. Bis Anfang September wurden aus dem Verbande der Heeresgruppe Mackensen im ganzen neun Divisionen zur Verwendung auf dem westlichen und Balkan= Kriegsschauplatz herausgelöst.

Im Sinne obiger Erwägungen erließen die verbündeten Heeres= leitungen am 28. August neue Direktiven. Nach ihnen sollten die Heeres= gruppen Prinz Leopold und Mackensen mit der Masse ihren Vormarsch nach Osten im Sumpfgebiet östlich der Linie Rotno (50 km nördlich Kowel)— Kobrin—Szereszowo einstellen und nur mit kleineren gemischten Verbänden auf allen Straßen am Feinde bleiben. Die Heeresgruppe Mackensen hatte sofort mit der Einrichtung einer Dauerstellung von der Ucherka=Mündung in den Bug bis zur Straße Wisoko=Litowsk—Kamieniec=Litowsk, die Heeres= gruppe Prinz Leopold von dort bis zur Narewka=Mündung in den Narew zu beginnen.

Bis zum 28. August gelangte die 12. Armee bis in die Gegend östlich Bialystok, die 8. Armee, mit rechtem Flügel längs der Straße Bialystok— Grodno vorgehend, bis halbwegs Grodno. Ossowiec war schon am 22. August gefallen. Das Vorgehen der 10. Armee begegnete starkem Widerstand. Der Russe zog offenbar weitere Kräfte aus Polen an die bedrohte Stelle. Während der rechte Flügel sich in Richtung auf Grodno vorschob, fand die Mitte am 26. August Olita vom Feinde geräumt. Der entscheidende linke Flügel drückte beiderseits der Wilija unter heftiger mit Gegenangriffen ver= bundener Abwehr des Feindes auf Wilna. Er wurde durch drei Infanterie=

---

*) v. Falkenhayn a. a. O. S. 111.

Divisionen der 12. und 8. Armee und eine aus dem Westen angerollte verstärkt. Die Njemenarmee griff in großer Breite auf Wilkomir—Friedrichstadt an, ihr rechter Flügel erreichte am 28. August die Swjenta und wies dort feindliche Angriffe ab, ihr linker richtete sich auf die Wegnahme des Brückenkopfes von Friedrichstadt ein.

Die bereits erwähnte Direktive der Obersten Heeresleitung vom 28. August bestimmte für die Heeresgruppe Hindenburg die Durchführung der eingeleiteten Operation nördlich des oberen Narew und östlich des mittleren Njemen „bis zur größtmöglichen Schädigung des Feindes", faßte jedoch auch für sie bereits den Ausbau einer Dauerstellung ins Auge, die von der Narewka-Mündung (in den Narew) bis zur See — ob bis zum Rigaer Busen oder bis Libau, blieb anheimgestellt — sich zu erstrecken hatte. Hindenburg wurde gegen diese Festlegung seines rechten Flügels vorstellig, da die geplante Fortführung der Operation auch den weiteren Vormarsch dieses Flügels nach Osten bedingte, mithin nach ihrem Abschluß sein Zurückverlegen an die Narewka-Mündung notwendig werden mußte. Aus der Antwort des Generals v. Falkenhayn vom 1. September ging hervor, daß er sich von der Operation des Oberbefehlshabers Ost keine großen Ergebnisse versprach. Sie enthüllte ferner die Absicht, in Kürze statt der erbetenen Verstärkungen eine erhebliche Verminderung auch der Heeresgruppe Hindenburg vorzunehmen.

„Obschon nicht anzunehmen ist, daß es auf irgendeine uns mögliche Weise gelingen könnte, einen Feind wirklich entscheidend zu schlagen, der fest entschlossen ist, ohne Rücksicht auf Opfer an Land und Leuten zu weichen, sobald er angefaßt wird, und dem dazu weite Rußland zur Verfügung steht, entspricht Euer Exzellenz Absicht, den Teil der Russen, der vor der Heeresgruppe ist, noch möglichst entscheidend zu schlagen, ganz den Wünschen der Obersten Heeresleitung. Wie aber in der Direktive vom 27. August*) gesagt war, wird selbst bei denkbar günstigstem Operationsverlauf in leider nicht ferner Zeit die unbedingte Notwendigkeit eintreten, auch in Ihrem gegenwärtigen Befehlsbereich, wie schon jetzt bei den anderen Heeresgruppen auf dem östlichen Kriegsschauplatz, nur so wenig Truppen und Munition zu belassen, wie zur Behauptung der kürzesten Linie in Feindesland, der Ucherka-Mündung am Bug bis zur See, unentbehrlich sind. Mit kürzester Linie ist natürlich diejenige gemeint, die mit dem Mindestaufwand von Kräften gehalten werden kann. Nachdem die Entscheidung darüber, wo die Hauptoperation geführt werden soll, gegen den Osten gefallen ist, bleibt keine Wahl. Auch das Aufgeben von besetztem Lande muß dabei, wenn

---

*) Sie datierte vom 28. August.

nötig, in Kauf genommen werden. Ob Euer Exzellenz in Ihrem heutigen Operationsgebiet die später hiernach zu bemessenden Truppen und Munition tatsächlich in der erwähnten Linie, die jedenfalls auszubauen ist, verwenden, oder außer dieser Linie eine weiter vorwärts gelegene Stellung wählen oder vorwärts der ausgebauten kürzesten Linie die Truppen eine bewegliche Verteidigung führen lassen wollen, bleibt durchaus überlassen. Bedingung ist jedoch, daß bei keiner Gestaltung der Lage die kürzeste Linie verloren und jede Nachforderung an Truppen und Munition in den Grenzen des Mög= lichen vermieden wird. Nach vorläufiger Schätzung ist anzunehmen, daß später aus dortigem Bereich etwa zehn bis zwölf Divisionen werden heraus= gezogen werden müssen.... An der Narewka=Mündung als Anschlußpunkt der Dauerstellungen der Heeresgruppen Hindenburg und Prinz Leopold muß also festgehalten werden."

Hindenburgs Offensive nahm nun weiter folgenden Verlauf. Die 12. Armee drang in östlicher Richtung auf Wolkowysk vor, das am 7. September besetzt wurde, und erreichte folgenden Tages den Zelwjanka= abschnitt. Die 8. Armee überschritt beiderseits Grodno, das am 4. Sep= tember überraschend schnell fiel, den Njemen und warf den Feind von Ab= schnitt zu Abschnitt zurück. Die 10. Armee rückte mit dem rechten Flügel auf und über Orany vor. Das Schwergewicht ihres Angriffs lag nach wie vor auf dem linken Flügel. Starke Kavalleriemassen griffen hier bereits weit nach Osten gegen die von Wilna nach Norden und Osten führenden Eisenbahnlinien vor. Am 12. September erreichten sie die Bahn Wilna— Dünaburg, am 14. die Bahn Wilna—Molodetschno—Polozk bei Smorgon, Wileika und östlich Glubokoje. Die bisher beabsichtigte Teilnahme des rechten Flügels der Njemenarmee an der Offensive der 10. ließ sich an= gesichts der starken Flankenbedrohung von Dünaburg her, wohin der Russe fortgesetzt neue Kräfte warf, nicht aufrechterhalten. Dieser Flügel wurde infolgedessen dorthin abgedreht. Der Oberbefehlshaber Ost beantragte am 11. und 12. September erneut eine, wenn auch nur vorübergehende Ver= stärkung seiner Kräfte und bat, das bei Bialystok zur Verladung nach dem Westen bereitgestellte X. Armeekorps ihm für 10 bis 14 Tage im Austausch gegen ein bis zwei Divisionen der 12. Armee zur Verfügung zu stellen, um es über Kowno heranzuziehen und dem linken Flügel der 10. Armee ge= staffelt folgen zu lassen. Er hoffte dann durch rücksichtslosen Vorstoß in süd= östlicher Richtung den anscheinend auf der ganzen Front zur Annahme des Entscheidungskampfes entschlossenen Feind in das Sumpf= und Seen= gelände östlich Wilna zu werfen. General v. Falkenhayn lehnte den Antrag ab, da er mit Rücksicht auf die inzwischen gespannt gewordene Lage im Westen, die dem Oberbefehlshaber Ost nicht bekannt war, eine weitere

Bindung der für den dortigen Kriegsschauplatz bestimmten Kräfte im Osten nicht verantworten zu können glaubte*).

Nach Tagen heftigen Widerstandes gab der Feind in der zweiten Hälfte des September dem Druck der 10., 8. und 12. Armee auf der ganzen Front nach. Zuerst begann er vor dem linken Flügel der 10. Armee zu weichen. Diese holte unter fortgesetzter Verschiebung von Kräften aus der Front nach dem äußeren Flügel wilijaaufwärts auf Smorgon und hart südlich des Wischnijewsees auf Wileika aus. Der Feind war bestrebt, der ihm drohenden Umfassung sich durch vielfache Gegenstöße zu erwehren. Smorgon, das die deutsche Kavallerie bereits in Besitz genommen hatte, ging wieder verloren, kurz bevor die Infanterie zur Stützung eintraf. Die Mitte der 10. Armee besetzte am 18. September Wilna. Auch die 8. Armee kam nördlich des oberen Njemen gut vorwärts und erreichte bis zum 23. September die Olschanka. Die 12. Armee warf den Feind über den Szczaraabschnitt zurück und drang beiderseits des Njemen auf Nowo=Grodek und Dudy. Der 24. und 25. September brachten auf der ganzen Front noch erbitterte Kämpfe, während deren die 12. Armee bis an die Beresina gelangte, die 8. die Olschanka überschritt und auch die 10. südlich Smorgon noch Erfolge hatte. Hingegen richteten sich jetzt gegen den Um= fassungsflügel beiderseits Wileika heftige Gegenangriffe des Feindes. Sie brachten dort das Vorgehen zum Stehen.

Während des langsamen Vordrückens von Wilna auf Smorgon hatte der Oberbefehlshaber Ost erkannt, daß die Operation nicht mehr zu dem erstrebten Erfolge führen werde und daher abgebrochen werden müsse. Am 27. September meldete er der Obersten Heeresleitung: „Gegner steht vor 10. Armee mit so starken Kräften, daß es wohl nicht gelingen wird, ihn durch die Enge zwischen Wolozyn und Molodetschno hindurch zurückzu= werfen. Er verstärkt und verlängert seinen Flügel östlich Wileika andauernd und führt anscheinend Kräfte in den Raum östlich der Linie Naroczsee—Dünaburg. Mit einer demnächstigen Offensive gegen diese Linie muß ge= rechnet werden. Die Offensive der 8. und 10. Armee wird deshalb ein= gestellt. 10. Armee biegt demnächst ihren linken Flügel nach dem Naroczsee zurück und führt Kräfte ihrer Mitte nach der Gegend nördlich des Narocz= sees. Auch eine Verstärkung des linken Flügels der Njemenarmee ist not= wendig. Die Heeresgruppe bezieht in Linie Beresina=Mündung—Narocz= see—Gegend westlich Dünaburg—Mitau—Schlock ihre Dauerstellung. . . . ."

Auch der im langsamen Fortschreiten befindliche Angriff des rechten

---

*) Tatsächlich ist das X. Armeekorps eben noch rechtzeitig im Westen eingetroffen, um an der Abwehr des französischen Durchbruchs in der Champagne entscheidenden Anteil zu nehmen.

Flügels der Njemenarmee auf Dünaburg hatte gegenüber den fortgeſetzten Verſtärkungen der Ruſſen nicht durchgeführt werden können. Nachdem bereits Anfang September der Feind zwiſchen Üxküll und Friedrichſtadt auf das Nordufer der Düna zurückgeworfen war, hatte der Oberbefehlshaber Oſt einen Vorſtoß mit dem linken Flügel der Njemenarmee geplant, um den ſeinen Rücken bedrohenden Brückenkopf von Riga wegzunehmen. Da in= deſſen die Oberſte Heeresleitung die hierfür in Ausſicht genommene Diviſion auf einen anderen Kriegsſchauplatz abtransportierte, mußte auch dieſer Vorſtoß unterbleiben.

Die Offenſive Hindenburgs hatte den General v. Falkenhayn beſtimmt, auch die Heeresgruppen Prinz Leopold und Mackenſen trotz der Verringe= rung ihrer Beſtände über die im Befehl vom 28. Auguſt vorgeſehene Linie hinaus nach Oſten vorgehen zu laſſen. Freilich war es dabei nirgends mehr zu einer ernſthaften Schädigung des Feindes gekommen, obwohl die Kämpfe zum Teil hartnäckig verliefen. So gelangte die Bugarmee in der zweiten Hälfte des September in die Gegend öſtlich von Pinsk und über den Oginſkikanal hinaus. Die Heeresgruppe Prinz Leopold drückte im engen Anſchluß an die 12. Armee über den Szczaraabſchnitt bis öſtlich Barano= witſchi und an den Serwetſch vor.

Bereits am 25. September — alſo noch vor Abbruch der Wilna= offenſive Hindenburgs — befahl General v. Falkenhayn die Einſtellung der Verfolgungsoperation bei den Heeresgruppen Mackenſen und Prinz Leopold. Die Heeresgruppe Hindenburg erhielt den Auftrag, den Raum zwiſchen der Bereſina=Mündung (in den Njemen) und der Küſte dauernd zu ſichern. Auch ihr Beſtand wurde nunmehr um eine erhebliche Anzahl von Diviſionen verringert.

Nach Einſtellung ihrer Offenſive hatte die 10. Armee, deren linker Flügel nunmehr eine Rückwärtsſchwenkung vollzog, um den Anſchluß an den rechten Flügel der Njemenarmee wiederherzuſtellen, heftige Angriffe des Feindes auszuhalten, ebenſo der rechte Flügel der Njemenarmee. Alle Angriffe wurden abgewieſen. Den Bedenken, die bei dieſer Sachlage der Feldmarſchall gegen die Abgabe weiterer Kräfte am 6. Oktober erhob, ſtellte General v. Falkenhayn die Erforderniſſe der allgemeinen Kriegslage gegen= über, indem er ausführte:

„Zweifellos würde es vorteilhaft ſein, wenn die gegenwärtige Stellung der Heeresgruppe dauernd gehalten und außerdem noch ein Druck in Richtung Dünaburg ausgeübt werden könnte. Stellt man aber die Frage, ob zu dieſem Ende die Zurückhaltung von Kräften dort zuläſſig iſt, deren Ausfall an der Weſtfront die deutſche Stellung hier gefährden kann, ſo iſt ſie unbedingt zu verneinen.... Der Verluſt unſerer Stellung im Weſten

5*

kann den ungünstigen Ausgang des Krieges bedeuten. Dabei kommt es auf der Westfront bei der Spannung, die hier dauernd herrscht, bei der zahlenmäßigen Überlegenheit des Feindes an Personal und Material, mit der die auf allen anderen Kriegsschauplätzen leider ebenfalls bestehende Überlegenheit gar nicht verglichen werden kann, bei dem militärischen Wert der hiesigen Gegner auf jede Division an."

Nachdem auch die weiteren Versuche der Russen, im Laufe des Oktober und in der ersten Hälfte des November die Front südlich Dünaburg zu durchstoßen, gescheitert waren, trat in dem Bereich der Heeresgruppen Hindenburg und Prinz Leopold eine Entspannung der Lage ein, die im allgemeinen bis ins Frühjahr 1916 angedauert hat.

Es erübrigt noch einen kurzen Blick auf die Operation zu werfen, die gleichzeitig mit der Wilna-Offensive Hindenburgs von der österreichisch-ungarischen Heeresleitung auf der Südhälfte des östlichen Kriegsschau-platzes geführt worden war und dort vorübergehend einen empfindlichen Rückschlag gebracht hatte.

General v. Conrad hatte schon am 9. August einen Angriff der öster-reichischen 1. und 2. Armee in Ostgalizien ins Auge gefaßt, zunächst mit dem Ziel, „den Feind ausreichend zurückzudrücken, der jetzt nur zwei Märsche vom Eisenbahnknotenpunkt Lemberg entfernt stehe, dessen ver-läßlicher Besitz für die ganze Fortführung des Krieges gegen Rußland von größter Bedeutung sei". Einige Tage später teilte er dem deutschen Ge-neralstabschef seine Absicht mit, die durch die bisherige Operation ge-schaffene Trennung der russischen Kräfte in Polen und Wolhynien zu einem Vorstoß der zusammengefaßten österreichischen 4. und 1. Armee in der Richtung auf Kowel auszunutzen und sodann von Norden die feindliche Südostfront zu umfassen, während gleichzeitig in der Front die inneren Flügel der 2. und Südarmee über die Höhen südlich der Bahn Krasne—Brody angreifen sollten. Auch Falkenhayn hielt, wie seine Antwort vom 19. August zeigt, „eine baldige Operation gegen den rechten Flügel der russischen Kräfte südlich der Pripetsümpfe ebenso aus militärischen wie aus politischen Gründen für geboten", und erklärte sich mit der Heraus-lösung der 1. und 4. Armee aus der Heeresgruppe Mackensen einver-standen. Während dem Oberbefehlshaber Ost die fortgesetzt erbetenen Verstärkungen nach dem Fall von Warschau nicht gewährt wurden, erhielt also der Verbündete sogleich die Zustimmung zur Abgabe starker Kräfte für seine Sonderoperation.

Nachdem Kowel am 23. August besetzt worden war, begann die neue Offensive mit dem Vormarsch der 1. Armee an der Straße Wladimir Wolynsk—Luzk. Der letztere Ort wurde am 31. August besetzt. Das

weitere Vorgehen richtete sich auf Dubno. Auf dem rechten Flügel drückte
die 4. Armee, in deren Verband die 1. aufging, auf Rowno. Am 8. Sep=
tember wurde Dubno genommen. Vor der 7. und Südarmee wich der
Feind zunächst hinter die Strypa, dann hinter den Sereth aus, während
die 2. Armee am Styr starken Widerstand fand und nur langsam in der
Richtung über Brody auf den Sereth Gelände gewann. Gegenangriffe
der Russen bei und südlich Tarnopol warfen dann die Südarmee und den
linken Flügel der 7. Armee wieder hinter die Strypa zurück. Da auch die
2. Armee sich heftiger Angriffe zu erwehren hatte, wurde die Offensive
auf dem Südflügel eingestellt. Während in den folgenden Tagen alle
Versuche des Feindes, die 7. und Südarmee weiter zurückzudrängen,
scheiterten, wurde die 2. Armee eingedrückt, auch die 4. Armee in der
Front an mehreren Stellen durchbrochen und gleichzeitig auf ihrem äußeren
Flügel durch starke Kräfte von Norden umfaßt. Am 17. September sahen
sich die 2. und 4. Armee zum Rückzug hinter die Ikwa und den Styr
gezwungen. Einige Tage darauf ging auch der Brückenkopf von Luzk
verloren. Dann stellte General v. Linsingen, mit den verfügbaren Teilen
der Bugarmee heraneilend, die bedrohliche Lage einigermaßen wieder her,
indem er die Russen hinter die Putilowka und den Kormin zurückdrängte.
Größere Erfolge waren mit den schwachen Kräften gegen die Übermacht
des in starken Stellungen stehenden Feindes nicht zu erzielen. So endeten
die Operationen südlich des Pripet schließlich mit der Herstellung der
Gleichgewichtslage. Ende September befahl die österreichisch=ungarische
Heeresleitung die Einrichtung einer Dauerstellung.

Achtes Kapitel.
Die Ostoffensive 1915 im Lichte Schlieffenscher Gedanken.

Wenn General v. Falkenhayn im April 1915 den von General
v. Conrad vorgeschlagenen Doppelangriff aus Galizien und Preußen gegen
die äußeren Flügel der Russen verwarf, so hätte er sich dabei auf das
Votum eines seiner Vorgänger aus der Friedenszeit berufen können. Graf
Schlieffen, der in der Verwirklichung des Cannä=Gedankens die operative
Höchstleistung des Feldherrn sah, hat sich gleichwohl von seiner einseitigen
und ausschließlichen Empfehlung für alle Verhältnisse durchaus fern=
gehalten und ist sich bewußt geblieben, daß es bei erheblichem Unterschied
in den Stärkeverhältnissen für den zahlenmäßig schwächeren Teil auf un=

begrenztem Kriegsſchauplatz oft unmöglich ſein kann, die Offenſivoperation
v o n H a u ſ e a u s auf eine doppelſeitige Umklammerung des Feindes
anzulegen. Das tritt deutlich in den von ihm für den Krieg gegen Ruß=
land entworfenen Operationsplänen, inſoweit ſie den Zweifrontenkrieg zur
Vorausſetzung hatten, zutage. In dieſem Falle beabſichtigte Graf
Schlieffen nur einen geringen Teil der deutſchen Geſamtſtreitkräfte auf
dem öſtlichen Kriegsſchauplatz zu verwenden, ſo daß den Ruſſen die zahlen=
mäßige Überlegenheit über das verbündete deutſch=öſterreichiſch=ungariſche
Heer verblieb. · Es ist freilich nicht ohne weiteres angängig, operative Er=
wägungen, die ihn bei der Aufſtellung dieſer für die Eröffnung des Feld=
zuges, alſo aus dem Aufmarſch heraus, berechneten Pläne leiteten, auf eine
Lage anzuwenden, die ſich, wie hier, erſt im Verlauf des Krieges heraus=
gebildet hat. Indeſſen bietet der Übergang aus dem Stellungskrieg in den
Bewegungskrieg in operativem Sinne doch eine gewiſſe Ähnlichkeit mit
den Verhältniſſen, wie ſie bei der Eröffnung eines Feldzuges vorliegen.
Hinzu kommt, daß die Erwägungen, aus denen heraus Graf Schlieffen ſich
gegen eine beiderſeits umfaſſend angelegte Offenſivoperation der ver=
bündeten Deutſchen und Öſterreicher von Preußen und Galizien aus gegen
die äußeren Flügel der Ruſſen ausſprach, g r u n d ſ ä t z l i c h e r A r t
waren. Sie dürfen daher, ohne dem Vergleich Zwang anzutun, auch für
die Beurteilung der im Frühjahr 1915 vorliegenden Kriegslage heran=
gezogen werden.

Im November 1893, alſo zu einer Zeit, als er im Oſten noch ſtärkere
Kräfte — 14 Diviſionen — zu verwenden gedachte, wie in den ſpäteren
Jahren ſeiner dienſtlichen Wirkſamkeit, wo er dieſe Kräfte auf das geringſt
zuläſſige Maß beſchränkt wiſſen wollte, führte Graf Schlieffen in einer
Denkſchrift aus:

„Wenn Öſterreich von Galizien und Deutſchland von Oſtpreußen her
von völlig entgegengeſetzten, 400 km voneinander entfernten Grundlinien
aus operieren wollen, iſt die Offenſive wie Defenſive gleich verderbnisvoll.
Solange die Mobilmachung und der Aufmarſch Rußlands langſam und
ſchwerfällig verlief, empfahl es ſich für beide Verbündete auf nächſten
Wegen über die ſchwachen, in der Verſammlung begriffenen ruſſiſchen
Truppen herzufallen, es zum Aufmarſch der ganzen Armee nicht kommen
zu laſſen. Seitdem die Ruſſen nicht mehr überraſcht und nicht mehr über=
fallen werden können, iſt es nicht ratſam, einen ſtarken Gegner ohne jeden
Zuſammenhang und ohne die Möglichkeit gegenſeitiger Unterſtützung von
zwei gänzlich verſchiedenen Seiten und aus ſolcher Entfernung anzugreifen.“

Graf Schlieffen gab damit die Operationspläne ſeiner Vorgänger, des
Feldmarſchalls Grafen Moltke und des Grafen Walderſee, auf, die auf

einen konzentriſch angelegten ſtrategiſchen Überfall des mit ſeiner Haupt=
maſſe noch nicht operationsbereiten Gegners hinausgelaufen waren. Er
trat für ein engeres Zuſammenwirken der deutſchen und öſterreichiſch=un=
gariſchen Streitkräfte ein, um durch gemeinſame Offenſive auf einem räum=
lich begrenzten Teile des gewaltigen Kriegsſchauplatzes zunächſt einmal an
e i n e r Stelle einen entſcheidenden Waffenerfolg herbeizuführen, während
inzwiſchen die nicht angegriffenen feindlichen Armeen durch Minderheiten
beſchäftigt und aufgehalten werden ſollten. Der Mangel an Konzentriert=
heit — ſo führte er aus —, der in dem ruſſiſchen Aufmarſch von Schaulen
bis Proskurow in einer Geſamtlänge von etwa 800 km zum Ausdruck
käme, und der „nicht ſowohl in der Nichtbeachtung ſtrategiſcher Lehrſätze
als in der Friedensunterbringung und in den Verhältniſſen des ruſſiſchen
Eiſenbahnnetzes" begründet wäre, würde unſerſeits nicht ausgenutzt,
wenn alle feindlichen Armeen mit entſprechenden Kräften angegriffen oder
abgewehrt würden. „Wenn die Verbündeten die Njemen=, die Weichſel=,
die Bug= und die Südoſtarmee mit annähernd gleichwertigen Truppen be=
denken, ſo machen ſie ſich freiwillig der nämlichen Kräftezerſplitterung
ſchuldig, zu welcher die Ruſſen durch den Druck der Verhältniſſe ſich ge=
zwungen ſehen. Der Zerſplitterung des Gegners muß vielmehr das Zu=
ſammenhalten der eigenen Kräfte gegenübergeſtellt werden. Die Mehrzahl
der feindlichen Armeen muß mit möglichſt geringen Kräften beſchäftigt,
der Hauptangriff gegen e i n e Stelle gerichtet werden." Dem Grafen
Schlieffen kam es alſo zunächſt darauf an, unter Berückſichtigung der beider=
ſeitigen Stärkeverhältniſſe und der beſonderen Eigentümlichkeiten des öſt=
lichen Kriegsſchauplatzes „eine günſtige A u s g a n g s l a g e zu ſchaffen,
aus der ſich alsdann infolge der für den Feind notwendigen Verſchiebungen
und des dadurch gelockerten Zuſammenhanges ſeiner Armeen eine Anzahl
von Teilniederlagen für dieſe ergeben mußten. Wurde die Umfaſſungs=
abſicht, das Beſtreben, den Feind zu vernichten, unausgeſetzt bei den
eigenen Armeen feſtgehalten, ſo mußte ſich aus dem Ganzen eine Reihe
von Cannä=Schlachten ergeben*)". Es iſt der gleiche Gedanke, dem Hinden=
burg in ſeinem Werke**) mit den Worten Ausdruck gibt: „Das Ziel war
nicht in einem einzigen großen, ins Ungeheure geſteigerten Sedan zu er=
reichen, wohl aber in einer Reihe ſolcher oder ähnlicher Schlachten."

Graf Schlieffen hatte daher zu Anfang der 90er Jahre längere Zeit
hindurch ein vom deutſchen Standpunkt weitgehendes Entgegenkommen
gegen die Öſterreicher bewieſen, indem er die Maſſe der für den öſtlichen

---

*) Frhr. v. Freytag=Loringhoven, Die Heerführung im Weltkriege, Erſter Band,
S. 181 ff. Berlin 1920, E. S. Mittler & Sohn.
**) v. Hindenburg a. a. O. S. 120.

Kriegsſchauplatz beſtimmten deutſchen Kräfte in Oberſchleſien und im ſüd=
lichen Teil der Provinz Poſen aufmarſchieren laſſen wollte, während die
Verbündeten ſich vorzugsweiſe in Mittel=Galizien bereitſtellen ſollten.
Durch konzentriſchen Vormarſch, bei dem die deutſche Armee die Weichſel
oberhalb Iwangorod zu überſchreiten hatte, war das operative Zuſammen=
wirken mit den Öſterreichern und eine gemeinſame Offenſive auf dem
rechten Weichſelufer beabſichtigt. Die Deckung Preußens blieb dabei
ſchwächeren Kräften zugedacht, ebenſo die Deckung Oſtgaliziens gegen die
ruſſiſche Südoſtarmee. Ein Bedenken heiſchte freilich von vornherein
ſorgſame Berückſichtigung. Es lag auf pſychologiſchem Gebiete: Das kleine
deutſche Oſtheer durfte nicht ins Schlepptau der öſterreichiſch=ungariſchen
Heeresleitung geraten, in deren Offenſivgeiſt Graf Schlieffen keine allzu
großen Erwartungen ſetzen zu dürfen glaubte. Die Auswahl der mit dem
deutſchen Oberbefehl zu betrauenden Perſönlichkeit war daher von be=
ſonderer Bedeutung. Hierzu war der aus dem Kriege 1870/71 als Führer
der Maasarmee rühmlichſt bekannte König Albert von Sachſen in Ausſicht
genommen.

Um die Mitte der 90er Jahre kam Graf Schlieffen aus verſchiedenen
Gründen von dieſem Plan wieder ab, vorzugsweiſe weil mit einer früh=
zeitigen Offenſive der ruſſiſchen Hauptkräfte gegen Deutſchland gerechnet
wurde und die infolgedeſſen zum Schutze des deutſchen Oſtens notgedrungen
in Preußen zurückbleibenden Truppen ſo ſtark hätten bemeſſen werden
müſſen, daß für die Durchführung des Angriffs im Verein mit den Öſter=
reichern auf dem rechten Weichſelufer nicht genügende Kräfte übrigblieben.
Graf Schlieffen hielt aber auch weiter an dem Gedanken feſt, zunächſt bei
Feldzugsbeginn auf engerem Raume ein operatives Zuſammenwirken mit
dem öſterreichiſch=ungariſchen Heere zuſtande zu bringen, und ſchlug die
Offenſive für deſſen Hauptkräfte aus Gegend Krakau—Lublinitz durch Süd=
polen gegen und über die Weichſel, für eine ſchwächere Gruppe aus Ga=
lizien vom San nach Norden vor, während die deutſche Armee aus der
Linie Thorn—Ortelsburg über den unteren Narew in Richtung über
Rozan vorſtoßen ſollte. Nach den in jener Zeit über eine Zurückverlegung
des ruſſiſchen Aufmarſches vom Narew nach Oſten bekanntgewordenen
Nachrichten erwartete er, daß der Übergang über dieſen Fluß auch unter
den ungünſtigſten Verhältniſſen noch vor Eintreffen der aus Richtung
Bialyſtok—Bielſk im Anmarſch vermuteten Ruſſen, alſo ohne Schlacht, ge=
lingen würde. Der Chef des öſterreichiſch=ungariſchen Generalſtabes, Feld=
zeugmeiſter v. Beck, verharrte demgegenüber aber auf dem bisherigen
Plane des Aufmarſches ſeiner Hauptkräfte öſtlich des San in Mittel= und
Oſtgalizien und betonte dabei ſehr ſtark die Notwendigkeit, daß eine Offen=

ſive nach Norden erſt erfolgen könne, wenn durch einen vorangegangenen
Stoß in Richtung auf Rowno die Bedrohung ſeiner rechten Flanke be=
ſeitigt ſein würde.

Dieſer ablehnende Standpunkt im Verein mit anderen Umſtänden rief
in Graf Schlieffen immer mehr die Überzeugung wach, daß auf das von
ihm erſtrebte offenſive Zuſammenwirken mit den Verbündeten bei Kriegs=
beginn überhaupt ſchwerlich zu rechnen ſein würde. „Ich weiß", ſo ſchrieb
er 1896 an den deutſchen Militärattaché in Wien, „vom General v. Maſſow,
der im vorigen Herbſt die öſterreichiſchen Aufmarſchbahnen bereiſt hat, daß
dieſelben ſehr wenig leiſtungsfähig ſind; ich weiß aus verſchiedenen Quellen
und auch von Euer Hochgeboren, daß der Wert der öſterreichiſchen Truppen
nicht ſehr hoch einzuſchätzen iſt, und ich weiß von mir ſelbſt, daß die öſter=
reichiſche Hauptarmee ſehr zögernd ihren Vormarſch von Galizien nord=
wärts nach Polen hinein antreten wird." Graf Schlieffen beſchloß daher,
ſich in der Führung der Operationen im Oſten von den beabſichtigten
Maßnahmen der Verbündeten ganz unabhängig zu machen und ent=
ſprechend ſeiner Löſung des Problems des Zweifrontenkrieges, die er in
dem zunächſt im Weſten zu führenden Hauptſchlage ſah, zur Verteidigung
des eigenen Landes bei Feldzugsbeginn eine ſtrategiſche Abwehr mit den
geringſt zuläſſigen Truppen zu führen.

Dieſem Geſichtspunkt hatte die deutſche Kriegführung noch im erſten
Teile des Weltkrieges im weſentlichen entſprochen. Er war unter den
damals vorliegenden Verhältniſſen, namentlich mit Rückſicht auf die der
deutſchen Oſtfront gegenüberſtehenden, ſchnell operationsbereiten, weit
überlegenen Kräfte des Feindes der einzig gegebene. Auf die Dauer aber
war er angeſichts der Wendung der Dinge im Weſten nach der Marne=
ſchlacht um ſo weniger aufrecht zu erhalten, als die Verbündeten — ent=
gegen den Befürchtungen des Grafen Schlieffen — unter Conrads an=
griffsfreudiger und bündnistreuer Führung durch ihre eigene ſofortige
Offenſive nach Polen hinein eine ſchwere Aufgabe auf ſich genommen
hatten, zu deren erfolgreicher Löſung ihre Kräfte allein nicht ausreichten.
So war ſehr bald unter dem Zwang der Verhältniſſe das einſt vom
Grafen Schlieffen in den Vordergrund ſeiner operativen Erwägungen
geſtellte und ſpäter nur ungern aufgegebene enge Zuſammenwirken der
deutſchen und öſterreichiſch=ungariſchen Waffen zur gebieteriſchen Not=
wendigkeit geworden. General v. Falkenhayn nahm es auch im Frühjahr
1915 zur Grundlage ſeiner Entſchließung. Hatte er doch aus den Ereig=
niſſen des Winters 1914/15 die Erkenntnis gewonnen: Sollten die öſter=
reichiſch=ungariſchen Truppen „in Zukunft bei großen Offenſivunterneh=
mungen nutzbringende Dienſte tun, ſo mußte man von vornherein darauf

bedacht sein, eine mit den Deutschen gemischte Verwendung eintreten und die eigentliche Angriffsarbeit durch diese verrichten zu lassen*)".

Man darf daher wohl sagen, daß der Falkenhaynsche Entschluß zum Durchbruch bei Gorlice—Tarnow durchaus Schlieffenscher operativer Denkart entsprach, die auf dem weitgespannten Kriegstheater des Ostens den Erfolg zunächst durch Zusammenfassung starker Kräfte an e i n e r , aus taktischen Gründen besonders günstigen und operativ wichtigen Stelle herbeizuführen trachtete und bei der erheblichen zahlenmäßigen Ungleichheit der eigenen und feindlichen Streitkräfte eine Cannä=Operation größten Stils als e r s t e n Akt ablehnte.

Ein operativer Durchbruch verlangt aber den Angriff nicht nur an der für diesen Durchbruch selbst bestimmten, sondern auch an anderen Stellen der Front, um dort den Feind zu fesseln und zu täuschen. Nach Schlieffen= scher Auffassung geschieht das am wirksamsten durch den Angriff auf der ganzen Front**). Das war hier durch die weiten Ausdehnungen, die auf großen Strecken nur eine ganz dünne, fast kordonartige Besetzung der Stellungen gestatteten, ausgeschlossen. General v. Falkenhayn fand sich damit ab, so gut es ging, indem der Oberbefehlshaber Ost wenigstens zu Teilangriffen an einzelnen Stellen seiner Front veranlaßt wurde. Um das andere Täuschungsmanöver an der österreichischen Karpathenfront südlich der Durchbruchsstelle — planmäßiges Ausweichen zur Erhöhung der Ernteaussicht —, das General v. Falkenhayn gern ausgeführt gesehen hätte, mit Erfolg anzuwenden, bedurfte es einer in straffer Hand gehal= tenen, unbedingt zuverlässigen Truppe, die im gegebenen Augenblick blitz= schnell aus der Rückwärtsbewegung zur Gegenoffensive überzugehen ver= stand. Vielleicht war die Erkenntnis, daß diese Voraussetzung hier nicht unbedingt gegeben war, bestimmend für den ablehnenden Standpunkt des Generals v. Conrad.

Das Ziel war kurz gesteckt, wie es bei den bereitgestellten, knapp be= messenen Kräften nicht anders sein konnte — die notwendige Folge des in den vorangegangenen fünf Monaten gewählten Systems, bei dem nicht ge= nugsam daran gedacht worden war, ein zu weitreichender Schlagkraft be= fähigtes Angriffsinstrument zu schmieden. Ein großer Teil der Arbeit mußte auf die nicht allzu starken Schultern der Verbündeten fallen. Nach glän= zenden Anfangserfolgen geriet die Operation im weiteren Verlauf an vielen Stellen verhältnismäßig schnell ins Stocken. Der Eintritt Italiens in den Krieg stellte eine Zeitlang sogar die Erreichung des ersten bescheidenen Operationszieles in Galizien — San—Wisznia—Dnjestrlinie — in Frage.

---

*) v. Falkenhayn a. a. O. S. 54.
**) Erster Teil S. 19.

Es bedurfte der ganzen Tatkraft und Nervenſtärke des deutſchen General=
ſtabschefs, um die eigenen Bedenken niederzuringen und die von der
begreiflichen Sorge um die italieniſche Gefahr erfüllte öſterreichiſch=un=
gariſche Heeresleitung am operativen Gedanken feſtzuhalten. Es bedurfte
des nimmer ermüdenden, vorbildlichen Angriffsſchwunges der von
Mackenſen geführten deutſchen Truppen, des inneren Gleichgewichts, der
Zielſicherheit und unabläſſigen Einwirkung ſeines Stabschefs, des Oberſten
v. Seeckt, um alle Kriſen zu überwinden und auch die Verbündeten zur
höchſten Kraftanſtrengung hinzureißen. Dem General v. Falkenhayn und
den Männern des Armee=Oberkommandos 11 gebührt das Verdienſt, daß
die Kriegführung im Frühjahrsfeldzug 1915 in Galizien im Fluß erhalten
und einer vorzeitigen Erſtarrung des Bewegungskrieges vorgebeugt
worden iſt. Noch bevor die San—Wisznia—Dnjeſtrlinie auf der ganzen
Front erreicht war, gab General v. Falkenhayn dann den Anſtoß, daß das
Ziel im Oſten unter Einſatz friſcher deutſcher Kräfte noch um ein Geringes
weitergeſteckt und die Befreiung Galiziens bis zur Einnahme von Lemberg
fortgeführt wurde.

Damit war ſeinen Wünſchen allerdings Genüge getan. Die Angriffs=
kraft des Feindes ſchien ihm auf dieſem Teil des Kriegsſchauplatzes ge=
brochen. Die Reſtarbeit der möglichſt ausgiebigen Verfolgung war in
erſter Linie Sache des hier ſpeziell intereſſierten Bundesgenoſſen. An
eine Vernichtung des geſchlagenen Feindes dachte General v. Falkenhayn
in dieſem Zeitpunkt nicht, noch viel weniger daran, den errungenen Teil=
erfolg in operativem Sinne auf die G e ſ a m t l a g e i m O ſ t e n durch
Einleitung eines n e u e n F e l d z u g e s zur Auswirkung zu bringen.
Daß es gleichwohl zu dieſer Steigerung des operativen Zieles kam, iſt
das Verdienſt des Generals v. Conrad, der jetzt ſeiner italieniſchen
Sorgen Herr geworden war, mehr noch des Feldmarſchalls v. Mackenſen
und ſeines Stabschefs Seeckt, die zuerſt die neue Idee — Fortführung der
Offenſive mit ſtarken Kräften in nördlicher Richtung gegen die ruſſiſche
Hauptmacht zwiſchen Weichſel und Bug — anregten und ihre Durchfüh=
rung erwirkten. Allein der ſpringende Punkt der neuen Angriffshand=
lung, vom Standpunkt Schlieffenſcher Vernichtungslehre betrachtet, wurde
nicht voll erfaßt, wenigſtens nicht voll feſtgehalten, indem ſehr bald auf die
von Seeckt betonte Anbahnung und Durchführung einer operativen Um=
faſſung des zwiſchen Weichſel und Bug ſtehenden Feindes in dem Raum
öſtlich des Bug verzichtet wurde. Überſchätzung der Schwierigkeiten des
dortigen angeblichen Sumpfgebietes und vielleicht auch Zweifel in den
nicht ausreichenden Angriffsſchwung der auf den operativ entſcheidenden
Flügel geratenen öſterreichiſchen 1. Armee trugen dazu bei. Hierher gehörte

eine nur aus deutſchen Truppen gebildete Bugarmee unter Linſingens kraftvoller, vor keinem Hindernis zurückſchreckender Führung. Der heran= geholten öſterreichiſchen 1. Armee durfte nur die Beteiligung am frontalen Vorgehen weſtlich des Bug zufallen, am beſten unter Miſchung mit Kräften der 11. Armee. Wie ſehr Linſingen das ſtrategiſche Ziel des neuen Feldzuges vor Augen ſtand, zeigen die Worte ſeiner am 15. Juli der Oberſten Heeres= leitung unterbreiteten Beurteilung der Kriegslage: „Ich nehme an, daß es in erſter Linie darauf ankommt, den Gegner, welcher in nördlicher Rich= tung zwiſchen Bug und Weichſel zurückgegangen iſt, nicht nur zu werfen, ſondern v o r a l l e m v o n e i n e m R ü c k z u g i n ö ſ t l i c h e r R i c h = t u n g a b z u ſ c h n e i d e n.“

So trat das ein, was Graf Schlieffen als beſtenfalls zu erzielende Wirkung des Frontalangriffs in die Worte faßt: „Der Feind wird aller= dings zurückgedrückt, wiederholt aber nach einiger Zeit an anderer Stelle den vorübergehend aufgegebenen Widerſtand.“ Dieſer Widerſtand erwies ſich hier ſehr bald ſo groß, daß die ganze Angriffshandlung ins Stocken geriet. Gewiß darf der deutſche Generalſtabschef es als ein perſönliches Verdienſt für ſich in Anſpruch nehmen, daß er entgegen den Abſichten des öſterreichiſch-ungariſchen die Armeeabteilung Woyrſch nicht zu einer un= mittelbaren Unterſtützung des linken Flügels der Heeresgruppe Mackenſen ſüdlich Iwangorod über die Weichſel heranzog. Aber auch der von ihm ins Auge gefaßte und von Woyrſch durchgeführte Übergang nördlich der Weichſelfeſtung konnte ſchwerlich die ihm zugedachte Wirkung haben, den Gegner noch im Rücken zu faſſen. Er zwang dieſen günſtigſtenfalls, ſo wie es geſchehen iſt, ſeinen Widerſtand rechtzeitig in nordöſtlicher Richtung ein Stück zurückzuverlegen, ſich der angelegten Zange zu entziehen. So iſt es auf dem ſüdlichen Teil des polniſchen Kriegsſchauplatzes geblieben bis zum Schluß: Man griff immer wieder an, bald mit mehr, bald mit weniger Schwung, gewann Boden, bald langſam, bald ſchnell, machte Gefangene, erbeutete Material in Mengen, erlitt freilich auch ſelbſt erhebliche Verluſte, ſchwächte ſich in rückſichtsloſer Verfolgung und darbte ſchließlich faſt bis zur eigenen Erſchöpfung. Die Hauptſache aber, auf die alles ankam, wenn der Feldzug ein entſcheidendes Ergebnis zeitigen ſollte, war außer acht gelaſſen worden: Der Weg ins weite Hinterland blieb dem Ruſſen bei dem Druck vom Süden und Weſten offen und unverwehrt.

Daß er ihm auch von Norden her nicht verlegt wurde, lag an dem Anſatz der hier zur Offenſive beſtimmten Kräfte des Oberbefehlshabers Oſt für den Stoß gegen den u n t e r e n Narew. Es waren Gründe ver= ſchiedener Art, die den General v. Falkenhayn hierzu veranlaßten. Wenn Hindenburg in der Beſprechung in Poſen am 2. Juli zugegeben hatte,

„daß es mehr Gefühlsſache wäre, ob man an der Narewfront oder nördlich des Njemen angreifen ſolle", ſo war der deutſche Generalſtabschef nicht gewillt, ſich bei ſeinen Entſchließungen „nach den reichen Erfahrungen des Winters auf die Gefühle anderer, ſondern lediglich auf ſeine eigene Über= zeugung zu ſtützen*)". Dieſe einem Briefe Falkenhayns ſelbſt entnommenen Worte klingen ſo, als ob es der Feldmarſchall bei ſeinem Vortrage an der Hervorkehrung gewichtiger Gründe für ſeinen Vorſchlag habe fehlen laſſen. Hat nicht aber Hindenburg mit dem Worte- „Gefühlsſache" etwas ganz anderes andeuten wollen, als ihm hiermit anſcheinend von Falkenhayn unterſtellt wird? Der Feldherr iſt im Kriege bei ſeinen Entſchließungen doch ſehr häufig mehr auf „Gefühle" angewieſen, als auf feſtbegründete Überzeugungen geſtützt, mehr zu einer inſtinktmäßigen Bewertung un= ſicherer Größen, unwägbarer Faktoren gezwungen als in der angenehmen Lage, einen ſchlüſſigen Beweis für die Richtigkeit ſeiner Pläne zu führen, weil — um mit Falkenhayn ſelbſt zu ſprechen — „ſich mit mathematiſcher Gewißheit der Ausgang keiner Operation vorher überſehen laſſen kann**)". „Es iſt immer nur ein A h n e n und H e r a u s f ü h l e n der Wahrheit, nach welchem gehandelt werden muß" — ſagt Clauſewitz***). Und an anderer Stelle†): „Da man die Dinge in der Strategie nicht wie in der Taktik wenigſtens zur Hälfte mit leiblichen Augen ſieht, ſondern alles er= raten und vermuten muß, ſo iſt auch die Ü b e r z e u g u n g minder kräftig."

Wenn wir die Gründe prüfen, die General v. Falkenhayn ſelbſt als maßgebend für ſeinen Entſchluß angibt, ſo finden wir, daß auch ſie weit mehr einer „gefühlsmäßigen" Beurteilung der Lage entſprangen, als einer auf reale Tatſachen geſtützten Überzeugung.

General v. Falkenhayn kam es nicht auf den vom Oberbefehlshaber Oſt, wie es ſcheint, in den Vordergrund ſeiner Erwägungen geſtellten, vorausſichtlich leicht zu erzielenden taktiſchen Erfolg nördlich des Njemen an, ſondern darauf, „einen Erfolg anzuſtreben, der vorausſichtlich ſeine Wirkung auf die Hauptoperation äußerte". Daß eine unmittelbare Ent= laſtung der Mackenſen=Front ſ c h n e l l e r über den Narew zu erzielen war, leuchtet ein. Der deutſche Generalſtabschef hat aber der von ihm durchgeſetzten Operation doch eine weiterreichende Wirkung zugunſten der Geſamtlage, eine o p e r a t i v e Wirkung zugedacht, wenn auch keine feld= zugentſcheidende. In dem ſpäteren Meinungsaustauſch mit Hindenburg

---

*) v. Falkenhayn a. a. O. S. 98.
**) Ebenda S. 125.
***) Vom Kriege, Erſtes Buch, 3. Kapitel.
†) Ebenda, Drittes Buch, 1. Kapitel.

verwahrt er ſich mehrfach ausdrücklich dagegen, eine „Vernichtung" des
Feindes angeſtrebt zu haben, und bekennt ſich ganz offen als Vertreter
der Kriegführung mit beſchränkten Zielen. Als dieſes beſchränkte Ziel
ſtellt er in ſeinem Werke „das A b ſ ch n e i d e n der an der Weichſel
und vor Mackenſen ſtehenden Maſſen" hin. Am 20. Juli betont er gegen=
über Hindenburg ſogar „daß die Entſcheidung im Kampf gegen Rußland
in dem Raume ſüdlich des Narew fallen werde". Am 31. Juli noch erhofft
er von der kräftigſten Fortführung der Narewoperation „die Nieder=
werfung des Gegners". Auch heute noch iſt er der Anſicht, daß ein ſolcher
Erfolg möglich geweſen wäre, wenn der Oberbefehlshaber Oſt von Anfang
an die Narew=Stoßgruppe auf 20 Diviſionen gebracht hätte, ſtatt, wie es
geſchehen iſt, auf 14*). Sie wäre dann in der Lage geweſen, „ſtarke Teile
des Feindes zu hindern, ſich aus der Zange zu ziehen", „nahezu die Ver=
nichtung der ruſſiſchen Kampfgruppe an der Weichſel" herbeizuführen. Aus
alledem erhellt, daß das operative Ziel weitergeſteckt war, als es bei einem
lediglich zur Entlaſtung der Mackenſen=Front dienenden Angriff notwendig
geweſen wäre — eben aus Regungen des „Gefühls".

Waren aber die Vorausſetzungen oder auch nur begründete Ausſichten
vorhanden, dieſes Ziel auf dem beabſichtigten Wege zu erreichen? Für den
Narewſtoß kam nach Lage der Dinge nur die Richtung auf den u n t e r e n
Narew in Frage. Die Gegend von Oſowiec, auf die Falkenhayn urſprüng=
lich — allerdings nur im Sinne eines Nebenangriffs — hingewieſen,
und die Hindenburg an ſich als die operativ ausſichtsvollſte bezeichnet
hatte, mußte zu Ludendorffs „tiefem Bedauern"**) außer Betracht bleiben,
da auf Grund der angeſtellten Erkundungen des ſumpfigen Niederungs=
landes die örtlichen Verhältniſſe die Führung einer weitreichenden Offen=
ſive in der Richtung auf Bialyſtok ausſchloſſen. Das hat auch Falkenhayn
zugegeben. Ein Angriff gegen den u n t e r e n Narew ſchränkte aber von
vornherein die Ausſicht auf eine flankierende Einwirkung ein, traf
frontal auf die hier zurückgebogene Front der Geſamtaufſtellung des
Feindes in Polen und drückte im Fall des Gelingens dieſe Front zurück.
Die Verſtärkung der Narew=Stoßgruppe, wie ſie Falkenhayn empfiehlt,
hätte nicht eine Verbreiterung der Angriffsfront nach Oſten ermöglicht, die

---

*) v. Falkenhayn a. a. O. S. 98. Vgl. hierzu Preuß. Jahrbücher 1920, Juliheft.
Hans Delbrück bringt dort in ſeiner „Replik" auf Ludendorff eine neue Äußerung
Falkenhayns in obigem Sinne. Es muß darauf hingewieſen werden, daß darin eine
Kritik n a ch den Ereigniſſen liegt. Während der Narew=Operation hat Falkenhayn
eine Verſtärkung der Armeegruppe Gallwitz aus der 9. Armee zum erſten Male erſt am
27. Juli beim Oberbefehlshaber Oſt angeregt.
**) Ludendorff a. a. O. S. 124.

vor Lomza ihre Grenze fand, ſondern nur zu einer noch ſtärkeren Maſſen=
bildung auf begrenztem Raum in für Truppenbewegungen und Kämpfe
ſchwierigem, durchaus nicht überall gangbarem Niederungslande bei=
getragen. Mit Recht wies Hindenburg darauf hin: „Am Narew fehlt es
nicht an Truppen, wir kämpfen aber rein frontal in ſehr ſchwierigen Ge=
ländeverhältniſſen.“ War die Narewlinie nach vorausſichtlich ſchweren und
verluſtreichen Kämpfen erzwungen, ſo ergab ſich die Notwendigkeit einer
Linksſchwenkung, und damit geriet die Verfolgung in eine ganz frontale
öſtliche Richtung. Denn daß der gegenüberſtehende Gegner nach Süden
ausweichen, ſeine im Weichſelbogen und vor Mackenſen befindlichen Kräfte
es aber auf das Auskämpfen der Entſcheidung ankommen laſſen würden,
war doch nicht anzunehmen. Solches Ergebnis zu erzwingen war von
vornherein durch die nach Oſten begrenzte Breite des Angriffs zum min=
deſten ſehr erſchwert. Wie man auch die Narew=Operation betrachten mag,
im Geiſte des Grafen Schlieffen war ſie ſicherlich nicht gedacht. Hierfür iſt
ein unmittelbarer Beweis vorhanden. Graf Schlieffen hat ſich in ſeinen
Entwürfen für den Krieg gegen Rußland von jeher ganz entſchieden gegen
eine deutſche Offenſive über die vom Feinde gehaltene Narewlinie aus=
geſprochen. Unter den Gründen, die ihn dazu bewogen, gab den Ausſchlag
eine g r u n d ſ ä t z l i ch e operative Erwägung, die auch für die vorliegende
Kriegslage am Platze iſt. In einer Denkſchrift aus dem Jahre 1892 finden
ſich die prophetiſchen Worte: „Sollte der Durchbruch auch gelingen, ſo würde
der Feind wohl nicht nach Süden zurückweichen, um den Öſterreichern in die
Hände zu fallen, ſondern nach Oſten, wo er die Endpunkte der Eiſenbahnen
findet, auf welchen er herantransportiert worden iſt. W i r w ü r d e n n i ch t
z u r E n t ſ ch e i d u n g s ſ ch l a ch t u n d z u r Z e r t r ü m m e r u n g d e s
r u ſ ſ i ſ ch e n H e e r e s g e l a n g e n, ſ o n d e r n z u f r o n t a l e n
K ä m p f e n g e g e n e i n e n F e i n d, d e m d e r R ü ck z u g i n
d a s I n n e r e d e s g e w a l t i g e n R e i ch e s o f f e n ſ t ü n d e.“
Die Narewoperation hat das erreicht, was man von ihr erwarten
durfte, die ſchnelle Entlaſtung der Mackenſen=Front und das Ausſchütten
des Sackes, mit dem die Aufſtellung des Feindes in Polen verglichen
werden kann. Ein großes operatives Ergebnis, wie es in dem Zuſchnüren
dieſes Sackes lag, hat ſie nicht gehabt und konnte ſie nicht haben, weil ſie
von jeder Einwirkung auf den äußeren Flügel, auf die Flanke und den
Rücken des Feindes abſehen mußte.
Daß es ſo kommen würde, hatte der ſtrategiſche Weitblick der Männer,
in deren Hand die Führung der Streitkräfte des Oberbefehlshabers Oſt
lag, frühzeitig erkannt. Schon Anfang Juni ſtand Ludendorff das Bild
einer großen Cannä=Operation zur Vernichtung des Feindes durch doppelte

Umklammerung von Süden und Norden her klar vor der Seele. Der
Zeitpunkt zu ihrer Durchführung war damals freilich im Norden noch
nicht gekommen. Immerhin wollte er ſo bald als möglich in ſeinem Ope=
rationsgebiet die ſtrategiſche Vorausſetzung dafür durch das Vortreiben
des linken Flügels nördlich des Njemen nach Oſten hin ſchaffen. Wurde in
der Folge von den verbündeten Heeresleitungen auf die operative Um=
faſſung im Süden durch Ausgreifen in den Raum öſtlich des Bug ver=
zichtet, ſo wollte er von dem Augenblick an, wo die Heeresgruppe Hinden=
burg zur Mitwirkung an der Geſamtoperation berufen wurde, wenigſtens
auf ſeiner Front alles tun, um den rechten Flügel der ruſſiſchen Hauptmacht
zu umfaſſen und die aus Polen nach Oſten führenden Verbindungen durch=
ſchneiden. Was Hindenburg am 2. Juli in Poſen vorſchlug — Offenſive der
verſtärkten Njemenarmee nördlich des Fluſſes und Angriff auf Kowno —,
ſollte die Vorbereitung und Einleitung dieſer weitausſchauenden Operation
bilden, die günſtige Ausgangslage für ſie ſchaffen. Zu ihrer Durch=
führung mußte auch die 10. Armee frühzeitig verſtärkt und über den
Njemen vorgetrieben werden. Es iſt nicht gut einzuſehen, wie Falkenhayn
hiervon beſorgen konnte, daß die Operation „in e x z e n t r i ſ c h e r Rich=
tung zerflattern und lediglich zu größerer Ausdehnung führen*)" würde.
Denn wenn der Feldmarſchall — nach der Niederſchrift ſeines Vortrages
von der Hand Ludendorffs — auch von einer näheren Darlegung der ope=
rativen Ausſichten abſah, mit denen er rechnete, ſo ging aus ſeinen Aus=
führungen doch ſo viel hervor, daß der Angriff der Njemenarmee im engen
Zuſammenhange mit der Wegnahme von Kowno ſtehen und die Operation
in der Richtung auf Wilna geführt werden ſollte. Darin kam zweifellos
ſchon der Gedanke eines k o n z e n t r i ſ c h e n Zuſammenwirkens mit der
bisherigen Hauptoperation, wenn auch zunächſt noch in räumlich weiter
Trennung, zum Ausdruck. Die vorgeſchlagene Offenſive lag alſo im Rahmen
der Geſamthandlung. Sie verſprach um ſo größere Wirkung, je früher
und kräftiger ſie begonnen wurde. Denn noch ſtand die ruſſiſche Haupt=
macht im Raume zwiſchen Bug, Weichſel und Narew. Vielleicht war die
feindliche Führung bereits jetzt entſchloſſen, es auf einen Entſcheidungs=
kampf hier nicht ankommen zu laſſen. Jedenfalls aber war die Rückfüh=
rung ihrer Maſſen unter dem Druck des deutſchen Angriffs ein kompli=
ziertes und ſchwieriges Unternehmen, das geraume Zeit beanſpruchte.
Auch die taktiſchen Verhältniſſe ſprachen durchaus für die Angriffsrichtung
auf Wilna. Hier wurde der Feind im Gegenſatz zu der Narewfront an einer
ſeiner ſ c h w ä c h ſ t e n Stellen getroffen. Nicht den Stier an den Hörnern
zu packen, ſeine Blöße zu erſpähen und ihn an der verwundbaren Stelle zu

---

*) v. Falkenhayn a. a. O. S. 98.

Tode zu treffen, war das A und O Schlieffenſcher Lehre. Die beſte Strategie nutzt nichts, wenn es der Taktik nicht gelingt, den Feind zu ſchlagen. Es galt alſo, die augenblickliche Gunſt der Lage — operativ und taktiſch ge= dacht — ſchnell und wirkungsvoll auszunutzen. Die deutſche Führung mußte ſich die Vorhand wahren, den entſcheidenden Nordflügel ſofort ver= ſtärken und dann kräftig vorwärtstreiben.

War das möglich? Hindenburg hat für den Angriff der Armeegruppe Gallwitz aus der 9. Armee vier Diviſionen freigemacht und dann ſehr bald nach Beginn der Narewoperation zwei weitere Diviſionen aus ihr nach= gezogen. Zwei Diviſionen führte Falkenhayn aus dem Weſten heran. Die 9½ Diviſionen ſtarke Armeegruppe Gallwitz konnte unſchwer auch zwei Diviſionen*) zur Verfügung ſtellen. Das ergibt 10 Diviſionen, die zum Einſatz am Nordflügel freigemacht werden konnten. Die Njemenarmee zählte 7½, die 10. Armee 7 Diviſionen. Es lag ſomit im Bereich der Möglichkeit, den Nordflügel auf 24½ Diviſionen, d. h. auf erheblich mehr als die Hälfte der Geſamtkräfte des Oberbefehlshabers Oſt zu bringen**). Natürlich waren die Verſtärkungen nur nach und nach mit der Bahn heranzuführen. Späteſtens nach dem Fall von Warſchau wurden weiter die 9. Armee — ganz oder größtenteils***) —, ſchließlich auch noch Teile von Woyrſch verfügbar. Es erſcheint als eine billige Rechnung, wenn man annimmt, daß die Njemenarmee am 14. Juli, dem Tage des Beginns ihrer Offenſive, um drei Diviſionen†) verſtärkt, alſo mit 10½ Diviſionen, die Operationen eröffnen konnte. Es handelte ſich für ſie nicht darum, den äußeren Flügel des ihr gegenüberſtehenden, Anfang Juli auf neun Divi= ſionen berechneten Feindes zu umfaſſen, auch nicht darum, ihn auf der ganzen Breite ſeiner Front gleichmäßig anzufaſſen, ſondern von vorn= herein den Nachdruck auf den eigenen rechten Flügel zu legen, um hier die zur Zeit dünne Linie ſchnell in der Richtung auf Wilkomir zu durch= ſtoßen und damit die weiter nördlich ſtehenden Teile des Feindes vom ruſſiſchen Heereskörper abzutrennen. Vergegenwärtigt man ſich, daß die

---

*) Die 3. Infanterie=Diviſion war vom 3. Juli ab transportbereit. Die 1. Garde= Reſervediviſion ſollte nach Hindenburgs Abſicht vom 10. Juli ab freigemacht werden, falls die Entſcheidung der Oberſten Heeresleitung für die Offenſive des Nordflügels ausfiel.

**) Dieſe betrugen an Infanterie einſchließlich der zwei Diviſionen vom Weſten 41½ Diviſionen.

***) Sie zählte nach Abgabe von Teilen zur Belagerung von Nowo Georgiewsk an Infanterie noch drei Infanterie=Diviſionen.

†) Dabei iſt gedacht an die 3. Infanterie=Diviſion, die am 3. Juli, und das XVII. Armee= korps (bei 9. Armee), das mit der 36. Infanterie=Diviſion vom 3. Juli, mit 35. Infanterie= Diviſion vom 8. Juli ab transportbereit war. Dieſe Berechnung lag auch dem Vorſchlag des Oberbefehlshabers Oſt zugrunde.

Njemenarmee tatfächlich in ähnlichem Sinne zunächft gehandelt hat und
nur durch die eigene Schwäche daran gehindert worden ift, den Sieg von
Schabow am 23. Juli durch Vorgehen nach Südoften, wohin der Weg fo gut
wie frei war*), auszubeuten, fo ift die Annahme berechtigt, daß ein Stoß
ftarter Kräfte den erwünfchten und für die weitere Operation grundlegenden
Erfolg gebracht haben würde. Wir berufen uns dafür auf das Zeugnis
des Generals v. Falkenhayn felbft, der zugibt, daß die Ruffen in jener
Zeitfpanne „in Nord=Litauen durchaus die »Nachziehenden« gewefen feien
und ihnen bis Mitte Auguft der Gedanke an eine Bedrohung des deutfchen
Nordflügels ficher ferngelegen habe**)".

Hatte die Njemenarmee ihre erfte Aufgabe erfüllt, und war inzwifchen
Kowno auf dem Wege eines abgefürzten Angriffs gefallen, fo wurde der
Flanken= und Rückenfchutz gegen den nach Norden abgefprengten Teil des
Feindes in Kurland nur den unbedingt hierfür benötigten Kräften über=
tragen. Die Hauptmaffe der Njemen= und 10. Armee, durch die inzwifchen
zuftrömenden Verftärkungen in voller Schlagtraft erhalten, trat mit allen
Vorteilen, die aus der durch die eigene Initiative gefchaffenen operativen
Lage entfprangen, in jenes „Ringen um die Flante" der feindlichen Haupt=
macht ein, in dem Graf Schlieffen das Hauptmertmal jeder Umfaffung
fieht. „Denn darüber darf man fich kein Hehl machen", fo lehrte er***),
„gegen folche Umfaffungen und Flankenangriffe wird der Feind Gegen=
maßregeln ergreifen." Es war aber zu hoffen, daß „der Feind, durch die
Plötzlichkeit des Angriffs überrafcht, mehr oder weniger in Verwirrung
geriet und feine übereilten Entfchlüffe durch die Haft der Ausführung
verdarbt)" — genau fo wie Graf Schlieffen es bei den Franzofen an=
gefichts eines deutfchen Vormarfches durch Belgien annehmen zu dürfen
geglaubt hatte, genau fo, wie es den Franzofen tatfächlich 1914 auch er=
gangen ift††). Die technifchen Schwierigkeiten des Nachfchubs bei folcher
Operation follen gewiß nicht verfannt werden. Sie waren aber nicht größer
als bei der tatfächlich durchgeführten Frontaloperation Falkenhayns und
konnten bei rechtzeitiger Bereitftellung ausreichender Kolonnen und Trains
auf ein erträgliches Maß verringert werden.

Um folche Wirkung zu erzielen, war es nötig, daß mit Beginn der
entfcheidenden Offenfive des Nordflügels auch auf der ganzen, weit=

---

*) Es ftand dort z. Zt. nur ruffifche Kavallerie.
**) v. Falkenhayn a. a. O. S. 109.
***) Graf Schlieffen a. a. O. Bd. I S. 224.
†) Worte aus der Schlußbefprechung des letzten Kriegsfpiels des Grafen Schlieffen
vom Dezember 1905.
††) Erfter Teil S. 10.

gefpannten Front von Mackenfen bis zu Scholtz gleichzeitig angegriffen wurde. Daß man dort überall rafch vorwärts kam, war freilich kaum an= zunehmen. Darauf kam es aber auch nicht an, wofern nur der Feind an recht vielen Stellen gebunden und an einer fchnellen und planmäßigen Um= gruppierung feiner Kräfte gehindert wurde. Wenn man entgegenhält, daß tatfächlich der Ruffe dank feiner unftreitig gefchickten Führung trotz des ftarken Druckes von allen Seiten an der Umgruppierung feiner Kräfte nicht gehindert worden ift, fo darf doch nicht überfehen werden, daß ihm das r e c h t z e i t i g nur deshalb geglückt ift, weil „der Griff an feine Gurgel" erft fo fehr fpät und mit viel geringeren Kräften eingefetzt und damit des Momentes der Plötzlichkeit und Überrafchung entbehrt hat. „Die Flanke anzugreifen, ift einer Kompagnie, einem Bataillon, einer Brigade, einer Divifion gegenüber ein vergebliches Bemühen. Der Verteidiger wird eine Wendung auf der Stelle machen, die bedrohte Flanke in kürzefter Zeit in eine neue Front verwandeln. Je ftärker aber die Gegner find, defto mehr Ausficht auf Erfolg bietet ein Flankenangriff. Für einen kleinen Truppen= körper ift es leicht, eine Wendung, eine Schwenkung auf der Stelle aus= zuführen. Eine Armee wird eine Wendung, eine Schwenkung nur unter den größten Schwierigkeiten mit erheblichem Zeitverluft zuftande bringen. Wenn es ihr überhaupt gelingt, eine neue Front herzuftellen, wird diefe fehr fchmal und fehr tief ausfallen*)." An diefer aus der Kriegsgefchichte gefchöpften Wahrheit wird auch nichts durch Falkenhayns häufigen Hin= weis darauf geändert, daß „der Ruffe über vortreffliche Verbindungen, beliebige Zeit und unbefchränkten Raum" verfügte. Eine mit ausreichend ftarken Kräften überrafchend begonnene und rückfichtslos auf und über Wilna vorgetragene deutfche Offenfive durchfchnitt eben diefe „vortreff= lichen Verbindungen" fo frühzeitig, daß der Feind des Vorteils, Zeit und Raum fich nutzbar zu machen, verluftig ging.

Ohne fich eines unberechtigten Illufionismus fchuldig zu machen, darf man daher wohl annehmen, daß die große Offenfive im Sommer 1915 ein feldzugentfcheidendes Ergebnis gebracht hätte, und zwar vorausfichtlich in kürzerer Zeit, als der Bewegungskrieg tatfächlich angehalten hat, wenn fie im Juli in Schlieffenfchem Geift fortgeführt worden wäre — im Süden nach dem urfprünglichen Vorfchlage Seeckts mit ftarken Kräften öftlich des Bug, im Norden nach den Abfichten Hindenburgs und Ludendorffs durch frühzeitigen Stoß auf und über Wilna. Wenn der ruffifche Generalftab vor dem Kriege, wie wir heute wiffen**), die Sorge gehegt hat, „daß das

---

*) Graf Schlieffen a. a. O. Bd. II S. 245.
**) Rußland im Zweifrontenkrieg von Major Gunther Frantz. Preuß. Jahrbücher 1920, Juliheft.

Sumpfgebiet des Pripet zum Grabe der ruſſiſchen Heeresmacht werden
könne", ſo hat ihm dabei eine Operation ſeiner Gegner vorgeſchwebt, die auf
der einen Seite „durch Schwenkung mit dem linken Flügel etwa um Grodno
als Schwenkungspunkt die Maſſe des ruſſiſchen Heeres vom Reichsinnern
abſchnitt und in das Poleſie drückte, während auf der anderen Seite gegen
Flanke und Rücken der Ruſſen bei Kowel—Breſt-Litowſk vorgegangen und
die Südausgänge des großen Sumpfgebietes geſperrt wurden."

General v. Falkenhayn hat ſich den Vorteilen, die in dem vom Nord=
flügel des Oberbefehlshabers Oſt ausgeübten Druck für die Geſamtoperation
lagen, nicht völlig verſchloſſen. Nur den Raum nördlich des Njemen wollte
er dabei als Operationsgebiet ausgeſchaltet wiſſen. Im übrigen erſchien ihm,
wie wenigſtens aus ſ p ä t e r e n Stellen ſeines Meinungsaustauſches mit
Hindenburg hervorgeht*), ein mit dem Narewſtoß gleichzeitig einſetzender
Angriff über den m i t t l e r e n Njemen hinweg in öſtlicher Richtung er=
folgverheißend. Er nahm von ihm aus Mangel an Kräften Abſtand, da
er die Narewoperation als Hauptangriff in den Vordergrund ſtellte und
die für ſie beſtimmten Kräfte nicht ſchwächen wollte. Es fragt ſich, ob das
umgekehrte Verhältnis nicht empfehlenswerter geweſen wäre, d. h. den
Hauptnachdruck auf die Operation über den mittleren Njemen zu legen und
den Stoß bei Gallwitz nur als Nebenangriff zu führen. Freilich wurde
dabei von vornherein auf den Verſuch verzichtet, die Njemenarmee nördlich
an Kowno vorbei in das für die operative Umfaſſung günſtige Verhältnis
der Vorwärtsſtaffelung zu ſchieben. Die Operation konnte ſich alſo nicht in
einem Ringen um die Flanke der feindlichen Hauptmacht, ſondern nur als
Durchbruch auswirken. Auch bedurfte ſie zu ihrem unmittelbaren Flanken=
ſchutze ſtarker Kräfte zwecks Wegnahme von Kowno. Die Fortſetzung dieſes
Durchbruchs wies aber doch in die operativ entſcheidende Richtung über
Orany—Lida auf Minſk. Darin lag ihr ungeheurer Vorzug gegenüber der
Narewoperation. Die Njemenarmee konnte die Deckung der linken Flanke
im großen je nach den Verhältniſſen defenſiv oder offenſiv durchführen.

Ähnlich lagen die Aufgaben des Nordflügels, als Hindenburg ſchließlich
Ende Auguſt doch noch zur Offenſive kam. Wenn er bei vollem Ein=
gehen auf die Wünſche der Oberſten Heeresleitung in bezug auf den Narew=
ſtoß doch noch weiterhin am Grundgedanken ſeines Planes feſthielt, ſo ver=
hehlte er ſich dabei keineswegs, daß durch den bereits entſtandenen und mit
Flüſſigmachung neuer Kräfte ſich noch mehrenden Zeitverluſt die Schwierig=
keiten der Durchführung erheblich wachſen mußten. Man hatte ſich eben
des unſchätzbaren Vorteils der ſtrategiſchen Vorhand, der ſich Anfang Juli
bot, begeben, ſeine Kräfte zunächſt einmal in anderer Richtung feſtgelegt

---

*) v. Falkenhayn a. a. O. S. 108.

und durfte nicht mehr auf eine Überraschung des Feindes und die mit ihr verknüpften Vorteile hoffen, sondern mußte mit planmäßigen Gegenzügen rechnen, die ihren Ausdruck in der rechtzeitigen Verstärkung der russischen Nordfront finden würden. Es bedurfte in dieser Hinsicht nicht der jetzt gewiß immer berechtigter werdenden Hinweise des Generals v. Falkenhayn auf die günstigen Eisenbahnverhältnisse, die dem Feind eine rasche Verschie= bung seiner Kräfte an die bedrohte Front ermöglichten, um dem Ober= befehlshaber Ost die Schwierigkeiten seines Vorhabens vor Augen zu führen. Er selbst wies auf die wachsende Bedrohung seines Nordflügels, die sich im Verlauf der Operation in flankierender Einwirkung von der unteren Düna her höchst nachteilig geltend machen konnte, bereits zu einem Zeitpunkt hin — Anfang August, dann mehrfach wiederholt —, als General v. Falkenhayn solche Sorge noch für unbegründet hielt.

Der Oberbefehlshaber Ost war sich auch rechtzeitig klar darüber geworden, daß sich die von ihm befürwortete Offensive unter den gewandelten Verhält= nissen nicht mehr in der ursprünglich beabsichtigten und sicherlich aussichts= vollsten Form einer o p e r a t i v e n U m f a s s u n g der russischen Haupt= macht zur Durchführung bringen ließ, sondern nur noch als D u r c h = b r u c h, dessen vorantragende Kraft auf der 10. Armee ruhen mußte — hier auf dem rechten Flügel nördlich an Kowno vorbei —, während der Njemenarmee, wenn nicht sogleich, so doch bei fortschreitender Operation, mehr und mehr die Rolle des offensiv gedachten Flankenschutzes zufallen würde. Da die ursprünglich verfügbar zu machenden Kräfte des eigenen Befehlsbereichs und die von Falkenhayn aus dem Westen herangeführten Verstärkungen in anderer Richtung verwendet wurden, bat Hindenburg in dem Antrag vom 26. Juli an den Kaiser als Aushilfsmittel um Überweisung von Kräften aus der Heeresgruppe Mackensen, der Armeeabteilung Woyrsch und schließlich auch der 9. Armee — übrigens in einer erklärlichen, aber im Augenblick vielleicht noch nicht ganz zutreffenden Vorstellung über die den Mackensenschen Truppen noch innewohnende Angriffskraft und die Schwie= rigkeiten eines Weichselüberganges für Woyrsch. Man kann es wohl ver= stehen, wenn der Leiter der Gesamtoperationen von einer Schwächung der Südfront und Woyrschs in diesem Zeitpunkt Abstand nahm. Denn daß die weitere Vorwärtsbewegung Mackensens im Rahmen der Gesamt= handlung von hoher Bedeutung war, und, um sie erneut in Fluß zu bringen, auch das tatkräftige Eingreifen Woyrschs über die Weichsel den schnellsten Erfolg verhieß, liegt auf der Hand. Aber auch wenn die taktische Lage die Herauslösung von Kräften aus diesen Fronten damals gestattet hätte, so bedurfte bei den ungünstigen Eisenbahnverhältnissen Galiziens und Südpolens ihre Überführung auf Hindenburgs Nordflügel geraumer

Zeit, ficherlich einiger Wochen. Sie konnten alfo jedenfalls dort erft fpät zur Wirkfamkeit kommen. Da nach den Verficherungen des deutfchen Generalftabschefs auf weitere Verftärkungen vom weftlichen Kriegsfchau= platze nicht zu rechnen war, fo blieb der Oberbefehlshaber Oft vor der Hand wie bisher auf die Kräfte feines eigenen Befehlsbereichs befchränkt. Am eheften verfügbar waren Teile der allerdings bereits um fechs Divifionen gefchwächten 9. Armee. Aber gerade auf fie erneut zurückzugreifen, trug Hindenburg fo lange Bedenken, als der Feind noch vorwärts Warfchau die Weichfellinie hielt. Und diefe Bedenken entbehrten im vorliegenden Falle nicht der Berechtigung. Denn folange es fich um den Durchbruch über den Narew handelte — und auf ihm beftand Falkenhayn — folange war es Aufgabe der 9. Armee, den ihr gegenüberftehenden Feind durch Angriff foviel als möglich feftzuhalten. Hörte ihr Druck auf, fo entftand die Gefahr, daß der Ruffe entweder feine Narewgruppe verftärkte oder ganz unbehelligt nach Often abzog. Anders lag der Fall, wenn ftatt des Narew= durchbruchs die Offenfive des Hindenburgfchen Nordflügels gewählt wurde. Dann bedurfte es eines Druckes der 9. Armee in der Front jedenfalls nur noch in minderem Maße. Man konnte hier dem Ruffen „Glückliche Reife" wünfchen, noch mehr eigene Kräfte einraffen und fie auf den Entfcheidungs= flügel führen*). Als dann Warfchau gefallen und der Übergang über die Weichfel und den Narew erzwungen worden, war die Möglichkeit hierzu um fo mehr gegeben, als nunmehr felbft Gallwitz einer entlaftenden Einwir= kung der 9. Armee nicht mehr bedurfte. Jetzt hätte es fich fogar empfohlen, auch Teile der Armeeabteilung Woyrfch aus der Front herauszulöfen und dem Hindenburgfchen Nordflügel zuzuleiten. Sie konnten dort, wenn auch erft fpät, fo doch immer noch wirkfamer zur Geltung kommen, als in der rein frontalen Verfolgung nach Often, bei der allmählich die öfterreichifche 4. Armee aus der Front zurückgezogen wurde, um für eine „Sonderoperation" des Verbündeten zu dienen. Weiter war Anfang Auguft nach Erreichung der Narewlinie ein Herauslöfen von erheblichen Kräften aus der 12. Armee möglich. Je weiter diefe nach Often vordrang, um fo längere Zeit beanfpruchten die Rückmärfche, um fo weiter fchob fich der Zeitpunkt ihres Eingreifens auf dem Nordflügel heraus. Erft am 20. Auguft, nach dem Fall von Nowo=Georgiewsk, wurden drei der dort eingefetzten Divifionen für die Verwendung bei der 10. Armee frei. Aus alledem ergibt fich, daß eine Verftärkung des Hindenburgfchen Nordflügels zwar nur fchwierig und langfam hätte vor fich gehen können, nachdem einmal

---

*) Hans Delbrück überfieht in feiner Polemik gegen Ludendorff (Preuß. Jahrbücher 1920, Juliheft), daß die Stärke der 9. Armee je nach der Stoßrichtung der Hauptoperation verfchieden zu bemeffen war.

die zur freien Verfügung ſtehenden Kräfte in der operativ wenig wirk=
ſamen Richtung gegen den unteren Narew feſtgelegt waren. Gleichwohl
boten ſich verſchiedene Möglichkeiten. In jedem Falle aber mußten die
Befehle zur Umgruppierung — auch innerhalb des Bereichs des Ober=
befehlshabers Oſt — vom deutſchen Generalſtabschef ausgehen. Dem Feld=
marſchall ſtand dazu kein Recht zu. Er konnte nur beantragen, immer
wieder beantragen.

Bei der Unkenntnis, in der wir uns heute noch über die tatſächlichen
Vorgänge auf ſeiten des Feindes, insbeſondere hinſichtlich des Tempos
und Umfangs der Kräfteverſchiebungen, befinden, wäre es müßig, die
Frage entſcheiden zu wollen, bis zu welchem Zeitpunkt ſpäteſtens die Ein=
leitung der Offenſive des Nordflügels noch die G e w ä h r bot, das geſteckte
operative Ziel zu erreichen. Als Hindenburg und Ludendorff ſchließlich
mit den ihnen verbliebenen geringen Kräften zum Handeln kamen, be=
urteilten ſie ſelbſt die Erfolgsausſichten recht ſkeptiſch. Immerhin war
auch jetzt noch die M ö g l i c h k e i t vorhanden, auf dieſem Wege zu einem
großen Ergebnis zu gelangen. Ein zielbewußter Führer, ein eiſerner
Charakter, ein hartnäckiger Wille zum Siege und eine Truppe, die ihr
Letztes dran zu geben bereit war, ſtanden zur Verfügung. Der V e r ſ u c h
mußte daher gemacht, die Operation wenigſtens ſo weit durchgeführt werden,
bis es klar wurde, ob ihr der verdiente Lohn winkte oder nicht. „Wie ein
Obelisk, auf den zu die Hauptſtraßen eines Ortes geführt ſind, ſteht in der
Mitte der Kriegskunſt gebieteriſch hervorragend der feſte Wille eines
ſtolzen Geiſtes" — ſagt Clauſewitz*). Wenn hier dem feſten Willen des
ſtolzen Feldherrnpaares Hindenburg=Ludendorff der Enderfolg verſagt ge=
blieben iſt, ſo darf der Entſchluß, in ſpäter Stunde noch die Verwirklichung
des lange gehegten und immer wieder hinausgeſchobenen Planes zu ver=
ſuchen, nicht getadelt werden.

Gilt das gleiche auch von dem Verhalten des deutſchen Generalſtabs=
chefs im vorliegenden Falle? Er hatte den Oberbefehlshaber Oſt auf deſſen
Bitten um Verſtärkungen zunächſt auf ſpätere Zeit vertröſtet, dann aber,
als ſich nach dem Fall von Warſchau Gelegenheit bot, das Verſprechen
einzulöſen, das Gegenteil getan durch die Bildung der Heeresgruppe Prinz
Leopold. Mit der Offenſive des Nordflügels, die Ende Auguſt endlich
durch Hindenburgs eigene Initiative in Gang kam, erklärte er ſich an ſich
einverſtanden, hielt indeſſen die kürzere Stoßrichtung über den mittleren
Njemen auf Orann—Lida für erfolgverſprechender, vornehmlich deshalb,
weil er die dortigen Kräfte des Feindes ſchwächer ſchätzte als weiter
nördlich bei Wilna. Ludendorff gibt dagegen an, daß die Ruſſen nordöſtlich

---

*) Vom Kriege, Erſtes Buch, 7. Kapitel.

Kowno in dünner Front gestanden hätten. So war es in der Tat*). Die Offensive der 10. Armee ist auf ihrem Nordflügel zunächst auch gut vorwärts gekommen, da der Feind erst allmählich starke Kräfte an die bedrohte Stelle warf. Sollte ihm das bei Liba nicht ebensogut, ja noch leichter möglich gewesen sein als bei Smorgon? Wenn General v. Falkenhayn ungeachtet seiner abweichenden Beurteilung der Erfolgsmöglichkeiten, die auch hier „mehr Gefühlssache" war, sich eines Eingriffs in die nicht für zweckmäßig gehaltenen Maßnahmen des Unterführers enthielt, so ver= zichtete er damit aus psychologischen Gründen auf die Geltendmachung des oft bewiesenen „gebieterischen, herrischen Willens", ohne den nach Clause= witz keine gute Heerführung möglich ist. Daraus wäre ihm an sich gewiß im vorliegenden Falle kein Vorwurf zu machen, wenn er nicht später n a ch Abschluß der Operation die Führung des Unterführers einer abfälligen Kritik unterzogen hätte. Freilich befand er sich dabei in Wahrung der eigenen Interessen, in Abwehrstellung gegen die Beurteilung seiner Führung durch den Feldmarschall. Der Unterschied liegt nur darin, daß dieser von Anfang an und immer wiederholt seiner abweichenden Auf= fassung unzweideutigen Ausdruck gegeben hatte, der deutsche Generalstabs= chef hingegen erst die Operation ablaufen ließ, um n a ch ihrem unbefriedi= genden Ausgang das Verdikt zu sprechen.

Die Kritik kann an der persönlichen Seite der durch das Werk des Generals v. Falkenhayn der breiten Öffentlichkeit bekannt gewordenen Meinungsverschiedenheiten nicht vorübergehen. Denn erst wenn man diesen Schriftwechsel seines persönlichen Beiwerks entkleidet, bietet sich die Möglichkeit, den grundsätzlichen, sachlichen Unterschied, der in den opera= tiven Anschauungen beider Feldherren ruht, herauszuschälen und diese An= schauungen vor falschen Auslegungen, vor unzutreffender Verallgemeine= rung zu Lehren des Weltkrieges zu schützen. General v. Falkenhayn billigte bereits auf Grund der Kämpfe im Oktober 1914, von Lodz und der Winter= schlacht in Masuren im Februar 1915 der fortgesetzten Anwendung von „Operationen gegen Flanke oder Flügel der Russenfront bei den verhältnis= mäßig bescheidenen, Deutschland für Angriffsunternehmungen zur Ver= fügung stehenden Kräften Aussichten auf wesentliche Erfolge**)" nicht zu. Der Ausgang der Wilnaoffensive war in seinen Augen nur geeignet, diese Ablehnung der operativen Umfassung erneut zu bekräftigen. „Man kann eben" — so schreibt er am 8. Oktober dem Feldmarschall***) — „einen zahlenmäßig überlegenen Gegner, der sich ohne Rücksicht auf Opfer an

---

*) S. 61 Anm.
**) v. Falkenhayn a. a. O. S. 54.
***) Ebenda S. 124.

Land und Leuten nicht stellen will, dazu das weite Rußland und gute
Bahnen hinter sich hat, nicht im großen durch Umfassung tödlich zu treffen
hoffen, vor allem nicht durch eine Umfassung auf der Grundlinie, bei der
große Teile der eigenen Kräfte während der Märsche im Kampf ausfallen.
Die zum Gelingen nötige Überraschung gelingt, wie dieser Krieg oft gelehrt
hat, nie in so ausreichendem Maße, daß der Feind nicht rechtzeitig Gegen=
maßregeln treffen könnte.   Wohl aber vermag man einen solchen Feind
dadurch, daß man ihm überall fest an der Klinge bleibt, ihn so an Ver=
schiebungen verhindert und mit verhältnismäßig schwachen, aber fest zu=
sammengefaßten Kräften wirklich überraschend an gut gewählter Stelle
weit in seine Linien hineinstößt, in für unsere Zwecke völlig genügender
Weise zu schädigen." General v. Falkenhayn spricht sich also keineswegs
g r u n d s ä t z l i c h gegen die Anwendung des Cannägedankens aus, sondern
nur unter den besonderen, in der damaligen Kriegslage für Deutschland nach
seiner Ansicht vorliegenden Verhältnissen.   Sein Zeugnis darf mithin nicht
zur Stützung der völlig verfehlten Lehre herangezogen werden, die im
modernen Kriege dem Schlieffenschen Gedanken die Daseinsberechtigung
aberkennen will. Wir haben schon zu Eingang dieser Betrachtungen darauf
hingewiesen, daß der Verkünder der Cannä=Lehre sich der Grenzen durchaus
bewußt geblieben ist, die der Anwendung des nur als Höchstleistung gewer=
teten Verfahrens bei erheblicher Unterlegenheit an Zahl auf räumlich unge=
messenem Kriegsschauplatz gezogen sind.   Auch entspricht im einzelnen
Falkenhayns Satz, daß eine Umfassung auf der G r u n d l i n i e nicht zum
Ziele führt, nur Schlieffenscher Operationslehre*). Er wird unseres Er=
achtens aber hier zu Unrecht gegen den Oberbefehlshaber Ost ausgespielt.
Denn für diesen handelte es sich, als er Kräfte aus der 12., 8. und der
Mitte der 10. Armee auf der Grundlinie nach deren linkem Flügel zog,
gar nicht mehr um eine o p e r a t i v e Umfassung des Feindes, sondern
darum, dem taktischen Durchbruch Nachdruck und die Möglichkeit zu geben,
sobald er geglückt war, ihn durch kräftiges Nachstoßen zu erweitern und
auszuwerten. Doch das nur nebenbei. Ist es aber überhaupt angängig,
den tatsächlichen Verlauf der Wilna=Offensive auch nur zur Stützung der
Falkenhaynschen Ansicht anzuführen, daß für die deutsche Oberste Heeres=
leitung unter den besonderen, im Sommer 1915 bestehenden Verhältnissen
des östlichen Kriegsschauplatzes eine Cannä=Operation keine Aussicht auf
weitreichenden Erfolg verhieß? Werden dabei die Dinge nicht auf den
Kopf gestellt, Ursachen und Wirkungen vertauscht? Wird nicht völlig über=
sehen, daß es gerade die Heerführung des Generals v. Falkenhayn gewesen
ist, die die rechtzeitige Einleitung und erfolgversprechende Durchführung

---

*) Erster Teil S. 4.

einer großen, feldzugentscheidenden Offensive im gegebenen Augenblick —
Juli 1915 — unter Ausnutzung des Momentes der Überraschung und
mit Einsatz ausreichender, und zwar vorhandener Kräfte, verhindert hat?
Uns dünkt, so wenig wie der Ausgang der Marneschlacht gegen die
Richtigkeit des Schlieffenschen Operationsgedankens ins Feld geführt werden
kann, so wenig beweiskräftig ist die Berufung auf den tatsächlichen Verlauf
des verspätet und mit ungenügenden Kräften unternommenen Versuchs
bei Wilna für die Ansicht, daß im Sommer 1915 der Verzicht auf eine
Operation im Geiste des Grafen Schlieffen durch die besonderen, vorliegenden Verhältnisse notwendig oder auch nur empfehlenswert gewesen sei.

Wie steht es nun mit dem zweiten Teile der oben angeführten Sätze
des Generals v. Falkenhayn? Hat die große Ostoffensive im Sommer 1915
den Russen wirklich in „für unsere Zwecke völlig genügender Weise" ge-
schädigt? Gewiß hat sie die Offensivkraft des Feindes im großen auf
längere Zeit gelähmt, hat die Zeit geschaffen, den serbischen Feldzug durchzuführen und damit das Balkanproblem einer günstigen Lösung nahezu-
bringen, hat auch die rechtzeitige Überführung ausreichender Kräfte nach
dem Westen und so die Abwehr der schweren feindlichen Angriffe im Herbst
1915 in der Champagne und bei Arras ermöglicht. Und doch hat der
weitere Verlauf des Weltkrieges die aufgeworfene Frage in verneinendem
Sinne beantwortet. Unter den Gründen, die im Jahre 1916 Falkenhayns
Versuch scheitern ließen, mit dem Angriff auf Verdun den Kampf im
Westen durch das Verfahren des „Ausblutens" der Feinde zum Austrag zu
bringen, steht nach seiner eigenen Darstellung mit an erster Stelle die Tatsache, daß Rußland 1915 militärisch nicht niedergeworfen worden ist. Seine
Kriegführung mit beschränkten Zielen hat es zugelassen, daß im entscheidenden Augenblick der inzwischen wieder aufgelebte, zu erneuter Offensive
erstarkte Feind im Osten den nochmaligen Einsatz erheblicher Kräfte für
seine Bekämpfung erzwang. Der unmittelbare Anlaß hierzu beruhte freilich
in dem nicht vorherzusehenden, alle Berechnungen über den Haufen wer-
fenden Versagen der Verbündeten bei der Erfüllung einer einfachen Pflicht-
aufgabe. Daß aber dieser verhängnisvolle Rückschlag mit allen seinen
schwerwiegenden Folgen — man denke nur an die Kriegserklärung Rumäniens! — überhaupt möglich gewesen ist, hatte seinen tieferen Grund
doch in dem „für unsere Zwecke n i c h t ausreichenden", halben militärischen
Erfolge des Jahres 1915 in Rußland. Und nicht minder ist dieser nur
halbe Erfolg daran Schuld gewesen, daß das Maß unserer Kräfte im Osten
nicht rechtzeitig so weit herabgemindert werden konnte, um für die angestrebte Entscheidung im Westen einen ausreichenden Überschuß verfügbar

zu machen und dort mit Ruhe und Zuverſicht allen Möglichkeiten —
(Sommeoffenſive!) — ins Auge zu ſehen.

Doch damit nicht genug. Der Weltkrieg war ein Wirtſchaftskrieg. Wie
wenige hat General v. Falkenhayn klar und frühzeitig erkannt, daß
Deutſchlands und ſeiner Bundesgenoſſen wirtſchaftliche Kraftquellen im
Vergleich zu denen der Gegner beſchränkt waren. Daraus hatte er die
Notwendigkeit des Haushaltens, des Sparens hergeleitet, um einer Über=
ſpannung und vorzeitigen Verausgabung vorzubeugen. Das wiederum
war Veranlaſſung für die Wahl des Syſtems der Kriegführung mit be=
ſchränkten militäriſchen Zielen. Graf Schlieffen hatte aus der gleichen Er=
kenntnis theoretiſch die entgegengeſetzte Schlußfolgerung gezogen, daß
Deutſchland alles daran ſetzen müſſe, durch die ſchnelle Vernichtung ſeiner
Gegner nacheinander die gefährliche Belaſtungsprobe auf das Durchhalten
ſeiner wirtſchaftlichen und finanziellen Kraft in einem ſich lang hinziehenden
Ermattungskriege zu vermeiden. „Rechtzeitig opfern, ſchont das Ganze“,
um mit Friedrich Karl zu ſprechen. Daher die bewußt einſeitige Auslegung
der Clauſewitz=Lehre im Sinne der Niederwerfungsſtrategie, daher die
hiſtoriſch anfechtbare Ausgeſtaltung des Moltkeſchen Königgrätz=Gedankens
zum Cannä=Bild, daher die Mahnung des Sterbenden „Ganz Deutſchland
muß ſich auf einen Gegner werfen, auf denjenigen, der der ſtärkſte,
mächtigſte und gefährlichſte iſt — und das kann nur Frankreich=England
ſein!“ Nach dem Scheitern der Weſtoffenſive 1914 kam die Nieder=
werfung Frankreichs, die Vertreibung Englands vom Feſtlande vorläufig
nicht mehr in Frage. Ein anderer Gegner mußte geſucht und zu Tode
getroffen werden. Schlieffens Gedanke ließ ſich 1915 im Oſten verwirk=
lichen. Der militäriſche Zuſammenbruch Rußlands hätte, ſelbſt wenn er
nicht alsbald zum Frieden mit Rußland führte, für Deutſchland ungeahnte
Ausſichten auf Steigerung ſeiner wirtſchaftlichen Kräfte eröffnet. Wir
verweiſen zum Belege dafür nur auf den ſchon angezogenen Aufſatz
des Majors Frantz*). Die Ukraine beherrſchte mit Getreide, Zucker,
Salz, Kohle, Erz und den aus Erdölen gewonnenen Produkten nicht
nur den geſamten ruſſiſchen Markt, ſie beſtritt auch, vornehmlich mit den
landwirtſchaftlichen Erzeugniſſen, die Maſſe der ruſſiſchen Ausfuhr vor dem
Kriege. Die Inbeſitznahme dieſes Induſtrie= und Korngebietes zerbrach
dem vom Meere abgeſperrten Großrußland das wirtſchaftliche Rückgrat
und ſtärkte dasjenige der Mittelmächte bis zur Unbeſiegbarkeit. Die Be=
deutung dieſer Faktoren war zumal im Zuſammenhange mit dem Orient=
problem ſo groß, daß man die Frage aufgeworfen hat, ob unſere Krieg=
führung nach dem Mißlingen der Weſtoffenſive nicht unmittelbar den Weg

*) S. 83.

nach Südrußland auf Kiew einschlagen mußte. Wie wir die tatsächliche Kriegslage im Osten im Winter 1914/15 kennengelernt haben, verbot sich dieser Weg. An sich war dann die Möglichkeit gegeben, den Frühjahrs= feldzug 1915 in Galizien durch eine Operation gegen den Dnjepr fortzusetzen. Indeffen bot solche mit den vorhandenen Kräften kaum Aussicht auf Erfolg, solange die feindliche Hauptmacht ungeschlagen und im Besitz der Hand= lungsfreiheit in Polen und Wolhynien die Nordflanke des Vormarsches bedrohte, und solange Rumänien sich nicht aktiv auf die Seite der Mittel= mächte stellte. Der von Seeckt frühzeitig erkannte Umweg über die Trümmer der ruffischen Heeresmacht war nicht zu vermeiden. Er durfte aber nicht auf halber Wegstrecke aufgegeben werden. Nur die Vernichtung Rußlands, erst militärisch, dann wirtschaftlich, konnte Deutschland in diesem Kampf auf Leben und Tod retten. Das lag im Sommer 1915 nach Kraft, Raum und Zeit im Bereich des Möglichen. Eines napoleonischen Aben= teurerzuges auf Moskau bedurfte es dazu nicht. Der Durchführung des fer= bischen Feldzugs wäre kein Eintrag geschehen.

Graf Schlieffen konnte uns im Weltkriege nicht führen, wohl aber sein Geist, wie der „tote Cid" seine Mannen*). War es nach dem unbefriedi= genden Ergebnis des Oftfeldzuges 1915 noch Zeit, ihn zu beschwören? General v. Falkenhayn wählte Verdun statt Kiew.

---

*) Vgl. v. K u h l, Der deutsche Generalstab in Vorbereitung und Durchführung des Weltkrieges. 2. Auflage. S. 179. Berlin 1920, E. S. Mittler & Sohn.

Ernst Siegfried Mittler und Sohn, Buchdruckerei G. m. b. H., Berlin SW 68, Kochftr. 68—71

Graf Schlieffen und der Weltkrieg

Dritter Teil

Verdun 1916 / Der Feldherr Ludendorff
Die Große Schlacht in Frankreich
vom 21. März bis 4. April 1918

Von

Wolfgang Foerster

Oberstleutnant a. D.
im Kriege zuletzt Chef des Generalstabs
des Generalkommandos z. b. V. Nr. 66

Berlin 1921 / Verlag von E. S. Mittler & Sohn

Inhaltsverzeichnis.

Erstes Kapitel.
Der Balkanfeldzug 1915.

Der Gedanke des serbischen Feldzuges gehört dem General v. Falken=
hayn. Auch der zu seiner Durchführung notwendige Abschluß der
Militärkonvention mit Bulgarien, die Vorbereitungen, die Bereitstellung
der Streitkräfte und Streitmittel, die Anlage des Operationsplanes sind
größtenteils sein Verdienst. Die Notwendigkeit, die Türkei zu stützen und
die Dardanellensperre aufrechtzuerhalten, ist schon früher dargelegt
worden. Seit dem Sommer 1915 war die Lage des türkischen Bundes=
genossen immer gefahrvoller geworden. Ende Juli hatten die Verbands=
truppen an den Dardanellen erhebliche Verstärkungen erhalten und Anfang
August ihre Angriffe auf Gallipoli wieder aufgenommen, wenn auch ohne
wesentliche Erfolge zu erzielen. Heftige Kämpfe um die Höhenstellungen
westlich Anaforta in den letzten Augusttagen sahen schließlich die Türken
im vollen Besitz des umstrittenen Geländes, indessen ihre Einbuße durch
blutige Verluste und an materiellen Kampfmitteln war ungeheuer. Wenn
keine Hilfe kam, so war der Zusammenbruch nur noch eine Frage der Zeit.
Aber nicht nur die Rücksicht auf die schwerbedrängte Türkei forderte ge=
bieterisch den Schlag gegen Serbien. Auch Österreich=Ungarn mußte endlich
der südslawischen Gefahr überhoben werden, um alle Kräfte für den russi=
schen und italienischen Kriegsschauplatz freizubekommen. Der Anschluß
Bulgariens gab den Mittelmächten weiterhin die Möglichkeit eines scharfen
Druckes auf Rumänien, um diesen Staat von einem ähnlichen Verfahren
abzuhalten, wie es Italien im Frühjahr 1915 durch seinen offenen Übertritt
in die Reihe der Feinde gewählt hatte.

Im Augenblick, als der Feldzug gegen Serbien beginnen sollte, drohten
die Ereignisse auf den anderen Kriegsschauplätzen seine Durchführung zu
verhindern. Im Westen brach der Ansturm der Engländer im Artois, der
Franzosen in der Champagne los; im Osten geriet der österreichisch=
ungarische Verbündete durch die russischen Gegenangriffe in Ostgalizien und
Wolhynien in schwere Bedrängnis. Der deutsche Generalstabschef zeigte
sich der ernsten Lage gewachsen. In voller Würdigung der Tragweite des
ins Auge gefaßten Balkanunternehmens nahm er keinen Anstand, für den

durch die Ereignisse in Rußland hervorgerufenen Ausfall von vier öster=
reichisch=ungarischen Divisionen die gleiche Zahl deutscher Divisionen über
die vertraglich festgesetzten sechs zum Aufmarsch gegen Serbien zu bringen.
Auch hielt er mit einem hohen Maß von Verantwortungsfreudigkeit und in
richtiger Einschätzung der bewundernswerten Widerstandskraft der leben=
den Mauer auf der Westfront an der planmäßigen Durchführung des
serbischen Feldzuges fest. „Statt einer Division, die aus Frankreich kommen
sollte, wurde eine andere, auf dem Transport von Rußland nach dem
Westen befindliche, nach dem Südosten abgezweigt. Damit war der Einfluß,
den die englisch=französischen Opfer auf den serbischen Feldzug geübt hatten,
erschöpft*).“

Die Versammlung der neuen Heeresgruppe Mackensen vollzog sich
folgendermaßen: k. u. k. 3. Armee unter General v. Koeveß in Syrmien am
Zusammenfluß der Donau und Save, deutsche 11. Armee unter General
v. Gallwitz im Banat nördlich der Donau und östlich der unteren Temes,
1. bulgarische Armee unter General Bojadjew längs der bulgarisch=serbischen
Grenze von der Donau bis Caribrod. Zwei zum Einfall in Mazedonien be=
stimmte bulgarische Divisionen unter General Todorow — später 2. bulga=
rische Armee — marschierten bei Küstendil und Strumitza auf. Diese sowie
die zum Schutz der bulgarischen Grenzen und Küste verwendeten Kräfte
unterstanden nicht dem Oberbefehl des Feldmarschalls v. Mackensen, ebenso=
wenig die in Bosnien, der Herzegowina und Dalmatien befindlichen öster=
reichisch=ungarischen Truppen**).

Der Operationsplan war klar und einfach: konzentrischer Vormarsch
von Norden und Osten. Die 3. und 11. Armee hatten den Stromübergang
zu vollziehen, die 3. mit Hauptkräften bei Belgrad, mit Teilen weiter
westlich bei Kupinovo, die 11. mit Hauptkräften bei Ram, mit Teilen bei
Semendria unter gleichzeitigen Scheinbewegungen bei Orsova. Das ope=
rative Zusammenwirken der einzelnen Armeen war so gedacht, daß die 3.
unter Sicherung ihrer rechten Flanke gegen die Kolubara auf Kragujevac,
die 11. im Tal der Morawa, die 1. bulgarische Armee mit ihren Haupt=
kräften in der Richtung auf Nisch vorrücken sollten, während die 2. bul=
garische Armee durch Vorstoß ins Wardar=Tal dem Gegner den Rückzug
nach Süden zu verlegen und seine einzige Eisenbahnverbindung mit der
Außenwelt zu unterbinden hatte. Auf einen gleichzeitigen Druck starker
und vollwertiger Kräfte von Westen her aus Bosnien wurde in Rücksicht
auf die mangelhaften Verbindungen dorthin verzichtet. Zwar stand bei

---

*) v. Falkenhayn a. a. O. S. 148.
**) Die letzteren erhielten im Verlauf der Operationen ihre Weisungen über das
Armeekommando Koeveß.

Višegrad östlich Sarajewo eine österreichisch-ungarische Division an sich sehr günstig für eine flankierende Einwirkung. Sie wurde indessen der Armee Koeveß zugeteilt und vom Feldmarschall v. Mackensen vor Beginn der Operationen an diese nach Syrmien herangezogen. Die Gründe hierfür bedürfen noch der Aufklärung. Die an der Drina stehenden österreichisch-ungarischen Landsturm-Brigaden kamen nach Zusammensetzung und Ausrüstung für eine offensive Verwendung im Gebirgskriege nicht in Frage.

Der Aufmarsch der serbischen Hauptkräfte war im wesentlichen gegen die bulgarische Front gerichtet. Der Donauübergang der Armeen Koeveß und Gallwitz am 7. Oktober wirkte sich daher operativ als wohlgelungener Überfall aus. Die deutsche Oberste Heeresleitung gab sich zunächst der Hoffnung hin, den Widerstand der Serben endgültig gebrochen zu haben, wenn es gelungen sein werde, die konzentrisch vorrückenden Angriffskolonnen in dem Raume Cuprija—Kragujevac—Aleksinac—Nisch zu vereinigen*). Diese Hoffnung erfüllte sich nicht. Zwar erreichten am 5. November die 3. und 11. Armee bereits die serbische Morawa. Am gleichen Tage fiel Nisch in die Hand der Bulgaren. Indessen gelang es den Serben doch unter tapferer und zäher Gegenwehr an vielen Punkten, allerdings bei schwerer Einbuße und starker Erschütterung ihres inneren Gefüges, einer Entscheidungsschlacht auszuweichen. Die Verengung des Operationsraumes, die geringe Wegbarkeit des Gebirgslandes und die damit verknüpften Nachschubschwierigkeiten nötigten die Verfolger allmählich zum Aussparen erheblicher Kräfte aus der vorderen Linie. Gleichwohl hielt man an dem Ziel, den Feind durch unausgesetzte Verfolgung zu vernichten, allseitig fest. Auch vereinbarten die verbündeten Heeresleitungen bereits am 6. November in Pleß, die Operationen nach der Niederwerfung Serbiens gegen die Truppen der Entente gemeinsam fortzuführen unter der Voraussetzung, daß die Landung in Saloniki nicht den Charakter einer großangelegten Balkanaktion annehmen würde**). Über die Mittel und Wege, wie diese Ziele zu erreichen waren, gingen indessen die Meinungen zu wiederholten Malen nicht unerheblich auseinander.

Es fragte sich, ob die Serben den Versuch machen würden, sich nach Süden durchzuschlagen, um den bei Saloniki gelandeten Ententekräften die Hand zu reichen — der König der Bulgaren und General v. Conrad glaubten es — oder ob sie unter Abwehr gegen die von Norden, Osten und Süden gerichteten Angriffe der Verbündeten nach dem Sandschak und nach Montenegro abziehen würden. Dieser Auffassung neigte General v. Falkenhayn zu. Gleichwohl war er mit der von der bulgarischen Heeres-

---

*) Anweisung für die Heeresgruppe Mackensen vom 15. September 1915.
**) Anderenfalls behielt man sich weitere Entschließungen vor.

leitung vorgeschlagenen Verstärkung der 2. bulgarischen Armee durch Kräfte der 1. durchaus einverstanden, nicht aber mit dem vom General v. Conrad mehrfach beantragten Hinüberschieben von Divisionen der 11. Armee im Tal der Morawa zur 1. bulgarischen Armee.

„Ich halte die serbische Armee," so führte er am 9. November dem General v. Conrad gegenüber aus, „nicht mehr für fähig, einen geschlosse= nen, großen Durchbruchsversuch über Priftina in Richtung Veles zu machen. Wenn sie ihn aber machen sollte, dann würde er nicht durch zwei deutsche Divisionen verhindert werden können, die jetzt erst aus dem Tal der west= lichen Morawa in Gegend nördlich von Krusevac den Vormarsch über Nisch antreten, ganz abgesehen davon, daß sie nirgends Platz fänden. Denn die aus der Linie Kraljewo—Krusevac—Nisch—Leskovac auf das Amsel= feld führenden, überhaupt gangbaren Verbindungen werden durch . . . . . . im ganzen 15 bis 16 Divisionen voll in Anspruch genommen. Es ist schon zweifelhaft, ob für diese Truppenzahl der Nachschub ohne Stockung wird aufrechterhalten werden können. Eine unmittelbare Unterstützung der bul= garischen Kräfte, die von Süden und Südosten auf Priftina operieren, ist nach Zeit und Raum aus der 3. oder 11. Armee auf keine Weise mehr möglich. Sie ist nur mittelbar denkbar und gleichzeitig am wirksamsten, indem jede in Richtung Priftina angesetzte Kolonne aufs ernstlichste an= gehalten wird, ihren Vormarsch mit allen Mitteln zu beschleunigen. Geschieht das, so darf man hoffen, daß die Serben, wenn sie doch ver= suchen sollten durchzubrechen, rechtzeitig von einem der nachstoßenden Teile selbst im Rücken gefaßt werden. Näher als der Durchbruch scheint mir den Serben der Gedanke eines Abzuges über Novipazar oder Ipek zu liegen. Auch die aus Montenegro kommenden Nachrichten bestätigen das. Dagegen hilft nur ein Mittel: möglichst scharfes Vordringen der auf Rasta und über Priftina auf Mitrovica angesetzten starken Verbände. Aber selbst wenn es diesen nicht mehr glücken sollte, die feindlichen Hauptkräfte zu fassen, glaube ich nicht, daß eine serbische Armee über die montenegrinische Grenze entkommen wird. Vielmehr könnten sich nur die Reste einer Armee ohne nennenswerte Artillerie und ohne Trains dorthin retten. Dies werden wir unter den gegebenen Verhältnissen — Geländebeschaffenheit, mangel= hafte Gebirgsausrüstung gerade der stoßkräftigsten Truppen, Fehlen von Bahnen, Armut der Gegend und Wassermangel — niemals ganz zu ver= hindern imstande sein."

Um die Verfolgungsoperation der 3. und 11. Armee bis in die Becken von Novipazar und Priftina überhaupt in Fluß erhalten zu können, mußten den in vorderer Linie eingesetzten Divisionen die gesamten Nach= schubkolonnen aller übrigen zugeteilt und letztere auf unmittelbaren

Empfang aus weit zurückliegenden Magazinen an Eisenbahnpunkten ver=
wiesen, also unbeweglich gemacht werden. General v. Falkenhayn ließ
daher die bei den Operationen entbehrlich werdenden deutschen Kräfte, nach
und nach sieben Divisionen, zunächst an den Talstrecken unterbringen in
der Absicht, sie später nach dem Banat zurückzuverlegen und dort für neue
Aufgaben wieder aufzufrischen. General v. Conrad sah darin den Verzicht
auf die energische Fortführung der Operation, erhob Einspruch und ver=
langte erneut Verstärkung der bulgarischen Südgruppe, um nicht nur einen
etwaigen Durchbruchsversuch der Serben zu vereiteln, sondern auch gegen
die von Saloniki vorgedrungenen Truppen der Entente offensiv werden zu
können. In diesem Sinne erörterte auch Feldmarschall v. Mackensen bereits
am 10. November die Möglichkeit, aus der gegenwärtigen Operation gegen
die Serben in Richtung auf Priština späterhin eine solche gegen die Entente
zu entwickeln, indem die 1. bulgarische Armee, verstärkt durch drei deutsche
Divisionen, über Usküb, die 2. bulgarische Armee, verstärkt durch fünf
deutsche Divisionen, über die Linie Kumanowo—Stip—Strumitza an=
greifen sollten.

General v. Falkenhayn machte hiergegen geltend, daß damit große
Truppenmassen zur Entscheidung in einer Gegend eingesetzt werden
müßten, die weit mehr als 120 km von den Endpunkten der Bahn entfernt
sei. Die Operation würde in einem Zuge nicht wesentlich über das Amsel=
feld nach Süden vorgetragen werden können, ihre Weiterführung sei von
der Wiederherstellung der Bahn Nisch—Vranje—Kumanowo abhängig,
die allerhöchstens in der zweiten Hälfte des Dezember zu erhoffen wäre.
Man werde also südlich des Amselfeldes zu einer mehr oder weniger langen
Operationspause kommen.

Die Ereignisse gaben der Auffassung des deutschen Generalstabschefs
recht. Die bisherigen Schwierigkeiten der Verfolgung wurden noch ver=
mehrt durch Schneefall und Kälte. Nur vier deutsch=österreichisch=ungarische
Divisionen konnten in der Vorwärtsbewegung belassen werden. Der Nord=
flügel der bulgarischen 2. Armee wies südöstlich Priština und bei Ferizovic
die Durchbruchsversuche der Serben nach Süden ab, worauf die Masse des
Feindes unter allen Anzeichen der Auflösung nach Südwesten auf Monte=
negro und Albanien auswich und bei Prizren Ende November und Anfang
Dezember noch mehrmals von den Bulgaren entscheidend geschlagen wurde.

Hiermit war die ursprüngliche und erste Aufgabe der Balkan=
operation gelöst. Es blieb die Frage, wie man sich mit den Truppen der
Entente abfinden sollte. Bereits in der zweiten Hälfte des November hatte
der Südflügel der 2. bulgarischen Armee die über die Cerna vorgedrunge=
nen Engländer und Franzosen in den Bogen zwischen Cerna und Wardar

zurückgeworfen. General v. Falkenhayn gab nunmehr selbst den Anstoß zur Aufnahme der Offensive gegen diesen Feind, da er auf Grund einge= gangener Nachrichten erwartete, daß einem entschlossenen Vorgehen über= haupt kein ernsthafter Widerstand entgegengesetzt werden würde. Eine solche günstige Lage glaubte er „selbst auf die Gefahr zeitweise eintretender Nachschubschwierigkeiten ausnützen zu müssen"*). Feldmarschall v. Macken= sen erhielt am 27. November den Befehl, unter Sicherung der rechten Flanke gegen Montenegro und Albanien zum Angriff auf die gelandeten feindlichen Kräfte vorzugehen, wobei ihm auch die 2. bulgarische Armee unterstellt werden sollte. Den leitenden Gedanken der Operation faßte General v. Falkenhayn in einem Schreiben an General v. Conrad dahin zusammen: „Die Operation ist von mir so gedacht, daß die Armee Kovveß den Flankenschutz bei Prizren und nördlich über= nimmt, die Armee Gallwitz, bei der die deutschen und k. u. k. Truppen vorläufig allerdings wegen der Nachschubschwierigkeiten nur mit Teilen mitgehen könnten, in das Becken von Prilep geschoben wird und von dort mit dem rechten Flügel etwa parallel zur griechischen Grenze nach Osten angreift, die Armee Bojadjew die feindliche Front in dem durch Karasser**) und Wardar gebildeten Winkel anfaßt, während Todorow von Strumitza her mit dem linken Flügel längs der griechischen Grenze nach Südwesten vorstoßen müßte."

Die Operation war also auf einen konzentrischen Angriff von drei Seiten gegen den in ungünstig weit vorspringender Keilstellung befindlichen Feind angelegt. Hielt dieser stand, so bot sich die Möglichkeit seiner voll= ständigen Einkesselung. Wahrscheinlicher war es indessen, daß er der Ent= scheidung auswich und auf griechisches Gebiet zurückging. Dann stand man vor der Frage, ob die Operation auf Saloniki unter Nichtachtung der Neu= tralität Griechenlands fortgesetzt werden sollte. Bisher hatte sich General v. Falkenhayn im Meinungsaustausch mit der österreichisch=ungarischen und bulgarischen Heeresleitung stets sehr bestimmt dafür eingesetzt, der überaus schwierigen Lage Griechenlands, in die es durch die Landung der Ententetruppen versetzt worden war, Rechnung zu tragen und von einem Betreten griechischen Gebietes Abstand zu nehmen. „Gerade wir Sol= daten, die wir die wahren Kräfteverhältnisse doch am nüchternsten und richtigsten abzuwägen verstehen, haben keinen Anlaß, uns freiwillig noch mehr Feinde zuzuziehen***)." Auch jetzt mog der deutsche Generalstabschef

---

*) Falkenhayn an Conrad am 26. November 1915.
**) Karasser gleich Cerna.
***) Falkenhayn an Conrad am 10. Oktober 1915.

forgfältig die Vor= und Nachteile ab, die eine Fortsetzung der Offensive auf Saloniki mit sich brachte.

Am 2. Dezember, während sich der neue Aufmarsch noch vollzog, schrieb er dem General v. Conrad:

„Meine Ansicht, daß die Ententetruppen ihre Stellungen in Höhe von Krivolac nicht halten werden, scheint sich zu bestätigen. Die nächsten Tage werden die Gewißheit darüber bringen. Geht der Feind zurück, so wird er entweder an der griechischen Grenze .... Front machen oder irgendeine brückenkopfartige Stellung um Saloniki einnehmen. In beiden Fällen darf man sich die Frage vorlegen, ob es empfehlenswert ist, dem Gegner zu folgen und ihn anzugreifen. Die taktischen und Nachschub= schwierigkeiten eines solchen Unternehmens sind besonders im Winter nicht gering. Eine zwingende politische Notwendigkeit dazu liegt, wenn der Feind den Boden Serbiens einmal praktisch geräumt hat, kaum noch vor. Freilich wäre es von großer moralischer Bedeutung, wenn es gelingen sollte, die Entente ganz vom Balkan zu vertreiben, und das würde bei unausgesetzter Fortführung der Operationen natürlich leichter sein als später, wenn die Gegner etwa mehr Kräfte herangebracht haben sollten. Aber auf der anderen Seite kennen wir die Stärke moderner Waffen in der Defensive genügend, um uns keine zu weit gehenden Illusionen über die Aussichten der Operation zu machen. Auch spielt die Frage, ob unser und besonders das bulgarische Auftreten in Griechenland dieses nicht schließlich doch an die Seite der Entente zwingt, eine gewisse Rolle bei der Entscheidung."

In seiner Antwort sprach sich General v. Conrad dahin aus, „daß die volle Vertreibung und das gänzliche Diskreditieren der Entente auf dem Balkan unser gemeinsames Ziel sein müsse". Die Haltung Griechenlands könne durch einen Rückzug der Ententetruppen gründlich zu unseren Gunsten umschlagen.

Der konzentrische Angriff gegen die feindliche Aufstellung im Cerna= Wardarbogen kam in der beabsichtigten Form nicht zur Durchführung. Während Teile der 11. Armee am 4. Dezember Monastir besetzten, griffen die Bulgaren auf die Nachricht, daß die Engländer und Franzosen ihren Rückzug einleiteten, am 5. Dezember auf der ganzen Front an und warfen den Feind unter schweren Verlusten auf griechisches Gebiet zurück. Von einer sofortigen Verfolgung über die Grenze auf Saloniki wurde auf Er= suchen der deutschen Obersten Heeresleitung von den Bulgaren Abstand genommen.

Auf dem mazedonischen Kriegsschauplatz trat nunmehr ein vollstän= diger Stillstand in den Operationen ein. Der deutsche Generalstabschef neigte

jetzt dem Gedanken der Offensive auf Saloniki mehr zu in der Hoffnung, daß
es der Diplomatie gelingen würde, die Neutralität Griechenlands auch
bei Betreten seines Gebietes aufrechtzuerhalten, zum mindesten es von
offenen Feindseligkeiten gegen die Mittelmächte abzuhalten. Die Teilnahme
österreichisch-ungarischer Truppen kam nicht mehr in Betracht, da ihnen der
Schutz der rechten Flanke gegen Montenegro und Albanien zufiel. Diesen
ließ in der Folge General v. Conrad offensiv durch die Eroberung von
Montenegro und gegen die in Nordalbanien gelandeten schwachen italienischen Kräfte durchführen, wobei er eigenmächtig das Unterstellungsverhält-
nis der Armee Koeveß unter den Befehl des Feldmarschalls v. Mackensen
aufhob. Immer mehr stellte es sich heraus, daß eine Offensive auf Saloniki
erst auf Grund umfassender und zeitraubender Vorbereitungen, insbesondere erst nach Überwindung der Nachschubschwierigkeiten, unternommen
werden konnte.

Am 9. Dezember ersuchte der bulgarische Generalstabschef den Feldmarschall, vor Fertigstellung der Eisenbahn keine deutschen Truppen in
das Wardargebiet nachzuschieben, „weil die Truppen dort tatsächlich
hungern. Jetziger Nachschub mit unseren primitiven Mitteln genügt nicht,
um die eigene Armee zu versorgen. Im Lande gibt es keine Verpflegung,
und wir haben dort neun Divisionen und eine Kavallerie-Division. Wenn
die deutschen Truppen noch dazukommen, wird der Lebensmittelmangel zur
Katastrophe werden." Der Feldmarschall wurde daraufhin angewiesen, die
deutschen, zur Mitwirkung an der Offensive bestimmten Truppen zunächst
nicht in das Wardargebiet vorzuziehen. Als sich Ende Dezember die Eisen-
bahnstrecke Veles—Saloniki so gründlich zerstört erwies, daß ihre Wiederherstellung noch geraume Zeit in Anspruch nehmen mußte, folgte erneut
das Ersuchen an Mackensen, den Marsch der deutschen Truppen nach Süden
jedenfalls nicht zu übereilen. In einer Besprechung des Generals v. Falkenhayn mit dem General Jekow am 3. Januar 1916 wurde der Beschluß
gefaßt, „den Angriff gegen die feindlichen Truppen bei Saloniki durchzuführen, wenn zu dem Zeitpunkt, zu dem die Bewegungen beginnen könnten,
nach den dann bestehenden Stärkeverhältnissen noch Aussicht auf Erfolg
in absehbarer Zeit bestehe. Die endgültige Entscheidung hierüber könne erst
im letzten Drittel des Januar getroffen werden." Der Aufmarsch der
deutschen und bulgarischen Truppen, das Heranziehen von schwerer Artillerie, Munition und Verpflegung, der Ausbau der Eisenbahn bis ins
Wardartal sollte inzwischen mit allen Mitteln beschleunigt werden.

Ein ausführlicher Bericht des Generals v. Seeckt, Generalstabschefs
der Heeresgruppe Mackensen, vom 12. Januar hob alle politischen und
militärischen Schwierigkeiten hervor, die der Durchführung der Offensive

entgegenstanden. Er ist für eine gerechte Beurteilung des Verhaltens des Generals v. Falkenhayn von hoher Wichtigkeit. General v. Seeckt führte darin aus:

„Ich kann mich dem zunehmenden Zweifel nicht verschließen, ob wir die gleichen militärischen Ziele verfolgen, d. h. ob die Bulgaren gewillt sind, mit Einsatz ihrer vollen Kraft und von großen Blutopfern den Feind in Mazedonien anzugreifen und Saloniki zu nehmen. Ohne beides ist ein Erfolg nicht zu erwarten. . . . . Aus der Beratung am 3. Januar habe ich nicht den Eindruck mitgenommen, daß die bulgarische Heeresleitung einschließlich des Königs überhaupt zur energischen Fortführung der Operation entschlossen ist. Ich gewann diesen Eindruck noch mehr, als ich am 4. Januar nochmals kurz mit den Generalen Jekow und Gostow*) zusammentraf. Während ich glauben möchte, daß der erstere als Soldat mit gutem Willen bei der Sache blieb, suchte Gostow immer wieder die Schwierigkeiten ihrer Lage darzustellen und zog eigentlich alles Besprochene wieder in Zweifel. . . . . . . Mein Eindruck, daß wir in General Gostow keinen Parteigänger unserer Sache haben, ist ja nicht neu; ich sehe in ihm den Urheber der täglichen kleinen und kleinsten Hemmnisse ebenso wie der Verzögerungen großen Stils. . . . . . Es scheint mir nun notwendig und erlaubt, zu versuchen, sich in die politischen Interessen Bulgariens zu versetzen. Das Kriegsziel, Rache an Serbien und Gewinnung des beanspruchten Landes, ist im wesentlichen erreicht. Gewiß ist der Appetit noch größer und Kawalla noch ein Gegenstand des Wunsches, ebenso wie es die Demütigung Griechenlands ist. Dieses mit unserer Waffe zu erreichen, erscheint ihnen an sich verlockend, unsere Zustimmung zu beidem aber zweifelhaft. . . . . . Scheiden wir die griechische Frage aus — gleichviel ob dieses Land demobilisiert oder wir den Wünschen nach Schädigung der Griechen entgegenstehen —, so bleibt die, ob der Angriff auf die Entente bei Saloniki für Bulgarien eine politische und militärische Notwendigkeit ist. Der Besitz von Stadt und Hafen ist dies nicht, eine Schädigung der Franzosen und Engländer auch nicht. Im Gegenteil, Bulgarien kann eine ausgesprochene Feindschaft dieser Mächte für später nicht wünschen; Volk und Heer sieht in ihnen jedenfalls keinen natürlichen Feind. Wäre Bulgarien sich also sicher, daß die Entente keinen angriffsweisen Versuch macht, ihm das eroberte Land wieder zu nehmen und die eine Lebensfrage bildende Verbindung mit uns zu unterbinden, dann könnte es sich mit einem englisch-französischen Saloniki wohl abfinden. . . . . Wäre der Erfolg bei Saloniki billig zu haben, d. h. vor allem mit deutschem Blut, dann brauchte man

---

*) Gostow, Generalstabschef des bulgarischen Heeres.

an dem willigen Mitgehen Bulgariens nicht zu zweifeln. Wird ihnen aber klar, daß es auf alle Fälle Ströme bulgarischen Blutes kostet, dann wird die Rechnung vielleicht eine andere. Man wird gerechterweise zugeben müssen, daß Bulgarien Anlaß hat, mit seinen Kräften etwas haushälterisch umzugehen. Vielleicht wird es sich also überlegen, ob die Sicherung gegen einen Angriff der Entente nicht billiger zu erreichen ist, d. h., wenn wir nicht geneigt sind, ihm die Kastanien im wesentlichen aus dem Feuer zu holen, durch Defensive. Ich halte das Unternehmen . . . . . . für so ernst, daß wir als Angreifer in allen unseren Teilen zum Einsatz der ganzen Energie entschlossen sein müssen, um es erfolgreich durchzuführen. Ist ein Teil nur mit halbem Herzen dabei, so fehlt die erste Vorbedingung zum Gelingen."

Im weiteren entwickelte General v. Seeckt die Gründe, aus denen es den deutschen Truppen unmöglich sein würde, bis Ende des Monats Januar in die ihnen zugewiesenen Versammlungsräume an der griechischen Grenze vorzurücken, und wies auf die geringe Leistungsfähigkeit der einzigen in Betracht kommenden Eisenbahn hin. Die militärischen Aussichten des Unternehmens beurteilte er folgendermaßen:

„Es wird nach meiner gewissenhaften Überzeugung a u f a l l e F ä l l e noch eine längere Zeit vergehen, als ursprünglich angenommen werden konnte, bis mit dem angriffsweisen Überschreiten der griechischen Grenze gerechnet werden kann; denn ohne eine gesicherte rückwärtige Verbindung wird der Vormarsch nicht angetreten werden dürfen. Die Hoffnung auf die Möglichkeit eines baldigen Angriffs ist demnach in den letzten Tagen geringer geworden.

Auf technisch starke Stellungen muß man sich gefaßt machen, ebenso auf Kampf im Vorfeld. Für deren Bekämpfung erscheint die von der Heeresgruppe beantragte Verstärkung an Artillerie nur ausreichend. Ihre Heranschaffung und Munitionsversorgung erfordert einen Zeitaufwand, der den Beginn des eigentlichen Angriffs um etwa acht Wochen nach dem Beginn der ersten Transporte hinausschieben müßte. Stehen die erforderlichen Kräfte und die Zeit, sie zu entfalten, zur Verfügung, dann dürfte meines Erachtens an dem Erfolg nicht zu zweifeln sein.

An eine Offensive der Entente möchte ich zur Zeit nicht glauben, abgesehen davon, daß sie erst nach Einsatz erheblich stärkerer Kräfte überhaupt denkbar wäre. Ganz kann man aber doch die Möglichkeit nicht von der Hand weisen, solange der Feind starke Kräfte bei Saloniki stehen hat und sich ihre Verstärkung offen hält. Es kann auch sein, daß er sich, wenn er nicht angegriffen wird, wieder schwächt, um nicht Kräfte ungenützt stehen zu lassen. Vor einem Angriff durch die Griechen braucht er sich deswegen noch nicht zu fürchten. An ein Aufgeben Salonikis durch die Entente glaube ich vor einem völligen Wechsel der Gesamtlage nicht. Jedenfalls ist es notwendig, sich auch für die Abwehr vorzubereiten, und für diese er= scheinen alle bisher eingeleiteten Maßnahmen in gleicher Weise erforder= lich wie für den Angriff. Noch greift keine Anordnung dem endgültigen Entschluß vor; denn die Versammlung der deutschen Truppen an der griechischen Grenze scheint mir auch dann erforderlich, wenn der Entschluß zu einer Defensive bei uns gefaßt werden sollte. Dagegen erscheint der Einsatz neuer Kräfte, auch von an anderer Stelle nötiger schwerer Artillerie, noch mehr aber von neuen Divisionen erst dann erwünscht, wenn der Angriff endgültig beschlossen ist.

Zusammenfassend bitte ich, meine Meinung dahin festlegen zu dürfen, daß ich den Angriff überhaupt nur dann für ratsam halte, wenn die Sicher= heit eines energischen Kräfteeinsatzes seitens Bulgariens besteht; daß der Angriff erst nach wesentlicher Ergänzung der artilleristischen Kraft und nach genügendem Wege= und Eisenbahnausbau durchzuführen ist, nachdem die erhoffte baldige Einleitung und die sich aus ihr ergebenden Vorteile zweifelhaft geworden sind; daß, wenn unter diesen Umständen vom Angriff Abstand genommen werden soll, eine zuverlässige Verteidigung zu schaffen ist, aus der die deutschen Kräfte nach der Lage nach und nach zurückzu= ziehen wären."

In einem am folgenden Tage abgesandten Telegramm ergänzte Gene= ral v. Seeckt auf Anfrage sein Schlußurteil dahin, daß ein wohlvorbereiteter und aussichtsreicher Angriff nach seinen Berechnungen nicht vor Mitte April angesetzt werden könne.

Die Gesamtheit der in diesem Bericht dargelegten Verhältnisse bewog den General v. Falkenhayn zu dem Entschluß, zwar die Gruppierung der Kräfte für die Offensive im großen durchzuführen, die Truppe aber zunächst eine Dauerstellung an der mazedonischen Front einrichten zu lassen.

Von dieser dilatorischen Behandlung der Frage des Angriffs auf Salo= niki war es kein großer Schritt mehr zu dem Entschluß, den Plan ganz fallen zu lassen. General v. Falkenhayn erläutert in seinem Werke die Gründe, die ihn dazu veranlaßten*): Nachdem die Entente unter der Wirkung des Schlages gegen Serbien auf die Durchführung ihrer Ab= sichten an den Dardanellen Anfang Januar endgültig verzichtet hatte, lag für die deutsche Oberste Heeresleitung kein Grund mehr vor, starke Kräfte auf lange hinaus auf einem Nebenkriegsschauplatz festzulegen. "Sie hätten dort lediglich politischen Sonderzwecken Österreich=Ungarns und Bul=

*) v. Falkenhayn a. a. O. S. 159 ff.

gariens, aber nicht Zwecken der allgemeinen Kriegsführung, geschweige denn deutschen gedient." Es kam nicht darauf an, insbesondere Bulgarien die Erreichung seiner politischen Sonderziele zu erleichtern, auf die Gefahr hin, daß es sich dann befriedigt aus dem Kampfe wieder zurückzog; vielmehr galt es, seine Zugehörigkeit zu dem Bunde der Mittelmächte für die Gesamtkriegführung nutzbar zu machen. Da eine Verwendung bulgarischer Truppen auf einem anderen Kriegsschauplatze nicht in Betracht zu ziehen war, erfüllten diese am besten ihre Teilaufgabe im Rahmen der Gesamt= kriegshandlung, wenn sie starke Kräfte des Feindes auf dem Balkan banden und somit an der Verwendung an anderen wichtigeren Stellen verhinder= ten. Eine freiwillige Räumung von Saloniki durch die Engländer und Franzosen war nach der moralischen Niederlage im Dardanellen=Unterneh= men mehr als unwahrscheinlich. Anderseits glaubte General v. Falkenhayn aber auch keinen Rückschlag für die Bulgaren besorgen zu müssen, „selbst wenn ihnen nur ein Mindestmaß an deutscher Unterstützung durch Truppen belassen wurde", da die Beschaffenheit des Geländes der Verteidigung über= aus günstig war.

Der Balkanfeldzug 1915 hat das ursprüngliche Ziel, um dessentwillen er unternommen wurde, vollkommen erreicht: Die Türkei wurde aus ihrer harten Bedrängnis befreit, Österreich=Ungarn der südslawischen Gefahr end= gültig überhoben, Rumänien unter angemessenen Druck gestellt, die Streit= kräfte Serbiens nahezu vernichtet. Anlage, Durchführung und Ergebnis des Kampfes gegen Serbien tragen ganz das Gepräge der Vernichtungs= strategie. Sie liefern den Beweis, daß auch dem General v. Falkenhayn die von Schlieffen vorzugsweise empfohlene operative Ausdrucksform des Vernichtungsgedankens durchaus nicht fremd war. Wenn ein voll= ständiges Cannae nicht erzielt wurde, sondern Teile der Serben ent= kamen, die später den Grundstock für die Neubildung einer Armee bilde= ten, so lag das an den besonderen Verhältnissen des Kriegsschauplatzes, die zu ändern der Schöpfer und Leiter der Operation nicht vermochte. Es darf als ein besonderes Verdienst des deutschen Generalstabschefs hervor= gehoben werden, daß er entgegen den zum Teil geradezu unausführbaren Vorschlägen des Generals v. Conrad die Niederwerfung des Gegners erzwang, ohne die Kräfte der eigenen Truppe zu überspannen, das Schwert in diesem Zwischenspiel der großen Kriegshandlung nicht vorzeitig abzu= stumpfen, es vielmehr für kommende entscheidende Schläge scharf zu erhalten. Für das in unserer Studie behandelte Problem ergibt sich daraus, daß Plan und Ausführung des Vernichtungsschlages gegen Serbien sich

ebensowohl in eine Gedankenfolge einreihen lassen, deren Ziel auf die allmähliche Ermattung der H a u p t gegner gerichtet ist, wie ihre Wurzeln im
Boden Schlieffenscher Vernichtungslehre gefunden werden können. Die
Ausschaltung Serbiens aus der Reihe der Kämpfenden war in jedem Falle
unerläßlich, mochte man der Gesamtkriegführung beschränkte Ziele setzen
oder sie auf die Vernichtung a l l e r Gegner nacheinander einstellen.

Erst im Verlauf der Operation stellte sich als neue Aufgabe die Abrechnung mit den bei Saloniki gelandeten Truppen der Entente heraus.
Dem General v. Falkenhayn wird vorgeworfen, daß er die Offensive gegen
diese nicht bis zu ihrer Vertreibung vom Festlande durchgeführt, auf dem
Balkan nicht reinen Tisch gemacht habe. Die Kritiker berufen sich dabei
auf den Ausgang des Weltkrieges, „indem die stets schwärende Wunde
1918 am bulgarischen Frontteil aufbrach und zu einer Todeswunde des
Vierbundes wurde"*). Es erscheint unbillig, die Schuld hierfür dem
Entschluß des Generals v. Falkenhayn zur Last zu legen. Schwärende
Wunden zeigte in diesem Kampf auf Leben und Tod der Körper der Mittelmächte an vielen Stellen. Wie hätte es auch anders sein können bei der
unendlichen Überlegenheit unserer Feinde an Zahl und materiellen Mitteln!
Der Zusammenbruch der mazedonischen Front 1918 ist aber doch erst erfolgt,
als das ganze Gebäude unserer militärischen Macht bereits wankte.
Fraglich mag allenfalls erscheinen, ob die entscheidende Einwirkung des
Generals v. Falkenhayn auf die bulgarische Heeresleitung zu billigen ist,
durch die Anfang Dezember 1915 ein sofortiger Nachstoß auf Saloniki verhindert worden ist. Wer aber will sagen, daß es den auf sich allein gestellten
Bulgaren gelungen wäre, unter den denkbar schwierigsten Nachschubver-
hältnissen Gegner, wie die Franzosen und Engländer, entscheidend zu
schlagen? Der vergleichsweise leichte Erfolg an der Cerna und am Wardar
wurde über einen Feind errungen, der nicht willens war, dort seine Existenz aufs Spiel zu setzen. Ging es um den Besitz des waffenstarrenden
Feldlagers von Saloniki, so stand ein gewaltiger Kampf bevor, dessen
Ausgang völlig ungewiß war. Im übrigen darf der endgültige Entschluß
zum Verzicht auf das Saloniki-Unternehmen nur im Zusammenhang mit
der Gesamtlage beurteilt werden, wie sie sich im Winter 1915/16 für die
Mittelmächte darstellte. Für diese Gesamtlage genügte das tatsächliche Ergebnis des Balkanfeldzuges vollkommen. Seine Steigerung bis zur Eroberung von Saloniki hätte sogar leicht in gewissem Sinne eine Verschlechte-
rung der Gesamtlage bedeuten können, wie oben dargelegt worden ist. Auch
Ludendorff sagt**): „Auf Grund meiner späteren Erfahrungen muß ich

---

*) Österreichische Rundschau 1. September 1919. Auch Stegemann Bd. 3 S. 492.
**) Ludendorff a. a. O. S. 132.

feststellen, daß wir durch eine Operation (auf Saloniki) auch nicht einen Bulgaren für die Westfront gewonnen hätten. Wir würden voraussichtlich die Engländer, Franzosen und Serben, die später an der mazedonischen Front standen, in Frankreich gehabt haben." Was aber am meisten im Hinblick auf die Gesamtlage gegen die Operation sprach, war, daß sie das Festlegen starker deutscher Kräfte für ungewisse Zeit auf einem Neben=kriegsschauplatz bedeutet hätte. Sekundäre Gegner muß man sekundär be=handeln. Das ist ein Grundsatz, der für die Führung des Mehrfronten=krieges von ausschlaggebender Geltung ist, gleichgültig, ob man die Haupt=gegner vernichten oder nur lähmen will.

Wo zunächst die Entscheidung zu suchen war, soll Gegenstand der nach=folgenden Betrachtungen sein. Auf dem Balkan lag sie bestimmt nicht.

Zweites Kapitel.
Das Problem des Mehrfrontenkrieges um die Jahreswende 1915/16.

Der deutsche Generalstabschef faßte um die Jahreswende 1915/16 das bisherige Ergebnis des Weltkrieges auf operativem Gebiet dahin zusammen, daß im Osten wie im Südosten seine im Rahmen des Wünschenswerten ge=haltenen beschränkten Kriegsziele erreicht waren, daß auch die gegen Italien gewählte defensive Form der Kriegführung sich vortrefflich bewährt und den von ihm verfolgten Zwecken durchaus entsprochen hatte, während auf dem westlichen Kriegsschauplatz die Behauptung der eigenen Linien gegen alle Durchbruchsversuche des Feindes geglückt war. Es fragte sich, wie der Krieg fortgeführt und zu einem für die Mittelmächte günstigen Abschluß gebracht werden sollte. Seine hierüber angestellten überlegungen, die Falkenhayn um Weihnachten 1915 dem Obersten Kriegsherrn vortrug*), gipfelten in dem Entschluß, nunmehr die Kriegsentscheidung zu Lande auf dem westlichen Kriegsschauplatz zu suchen. Als Mittel dazu wurde der Angriff auf Verdun gewählt. Hand in Hand mit ihm sollte der uneinge=schränkte Unterseekrieg gegen England gehen.

Der Gedankengang Falkenhayns war folgender:

Deutschlands schlimmster und gefährlichster Feind, sein „Erzfeind", ist England. Ein Verständigungsversuch ist ausgeschlossen. Es gilt vielmehr, England seine bisher ungebrochene und unter Zusammenpeitschung der

---

*) v. Falkenhayn a. a. O. S. 176 ff.

Verbündeten stets aufrechterhaltene Zuversicht zu nehmen, Deutschland durch den Ermattungskrieg auf die Schultern zu zwingen. Ein „einfaches" Abwarten in der Defensive" führt nicht zum Ziel. Im Gegenteil würde bei der zur Zeit bestehenden und auch in Zukunft nicht zu ändernden Ungleich= heit der beiderseitigen Kräfteverhältnisse auf allen Gebieten — personell, materiell und wirtschaftlich — für die Mittelmächte einmal der Augenblick kommen, wo „nicht viel Hoffnung mehr auf Sieg" bliebe. Es muß also aktiv gehandelt werden. Zeit ist nicht zu verlieren.

England ist auf seinen Inseln nicht erreichbar. „Nach den Versiche= rungen der allein zuständigen Sachkenner" kann aber der unbeschränkte Unterseekrieg innerhalb des Jahres 1916 England die Zufuhr zur See so abschneiden, daß es zum Einlenken gezwungen wird. Dieses voraussichtlich wirksamste Kriegsmittel muß daher angewandt werden, auch auf die mög= liche, aber keineswegs sichere Gefahr hin, daß die Amerikaner zu aktivem Handeln auf dem europäischen Kontinent übergehen.

Wo hat der Schlag zu Lande zu geschehen? Von einem Alexanderzug nach Indien oder nach Ägypten oder von einem überwältigenden Angriff auf Saloniki können nur „Schwärmer" eine kriegsentscheidende Wirkung erhoffen. Am nächsten liegt der Gedanke, das englische Heer auf der West= front zu treffen. Aber selbst wenn es entgegen allen aus den bisherigen Durchbruchsversuchen geschöpften Erfahrungen glücken sollte, mit den be= grenzten, Deutschland zur Verfügung stehenden Kräften die Engländer völlig vom Festlande zu vertreiben und die Franzosen hinter die Somme zurückzudrängen, so wird England auch dann wohl noch nicht nachgeben. Seine „eigentlichen Waffen auf dem Festlande sind die französischen, russi= schen und italienischen Heere. Setzen wir diese außer Gefecht, so steht uns England allein gegenüber. Es ist schwer anzunehmen, daß es unter solchen Umständen an seinen Vernichtungsabsichten festhalten würde. Eine Sicher= heit, daß es nachgeben wird, besteht freilich nicht, aber eine hohe Wahr= scheinlichkeit. Mehr ist im Kriege selten zu erreichen."

Wie soll gegen Englands Werkzeuge auf dem Kontinent vorgegangen werden? Österreich=Ungarn ist für eine Offensive gegen Italien. Sie entspricht aber nicht unmittelbar den Interessen der Gesamtkriegführung, sondern bringt im Falle des Gelingens lediglich unserem Verbündeten Ent= lastung und Zukunftsvorteile. Selbst ein Ausscheiden Italiens aus der Entente wird auf England keinen merklichen Eindruck machen. Österreich= Ungarn darf im Hinblick auf seine Aufgaben im Osten seine Kräfte gegen Italien nicht stärker als bisher festlegen. Tut es dabei nur einigermaßen weiter seine Pflicht, so werden die inneren Zustände Italien bald die aktive Fortführung des Krieges unmöglich machen.

Ähnliches gilt für Rußland. Eine Offensive in die reichen Gebiete der Ukraine, die mit Rücksicht auf die Witterung und Bodenbeschaffenheit nicht vor April vorgenommen werden darf, hat als Voraussetzung entweder den Anschluß Rumäniens an die Mittelmächte oder seine Niederwerfung durch Waffengewalt. Beide Voraussetzungen treffen zur Zeit nicht zu. Ein Stoß auf Petersburg verspricht keine Entscheidung, ein Vorgehen auf Moskau führt ins Uferlose. Es bedarf aber auch keiner neuen Offensive im Osten. Rußland wird durch seine inneren Nöte, wobei an eine Revolution im großen Stil noch gar nicht gedacht zu werden braucht, in verhältnismäßig kurzer Zeit zum Einlenken gezwungen sein, vorausgesetzt, daß die Ost= front ihre Pflicht tut und jeden Versuch Rußlands, seine militärische Repu= tation in neuen Angriffen wieder aufzufrischen, so kräftig vereitelt, daß die innere Auflösung dadurch nur beschleunigt wird.

Bleibt also nur Frankreich. Dieses Land ist militärisch und wirtschaft= lich bis nahe an die Grenze des Erträglichen geschwächt. Gelingt es, „dem französischen Volk klar vor Augen zu führen, daß es militärisch nichts mehr zu hoffen hat, dann wird die Grenze überschritten, England sein bestes Schwert aus der Hand geschlagen werden. Das zweifelhafte und über unsere Kraft gehende Mittel des Massendurchbruchs ist dazu nicht nötig. Auch mit beschränkten Kräften kann dem Zweck voraussichtlich Genüge getan werden."

Soweit zunächst die Gedankengänge des Generals v. Falkenhayn, wie sie in der Niederschrift seines dem Kaiser gehaltenen Vortrages zum Aus= druck kamen.

Man sieht, der deutsche Generalstabschef war durch den bisherigen Verlauf des Krieges in seiner vor Jahresfrist gehegten Hoffnung nicht wankend geworden, daß England mit seinem Ermattungskriege bei „vor= sichtigem Haushalten Deutschlands und seiner Verbündeten" keinen Erfolg haben würde. Wenn er aber schon damals „ein lediglich duldendes Aus= harren in der Verteidigung" als aussichtslos erkannt hatte, so war er jetzt überzeugt, daß nur durch angriffsweises Handeln dem langsam aber sicher wirkenden Mittel der Zermürbung und Aushungerung begegnet werden konnte. Dieses angriffsweise Handeln sollte und mußte jetzt so bald wie irgend möglich die Kriegsentscheidung herbeiführen — nicht, indem man England physisch auf die Knie zwang, sondern indem man es zur Erkennt= nis der Aussichtslosigkeit seiner Pläne und zum Einlenken brachte.

Von den für die offensive Betätigung gewählten Wegen zielte der Tauchbootkrieg nicht so sehr unmittelbar auf die Schwächung der Streit= kräfte als auf die Lähmung der Wirtschaftskraft des Feindes. Seine An= wendung in der beabsichtigten „uneingeschränkten" Form machte ihn gleich= wohl zur scharfen Waffe für eine Kriegführung, der es auf die schnelle Ent=

scheidung ankam. Eine Erörterung der Wirkungsmöglichkeiten und Erfolgsaussichten dieses durch den Eingriff der politischen Leitung übrigens damals
noch nicht zur Anwendung gelangten Kriegsmittels liegt außerhalb des
Rahmens unserer Aufgabe. Sie gilt nur der Untersuchung der Frage, ob
und auf welche Weise der militärische Sieg der Mittelmächte durch die
Operationen zu Lande zu erstreben war.

Ist dem Entschluß zuzustimmen, die Kriegsentscheidung unter den um
die Jahreswende 1915/16 vorliegenden Verhältnissen auf französischem
Boden zu suchen?

Die Türkei und Bulgarien dienten dazu, die Entente an den Haupt-
kampffronten zu schwächen. Den Balkan haben wir schon als Nebenkriegsschauplatz für die Mittelmächte gekennzeichnet. Das gleiche gilt von den
verschiedenen asiatischen Kriegsschauplätzen. Wenngleich nach dem früher
Gesagten*) Deutschland durch frühzeitige und weitausschauende Unterstützung der militärischen Machtmittel der Türkei, insbesondere durch
Schaffung und Verbesserung der technischen Hilfsmittel und tatkräftig be-
triebene Aufschließung der Verkehrsadern Asiens, eine erheblich größere
Schädigung Englands wohl hätte erreichen können, so zeugt doch die Ansicht,
daß in Asien die K r i e g s e n t s c h e i d u n g durch Druck auf England zu
erkämpfen gewesen wäre, von einem vollkommenen militärischen Dilet-
tantismus.

Die Frage einer Offensive gegen Italien halte im Dezember 1915
einen eingehenden Meinungsaustausch zwischen dem deutschen und österreichisch-ungarischen Generalstabschef hervorgerufen**). General v. Conrad
trat warm für sie ein. In der Ausführung dachte er sie sich als Vorstoß aus
Südost-Tirol, der das Gebirge in einer Tiefe von 30 bis 40 km überwinden
und dann über die ungefähre Linie Bassano—Thiene—Valdagno in einer
Breite von etwa 40 km unter gleichzeitiger Deckung gegen Verona fortgeführt werden sollte. 16 Infanterie-Divisionen, darunter vier deutsche,
mit starker schwerer Artillerie hielt er für ausreichend. Zur Freimachung
der erforderlichen österreichisch-ungarischen Kräfte bat er außerdem um den
Einsatz von etwa vier deutschen Divisionen an der russischen Front. Als
Zeitpunkt nahm er mit Rücksicht auf den Gebirgswinter den Monat März
in Aussicht. Falkenhayn schätzte den Kräftebedarf weit höher, auf gut
25 Divisionen, bezweifelte, daß es möglich sein würde, sie aufzubringen,
insbesondere die erforderliche schwere Artillerie, und wies auf die Schwierigkeit hin, einen dauernden und reichlichen Nachschub sicherzustellen.
Ausschlaggebend für seine Stellungnahme gegen den Plan war jedoch die

*) Zweiter Teil S. 31 ff.
**) v. Cramon a. a. O. S. 39 ff.

Auffassung, daß von dieser Operation eine Kriegsentscheidung nicht erhofft werden könne. „Selbst wenn der Schlag glückte, trifft er Italien nicht tödlich. Rom ist, weil seine Heere im äußersten Nordosten des Landes eine meinetwegen schwere Niederlage erlitten, an sich durchaus nicht gezwungen, Frieden zu schließen. Es kann gegen den Willen der Entente, von der es bei seiner Versorgung mit Geld, Lebensmitteln und Kohlen völlig ab= hängig ist, auch gar nicht Frieden schließen. Und daß es mit Drohungen, abspringen zu müssen, oder mit Schilderungen seines Elends auf England und Rußland irgendeinen Eindruck machen würde, glaube ich nicht; im Gegenteil halte ich es für sehr wahrscheinlich, daß diese beiden Träger der Entente schlimmstenfalls nicht so sehr betrübt sein würden, einen so wenig leistenden und so viel fordernden Teilhaber aus dem Geschäft ausscheiden zu sehen. Ihr Sklave würde er doch bleiben." General v. Falkenhayn empfahl daher Beibehalt der bisherigen defensiven Art der Krieg= führung sowohl auf dem italienischen wie galizischen Kriegsschauplatz und schlug vor, den hierdurch erzielten österreichisch=ungarischen Kräfteüberschuß zur Freimachung der deutschen Truppen zu verwenden, die bei der Heeres= gruppe Linsingen südlich des Pripet eingesetzt waren.

Conrad räumte ein, daß ein durchgreifender Erfolg in Frankreich noch mehr geeignet wäre, den Krieg siegreich zu beenden als der Schlag gegen Italien. „Ich glaube aber, daß diese Aktionen nur n a c h e i n a n d e r zu machen sind. Geradeso wie der Balkankrieg erst nach Beendigung der Offensive gegen Rußland begonnen werden konnte, kann meines Erachtens der Angriff auf Italien erst geführt werden, bis wir vom Balkan Kräfte freibekommen, und der Angriff in Frankreich dürfte erst aussichtsreich werden, wenn Italien geschlagen ist. Denn erst nach diesem Schlage werden die für den entscheidenden Sieg in Frankreich notwendigen starken Kräfte verfügbar sein. Ich sage das von keinem besonderen österreichisch=ungari= schen Standpunkt aus, der die Niederwerfung Italiens fordert, sondern ausschließlich in der Überzeugung, daß wir diesen Weg gehen müssen, um den gemeinsamen Existenzkampf unserer beiden Reiche siegreich zu be= enden. . . . . Ich erachte somit die Offensive gegen Italien als die‘ notwendige Einleitung des endgültigen Entscheidungskampfes, dessen Erfolg noch im Jahre 1916 zu erringen für die Monarchie aus mancherlei Gründen ein Gebot der Notwendigkeit ist."

Conrad berührt hiermit den springenden Punkt in den Erwägungen, die für die Durchführung des Mehrfrontenkrieges im Sinne des Schliessen= schen Vernichtungsgedankens maßgebend sein mußten. Falkenhayn blieb darauf die Antwort schuldig — ob sie in mündlicher Aussprache erfolgt ist, entzieht sich unserer Kenntnis — und unterläßt auch in seinem Werke die

Erörterung dieses entscheidenden Gesichtspunktes. General v. Cramon trifft wohl das Richtige, wenn er sagt*): „Falkenhayn wollte nichts anderes, als den Verbündeten die Verteidigungsfronten überlassen, um selbst mit den deutschen Truppen entscheidend offensiv zu werden." Man ist versucht, zu glauben, daß der Urteilsspruch der Geschichte über die Auffassung der beiden Generalstabschefs gegen die Falkenhaynsche entschieden habe. Es darf aber nicht übersehen werden, daß dessen Standpunkt nicht rein und unverrückt erhalten, sondern durch das selbständige Verfahren Conrads stark beeinträchtigt worden ist. Denn Conrads Entschluß, die italienische Offensive auf Kosten der Widerstandskraft seiner Front im Osten zu unternehmen, hat die große Krisis im Sommer 1916 mitverschuldet und zum Scheitern des deutschen Angriffs im Maasgebiet mittelbar beigetragen. Dieser Entschluß gehört zu den verhängnisvollsten Fehlern in der militärischen Führung des Bündniskrieges auf seiten der Mittelmächte. Indessen gegen die Richtigkeit des Gedankens an sich, zunächst Italien niederzuwerfen, liefert der Verlauf der Asiago-Offensive mit allen ihren Folgen noch keinen Beweis. Höchstens darf danach in Zweifel gezogen werden, daß der von Conrad im Dezember 1915 vorgeschlagene Angriff aus Südost-Tirol über die Linie Bassano—Thiene—Baldagno mit 16 Infanterie-Divisionen die von ihm erhoffte feldzugentscheidende Wirkung gebracht hätte. Die Teilnahme von vier deutschen Divisionen würde das im Mai 1916 erzielte Ergebnis schwerlich bis zu einem durchschlagenden operativen Erfolge gesteigert haben. Einen solchen glaubt denn auch General Krauß**) nur dem „starken doppelseitigen Angriff vom Isonzo und aus Tirol" zusprechen zu dürfen mit dem Ziel, „die ganze italienische Armee in dem Sack Benetiens abzuschließen und zu vernichten". Wenn er daraus sogar die Möglichkeit einer Durchbrechung der französischen Alpengrenze von Oberitalien aus herleitet, so geht das unseres Erachtens reichlich weit. Für die Zwecke der Gesamtkriegführung genügte schon die Vernichtung des italienischen Heeres an sich. Es war ziemlich belanglos, ob Italien einen Sonderfrieden schloß, wenn es nur aus der Reihe der Kämpfenden ausschied. Dann wurden so starke Kräfte der Mittelmächte für den westlichen Kriegsschauplatz frei, daß die Aussicht, dort hinterher die Kriegsentscheidung zu erkämpfen, jedenfalls erheblich wuchs. General Krauß unterläßt die Berechnung des für seine Operation benötigten Kräftebedarfs. So viel ist sicher, daß er die von Conrad veranschlagte Zahl von 16 Infanterie-Divisionen weit übertroffen haben würde. Es wäre für die Mittelmächte nicht leicht gewesen, die er-

---

*) v. Cramon a. a. O. S. 42.
**) Krauß, Die Ursachen unserer Niederlage, S. 183.

forderlichen Streitkräfte und Kampfmittel aufzubringen. Auf dem Balkan waren sieben deutsche Divisionen frei geworden. Vier österreichisch=ungarische wurden voraussichtlich in absehbarer Zeit nach Erledigung ihrer Aufgabe in Montenegro und Albanien verfügbar, vier deutsche ließen sich schließlich noch aus der Front gegenüber Saloniki herausziehen. Dieser Kräftezuwachs für die Front am Isonzo und in Tirol hätte aber nicht an=nähernd zur Durchführung eines Doppelangriffs ausgereicht, wie er Krauß vorschwebt. Einer Schwächung der deutschen Westfront standen kaum zu=beseitigende schwere Bedenken entgegen. Durfte man sie im Osten wagen? Das leitet über zur Betrachtung, welche Rolle der Fortführung des Krieges dort im Rahmen der Gesamtkriegführung für das Jahr 1916 zukommt.

Die unerläßliche Voraussetzung für eine Offensive — mochte sie nach Falkenhayns Absicht auf französischem Boden, nach Conrads oder Krauß' Vorschlag in Italien unternommen werden — war die, daß die Ostfront mauerfest stand. Hierfür fehlte nicht nur die sichere Gewähr, es sprach sogar die Wahrscheinlichkeit dagegen. Die Russen waren im Jahre 1915 geschlagen, zurückgedrückt. „Aber was wollte für sie ein Rückzug bedeuten? Das waren keine empfindsamen Leute, die durch seelische Eindrücke allzu sehr belästigt wurden. Im Grunde war es ihnen gleichgültig, in welcher Richtung, ob vor oder zurück, sie marschierten, wenn nur für ihre Er=nährung einigermaßen gesorgt wurde. Vernichtet, in einen Zustand der Wehrlosigkeit mußten sie versetzt werden. Was konnte es nützen, daß sie hinter ihre Grenzen zurückgingen, von denen sie doch binnen kurzem wieder vorkommen würden? Sie an einem Rückzug zu hindern, nicht sie in ihr Land zurückzutreiben, war die Aufgabe*).“ So hatte es Graf Schlieffen im Buch der Vergangenheit gelesen. Der Verlauf des Weltkrieges gab dem Seher recht. Der Russe kam wieder! Schon der Abschluß des Bewegungskrieges in Galizien und Wolhynien hatte deutlich gezeigt, daß er durchaus noch nicht am Ende seiner Offensivkraft angelangt war. General v. Falkenhayn rechnete denn auch bestimmt mit der Wiederholung russischer Angriffe. Er sprach ihnen aber keine nachhaltige Schlagkraft zu. Für die deutsche Ostfront verbürgten sich Hindenburg und Prinz Leopold. Was aber die Front der Verbündeten anlangt, so wurde die vertrauensvolle Auffassung Falkenhayns gerade im gegenwärtigen Augenblick einer ernsten Probe auf ihre Richtigkeit unterworfen, indem die Russen von Weihnachten 1915 bis Mitte Januar 1916 in der Bukowina und in Galizien angriffen. Die Süd=armee hielt glänzend stand. Ein wesentlich anderes Gesicht zeigte aber die Lage bei der österreichischen 7. Armee des Generals v. Pflanzer=Baltin.

---

*) Graf Schlieffen a. a. O. Bd. II S. 229.

Wir lassen General v. Falkenhayn selbst das Wort[*]): „Trotzdem der Feind keine wesentliche Überlegenheit besaß, gelang es der Armee nur mühsam, sich zu behaupten. Ihre Reserven erwiesen sich als nicht ausreichend. Außerdem waren innere Mängel bei ihr hervorgetreten. Schließlich wurde der Angriff zwar im allgemeinen abgewiesen. Da jedoch anzunehmen war, daß bei den anderen k. u. k. Armeen der galizischen Front die gleichen inne=ren Verhältnisse vorlagen wie bei der 7. k. u. k. Armee, war Veranlassung vorhanden, diesen Zuständen ernste Aufmerksamkeit zuzuwenden." Hiernach mußte der Wiederholung russischer Angriffe gegen die Front der Verbünde=ten, falls sie, wie zu erwarten, mit starker Überlegenheit erfolgten, doch wohl nicht ohne berechtigte Sorgen entgegengesehen werden. Auch wenn, wie Falkenhayn vorschlug, österreichisch=ungarische Kräfte vom Balkan und vom italienischen Kriegsschauplatz für die Ostfront freigemacht wurden, so lag darin keine Stärkung, eher eine Schwächung dieser Front, da deutsche Kräfte dafür dem Kriegsschauplatz südlich des Pripet entzogen werden sollten. Nach den vielfachen Erfahrungen des verflossenen Jahres, die die deutsche Oberste Heeresleitung mit dem Widerstandsvermögen des Ver=bündeten gemacht hatte, war es jedenfalls nicht statthaft, das unbedingte Standhalten gegen starke Überlegenheit des Russen als sicheren Faktor in die strategische Gesamtrechnung einzustellen. Wurde aber die Front südlich des Pripet eingedrückt, so konnte dadurch leicht auch die nördliche deutsche Anschlußfront ins Wanken geraten, die Gesamtfront zum Nachgeben gezwungen werden. Unter den Verhältnissen des Stellungskrieges waren die Folgen unabsehbar, da es sich jeder Voraussicht entzog, ob der große Schlag im Westen oder auch in Italien es zulassen würde, rechtzeitig aus=reichende Kräfte flüssig zu machen, um im Osten die Wage wieder ins Gleichgewicht zu bringen.

Ließen sich die mißlichen und heiklen Verhältnisse im Osten, die schon als das Ergebnis des unbefriedigenden Kriegsausganges 1915 gekenn=zeichnet worden sind[**]), so weit ändern, daß man getrost und ohne Sorge um die Rückendeckung einen entscheidungsuchenden Offensivschlag im Westen oder in Italien wagen durfte? Das war nur denkbar durch Wiederauf=nahme der Offensive gegen Rußland. Ludendorff deutet in seinen Kriegs=erinnerungen den Weg an, auf dem sie versucht werden konnte[***]): „Die Kriegsentscheidung lag im Westen, in Frankreich. Hier konnten wir stark genug nur auftreten, wenn vorher Rußland niedergeworfen war. Meine

---

[*]) v. Falkenhayn a. a. O. S. 170.
[**]) Zweiter Teil S. 90.
[***]) Ludendorff a. a. O. S. 162.

Gedanken wandten sich Rumänien zu. Es war das Zünglein an der Wage. Über seine Haltung mußte Klarheit gewonnen werden. Hätte es sich, wenn auch nur auf Druck hin, uns angeschlossen, so war die russische Armee in ihrer Flanke entscheidend umgangen. Es war hier Großes zu erreichen. Wandte sich Rumänien auf unseren Druck hin der Entente zu, so wußten wir, woran wir waren. Wir konnten ohne Zeitverlust und mit unseren damals zur Stelle befindlichen Truppen handeln." Auch Falkenhayn hat sich diesem Gedanken nicht verschlossen und, wie wir wissen, eine Offensive in die reichen Gebiete der Ukraine erwogen. Als Voraussetzung dafür sah auch er den Anschluß Rumäniens oder seine Niederwerfung mit Waffen= gewalt an. Er war sogar eine Zeitlang entschlossen, die Sache mit Ru= mänien endgültig ins Reine zu bringen, und hielt zu diesem Zweck die aus der Heeresgruppe Mackensen Ende 1915 und Anfang 1916 heraus= gezogenen Truppen zum größeren Teil in Südungarn fest. Mit der bul= garischen Heeresleitung wurde Anfang Januar 1916 die Stellung eines kurzfristigen Ultimatums an Rumänien und für den Fall seiner unbefriedi= genden Antwort gemeinsames Vorgehen vereinbart. Die Erfüllung des mittlerweile mit Rumänien abgeschlossenen Lieferungsvertrages, durch den starker Not in Deutschland und besonders in der Türkei gesteuert werden sollte, sowie das Bedenken, ob Bulgarien imstande sein würde, den Ver= einbarungen Genüge zu tun, hielten ihn dann von der Stellung des Ulti= matums ab. Damit wurde der Gedanke an eine Offensive in die Ukraine hinfällig.

So begreiflich dieser Verzicht im Hinblick auf die damalige wirtschaft= liche Lage der Mittelmächte erscheint, so wenig glücklich war er vom Stand= punkt der operativen Gesamtlage. Deutschland ist ein halbes Jahr später unter unendlich viel schwierigeren Verhältnissen doch gezwungen worden, den Waffengang gegen Rumänien zu schlagen und die damit verknüpften wirtschaftlichen Nachteile in Kauf zu nehmen. Es hat die Krisis über= standen. Ein Präventivschlag im Januar 1916 mit den vom Balkan frei= gemachten deutschen Divisionen, unterstützt durch bulgarische und türkische Kräfte, hätte sich als strategischer Überfall auf das noch nicht kriegsbereite rumänische Heer gekennzeichnet und voraussichtlich einen ebenso schnellen wie durchschlagenden Erfolg gebracht. Gelang es dabei, in raschem Sieges= zuge bis nach Bessarabien vorzudringen, so wurde der bisher auf die Stellungen in Wolhynien und Galizien beschränkten Basis für die Führung der Offensive auf Kiew eine breite Offensivflanke am Dnjestr angehängt. Die Aussichten für einen entscheidenden militärischen Sieg waren dann groß. Was daneben in wirtschaftlicher Hinsicht der Verlust der Ukraine für Rußland, der Gewinn des Landes für die Mittelmächte bedeutete, ist schon früher dargelegt worden*). Die Herrschaft über das Schwarze Meer hätte auch das ganze Orientproblem auf eine neue, viel günstigere Basis gestellt. Der von Falkenhayn erhoffte innere Auflösungsprozeß Rußlands ließ sich jedenfalls auf diese Weise erheblich schneller herbeiführen als bei Verharren in der Defensive, bei der die glückliche Abwehr des feindlichen Ansturms auf der Front südlich des Pripet nicht gewährleistet war.

Nicht zu verkennen ist, daß auch die Offensive in die Ukraine einen starken Krafteinsatz der Verbündeten nötig gemacht hätte. Er war aber aufzubringen, wenn man sich entschloß, solange auf allen anderen Fronten, im Westen, in Italien, auf dem Balkan und auf dem nördlichen Teil der Ostfront, defensiv zu bleiben. Daß die Entente inzwischen in erneuten Kraftanstrengungen unsere Verteidigungsfronten im Westen und in Italien zu erschüttern suchen würde, war freilich sehr wahrscheinlich; daß ihnen durchschlagende Erfolge beschieden sein würden, nach den bisherigen Erfahrungen auch an der Isonzo- und Tirolerfront nicht zu besorgen. Die Gefahr, schlimmstenfalls einiges Gelände in Stellungskämpfen zu verlieren, mußte in Kauf genommen werden**). Riß man in Rußland die Initiative an sich, so war auch eine Heranziehung von Kräften aus den Heeresgruppen nördlich des Pripet erlaubt. Wägt man die Offensiven in Italien und in die Ukraine gegeneinander ab, so fehlte der ersteren die unbedingte Rückensicherung im Osten, die beim Stoß auf Kiew in Italien als ausreichend angesehen werden durfte. Was aber dem Feldzug in die Ukraine gegenüber einem Offensivschlag in Italien ent= schieden den Vorzug gab, war die ungleich größere Bedeutung, die einer Ausschaltung Rußlands aus der Reihe der Kämpfenden für die Gesamt= lage der Mittelmächte zukam. Lag Rußland einmal militärisch und wirt= schaftlich am Boden, so konnte die Kriegsentscheidung auf französischem Boden gesucht werden. Ob es nötig war, auch dann noch vorher die ita= lienischen Streitkräfte niederzuwerfen, ist eine Frage, deren Entscheidung von der Gestaltung der Gesamtlage abhängig gewesen wäre.

---

*) Zweiter Teil S. 91. Man hat gegen den Gedanken der Offensive auf Kiew geltend gemacht, daß unsere Erwartungen auf die Vorräte der Ukraine im Sommer 1918 enttäuscht worden sind. Die Wirtschaftslage 1918 ist aber mit der von 1916 nicht ver= gleichbar. Haben wir Rumänien wirtschaftlich ausgenutzt, so wäre das auch mit der rechtzeitig im Besitz genommenen Ukraine möglich gewesen.

**) Am 6. Dezember 1915 wurde in Chantilly von den Vertretern der feindlichen Heeresleitungen eine allgemeine Offensive der Verbandsmächte erst für den Zeitpunkt beschlossen, wenn die feindlichen Armee im Besitz der erwarteten Verstärkungen und mit der Umbildung ihrer Divisionen fertig sein und wenn die sehr geschwächte russische Armee sich wieder erholt haben würde. Falls der Feind zuvor an irgendeinem Front= teil angriff, sollte dem Angegriffenen in den Grenzen des Möglichen geholfen werden. Vgl. Revue des Deux Mondes April 1920. General Mangin, Comment finit la guerre II.

Gewiß ist es für uns, die wir den tatsächlichen Verlauf der Dinge
kennen, leicht, nachträglich die in andere Bahnen gerichteten Gedanken=
gänge des deutschen Generalstabschefs abzulehnen. Wenn man vom Rat=
haus kommt, ist man klüger als vorher. Für die Zwecke unserer Studie
ist es aber doch wertvoll festzustellen, daß sowohl General v. Conrad wie
General Ludendorff damals schon inmitten der Ereignisse das Problem des
Mehrfrontenkrieges von einem anderen Gesichtswinkel aus angesehen
haben als General v. Falkenhayn. Ihre Überlegungen und Vorschläge be=
wegen sich ganz offensichtlich in der operativen Gedankenwelt des Grafen
Schlieffen, sind verankert in dem Grundsatz, daß der Erfolg einer Operation
auf der inneren Linie — um eine solche in riesenhaften Ausmaßen handelte
es sich in diesem Kriege für die Mittelmächte — nur erreicht werden kann,
indem man die Gegner einzeln nacheinander vernichtend schlägt. Das
ist der rote Faden, der sich durch die ganze Cannae=Studie und die
sonstigen kriegsgeschichtlichen Arbeiten des Grafen Schlieffen hindurchzieht.
Die Wahl des Gegners, der zuerst zu Tode getroffen werden muß, hängt
von mannigfachen Umständen ab. Graf Schlieffen hatte sich für unsere
Westgegner entschieden. Die deutsche Oberste Heeresleitung war zu Beginn
des Krieges diesem Gedanken gefolgt. An der verfehlten operativen Durch=
führung war der Plan gescheitert. Indessen schuf die Abschlußlage des
Bewegungskrieges im Westen Ende Oktober 1914 doch die unerläßliche
Voraussetzung und bot somit auch die Möglichkeit, bei der Umstellung auf
den neuen Gegner im Osten das strategische Grundprinzip aufrechtzuer=
halten. Man sucht es vergebens in der deutschen Offensive des Jahres 1915
in Rußland. Auf den ersten Blick will es scheinen, als ob der Schlieffensche
Gedanke in dem Entschluß zum Angriff im Westen 1916, der sich die Zer=
schlagung des französischen Heeres zum Ziel setzte, wieder aufgelebt sei.
Das trifft nicht zu. Denn für diese wiederholte Umstellung auf einen neuen
Gegner fehlte die im Schlieffenschen Gedanken ruhende strategische Vor=
aussetzung, daß die inzwischen weniger beachteten anderen Gegner, mögen
sie auch höchst unbequem werden, doch nicht imstande sein dürfen, die
Durchführung des Entscheidungsschlages unmöglich zu machen.

Graf Schlieffen hat es klar erkannt, daß eine Kriegführung, die sich
mit halben militärischen Erfolgen begnügt, nicht die Lösung sein kann,
die im Mehrfrontenkrieg dem auf der inneren Linie Operierenden den
Sieg verleiht. Zum Belege dafür möge ein Wort von ihm aus der Schluß=
besprechung einer seiner Generalstabsreisen angeführt werden*). Auf ihr
war eine Lage aus dem Zweifrontenkrieg durchgespielt, in der die Deutschen

---

*) Mitteilung des Generals v. Hahnke.

nach anfänglichen, aber nicht feldzugentscheidenden Erfolgen gegen Frankreich ihre Hauptkräfte auf den östlichen Kriegsschauplatz warfen. „Es fragte
sich, was Deutschland tun würde. Handelte es hier im Osten ebenso wie
im Westen, trieb es den Feind hinter irgendeinen Abschnitt zurück, so hätte
es sich bald gezwungen gesehen, wenigstens einen Teil seiner Korps nach
dem Westen gegen die inzwischen wieder vorgedrungenen Franzosen zurück-
zusenden. Die Russen hätten das zum Wiedervorgehen benutzt. Nach
einiger Zeit hätten wieder Truppen aus dem Westen nach dem Osten übergeführt werden müssen, und so hätte sich dann ein Hin- und Herziehen
von deutschen Streitkräften, ein Zurückdrängen des Feindes hier und dort,
dann ein Wiedervorgehen abgespielt — eine Art Kriegführung, die auf
die Dauer zur gänzlichen Aufreibung des deutschen Heeres hätte führen
müssen. Ein derartiger Krieg nach zwei Fronten ist nicht durch Zurückwerfen des einen oder des anderen Teiles, sondern nur durch möglichste
Vernichtung erst des einen, dann des anderen Gegners zu Ende zu führen."

Sieht man davon ab, daß im Weltkriege sich die Kampfhandlungen
und Heeresbewegungen unter anderen äußeren Erscheinungsformen,
nämlich unter den Verhältnissen des Stellungskrieges, vollzogen haben,
so läßt sich das Grundübel des von Graf Schlieffen gekennzeichneten „va
et vient" auch in der praktischen Lösung erkennen, die die deutsche Oberste
Heeresleitung 1915 versucht hat und zu deren Wiederholung sie nach dem
vorzeitig gewählten Wechsel des Hauptkriegsschauplatzes 1916 gezwungen
worden ist.

Drittes Kapitel.
Die Schlacht um Verdun 1916.

General v. Falkenhayn beschließt die Niederschrift seines um Weihnachten 1915 dem Kaiser gehaltenen Vortrages mit folgenden Worten:

„Hinter dem französischen Abschnitt der Westfront gibt es in Reichweite Ziele, für deren Behauptung die französische Führung gezwungen ist,
den letzten Mann einzusetzen. Tut sie es, so werden sich Frankreichs Kräfte
verbluten, da es ein Ausweichen nicht gibt, gleichgültig, ob wir das Ziel
selbst erreichen oder nicht. Tut sie es nicht und fällt das Ziel in unsere
Hände, dann wird die moralische Wirkung in Frankreich ungeheuer sein.
Deutschland wird nicht gezwungen sein, sich für die räumlich eng begrenzte
Operation so zu verausgaben, daß alle anderen Fronten bedenklich entblößt
werden. Es kann mit Zuversicht den an ihnen zu erwartenden Ent-

lastungsunternehmungen entgegensehen, ja hoffen, Kräfte in genügender
Zahl zu erübrigen, um den Angriffen mit Gegenstößen begegnen zu
können. Denn es steht ihm frei, seine Offensive schnell oder langsam zu
führen, sie zeitweise abzubrechen oder sie zu verstärken, wie es seinen
Zwecken entspricht.

Die Ziele, von denen hier die Rede ist, sind Belfort und Verdun.
Für beide gilt das oben Gesagte. Dennoch verdient Verdun den
Vorzug. Noch immer liegen die französischen Linien dort in knapp 20 km
Entfernung von den deutschen Bahnverbindungen. Noch ist Verdun die
mächtigste Stütze für jeden feindlichen Versuch, mit verhältnismäßig ge=
ringem Kraftaufwand die ganze deutsche Front in Frankreich und Belgien
unhaltbar zu machen. Die Beseitigung dieser Gefahr als Nebenziel ist
militärisch so wertvoll, daß dagegen der bei einem Angriff auf Belfort sozu=
sagen »nebenbei« abfallende politische Erfolg der Säuberung des südwest=
lichen Elsaß leicht wiegt."

Das Ziel für das kommende Jahr auf dem westlichen Kriegsschau=
platz war also von vornherein höher gesteckt als 1915 im Kampf gegen
Rußland: Es galt die Zertrümmerung des französischen Heeres. Freilich
von der Durchführung einer entscheidungsuchenden großen Operation nach
gelungenem Durchbruch glaubte Falkenhayn mit Rücksicht auf die nur
begrenzt zur Verfügung stehenden Streitkräfte und Kampfmittel Abstand
nehmen zu müssen. Er verfügte auf der ganzen Westfront an Heeres=
reserven über nicht mehr als 26 Divisionen, von denen mindestens ein Drittel
hinter den durch etwaige feindliche Entlastungsoffensiven bedrohten Fronten
belassen werden sollten. Die Beteiligung österreichisch=ungarischer, bulga=
rischer oder gar türkischer Kräfte auf dem westlichen Kriegsschauplatz kam
für ihn nicht in Frage. Für die beiden letzteren leuchtet das ohne weiteres
ein. Was die Mitwirkung österreichisch=ungarischer Truppen anlangt, so
hatte General v. Conrad — nach der Ablehnung seiner italienischen Pläne
und ohne Kenntnis der auf Verdun gerichteten Absichten Falkenhayns —
bei diesem einen gemeinsamen Offensivschlag im Westen angeregt*). Der
deutsche Generalstabschef traute den verbündeten Truppen nicht die für
Großkampfverhältnisse auf dem westlichen Kriegsschauplatz erforderliche
Leistungsfähigkeit zu und lehnte ab. Ob es möglich gewesen wäre, öster=
reichisch=ungarische Truppen zum Einsatz an r u h i g e n Frontteilen heran=
zuziehen und dadurch stärkere deutsche Kräfte für eine Offensive freizu=
machen, mag dahingestellt sein. Für den deutschen Generalstabschef verbot
sich auch diese Maßnahme schon durch seine Auffassung über die Lage und

---

*) Zu entnehmen aus einem Schreiben Conrads an Falkenhayn vom 26. August 1916.

die Aufgaben des Verbündeten im Osten. Conrad würde sich wohl auch, wie General v. Cramon sagt, mit einer solchen Rolle seiner Wehrmacht freiwillig niemals einverstanden erklärt haben. Eine Oberste Kriegsleitung bestand nicht. Unter diesen Verhältnissen erscheint der Gedankengang des Generals v. Falkenhayn durchaus begreiflich.

Indessen noch eine andere Erwägung bestärkte ihn darin: Er hatte aus dem Mißerfolg der Kraftanstrengungen, die England und Frankreich im vergangenen Herbst bei Arras und in der Champagne unter Aufgebot gewaltiger Mengen von Truppen und Material an den Durchbruchsversuch gewendet hatten, den Schluß gezogen, daß jeder derartige, auf einen räumlich begrenzten Teil gerichtete Versuch gegenüber einem moralisch unerschütterten, zum äußersten Widerstand ent= schlossenen Verteidiger, der in mit neuzeitlichen Mitteln befestigten Stellun= gen kämpft, zum Scheitern bestimmt war. Die feindlichen Offensiven waren schließlich in ihrer eigenen Masse, in ihrem eigenen Blut erstickt. „Wir dürfen . . . nicht übersehen, daß die bisherigen Kriegserfahrungen mit Massenaufgeboten an Menschen wenig zur Nachahmung einladen. Es scheint fast, als ob die Frage ihrer Leitung und Versorgung nicht zu lösen sei*)". General v. Falkenhayn geht in seinem Werke**) so weit, jedem Durchbruchsversuch „gegen einen militärisch und moralisch auf der Höhe stehenden Gegner" die operativen Erfolgsaussichten abzusprechen. Die Stellungnahme zu dieser grundsätzlichen Auffassung behalten wir uns für die Betrachtung der Großen Schlacht in Frankreich 1918 vor.

Der Verzicht auf das Mittel eines Durchbruchs im großen Stil führte den deutschen Generalstabschef zu dem Entschluß, ein in der Kriegsgeschichte bisher noch nie versuchtes Verfahren in Anwendung zu bringen: Der Feind sollte durch eine an für ihn lebenswichtiger Stelle angelegte „Saugpumpe" zum „Ausbluten" gebracht werden. Als diese lebenswichtige Stelle war Verdun gewählt. Die Kriegführung mit beschränktem Ziel wurde also beibehalten.

Indessen wollte General v. Falkenhayn bei diesem Vorhaben doch nicht ganz auf die Möglichkeit verzichten, nach Entfesselung des Kampfes im Maasgebiet auch noch an anderen Stellen der Front anzugreifen, wo die voraussichtliche Schwächung der Franzosen selbst mit Einsatz geringerer Mittel unter Umständen einen operativen Erfolg verhieß. In erster Linie kam hierfür die der 5. Armee rechts benachbarte, in der Champagne stehende 3. Armee in Betracht. Ihr wurde die Frage gestellt, „ob, wo und mit welchen heranzuführenden Kräften aus ihrer Front ein größerer Gegen=

---

*) Falkenhayn an A. O. K. 3 am 7. Februar 1916.
**) v. Falkenhayn a. a. O. S. 147.

stoß, der mindestens bis in die Gegend von Vitry le François führen
müßte," möglich sei. Der Generalstabschef des Oberkommandos dieser
Armee, Oberst v. Loßberg, legte daraufhin einen Operationsentwurf vor,
der eine Offensive aus der Mitte der Front über die Linie Prunay—Souain
mit rechtem Flügel nördlich der Vesle in südöstlicher Richtung ins Auge
faßte, und errechnete den Mindestkräftebedarf auf 24 Divisionen (wovon 15
neu herangeführt werden mußten). Das gerade aber widersprach den Ab=
sichten des deutschen Generalstabschefs. „Unser Problem ist, mit verhältnis=
mäßig bescheidenem eigenem Aufwand dem Gegner schweren Schaden an
entscheidender Stelle zuzufügen*)." In seiner Antwort knüpfte er an das
Einverständnis mit der Wahl der Durchbruchstelle die Bedingung einer
räumlich enger begrenzten Operation, für die höchstens auf 8 Divisionen
als Zuschuß zu den bereits vorhandenen Kräften des Oberkommandos zu
rechnen sei. Zur Durchführung auch dieses Unternehmens ist es dann im
Verlauf der Ereignisse nicht gekommen.

Soweit beschäftigten sich die operativen Gedanken des deutschen Ge=
neralstabschefs mit dem Problem der allmählichen Zertrümmerung des
französischen Heeres. Es fragte sich, wie hierbei gleichzeitig gegen den Eng=
länder verfahren werden sollte. Zweierlei schien möglich: Entweder
sprangen die Engländer den schwerbedrängten Bundesgenossen mit Teil=
kräften in unmittelbarer Hilfeleistung im Kampf um Verdun bei oder aber
sie griffen auf ihrer eigenen Front zur Entlastung an. Aus beiden Fällen
leitete General v. Falkenhayn die Notwendigkeit her, selbst die englische
Front anzupacken, sei es durch einen Angriff auf den durch Abgaben ge=
schwächten Feind, sei es im Gegenstoß nach Abwehr eines englischen An=
griffs. Dem mit den Vorbereitungen hierfür beauftragten Oberkommando
der 6. Armee wurde eintretendenfalls eine Unterstützung durch 8 Divi=
sionen und 20 schwere Batterien in Aussicht gestellt. Der Generalstabs=
chef dieser Armee, General v. Kuhl, machte dagegen geltend, daß die noch
mit der Umbildung ihrer Streitkräfte in neue Divisionen beschäftigten Eng=
länder sich weder in den allgemeinen Strudel bei Verdun hineinreißen,
noch zu einer vorzeitigen, nicht sehr gründlich vorbereiteten Offensive auf
ihrer eigenen Front verleiten lassen würden. Nach seiner Ansicht sei
zunächst nur mit einer Verbreiterung des Abschnitts der Engländer und
mit kleineren, örtlich begrenzten demonstrativen Angriffen von ihrer Seite
zu rechnen. General v. Falkenhayn erwiderte**): „Ich halte Angriffs=
versuch des Feindes oder aber sehr starke Schwächung desselben an der
Front nördlich der Somme für nahezu sicher, wenn der . . . . . . ernste

---

*) Falkenhayn an A. O. K. 3 am 7. Februar 1916.
**) Falkenhayn an Kuhl am 3. Februar 1916.

Vorstoß der 5. Armee auf Verdun glückt. Die Engländer können in diesem Falle Frankreich nicht im Stich lassen, so unwillkommen ihnen eine vor= zeitige Offensive oder Abgabe von Kräften sein mögen." General v. Kuhl hat mit seiner Auffassung Recht behalten.

Der Gedanke, Verdun anzugreifen, war nicht neu. Er hatte bereits mehrmals im Kriege eine Rolle gespielt. Schon im Frieden hat er die ope= rativen Erwägungen der französischen Heeresleitung über die Wahl des Aufmarsches der eigenen Armee beeinflußt, indem man den Deutschen einen Handstreich auf Verdun zur sofortigen Inbesitznahme der Maashöhen als ersten Akt der Feindseligkeiten zutrauen zu sollen geglaubt hat. Auf deutscher Seite ist die Absicht, Verdun zu nehmen, nachweislich zum ersten Male im Oktober 1914 vom Oberkommando des deutschen Kronprinzen er= wogen worden. Dieses hielt auch unter den Verhältnissen des beginnenden Stellungskrieges an dem Grundgedanken der im ersten Vormarsch der 5. Armee zugefallenen Aufgabe fest, die darin bestanden hatte, den rechten durch Belgien und Nordfrankreich vorwärtsschwenkenden Heeresflügel im Anschluß an Diedenhofen gegen einen Flankenstoß der Franzosen von Verdun her zu schützen. In der Tat lag die 5. Armee im Verein mit den Armeeabteilungen Strantz und Falkenhausen auch im Stellungskrieg in erster Linie die Deckung der rückwärtigen Verbindungen des Westheeres mit dem Heimatlande ob. An keiner Stelle waren diese einer so unmittel= baren Bedrohung ausgesetzt als gegenüber Verdun, das für eine gegen sie in wirksamster Richtung geführte französische Offensive als Ausfallstor dienen konnte. Der Plan, die Festung anzugreifen und zu nehmen, wurde daraufhin durch die Oberste Heeresleitung in bestimmte Befehle an das Oberkommando der 5. Armee umgesetzt, mußte indessen Ende Oktober 1914 auf dessen Antrag mit Rücksicht auf die ungenügende Munitionslage wieder fallengelassen werden. Gegen Ende des Jahres 1914 trat der Chef des Generalstabes der 5. Armee an die Oberste Heeresleitung mit einem Ope= rationsvorschlage heran, bei dem der Angriff auf Verdun erneut eine Rolle spielte. Er befürwortete eine breitangelegte Offensive gegen den Ostflügel der französischen Aufstellung. Sie sollte sich gegen die starke Flügel= anlehnung des Feindes in den Argonnen, gegen die Stellung westlich der Argonnen und gegen die Festung Verdun richten. Das Ziel der Operation war, durch Herumfassen auf den äußeren Flügeln — mit Teilen südlich um die Argonnen herum, mit der Armeeabteilung v. Strantz über die Maas — die bei Verdun und Umgegend stehenden französischen Feldtruppen ein= zukesseln. General Schmidt v. Knobelsdorf versprach sich von solcher

Operation weiterhin den Erfolg, daß sie den Feind zur Schwächung seiner übrigen Heeresfronten zugunsten des Widerstandes bei Verdun und westlich verleiten würde, und daß sich daraus die Möglichkeit ergeben könne, diese Schwächung durch einen Angriff operativ auszunutzen. Wie General v. Falkenhayn sich damals zu dem Grundgedanken jenes Vorschlages gestellt hat, entzieht sich unserer Kenntnis. Ausführbar war er im Winter 1914/15, wie wir wissen, im Hinblick auf die Lage im Osten nicht.

Wenn der Feind auch in der Folgezeit niemals den Versuch machte, Verdun in der oben erwähnten Weise zu einem Vorstoß gegen die rück= wärtigen Verbindungen der Deutschen operativ auszunutzen, so erblickte die Oberste Heeresleitung darin doch keinerlei Gewähr für die Zukunft. Der Wunsch, diese Gefahr ein für allemal auszuschalten, das feindliche Ausfallstor einzuschlagen, gab jetzt in den Erwägungen des Generals v. Falkenhayn den Ausschlag für die Wahl dieses Angriffspunktes gegen= über Belfort. General Buat*) will Verdun als dem weit vorspringenden Eckpfeiler und gleichzeitigen Bruchpunkte des französischen Stellungssystems die ihm von deutscher Seite zugeschriebene Bedeutung als Ausgangsbasis für einen großen Angriff nicht zuerkennen. Er meint, daß im Jahre 1916 für die Franzosen unter den Verhältnissen des Stellungskrieges nur ein systematisches, auf Überraschung verzichtendes Angriffsverfahren in Frage gekommen sei. „Nicht dort, wo man schon halb umringt und daher in bezug auf Maschinen= und Menschenmaterial gleich beim ersten Vorrücken in ungünstiger Lage ist, wird man einen rechtzeitig aufmerksam geworde= nen Gegner angreifen." Diese Erwägung mag für die französische Heeres= leitung maßgebend gewesen sein, von dem Versuch Abstand zu nehmen. Die deutsche Heeresleitung tat aber jedenfalls gut daran, auch mit der Möglichkeit und den Gefahren einer überraschend aus dem Festungsbereich hervorbrechenden feindlichen Offensive zu rechnen. Übrigens konnte für den Angreifer der Nachteil, daß er der konzentrischen Gegenwirkung des Ver= teidigers ausgesetzt war, zum Vorteil gewendet werden, wenn der nach Nordosten und Osten gerichtete Offensivstoß aus Verdun mit einem gleich= zeitigen doppelseitigen Angriff gegen die vorspringende Stellung der Armee= abteilung v. Strantz verbunden wurde.

Kurz vor den Weihnachtstagen 1915 erhielt der Generalstabschef des Oberkommandos der Heeresgruppe Deutscher Kronprinz — aus Gründen der Geheimhaltung zunächst mündlich, aber doch endgültig — den Befehl, „die französischen Stellungen nördlich von Verdun rechts der Maas anzu= greifen". Wie die Heeresgruppppe die ihr zugedachte Aufgabe zu lösen be=

---

*) Buat, General Ludendorff.

absichtigte, erhellt aus dem am 4. Januar 1916 der Obersten Heeresleitung
vorgelegten Angriffsentwurf. In ihm hieß es:

„Der Entschluß, die Festung Verdun in beschleunigtem Verfahren fort=
zunehmen, beruht auf der erprobten Wirkung der schweren und schwersten
Artillerie. Zu diesem Verfahren ist die uns vorteilhafteste Angriffsfront zu
wählen und nach erfolgter Wahl der Einsatz der Artillerie derart massiert
zu bemessen, daß der Einbruch der Infanterie gelingen m u ß. Außer in
den im Frieden ständig ausgebauten Werken und Batterien liegt die Wider=
standskraft der Festung zum guten Teil in mehrfachen Reihen von Feld=
befestigungen aller Art, welche gegen die deutsche Front vorgeschoben sind.

Bei der Auswahl der massiert anzugreifenden Festungsfront spricht
die Geländegestaltung wesentlich mit. Wer im Besitz der Côte (Höhen bis
zu beinahe 400 m) auf dem Ostufer der Maas ist, indem er die auf ihnen
gelegenen Befestigungen erobert hat, ist auch im Besitz der Festung. Vom
eroberten Ostufer aus können die ständigen Befestigungslinien und die Feld=
befestigungsanlagen des Westufers zu deren Fortnahme flankierend nieder=
gekämpft werden. Aber selbst wenn zunächst auf eine Besitznahme der
Werke des Westufers verzichtet werden soll, hat die Festung ihren Wert
für Frankreich verloren, wenn das Ostufer der Maas von uns genommen
ist. — Wünschenswert ist es, die Gesamtoperation allmählich so auszu=
gestalten, daß auf dem Westufer das Gelände von Four de Paris über
Aubréville—Landrecourt in unsere Hand kommt und auf dem Ostufer die
deutsche Linie sich über die Maashöhen vom Fort d'Haudainville bis St.
Mihiel erstreckt.

Zunächst handelt es sich also um einen Angriff mit erdrückender Gewalt
auf dem östlichen Maasufer und hier wieder gegen die Nordostecke der von
den Franzosen besetzten Côtehöhen, schon aus dem Grunde, weil allein
hier eine überwältigende Artillerie leidlich unbemerkt aufzumarschieren im=
stande ist. Ein Angriff unmittelbar von Osten nach Westen gegen die Côte
verbietet sich, weil völlig beherrscht von den feindlichen Höhenstellungen.
Ein Vordringen hier kann erst später erfolgen. Ebenso ist auf der Front
Combres=Höhe—St. Mihiel der dortigen Waldverhältnisse wegen und
wegen der Flankierungsgefahr vom Westufer der Maas her an ein Vor=
gehen n a ch Norden zunächst nicht zu denken. Ist es aber erst gelungen,
v o n Norden her die Linie Fort d'Haudainville—Haudiomont zu er=
reichen und gleichzeitig hiermit Schritt für Schritt von Osten her das Ge=
lände zwischen der Côte und unserer jetzigen Stellung in der Ebene zu
säubern, so ergibt sich der Fall des abgeschnürten Waldgeländes nördlich
unserer Linie Combres—St. Mihiel ohne solche Schwierigkeiten, wie sie
bei direktem Angriff zu erwarten wären."

Für die Einbruchstelle in die Nordfront der Festung östlich der Maas war der frontale Einsatz von drei Armeekorps*) nebeneinander vorgesehen. Waren auf den Maashöhen selbst die vorderen Stellungen des Feindes genommen, so sollte ein weiteres Armeekorps**), verstärkt durch Teile der gegenwärtig in Stellung befindlichen Truppen in der Woëvre-Ebene, nord= westlich von Etain in Richtung auf die Maashöhen angreifen, schließlich ein fünftes Armeekorps im Bereich der Armeeabteilung v. Strantz süd= östlich von Etain sich diesem Vorgehen anschließen. Den auf dem west= lichen Maasufer in Stellung befindlichen Kräften fiel zunächst nur die artilleristische Unterstützung, teils durch flankierende Mitwirkung auf das Angriffsfeld, teils durch Lahmlegen feindlicher Batterien zu, die vom Westufer störend in den Kampf eingreifen konnten. Da für später auch auf diesem Ufer ein Vorgehen gegen das vordere Stellungssystem des Feindes in Aussicht genommen wurde, so schien die baldige Verstärkung durch ein sechstes Armeekorps erforderlich.

Nach dem am 27. Januar vom Oberkommando der 5. Armee erlasse= nen „Befehl für die Angriffskorps" kam es „für die gesamte Kampf= handlung um die Festung Verdun unbedingt darauf an, den Angriff niemals ins Stocken kommen zu lassen, damit die Franzosen keine Gelegenheit fänden, sich in rückwärtigen Stellungen erneut zu setzen und den einmal gebrochenen Widerstand wieder zu organi= sieren." Das Oberkommando war also entschlossen, die ihm gestellte Aufgabe auf dem Wege des abgekürzten Angriffsverfahrens zu lösen.

Der Kampf, der am 21. Februar begann, trug in den ersten Tagen auch ganz das Gepräge eines schnell und wuchtig vorangetragenen An= griffs. Bis zum Abend des 23. Februar war die Linie Brabant—Samo= gneux—Höhengelände südlich Haumont—Fay=Wald—Herbebois und die Stellung südwestlich Gremilly genommen, bis zum Abend des 24. Februar die ganze zweite Stellung des Feindes gestürmt: Höhen 344—326—Fosses= Wald—Chaume=Wald. Eine französische Feder schildert die Lage des Ver= teidigers wie folgt***):

„Unsere Soldaten, durch den dreitägigen ungleichen Kampf erschöpft, sehen die Nutzlosigkeit ihrer Anstrengungen von Stunde zu Stunde mehr ein, haben keine Hilfskräfte mehr zu Gegenangriffen, wie sie sie bisher immer

---

*) VII. R. K., XVIII. A. K., III. A. K.

**) XV. A. K.

***) Reginald Kann, Conduite de la guerre sur le front occidental. Revue de Paris 1919 Nr. 15. Auch General Mangin schildert ähnlich die gefährliche Lage der Franzosen. Revue des Deux Mondes 1920 April. Comment finit la guerre II.

noch gemacht haben. In weniger denn drei Stunden ist die zweite Stellung in ihrer Gesamtheit erobert. Die französischen Divisionen sind am Ende ihrer Kraft und nicht mehr imstande, die Verteidigung fortzuführen. Was übriggeblieben ist, zieht sich zurück. In diesem kritischen Augen= blick ist keine frische Truppe in Sicht. An dem finsteren Abend des 24. Februar steht dem Feinde der Weg auf Verdun frei. Er ist davon nur noch durch die doppelte Linie der Forts getrennt, die ohne Artillerie, · zum Teil ganz ohne Verteidiger, nur eine trügerische Stütze bieten. Indessen überrascht von der Leere, die sie plötzlich nach dem hartnäckigen Widerstand der voran= gegangenen Tage vor sich sehen, zögern die Deutschen, sie scheinen eine Falle zu befürchten und wagen nicht, die Zone der permanenten Befesti= gungen ohne eine erneute Artillerievorbereitung zu durchschreiten. Die Wiederaufnahme der Vorwärtsbewegung wird auf den folgenden Tag ver= schoben. Es ist zu spät. Während der Nacht haben die ersten Verbände des 20. Korps Verdun erreicht und sich im Norden der Stadt entfaltet. Mit Tagesanbruch haben diese Elitetruppen die Stellungen der zertrümmerten - Divisionen übernommen, die bisher den furchtbaren Druck ertragen hatten. Ohne den Gegner zu erwarten, werfen sie sich entschlossen vorwärts."

Wohl bringt der 25. Februar in erbitterten Kämpfen den Deutschen noch Erfolge. Der Pfefferrücken wird genommen, Dorf Louvemont, der Chauffour=Wald und die Panzerfeste Douaumont fallen dem Angreifer in die Hand. Auch in der Woëvre=Ebene wird schnell erhebliches Gelände gewonnen, da der Feind hier fast kampflos auf die Maashöhen zurück= weicht. Damit ist aber auch der Angriffsschwung und die Kraft der er= schöpften deutschen Infanterie zu Ende. Eine ausreichende Artillerieunter= stützung aus den weit rückwärts gelegenen Stellungen fehlt. Der 26. und 27. Februar vergehen unter heftigen und verlustreichen Kämpfen, ohne daß auf den Maashöhen noch nennenswerte Geländevorteile errungen werden. Die Lage ist ins Gleichgewicht gekommen. Der Feind hat sich in neuen starken Stellungen festgesetzt, die ohne wirksame Artillerievorbereitung nicht gestürmt werden können. Dazu muß die Artillerie erst näher heran= gezogen werden. Am 28. Februar scheitert ein vom rechten Flügel der Armeeabteilung v. Strantz versuchter Angriff aus der Ebene gegen die Höhen bei Haudiomont. Erst am 2. März wird auf den Maashöhen selbst der Angriff wieder aufgenommen. Abgesehen von der Eroberung des Dorfes Douaumont bringt er keinen Gewinn. Auch ein am 9. März in seinen Zielen — Fort Belleville und Fort Moulainville — weit gesteckter Angriff mißlingt bereits im Ansatz.

Inzwischen hat die deutsche Führung den Schwerpunkt des Kampfes zunächst auf das westliche Maasufer verlegt, vornehmlich um die unheilvolle Flankierung der hinter dem Marre-Rücken stehenden feindlichen Batterien auf das Angriffsfeld auszuschalten und der dort schwer ringenden In= fanterie Entlastung zu bringen. Die Kämpfe ziehen sich durch den ganzen März und April hin. Am 6. März werden das Dorf Forges und die südlich vorgelagerten Höhen, am folgenden Tage der Raben= und Cumières=Wald genommen. Am 14. März fällt die französische Stellung auf dem Toten Mann, am 20. der Wald von Malancourt, am 30. das gleichnamige Dorf.

Im Laufe des März wurde die Angriffsfront zwecks Erleichterung der Befehlsverhältnisse in drei Gruppen zerlegt. Auf dem östlichen Ufer übernahmen General v. Zwehl und General v. Mudra*), auf dem westlichen General v. Gallwitz**) die Leitung. General v. Mudra traf umfassende Vorbereitungen für zwei rasch nacheinander Anfang April beabsichtigte An= griffe, deren erster sich die Schaffung eines weiten Vorgeländes um das Fort Douaumont und die Eroberung des Forts Vaux zum Ziel setzte, während der zweite bis in die Linie Thiaumont=Werk—Fleury—Chapitre= Wald—Fort La Lauffée vorangetragen werden sollte. Indessen bereits die Versuche, Ende März die hierfür erforderlichen Ausgangsstellungen durch Wegnahme einzelner vorgelagerter Geländeteile zu gewinnen, gelangen trotz des Einsatzes von vier neuen Divisionen nur unvollkommen.

Schwer lastet die Sorge auf den Schultern des deutschen General= stabschefs. Bange Zweifel, ob der eingeschlagene Weg weiter verfolgt werden soll, schleichen sich in sein Herz. Am 30. März schreibt er dem Oberkommando:

„Über die Bedeutung, die einem weiteren Vortragen des Angriffs in Richtung auf Verdun für den Kriegsverlauf beigemessen werden muß, so= lange wir dabei weniger leiden als die Gegner, besteht kein Zweifel. Nachdem nunmehr aber der von General Mudra in seinem Befehl . . . . . genannte erste Termin herangekommen ist, ohne daß auch nur eine der darin gestellten Aufgaben gelöst werden konnte, ist es für die Oberste Heeresleitung von hoher Wichtigkeit zu erfahren, wie die Fortentwicklung des Angriffs, im besonderen auf dem rechten Maasufer, geplant wird, und ob nach Meinung der in Betracht kommenden Stellen überhaupt Aussicht besteht, daß dort in absehbarer Zeit Fortschritte zu erhoffen sind bzw. was von der Obersten Heeresleitung noch veranlaßt werden könnte, um sie zu fördern.

Gewiß können meine Fragen nur unverbindlich beantwortet werden. Sie drängen sich aber auf, wenn man sich vergegenwärtigt, daß der Einsatz

*) Später General v. Lochow.
**) Später General v. François.

von vier frischen Divisionen . . . . zu keinerlei Erfolgen geführt hat und daß der Zufluß weiterer frischer Kräfte mit Rücksicht auf die allgemeine Lage wohl nur im Wege des Austausches, also mit
erheblichem Zeitverlust möglich sein wird. Auch darf die augenscheinlich
planmäßige Zurückhaltung erheblicher feindlicher Reserven an anderen
Frontstellen vom Standpunkt der Obersten Heeresleitung aus nicht übersehen werden. Sie erfordert um so größere Beachtung, je mehr deutsche
Kräfte im Kampf bei Verdun verbraucht werden und je weniger der Gegner
dort trotzdem unter kräftig fühlbarem Druck gehalten werden kann."

Das Oberkommando der Heeresgruppe beurteilt die Lage noch durchaus
hoffnungsfroh und aussichtsvoll. Es erwidert am 31. März:

„. . . . . Durch die bisherigen deutschen Erfolge hat der
Gegner den weitaus größten Teil seiner Reserven nach Verdun herangezogen*) und außerdem seine weniger gefährdeten Fronten durch Herausziehen von kampferprobten Teilen und deren Ersatz durch Kavallerie geschwächt.

Als eigentliche, nur noch für anderweitige Operationen verfügbare Reserven kommen außer Territorialdivisionen nur 8 Infanteriedivisionen**) in
Frage.

Die bereits bei Verdun abgekämpften Divisionen sollen durch den
Jahrgang 1916 aufgefrischt und wieder verwendungsfähig gemacht werden.
Danach kommen auch sie für anderweitige Operationen in Betracht; wie
hoch aber nach den hohen Offizierverlusten ihr moralischer Wert zu stellen
ist, bleibe dahingestellt.

Nach meiner Ansicht ist die französische Oberste Heeresleitung mit
diesen noch verfügbaren Kräften wohl in der Lage, lokale Offensivunternehmungen, nicht aber größere Operationen durchzuführen***).

Damit neige ich auch weiter unbedingt der Ansicht zu, daß das Schicksal
der französischen Armee sich b e i V e r d u n entscheidet, und damit ferner
liegt die Aufgabe klar, hier mit allen Mitteln die Vernichtung der kampfkräftigen französischen Reserven sowohl durch Einsatz von Mannschaften als
von Gerät und Munition zu vollenden.

Die ersten Operationen auf dem östlichen Maasufer sind bis zur
völligen Ausnutzung der zur Verfügung gestellten Kampfmittel unter Einsatz äußerster Energie durchgeführt. Der hiernach eintretende Halt war

---

*) Randbemerkung Falkenhayns: „Leider nicht!"

**) Randbemerkung Falkenhayns: „Irrtum: Es sind 13, abgesehen von den bei
Verdun zerschlagenen, die genau wie unsere wieder aufgestellt werden können."

***) Randbemerkung Falkenhayns: „Falsch; denn es stehen doch auch noch 14 eng-
lische Divisionen zur Verfügung!"

zu erwarten. Der Erſatz an Truppen und Gerät erforderte Zeit, das Auf=
treten der neuen von allen Seiten heranſtrömenden franzöſiſchen Streit=
kräfte, die Schwierigkeit des Geländes, noch vermehrt durch feſtungsmäßige
Verſtärkungen, alles das veranlaßte erneute ruhige Erkundung und ſorg=
ſame Vorbereitungsarbeit. Bisher feldmäßig aufgefahrene Batterien
mußten ſich eindecken, die friſch eingeſetzten 4 Diviſionen hatten ſich durch
umfangreiche Erdarbeiten gegenüber dem nunmehr in gut ausgearbeiteten
Stellungen ſtehenden Feinde zu ſchützen und ihre rückwärtigen Verbin=
dungen durch Annäherungswege zu ermöglichen. Hierbei, im Verein mit
den Unbilden der Witterung, wurde die Kraft der Truppen voll in Anſpruch
genommen, und das war durchaus erforderlich, um eine geſicherte Grund=
lage für jede weitere Offenſivoperation zu ſchaffen. Da ferner nur einzelne
Diviſionen als Erſatz verfügbar gemacht werden konnten, war die Neurege=
lung der Kommandoverhältniſſe erſchwert und wirkte daher verzögernd.

Während dieſer Zeit auf dem öſtlichen Ufer konnten die Teilangriffe,
ſich ineinander fügend, auf dem weſtlichen Ufer einſetzen. Auch hier wird
nach einer Reihe ſchöner Erfolge naturnotwendig eine Zeit kommen, die für
weitere Vorbereitungen ohne Vorwärtsdringen benutzt werden muß. Es
iſt nicht unwahrſcheinlich, und bahnt ſich zum Teil ſchon an, daß fran=
zöſiſcherſeits Gegenangriffe — auch größeren Stils —zunächſt auf dem weſt=
lichen Maasufer, ſpäter vielleicht auch auf dem öſtlichen einſetzen werden.
Dagegen muß unſere Truppe ſich durch Einbau ſichern. Auch das wirkt
auf ein unausgeſetztes Vordringen verzögernd.

Der bisher dauernd zurückgedrängte Gegner kann durch friſche Truppen
hinter ſeiner Front immer wieder Aufnahmen im Gelände vorbereiten
laſſen, nicht ſo der Angreifer. Bei ihm muß die Truppe, die ſoeben ge=
kämpft hat, auch ſelbſt ihre Erdarbeiten ausführen.“

Das Oberkommando ſchlägt daher vor:

„1. Die Durchführung des Angriffs auf dem öſtlichen Ufer muß zu=
nächſt unbedingt ſo weit gegen Verdun erfolgen, daß ein umfangreiches Zu=
ſammenwirken des Angriffs mit dem des weſtlichen Ufers, mindeſtens durch
Artillerieunterſtützung, gewährleiſtet iſt, das heißt, die Infanterie des Oſt=
ufers muß auf der Côte bis in die Linie: Ouvrage de Thiaumont—Fleury—
Fort de Souville—Fort de Tavannes vorrücken.

Hierdurch iſt auch allein die flankierende Unterſtützung für das Vor=
rücken der in der Woëvre=Ebene ſtehenden Kräfte des XV. Armeekorps
auf die Côte hinauf möglich.

2. Es iſt durchaus Ausſicht vorhanden, daß dieſes unter 1. genannte
Vordringen bald ermöglicht wird. Zunächſt laſſen ſich die weniger durch
Kampf als durch Arbeit, durch die Unbilden der Witterung und durch den

bei gewissen einzelnen Truppenteilen bestehenden Mangel moralischer Fak=
toren minderwertiger Teile durch Einsatz des wieder kampfkräftigen
XVIII. Armeekorps ergänzen. Dann aber müssen weiter Zug um Zug
die durch das XVIII. Armeekorps abgelösten Truppen von der Obersten
Heeresleitung durch hochwertige andere ersetzt werden, um jederzeit frische
Reserven zur Hand zu haben. Der gleiche Ersatz ist wie bisher an Gerät
und Munition erforderlich*). Dann wird es unbedingt nötig sein, daß
der Druck auf dem östlichen Maasufer dauernd stark bleibt.

Auf dem westlichen Maasufer erwarte ich die Einwicklung der Ver=
hältnisse anders. Hier werden sich die feindlichen Reserven im Verlaufe
der Zeit durch die heftigsten Gegenangriffe selbst zerstören. Vorbedingung
hierfür ist es für uns, daß wir die Linie Wald von Avaucourt—Höhe 304—
Toter Mann—Höhe nördlich Chattancourt—Cumières bald erreichen. Erst
wenn die französischen Kräfte in zwecklosen Offensivstößen erlahmt sind,
werden die deutschen Kräfte auf dem westlichen Maasufer endgültig vor=
wärts kommen. Bis dahin werden die Ereignisse auf dem Ostufer sich
entsprechend zur erfolgreichen Unterstützung gestaltet haben.

Es sind Anzeichen vorhanden, daß die Entwicklung der Kämpfe um
Verdun diesen Gang nehmen wird. Ein Grund, in den bisherigen An=
strengungen nachzulassen, liegt nicht vor. Die französische Offensivkraft wird
bei Verdun gebrochen."

Indessen der verantwortliche Leiter der Gesamtoperationen blickt weiter
und schärfer in die Zukunft als das nachgeordnete Oberkommando. Er
wägt das Für und Wider nüchtern ab und gibt seiner skeptischen Auf=
fassung in folgendem Schreiben vom 4. April unverhohlenen Ausdruck:
„Die Ausführungen . . .   . treffen leider in einigen
wesentlichen Punkten nicht zu.

Zunächst werden die unseren Gegnern an der Westfront für größere
Offensivunternehmungen zur Verfügung stehenden Kräfte um ein Mehr=
faches unterschätzt. Die Kräfte reichen zahlenmäßig zweifellos für den Ver=
such einer großzügigen Offensive aus. Ob eine solche gewagt werden wird,
ist freilich eine andere Frage. Ihre Beantwortung bleibt stets unsicher und
von minderer Bedeutung, da schon das Bestehen der Offensivmöglichkeit
uns an unbequeme Gegenmaßregeln bindet.

Sodann überschätzt das Armeeoberkommando unsere eigene Leistungs=
fähigkeit. Die Annahme, wir wären in der Lage, j e d e r z e i t frische hoch=
wertige Truppen zur Ablösung der bei Verdun verbrauchten und
d a u e r n d Ersatz an Gerät und Munition w i e b i s h e r zu stellen, ist
irrig; auch beim besten Willen sind wir dazu nicht imstande.

*) Randbemerkung Falkenhayns: „Das ist unmöglich!"

Aus diesen Darlegungen ergibt sich, daß der dortigen Ansicht, bei
Verdun werde das Schicksal der französischen Armee entschieden werden,
doch nur bedingt beigetreten werden darf. Die Hoffnung wird sich erfüllen,
wenn es uns gelingt, während der absehbaren Zeit, in der wir Menschen,
Gerät und Munition noch annähernd in dem bisherigen Umfange nach=
schieben können, Ergebnisse zu erzielen, die die Franzosen dauernd unter
wirklich fühlbarem Druck halten und sie dadurch zwingen, entweder ihrer=
seits fortgesetzt frische Kräfte bis zu deren Erschöpfung einzusetzen oder den
nordöstlichen Sektor der Festung Verdun aufzugeben. Zu diesem Ende
sind aber Fortschritte nötig. Schleppende, hin= und herwogende Gefechte
genügen dazu nicht. Wie überhaupt in jedem andern Falle die dortigen
Hoffnungen nicht verwirklicht werden können.

Aus alledem folgt zwingend:

1. Daß wir alles daransetzen müssen, um im Kampfgebiet an der
Maas nach dem bisherigen Angriffsverfahren vorwärts zu kommen.

2. Daß wir das jetzige Verfahren entschlossen aufgeben, unter mög=
lichster Kräftebeschränkung zum schulmäßigen Sappenangriff übergehen und
an anderer Stelle die Entscheidung suchen müssen, sobald wir erkennen,
daß auf die bisherige Weise das nötige Ergebnis in absehbarer Zeit nicht
mehr zu erhoffen ist.

Gewiß wird im letzten Falle gesagt werden, wir hätten die Schlacht vor
Verdun nicht gewonnen. Das wird aber auch jetzt schon gesagt und kann
und muß in Kauf genommen werden.

Gewinnen wir die Schlacht, so steigen unsere Aussichten, den Krieg
bald zu beenden, sehr. Gewinnen wir sie nicht, so wird, schon nach dem
bisher Erreichten, das siegreiche Ende zwar verzögert werden, aber nicht
beeinträchtigt, w e n n w i r u n s r e c h t z e i t i g e n t s c h l i e ß e n, u n s
b e i V e r d u n n i c h t n u t z l o s f e s t z u b e i ß e n, s o n d e r n d e n
F e i n d e n a n a n d e r e r S t e l l e d a s G e s e t z v o r z u s c h r e i b e n.
. . . ."

Noch also fällt die Entscheidung des Generals v. Falkenhayn — aber
nur unter bestimmten Vorbehalten — f ü r die Fortsetzung des Angriffs auf
Verdun. Die nächste Zukunft muß Klarheit bringen. Inzwischen wenden sich
seine Gedanken schon einem andern Frontabschnitt, der 6. Armee, zu. Viel=
leicht bietet sich dort, wo der Engländer, entgegen allen seinen Erwartungen,
bisher nichts für die Besserung der Lage des hartbedrängten Bundes=
genossen getan hat, jetzt Gelegenheit zu einem Schlage mit schnellem Erfolge.

Am 6. April erging an das Oberkommando der 6. Armee die Anfrage,
ob es in der Lage sei, den seinerzeit geplanten „Doppelstoß auf Arras"
durchzuführen, wenn ihm eine erhebliche schwere Artillerie und 4 Infanterie=

Divisionen überwiesen würden. Das Oberkommando erklärte die in Aus=
sicht gestellte schwere Artillerie für ausreichend, nicht aber die Zahl der
Divisionen. „Angriff müßte noch mehr eingeengt werden, dadurch würde
der Fall der Stadt Arras in hohem Grade fraglich. Arras muß aber ge=
nommen werden, sonst bleibt Unternehmen ein Mißerfolg." General
v. Falkenhayn gab daraufhin am 10. April den Auftrag, die Vorbereitungen
möglichst unauffällig so weit zu fördern, wie es ohne Überweisung von
Truppen, Artillerie und Munition angängig sei. Am 17. April meldete
das Oberkommando, daß der Angriff voraussichtlich schon jetzt wesentlich
größere Schwierigkeiten finden würde, als früher angenommen, da die
Engländer inzwischen weitere Divisionen vor die Front der Armee heran=
geführt und wohl wesentlich stärkere Reserven in der Gegend Arras—
St. Pol bereitgestellt hätten, auch mit Eifer an der Verstärkung ihrer Stel=
lung arbeiteten. 8 Infanterie=Divisionen genügten auch jetzt noch zur Er=
reichung des Angriffszieles. Der Bedarf an schweren Batterien wurde auf
76 angegeben. Falls die Oberste Heeresleitung die erforderlichen Truppen
und Kampfmittel nicht in vollem Umfange zur Verfügung stellen könne, so
schlage das Oberkommando vor, den Angriff in zwei zeitlich getrennte Vor=
stöße zu zerlegen. Der Oberbefehlshaber der links benachbarten 2. Armee,
General v. Below, befürwortete einen zeitlich vorangehenden demonstra=
tiven Vorstoß von Teilkräften seiner Armee nördlich der Somme bis zum
Ancre=Bache als Ablenkung für die Offensive bei Arras. Am 25. April
berichtete das Oberkommando der 6. Armee über umfassende Vorberei=
tungen, die nunmehr die Engländer in der Gegend von Lens für einen
Angriff träfen. Die Möglichkeit sei gegeben, daß der Feind uns zuvor=
komme, falls wir nicht bald selbst zum Angriff übergingen. General
v. Falkenhayn erwiderte, daß sich der Zeitpunkt für unsere eigene Offensive
noch nicht übersehen lasse. Damit wurde der Entschluß, durch einen Prä=
ventivangriff gegen die Engländer die Initiative zu wahren, auf unbe=
stimmte Zeit vertagt. Der Kreislauf der Gedanken kehrte zu Verdun
zurück.

Dort hatten inzwischen die Kämpfe auf dem westlichen Maasufer
während des Monats April bis Anfang Mai noch einen durchaus offensiven
Charakter getragen. Am 5. April war Haucourt, am 9. April Bethincourt
gefallen. Erst nachdem am 8. Mai der Nordteil der Höhe 304 erstürmt
war, trat in diesem Abschnitt eine längere Pause in den Angriffsunter=
nehmungen ein. Als sie dann später vorübergehend wieder aufgenommen
wurden, beschränkten sie sich auf örtliche Erfolge und wurden schließlich ganz
eingestellt.

Auf dem östlichen Ufer ging man Anfang April unter vorläufigem

Verzicht auf die Durchführung der früheren Angriffspläne des Generals
v. Mudra zu einem systematischen langsamen Vorarbeiten in den einzelnen
Divisionsabschnitten über. Zähes, hin= und herwogendes Ringen um jeden
Fußbreit Boden brachte dabei nur geringen Geländegewinn. Dauernde
Nah= und Handgranatenkämpfe nahmen die Kräfte der Truppe in unge=
wöhnlicher Weise in Anspruch. Der Feind ließ es an unaufhörlichen Gegen=
stößen unter stärkstem Einsatz von Artillerie nicht fehlen. Ende April ent=
schloß sich die Führung auf dem Ostufer wieder zur Aufnahme größerer
einheitlicher Angriffe auf breiterer Grundlage. „Diese lassen sich nicht über=
stürzen", so meldete die Heeresgruppe am 27. April, „und bedürfen einer
gründlichen Vorbereitung bis ins Kleinste. Sie werden aber um so
schneller folgen, wenn immer wieder stoßkräftige Truppen rechtzeitig zur
Stelle sind. Die jetzt in relativ breiten Abschnitten eingesetzten Truppen
haben vorläufig die Aufgabe, die erreichten Linien zu Sturmstellungen aus=
zubauen und die rückwärtigen Verbindungen sicherzustellen. Diese Arbeiten
müssen, durch feindliche Angriffe gestört, in ungünstigen Bodenverhält=
nissen und bei mangelhafter Verpflegungsmöglichkeit überall in schwerem
feindlichem Artilleriefeuer ausgeführt werden. Naturgemäß erschöpft sich
unter diesen Schwierigkeiten allmählich die Spannkraft der Truppe und da=
mit der Angriffsgeist. Eine wirksame Abhilfe ist nur durch weitere Ver=
stärkungen zu schaffen, die es der Heeresgruppe ermöglichen, durch ent=
sprechende Tiefengliederung der Kräfte einer Überanstrengung vorzu=
beugen, die erforderlichen Arbeiten durchzuführen und zur gegebenen Zeit
a u s   s i c h   s e l b s t wirklich frische Kräfte für neue Angriffe zur Hand zu
haben."

General v. Falkenhayn erkannte an, daß für die unentwegte Durch=
führung des Angriffs die fortgesetzte Überweisung frischer Kräfte erforder=
lich sei, weil sich die Verbände vorderer Linie auf die Dauer schneller ver=
brauchten, als die zurückgezogenen Teile sich erholten. Die Überweisung
von Verstärkungen war daher auch beabsichtigt, aber nur in einem dem
vorliegenden Bedürfnis entsprechenden Umfange, um nicht eine gefährliche
Unordnung in den Heeresreserven und eine bedenkliche Anhäufung von
Kräften in den ungünstigen Unterkunftsverhältnissen hinter der Front ent=
stehen zu lassen.

Da indessen während des ganzen Monats Mai der Feind durch fast täg=
liche, bald größere, bald kleinere Angriffe die äußersten Anstrengungen
daran setzte, sich zum Meister der Lage zu machen, ließ es der hierdurch
bewirkte schnelle Kräfteverbrauch auf deutscher Seite vorläufig nicht zur
Durchführung einer neuen einheitlichen Offensive kommen. Vorüber=
gehend geriet sogar das Fort Douaumont in ernste Gefahr, in die Hand des

Feindes zu fallen. Anfang Juni schwollen dann die Kämpfe auf dem Ost=
ufer mit Wiederbeginn der deutschen Angriffe größeren Stils zu äußerster
Heftigkeit an. Glänzende örtliche Erfolge wurden erzielt, der Chapitre=
und Fumin=Wald genommen, Dorf Damloup und Fort Vaux erstürmt.
Ende Juni hatte der Angreifer seine Linien bis über das Zwischenwerk
Thiaumont und das Dorf Fleury hinaus vorgetragen. Nur die auf die
Wegnahme des Forts Souville gerichteten Anstrengungen blieben erfolglos.

Am 24. Juni mahnt General v. Falkenhayn: „Die allgemeine Lage
läßt es dringend wünschenswert erscheinen, den Menschen=, Material= und
Munitionsverbrauch bei der Heeresgruppe entschieden einzuschränken .

. . . . . nachdem nunmehr durch Einnahme von Zwischenwerk Thiau=
mont, Fleury und des Vorgeländes von Fort Vaux ein gewisser Abschnitt
erreicht worden ist." Die Heeresgruppe erwidert, daß auf dem Westufer
über die erreichte Linie nicht hinausgegangen werden solle. „Die Erfolge
auf dem Ostufer haben die französische Verteidigung auf immer engeren
Raum zur letzten Kraftanstrengung auf Verdun zusammengedrängt. In
dieser Lage ist die Fortsetzung der Offensive mit den zur Verfügung ge=
stellten Truppen beabsichtigt. Einzelne durch den Angriff mitgenommene
Truppenverbände werden innerhalb der Heeresgruppe ausgetauscht."

Auch jetzt läßt es der Feind zunächst wiederum nicht zur Durchführung
dieser Absichten auf dem Ostufer kommen, sondern greift Tag und Nacht,
allerdings fast immer vergeblich, an, um das verlorene Gelände zurückzu=
erobern. Erst am 11. Juli findet der große deutsche Angriff gegen Fort Sou=
ville und die östlich davon gelegene Hauptstellung des Feindes statt. Trotz
glänzender Teilerfolge wird das Ziel des Tages, auch in Einzelunterneh=
mungen während der folgenden Tage nicht erreicht.

Jetzt befiehlt General v. Falkenhayn mündlich für die Heeresgruppe
Deutscher Kronprinz „strikte Defensive*)".

Weniger der nicht voll befriedigende Ausgang des Tages ist es, was
ihn zu diesem Befehl veranlaßt, als der inzwischen eingetretene Umschwung
in der Gesamtlage. Zwei tief einschneidende Ereignisse haben diesen Um=
schwung bewirkt. Zunächst der Zusammenbruch des österreichisch=ungari=
schen Verbündeten an der Ostfront, der bereits Anfang Juni unter dem
Offensivschlag Brussilows eingetreten war. Er hatte die sofortige Überfüh=
rung einer Anzahl auf der Westfront als Heeresreserven ausgeschiedener
Divisionen nach dem Osten erforderlich gemacht. Der deutsche Generalstabs=
chef entschloß sich hierbei unter Verzicht auf eine in großem Stil gehaltene
offensive Ausgleichung des Rückschlages von vornherein zu dem Versuch,

---

*) Kriegstagebuch des A. O. K. 5.

durch Abdämmen der Flut den Sturm zu beschwichtigen, das Meer allmäh=
lich wieder zu glätten. Mit den flüssig gemachten Kräften wurden die ver=
bündeten Truppen da, wo die Gefahr am größten schien, teils unmittelbar
gestützt, teils der Gegner durch räumlich begrenzte Offensivstöße zum Halten
gebracht, und aus den übrigen dadurch entlasteten Fronten Teilkräfte aus=
gespart. Auf diesem Wege ist die schwere Krisis im Osten im Sommer 1916
allmählich, freilich nicht ohne weitere empfindliche Inanspruchnahme von
Kräften des westlichen Kriegsschauplatzes, überwunden worden.

Noch nachhaltiger und unmittelbarer wurde der Kampf um Verdun
beeinflußt durch den am 1. Juli begonnenen Ansturm der Engländer und
Franzosen an der Somme, der dort eine neue gewaltige Schlachthandlung
entfesselte und zu einem außerordentlichen Kräfteeinsatz und Verbrauch der
deutschen Truppen zwang. Der Angriff kam im Gegensatz zu der Brussilow=
Offensive der deutschen Obersten Heeresleitung nicht überraschend. Seit
Ende Mai herrschte nach der Berichterstattung des Oberkommandos der
2. Armee auch über die vom Feinde in Aussicht genommene Einbruchstelle
kein Zweifel mehr. Nicht die 6. Armee, sondern der rechte Flügel der
2. Armee war die bedrohte Stelle. General v. Below war mehrfach auf
den Gedanken eines Präventivangriffs gegen die Engländer zurückgekom=
men und hatte bereits am 25. Mai eine Offensive beiderseits der Somme
vorgeschlagen. „Wenn aber der Übergang zu dieser großen Offensive jetzt
noch nicht möglich ist," — so regte er am 2. Juni an — „würde sich eine
Durchkreuzung des englischen Angriffsplanes schon durch den nur wenige
Kilometer breiten Vorstoß aus der Linie St. Pierre Divion—Ovillers bis
zum Ancre=Bache erreichen lassen. An Truppen wären für diesen Vorstoß
außer einer Division mit 12 Batterien noch etwa 6 leichte Feldhaubitz=,
30 schwere Feldhaubitz=, 6 Mörser= und einige 10=cm=Batterien der Armee
zu überweisen." General v. Falkenhayn befahl, alle Vorbereitungen mit
den irgend verfügbar zu machenden Kräften und Mitteln weiterzuführen.
Über den Zeitpunkt des etwaigen Angriffs ließen sich zur Zeit noch keine
Bestimmungen treffen. Am 20. Juni berichtete das Oberkommando der
2. Armee: „Ein Zweifel daran, daß ein sehr starker und aufs sorgfältigste
vorbereiteter Angriff bevorsteht, ist nicht mehr möglich. Daß er noch längere
Zeit auf sich warten läßt, ist wenig wahrscheinlich." Der Gedanke, dem
Gegner mit einem Hieb in die Parade zu fahren, wurde jetzt fallengelassen,
wobei der Umschwung der Lage im Osten und die dorthin erfolgten Kräfte=
abgaben zweifellos mitsprachen. Alles wurde auf die Abwehr des Angriffs
nach Maßgabe der vergleichsweise geringen zur Verfügung stehenden
Kräfte und Kampfmittel eingestellt. Ob hierin bis an die Grenze des Mög=
lichen und Gebotenen gegangen ist, sei dahingestellt. Am 24. Juni beginnt

der Feind mit seiner alle bisherigen Berechnungen und Erwartungen weit überbietenden Artillerievorbereitung und setzt diese Zermürbungs- und Ab- nutzungsarbeit unter gleichzeitigem Aufwand von starken Luftstreitkräften eine Woche lang mit stets steigendem Nachdruck fort. Am 1. Juli schreitet er zum Durchbruch. Die Entscheidung, ob der nicht unerhebliche taktische Anfangserfolg zur operativen Auswirkung von ungeahnter Tragweite wird, steht auf des Messers Schneide. Kaum scheint eine Krise überwunden, so tritt eine neue hervor. Dennoch wird die Gefahr beschworen, in allererster Linie durch den Heldenmut und die Hingabe der Truppe, die ihresgleichen in der Geschichte suchen. Aber nur durch Einsatz aller irgend verfügbar zu machenden Kräfte, durch fortgesetzte Ablösung der verbrauchten und in die Bresche Werfen frischer Divisionen und Kampfmittel läßt sich die Lage halten, wobei der Verlust einer Anzahl Kilometer Bodens keine Rolle spielt.

Der deutsche Generalstabschef sieht sich in der Tat einer völlig neuen, ungeahnt schweren Aufgabe gegenüber. Der Lage im Osten wird man, so hofft er zuversichtlich, allmählich auf dem beschrittenen Wege Herr werden. Wie aber werden die Dinge auf dem westlichen Kriegsschauplatz ausgehen, auf den er selbst die Hauptentscheidung verlegt hat? Hier dreht der Feind, der zum Ausbluten gebracht werden sollte, im geeigneten Augenblick den Spieß um und beginnt, nachdem ihm der operative Erfolg versagt geblieben ist, von sich aus die Kräfte der Deutschen zu zermürben. Er ist im Vorteil, denn er verfügt über ein erhebliches Mehr an Zahl der Streiter und Streitmittel. Das Verhalten in den Kämpfen an der Somme ist für die Deutschen gegeben: Hier kann es sich nur um fortgesetzte Abwehr und Verteidigung jeden Fußbreit Bodens handeln. Wie aber soll der Kampf um Verdun in den Rahmen der Gesamtaufgabe eingefügt werden? Soll es bei dem am 11. Juli gegebenen Befehl der „strikten Defensive" sein Bewenden haben? Wird damit nicht mehr aufs Spiel gesetzt, nicht ein größerer Kraftaufwand vertan als bei Wiederaufnahme eines offensiven Druckes? Schon bröckelt der Geländegewinn der letzten großen Angriffe langsam wieder ab. Dorf Fleury und das Zwischenwerk Thiaumont gehen Anfang August verloren, das letztere wird wiedergenommen. Schon unter- liegt es für General v. Falkenhayn „kaum noch einem Zweifel, daß es sich jetzt bei Verdun um die von unseren Gegnern längst geplante zweite Offensive neben derjenigen an der Somme handelt. Wir werden uns daher auf eine lange Dauer der Angriffe einrichten müssen*)." Berechnungen nach Zahlen und Stärkeverhältnissen der beiderseitigen Kämpfenden lassen

---

*) Falkenhayn an Heeresgruppe Deutscher Kronprinz am 4. August 1916.

in solchem Falle den Feldherrn im Stich, wo es sich um eine Unmenge
unwägbarer Faktoren handelt. Daß die oberste Führung in ihren Ent=
schlüssen schwankt, nach Klarheit ringt, ist nur natürlich. Das kommt zum
Ausdruck in dem am 15. August an die Heeresgruppe gerichteten Schreiben:
„Welche Bedeutung für die Gesamtlage die Aufrechterhaltung des
Eindrucks beim Feinde und auch auf unserer Seite nach wie vor hat, daß
die Angriffsunternehmung an der Maas nicht ganz eingestellt sei, bedarf
keiner weiteren Begründung. Auch kann die taktische Lage, in der sich
unsere vordere Linie auf dem rechten Maasufer zur Zeit befindet, dazu
zwingen, ihre Verbesserung vor Eintreten der Herbstwitterung mit allen
vorhandenen Mitteln anzustreben. Auf der anderen Seite bedingt die
Spannung, unter der wir gegenwärtig den Krieg führen müssen, die
möglichste Sparsamkeit in der Ausgabe von Menschen und Munition.
Unter diesem Gesichtspunkt muß der tatsächliche Abbruch der Offensive in
ernste Erwägung gezogen werden, obgleich natürlich niemals aus dem Auge
verloren werden darf, daß der rührige Feind, sobald er das Einstellen
unserer Unternehmungen merkt, nicht einen Tag verlieren wird, ernste
Gegenmaßnahmen zu treffen, die bei seiner Überlegenheit uns bei Verdun
oder an anderer Stelle viel empfindlicher werden könnten, als die Ver=
luste, die wir im Maasgebiet bei der jetzigen Kriegführung erleiden. Ich
bitte, eine Äußerung der beiden Angriffsgruppenführer hierzu möglichst
bald herbeizuführen und sie mit dortiger Stellungnahme versehen der
Obersten Heeresleitung vorzulegen."

Die Stellungnahme der befragten Kommandobehörden fällt verschieden
aus. General v. François, der Führer der westlichen Maasgruppe, sagt:
„Eine völlige Aufgabe der Offensive bei Verdun würde ich für einen
schweren Fehler halten. Der Verzicht bedeutet für die Franzosen einen
Erfolg, der ihre und ihrer Freunde Siegeszuversicht heben und das Ver=
trauen auf einen günstigen Kriegsausgang steigern wird. Er bedeutet für
uns das Zugeständnis, daß unsere Offensivkraft ins Wanken gekommen
ist. Nachdem wir fünf Monate den Besitz von Verdun angestrebt haben,
dürfen wir uns jetzt nicht in die starre Verteidigung drängen lassen. So=
lange wir bei Verdun zeigen, daß wir vorwärts wollen, werden wir starke
französische Kräfte festhalten. Dies allein ist schon wertvoll. Es ist aber
auch anzunehmen, daß die feindlichen Angriffsunternehmungen um so kraft=
voller einsetzen werden, je mehr er erkennt, daß es mit unserer Angriffskraft
zu Ende ist . . . . . . Ich wiederhole zum Schluß meine Meinung, die dahin
geht, daß ich eine Fortsetzung der Offensive unbedingt für nötig halte, wenn
auch mit Rücksicht auf Menschenkräfte und Munition die Ziele selbst be=
scheidener ausfallen müssen."

Der Chef des Generalstabs der Heeresgruppe, General Schmidt
v. Knobelsdorf, tritt für Fortsetzung des Angriffs auf dem östlichen
Ufer der Maas ein, aber auch hier vorläufig nur in dem Abschnitt süd=
östlich der Kalten Erde. „Die dieses Gelände mit allen ihren Schluchten
und Falten beherrschende Höhenlinie ist nur vom Zwischenwerk Thiaumont
bis Fleury in unserer Hand, vom Dorf Fleury über das Fort Souville
bis zum Bergwald nicht mehr. Dazu springt ein Keil der französischen
Stellung in die Souville=Schlucht vor. Der Aufenthalt unserer Truppe in
diesem Abschnitt ist wenig erträglich. Die vordere Linie muß stark besetzt
sein, um dauernd den feindlichen Angriffen gewachsen zu bleiben. Sie ist,
da überall eingesehen, besonders verlustreich. Reserven müssen weit
rückwärts . . . . . . aufgestellt werden, da sie weiter vorwärts keine Deckung
finden und die dauernd angestrebte Schaffung von solchen Deckungen vom
Feinde gesehen und zerschossen wird. Bleibt die Lage so, wie sie ist, so
ist bei Eintritt schlechter Jahreszeit die Versorgung der Truppe mit allem
Nötigen fast unmöglich. Sie wird schon jetzt, wo es sich nicht einmal um
Unterkunft handelt, durch Trägertrupps, die ein Drittel der fechtenden
Truppe beanspruchen, verlustreich durchgeführt. Hier also ist eine Besserung
der Lage nur nach vorwärts durch Fortnahme der uns fehlenden Höhenlinie
Dorf Fleury—Fort Souville bis zum Bergwald möglich. . . . Gelingt es,
die Höhenlinie zu nehmen . . . . , so sieht die Lage ganz anders günstig
aus. Der Feind hat keine Gelegenheit mehr, von irgendeiner Stelle aus
Erdbeobachtung in die Schluchten nordöstlich der Linie Zwischenwerk
Thiaumont—Fort Souville—Bergwald vorzunehmen. Reserven können
nahe an die vorderste Linie herangeschoben, diese selbst kann dadurch
schwach gemacht werden. Der Verkehr zur Front ist gefahrloser, ein artille=
ristisches Vorschieben ist sichergestellt. In dieser Lage kann man beliebig
bleiben. Der Verbrauch der hierzu zur Verfügung stehenden Mittel an
Truppen und Material wird nicht größer sein, als er bei Verbleiben in
der jetzigen ungünstigen Lage werden muß. Sie sind zu trennen in die
zwei großen Faktoren: Menschen und Munition. Der Menschenverlust
wird, wenn auch noch soviel gegraben wird, ein größerer bleiben und sich
nicht herabmindern lassen, wenn man in der jetzigen Stellung liegen bleibt.
Der Einsatz an Menschen beim Angriff und danach folgenden Gegen=
angriffen kann momentan groß sein. Später wird er geringer."

Im Gegensatz hierzu spricht sich General v. Lochow, der Führer der
Maasgruppe Ost, gegen die Weiterführung des Angriffs bis zur Inbesitz=
nahme des Forts Souville aus. Nach seiner Ansicht bleiben dem Gegner
immer noch andere gute Erdbeobachtungsmöglichkeiten. „Die Wegnahme
des Forts wird zunächst wie bei Fort Vaux mehrtägige, das F e s t h a l t e n

wahrscheinlich wochenlange schwerste Kämpfe und entsprechende Verluste
kosten." Der General schlägt statt dessen vor, eine Verbesserung der eigenen Stellung durch „allmähliches abschnittsweises Heranarbeiten an das
Zwischenwerk La Lauffée und dessen Wegnahme einschließlich des Abschnitts der Dicourt Fe." anzustreben.

Der Auffassung des Generals v. Lochow tritt der Oberbefehlshaber,
der Deutsche Kronprinz, persönlich bei. Seit Anfang Mai von der Nutzlosigkeit der weiteren Offensive überzeugt und dadurch innerlich in Zwie-
spalt mit seinem Chef, führt er aus: „Bei der Fortsetzung des Angriffs
gegen den vor Verdun in den stärksten Befestigungen stehenden Feind sind
weder Menschen noch Munition zu sparen. Die früheren Angriffe auf
breiten Fronten mit einer gewaltigen Artillerie und großen
Munitionsmassen haben schöne Erfolge gezeitigt, aber auch in schneller
Folge viele Divisionen verbraucht. In der gegenwärtigen Lage und bei
dem Mangel an Ersatz und Munition trage ich schwere Bedenken, die noch
frischen Kräfte der Heeresgruppe — es sind die letzten — auf schmaler
Front im konzentrischen feindlichen Feuer zu einem Angriff anzusetzen,
der die Lage nicht einwandfrei verbessert und dessen Gelingen recht zweifelhaft ist."

Dem General v. Falkenhayn ist mit diesem Widerstreit der Auffassungen innerhalb der unterstellten Kommandobehörden seine Aufgabe, eine
klare Entscheidung zu treffen, nicht erleichtert. Er bleibt auf die eigene
Urteils- und Willenskraft angewiesen. Am 21. August ergeht das nachfolgende Schreiben an die Heeresgruppe:

„ . . . . Die Gesamtlage macht es unbedingt erforderlich, bei dem
Gegner im Maasgebiet den Eindruck lebendig zu erhalten, daß die Offensive dort deutscherseits nicht aufgegeben ist, sondern systematisch fortgesetzt
wird. Wie dieses angesichts der notwendigen Einschränkung der Mittel
im einzelnen erreicht werden soll, kann nur das Oberkommando der Heeresgruppe selbst entscheiden. Hierbei soll aber berücksichtigt werden, daß die
Heeresgruppe bei Eintritt der ungünstigen Jahreszeit sich in einer Lage
befinden muß, in der es ihr möglich ist, dauernd auszuharren."

Es ist der letzte Befehl von Bedeutung, den General v. Falkenhayn
für die Führung der Kämpfe um Verdun gibt. Am 29. August tritt er von
der Leitung der Operationen zurück.

Am 2. September befiehlt Hindenburg: Der Angriff auf Verdun ist
einzustellen; die gewonnene Linie ist als Dauerstellung auszubauen.

Indessen die Kämpfe sind damit nicht zum Abschluß gebracht. Sie
gehen im September und Oktober mit mehr oder minder großer Heftigkeit
weiter, da der Feind immer wieder zu neuen Schlägen ausholt. Sind diese

auch) minder wuchtig und schnell aufeinander folgend wie an der Somme, sind sie auch selten von Erfolg begleitet, so blutet die offene Wunde am Körper des deutschen Westheeres doch weiter. Die Kräfte werden verzehrt, und trotz reiner Abwehr müssen in schneller Ablösung immer neue Divi= sionen eingesetzt werden. An den Ausbau einer Dauerstellung ist nicht zu denken. Der vorderen Kampflinie droht bei der weit zurückgehaltenen Aufstellung der Reserven jederzeit im Falle eines überraschenden Angriffs das Verhängnis. Es bleibt nicht aus. Am 24. Oktober fällt mit dem Fort Douaumont ein großer Teil des teuer erkauften Bodens wieder in die Hand des Feindes. Fort Vaur, unhaltbar geworden, wird wenige Tage später freiwillig geräumt. Ein neuer großer Angriff der Franzosen am 15. Dezember wirft den Verteidiger auf den Maashöhen weit nach Norden zurück.

In den Zielen, die sich die deutsche Führung im Kampfe um Verdun steckte, klafft ein innerer Widerspruch. General v. Falkenhayn spricht in seinem Werke stets nur von einem „Angriff im Maasgebiet mit Richtung auf Verdun". Wenn er Frankreich zum Ausbluten bringen, die Masse seines Heeres zerschlagen wollte, so konnte das nur in einer lang andauern= den Schlachthandlung geschehen — er selbst braucht dafür das Bild der „Maasmühle" —, durch die der Feind fort und fort zum Einsatz frischer Kräfte gezwungen wurde, bis schließlich nicht nur alle verfügbaren Re= serven aufgezehrt, sondern auch die aus den anderen Fronten nach und nach herausgelösten und zur Ablösung in den Kampf bei Verdun geworfenen Truppen zermürbt waren. Diesem Zweck langsamer, systematischer Wehrlos= machung des Gegners war aber nicht gedient, wenn man in abgekürztem Angriffsverfahren die zunächst nur schwachen zur Stelle befindlichen Kräfte bei Verdun über den Haufen rannte und den auf dem Ostufer der Maas ge= legenen Teil des Festungssystems zu Fall brachte, bevor ansehnliche Ver= stärkungen des Feindes eintrafen. Denn ein solcher Erfolg entschied, wie im Angriffsentwurf der Heeresgruppe Deutscher Kronprinz ganz richtig hervorgehoben war, über den Besitz der Festung überhaupt. Es war nicht darauf zu rechnen, daß die Franzosen, einmal vom Ostufer zurückgeworfen, zur Wiedereroberung des verlorenen Bodens sich in einen für sie so gut wie aussichtslosen Kampf einlassen würden. Im Gegenteil mußte man annehmen, daß sie in diesem Falle auch den auf dem linken Ufer liegenden, auf die Dauer kaum zu haltenden Teil des Festungssystems über kurz oder lang mehr oder minder freiwillig aufgaben. Zu dem gewaltigen Aderlaß, der das Herzblut Frankreichs an dieser Stelle ausströmen lassen sollte, kam es also ziemlich sicher nicht, wenn der gewählte Weg des beschleunigten

Angriffsverfahrens zum raschen Ziele führte. General v. Falkenhayn hat aber diesen vom Oberkommando der Heeresgruppe beabsichtigten und be= schrittenen Weg von Anfang an gebilligt. Will man nicht annehmen, daß ihm der innere Widerspruch verborgen geblieben sei, der zwischen seiner Grundidee und der Absicht der zur Durchführung berufenen Kommando= behörde bestand, so bleibt nur eine zweifache Auslegung möglich: Entweder hat er im tiefsten Herzen nicht an einen schnellen und durchschlagenden Erfolg des Angriffs geglaubt, seine Zweifel indessen unterdrückt, um nicht von vornherein den Geist der Führung und den Schwung der Truppe lähmend zu beeinflussen, oder aber er hat gedacht, sich mit einem schnellen, moralisch hoch zu veranschlagenden Waffenerfolg über die Nichtverwirk= lichung seines leitenden Gedankens hinwegtrösten zu dürfen.

Das Oberkommando der Heeresgruppe sah seine Aufgabe jedenfalls zunächst ausschließlich darin, die Festung schnell zu Fall zu bringen, und handelte von diesem Standpunkte aus durchaus folgerichtig, wenn es den Weg des beschleunigten Angriffs wählte. Eine systematische Belagerung konnte nicht in Frage kommen, da die zu ihrem Gelingen notwendige Vor= aussetzung, die Absperrung der Festung vom Hinterlande, nicht gegeben, auch auf operativem Wege nur mit sehr erheblichem und nicht verfüg= barem Kräfteeinsatz zu erreichen war. Gleichwohl will es scheinen, daß die Schwere der Aufgabe in ihrem vollen Umfange vom Oberkommando nicht genügend gewürdigt worden ist. Wie schon die ersten Sätze seines Angriffsentwurfes beweisen, rechnete es im Vertrauen auf die bisherigen glänzenden Erfolge der schweren Artillerie im Kampf um Festungen darauf, daß auch die stärkste und modernste Festung Frankreichs ihrer über= wältigenden Wirkung schnell erliegen würde. Hier handelte es sich aber nicht nur um die Niederkämpfung moderner Werke, sondern viel mehr noch um die Bewältigung des Widerstandes in dem seit 15 Monaten mit allen Mitteln der Feldbefestigungskunst meisterhaft ausgebauten Zwischen= gelände. Dieses wies eine weit größere Tiefenausdehnung auf und war von Natur in höherem Maße begünstigt als das feindliche Stellungssystem an irgendeiner anderen Stelle. Man griff also tatsächlich den stärksten Punkt der ganzen englisch-französischen Front an. Es liegt uns fern, den Entschluß zum abgekürzten Angriff an sich tadeln zu wollen; er erscheint vielmehr in Anbetracht aller Umstände als der einzig mögliche und richtige. Hat er doch auch, wie wir heute aus den Schilderungen des Feindes selbst wissen, um Haaresbreite zum Erfolg geführt. Verdun konnte nur schnell fallen oder es fiel nie. Wir halten auch nicht den Verzicht auf eine Ver= breiterung oder eine Verschiebung der Angriffsbasis, wie sie in dem gleichzeitigen Anpacken des Feindes auf beiden Maasufern liegen konnte, für den Grund des Mißlingens, sondern sehen ihn nur darin, daß nicht vor Beginn der Kampfhandlung ausreichende Reserven unmittelbar hinter den Stoßtruppen bereitgestellt und dann ihnen dichtauf nachgeführt worden sind. Daß das nicht geschah, beweist ebenso wie der ungenügende Ausbau des Bahn- und Wegenetzes, daß die Schwierigkeiten des ab- gekürzten Angriffsverfahrens von der Führung unterschätzt worden sind.

Die Kampfhandlung geriet nun — sicherlich sehr gegen die ursprüng- liche Absicht und Hoffnung des Oberkommandos — ganz in die Bahn, auf der General v. Falkenhayn sein Ziel verfolgen wollte. In wochen- langer, mit äußerster Erbitterung und Kraftanstrengung geleisteter Blut- arbeit zerrieb die „Maasmühle" die Knochen eines großen Teils der französischen Feldarmee. Sie zerrieb aber auch gleichzeitig die Kräfte des Angreifers. Ende März erkannte General v. Falkenhayn, daß seine Rechnung, „mit verhältnismäßig bescheidenem eigenem Aufwand dem Gegner schweren Schaden an entscheidender Stelle zuzufügen", einen Fehler enthielt. Wohl litt der Feind stark, vielleicht litt er mehr als die Deutschen, aber auch diese litten in einem Maße, wie es mit dem Grundgedanken des Unternehmens, um dessentwillen es ins Werk gesetzt worden war, nicht im Einklang stand. Der deutsche Generalstabschef faßte die veränderte Lage mit kühlem Wirklichkeitssinn auf und rückte sie dem mit der Durchführung beauftragten Oberkommando klar vor Augen. Jetzt aber zeigte es sich, daß dieses Oberkommando die Idee, den Feind zum Ausbluten zu bringen, sich inzwischen völlig zu eigen gemacht hatte, daß es sie auch weiterhin für richtig und aussichtsvoll hielt. Der verantwortliche Leiter der Gesamt- operationen hat darauf verzichtet, seiner besseren Einsicht und zutreffenderen Beurteilung der Gesamtlage Geltung zu verschaffen. Hierzu mag freilich die Erkenntnis bestimmend beigetragen haben, daß er in Anbetracht der ihm zur Verfügung stehenden Kräfte nicht imstande war, von sich aus den Entscheidungskampf an eine andere Stelle der Heeresfront zu verlegen. Schon hatte er sich bei Verdun zu stark verausgabt, um eine Operation, selbst nur in beschränktem Ausmaß, mit Aussicht auf Erfolg anderswo zu versuchen.

So sollte denn die „Maasmühle" weiter ihre zermahlende Arbeit tun. Sie tat sie ohne Unterschied und Ansehen der Partei. Mochte sich dabei das Verlustverhältnis zwischen Franzosen und Deutschen auch, wie General v. Falkenhayn angibt, auf 5 : 2¼ stellen, so verschoben sich doch gleichzeitig die beiderseitigen Stärkeverhältnisse auf dem westlichen Kriegsschauplatz fortgesetzt zuungunsten der Deutschen. Nach der vom General v. Falkenhayn selbst gegebenen zahlenmäßigen Gegenüberstellung betrugen Anfang Fe- bruar 1916 die Streitkräfte der Deutschen 2 350 000 Mann, die der Entente

3 470 000. Anfang Juli waren die der Deutschen auf 2 260 000 gesunken, die der Entente auf 3 840 000 angewachsen. Bis Ende August, als General v. Falkenhayn von der Leitung der Operationen zurücktrat, waren bei Verdun 50 deutsche Divisionen eingesetzt worden, also fast das Doppelte der Zahl an Heeresreserven, die bei Beginn des Kampfes zur Verfügung ge= standen hatten. Bis zum Abschluß des Großkampfes um Verdun — Mitte Dezember 1916˙— sind noch weitere 16 Divisionen eingesetzt worden. Dieser Kräfteverbrauch auf deutscher Seite hat jedenfalls das Maß des Erlaubten überschritten. Gewinn und Verlust haben sich schließlich so wenig die Wage gehalten, daß ein taktischer und moralischer Mißerfolg gebucht werden mußte. Auf französischer Seite hingegen ist trotz des außerordentlichen Kräfteverbrauchs*) bei Verdun nicht nur das Endergebnis ein günstiges gewesen, sondern auch die Beteiligung an der Sommeoffensive — wenn= gleich nicht in dem vollen, ursprünglich beabsichtigten Umfange — er= möglicht worden.

Vom psychologischen Standpunkt gewinnt man den Eindruck, daß General v. Falkenhayn in der Erkenntnis seines Rechenfehlers von Anfang April an nur noch mit halber Seele bei dem Kampf im Maasgebiet ist, daß er unter dem gewaltigen Druck der auf ihm lastenden Verantwortung seine Entschlüsse nur noch schwer, beinahe mit innerem Widerstreben faßt, nach jedem Teilerfolge gleichsam aufatmend in der Hoffnung, daß es nun endlich genug sein möge des gefährlichen Spiels, das entfesselt worden ist. Sein letzter Befehl vom 21. August läßt deutlich erkennen, daß er sich nicht mehr imstande fühlt, der Lage so oder so eine entscheidende Wendung zu geben. Seien wir aber bescheiden. Wer im Kriege an verant= wortungsvoller Stelle selbst erlebt hat, wie das unmöglich Scheinende doch möglich werden kann, wie der Erfolg von tausend Zufälligkeiten abhängig ist, wie schwer die Ungewißheit drückt, wie der Führer, das Herz soeben noch von stolzer Hoffnung geschwellt, der Laune des mißgünstigen Kriegs= gottes Opfer bringen muß, wird den richtigen Maßstab gewinnen, mit dem die Maßnahmen und Entschlüsse des Feldherrn gemessen werden dürfen. Mit nörgelnder Kritik, mit überlegenem Besserwissen auf Grund nach= träglicher Kenntnis des Verlaufs und Ausgangs der Kampfhandlung wird man ein gerechtes und sachliches Urteil niemals fällen. So sehr daher Zurückhaltung und Vorsicht in der kritischen Untersuchung und Bewertung der Gedankengänge und Taten eines Feldherrn als unerläßliche Pflicht er= scheinen, so gibt doch anderseits die Ergründung der psychologischen Zu=

---

*) Nach v. Kuhl, Französisch=englische Kritik des Weltkrieges (E. S. Mittler & Sohn, Berlin 1921), sind bei Verdun 74 französische Divisionen eingesetzt worden. Hanotaux gibt die Verluste auf 280 000 Tote, Verwundete und Vermißte an.

sammenhänge das Recht, die inneren Ursachen eines Mißerfolges klarzu=
legen, die in der Wesensart des Feldherrn ruhen. Von diesem Standpunkt
darf man sagen: General v. Falkenhayn hat mit dem Versuch, bei Verdun
den Gegner zum Ausbluten zu bringen, ein Unternehmen gewagt, das über
seine Kraft und über die physische Kraft der Truppen gehen mußte. Graf
Schlieffen hebt an Moltke hervor, daß Schicksalsschläge, wie sie Napoleon
erlitten, sich nicht an sein Haupt heranmachen durften, daß er das Unglück
gebannt und die Niederlage unter seinen Fuß gebracht habe, weil er das
„Erst wägen, dann wagen" zur Richtschnur seines Handelns gemacht hat*).
Dem „Wägen", das bei Verdun 1916 dem „Wagen" voranging, hat die
Grundlage gefehlt, die in der Wirklichkeit des Krieges ruht. Nicht eine
einzige der Voraussagen, die General v. Falkenhayn bei seinem entscheiden=
den Vortrage um Weihnachten 1915 für den Kampf bei Verdun gemacht,
hat sich verwirklicht.

Läßt sich der Entschluß zum Angriff auf Verdun und seine Durch=
führung an Schlieffenschen Gedanken messen? Die Kriegsgeschichte, soweit
wir sie kennen, bietet kein Analogon für den Versuch, den Feind im freien
Felde in einer fortgesetzten Kampfhandlung unter Verzicht auf jeden ope=
rativen Plan zum Ausbluten zu bringen. Auch der Theorie war solcher
Gedanke bisher fremd. Der geistigen Rüstkammer eines Clausewitz oder
Schlieffen hat General v. Falkenhayn seine Waffe sicherlich nicht ent=
nommen. Auch Hans Delbrück sieht zwar in dem Unternehmen von Verdun
eine „Spezies der Ermattungs= oder Zermürbungsstrategie", vermag
den Gedanken aber doch nur schwer und gekünstelt seiner Lehre von der
doppelpoligen Strategie einzupassen, indem er ihn eine „Überspannung des
Ermattungsgedankens" nennt. Betrachtet man die äußere Form, in der
er verwirklicht werden sollte, so stellt sich diese als reiner Frontalangriff
gegen eine von Natur und Kunst starke Stellung dar, die vom Verteidi=
ger mit äußerster Zähigkeit, auch in offensiver Kampfführung, gehalten
wird. Des Grafen Schlieffen Ansichten über die Bedeutung eines derartigen
Frontalangriffs für die Entscheidung des Feldzuges sind uns bekannt**).
„Der reine Frontalangriff wird sehr oft abgewiesen, gelingt er aber, so
drückt er den Feind nur auf kurze Entfernung zurück. An einer etwas
anderen Stelle wird die Schlacht bald erneuert. Solche Schlachten und
Siege sind schön und gut, wenn man Zeit und Muße hat, einen Feldzug
ins Unendliche hinzuziehen. Sie sind nicht am Platz, wenn alles auf dem
Spiele steht, wenn Tage, Stunden, Minuten gezählt werden müssen***)."

---

*) Graf Schlieffen a. a. O. Bd. II S. 443.
**) Erster Teil S. 3.
***) Graf Schlieffen a. a. O. Bd. II S. 381.

Die hier von Schlieffen an die Berechtigung des Frontalangriffs geknüpfte Bedingung hat bei Verdun gefehlt. Brauchten dort auch nicht Tage, Stunden, Minuten gezählt zu werden, so wurde die ganze Kampfhandlung doch unstreitig unter dem Zwang eines nur beschränkt zur Verfügung stehenden Zeitmaßes durchgefochten. Da diese kurze Spanne Zeit nicht ausreichte oder nicht ausgenutzt wurde zur Vollendung des Sieges, schlug die Gesamtlage um, indem der trotz starker Schläge ungebrochene Wille des Gegners die Initiative an sich riß und sich zum Gesetzgeber aufwarf.

Erscheint somit die Annahme berechtigt, daß ein Verfahren, wie es General v. Falkenhayn bei Verdun erstrebt und durchgeführt hat, der Gedankenwelt des Grafen Schlieffen völlig fremd war, so legt sich die Untersuchung der Frage nahe, auf welche Weise ein in dieser Gedanken= welt lebender Feldherr vielleicht gehandelt hätte, wenn ihm die Aufgabe gestellt wurde, unter den im Winter 1915/16 tatsächlich vorliegenden Ver= hältnissen auf dem westlichen Kriegsschauplatze bei Verdun zwar nicht die Kriegsentscheidung zu erkämpfen, wohl aber auf operativem Wege die Lage der Deutschen so weit zu bessern, daß sie bis zum Augenblick der endgültigen Kraftprobe mit Aussicht auf Erfolg gehalten werden konnte.

Folgende Lösung wird in Vorschlag gebracht. Der Angriff auf Verdun wird in den Dienst einer operativen Idee gestellt. Diese setzt sich einen vernichtenden Schlag gegen den im Raume von Verdun zwischen Maas und Argonnen stehenden Teil des Feindes zum Ziel und erstrebt als Er= gebnis eine Frontverkürzung der deutschen Linien von Reims nach St. Mihiel. Erforderlich ist der Einsatz der gesamten zur Verfügung stehenden Heeresreserven — 26 Divisionen. Gegen den Nordostteil des Festungs= systems von Verdun wird der Weg des abgekürzten Angriffsverfahrens gewählt. Auf den Stoß aus der Woëvre=Ebene wird verzichtet, weil der auf den Maashöhen erstrebte Erfolg die feindliche Front in der Ebene von selbst zum Einsturz bringt. Dadurch wird die Bereitstellung von 3 Divi= sionen in Reserve hinter den drei Angriffskorps ermöglicht, im ganzen werden also 9 Divisionen aus der Heeresreserve beansprucht. 2 Divisionen werden der Armeeabteilung Strantz*), 15 Divisionen der 3. Armee zur Verfügung gestellt. Der letzteren fällt eine Offensive im Sinne des vom Oberst v. Loßberg gemachten Vorschlages**) aus der Mitte ihrer Front mit rechtem Flügel längs der Vesle in Richtung über St. Menehould, der Armeeabteilung Strantz ein Vorstoß aus der Linie Dompierre—St. Mihiel über die Maas südlich an der Festung Verdun vorbei in Richtung auf Fleury zu. Beide Angriffe setzen erst ein, wenn der Schlag gegen den Nordostteil von Verdun geschehen ist, denn dieser soll die von Joffre im

---

*) Strantz verfügte außerdem auf den Maashöhen über 5 angriffskräftige Divisionen.
**) S. 28.

Raume zwischen Maas und Marne à deux mains bereitgehaltenen Heeres=
reserven — es sind vier Korps mit starker Artillerie unter General
Pétain — ganz oder zum großen Teil an den bedrohten Punkt rufen. Die
Offensivstöße aus der Champagne und über die Maas werden um so
wirkungsvoller die Flanken und den Rücken des Gegners treffen, je stärkere
Kräfte er an die Behauptung seines strategischen Eckpfeilers Verdun setzt.
Läuft sich der Angriff von Strantz zum Teil an der Maas zunächst fest, so
liegt darin für die Gesamtoperation noch kein Schaden: Er bindet dann
jedenfalls starke Feindkräfte.

Es fragt sich, ob die ` erforderliche schwere Artillerie für die
3. Armee und Strantz verfügbar gemacht werden kann. Eine
Schwächung der in Wirklichkeit von deutscher Seite bei Verdun eingesetzten
gewaltigen schweren Artillerie zugunsten einer Verstärkung der artille=
ristischen Kraft bei Strantz und 3. Armee erscheint unbedenklich, weil der
abgekürzte Angriff auf die Nordostfront der Festung nicht den Zweck hat,
diesen Teil sofort zu Fall zu bringen, sondern zunächst nur starke Kräfte
des Feindes dorthin zu ziehen und festzulegen. Auch die in Wirklichkeit für
den Angriff auf dem westlichen Maasufer bereitgestellte schwere Artillerie
steht für die 3. Armee zur Verfügung, da der Angriff auf dem Westufer
im ersten Stadium der Operation nicht in Betracht kommt. Die Aussichten
für das Gelingen einer überraschend geführten doppelseitigen Umfassungs=
operation dürften nicht von der Hand zu weisen sein. Sie kann zur völligen
Einkesselung der zwischen Argonnen und Maas stehenden Teile des fran=
zösischen Feldheeres führen. Die aus der Grablegung der deutschen Front
in die Linie Reims—St. Mihiel entstehenden Vorteile leuchten ein:
In materieller Hinsicht eine nicht unwesentliche Kräfteersparnis, in opera=
tiver Hinsicht die Gefährdung des an die Festungslinie angelehnten
Stellungssystems der ganzen französischen Ostfront. Zu seiner Stützung
wird der Feind zur ständigen Versammlung einer starken Kräftegruppe
an diesem von ihm bisher unbedenklich schwach gehaltenen Frontteil ge=
zwungen sein. Sie fällt an anderer Stelle aus und verringert damit die
Aussichten, namhafte französische Kräfte zu einer entscheidungsuchenden
Operation im Verein mit den Engländern aufzubringen. Ein schwer=
wiegendes Bedenken bleibt freilich bestehen: die vorübergehende völlige
Entblößung der übrigen Heeresfronten von Reserven. Daß der Franzose
unter dem Druck der ihm aufgezwungenen Entscheidung sich zu einer Ent=
lastungsoffensive an anderer Stelle aufrafft, was Zeit und Vorbereitungen
kostet, ist nicht anzunehmen. Vielleicht aber der Engländer. Das muß
und darf in Kauf genommen werden. Denn auch der Engländer ist im
Augenblick zu einer nachhaltigen Durchbruchsoperation nicht befähigt.

Viertes Kapitel.

Der Feldherr Ludendorff.

Die Berufung Hindenburgs und Ludendorffs in die Oberste Heeres=
leitung bedeutete ein Novum in der Handhabung des militärischen Ober=
befehls insofern, als dem zum Chef des Generalstabes des Feldheeres er=
nannten Generalfeldmarschall nicht die alleinige und ausschließliche Ver=
antwortung für die Leitung der Operationen zufiel, vielmehr sein Erster
Generalquartiermeister voll mitverantwortlich wurde*). Die Lösung war
nur denkbar bei vollständiger Einhelligkeit der Grundanschauungen nicht
nur in allen Fragen der Strategie und Taktik, sondern auch „über den Cha=
rakter dieses Volkskrieges und die sich daraus ergebenden Notwendig=
keiten"*). Diese Einhelligkeit hat nach dem Urteil beider Männer vom
ersten bis zum letzten Augenblick zwischen ihnen bestanden, ohne auch nur
vorübergehend die leiseste Einschränkung zu erleiden. „Man trifft sich im
Denken wie im Handeln, und die Worte des einen sind oftmals nur der
Ausdruck der Gedanken und Empfindungen des andern", sagt Hinden=
burg**). Will man in der Geschichte nach einem Vergleich für die Zu=
sammenarbeit dieses seltenen Feldherrnpaares suchen, so bietet er
sich nicht sowohl in dem Verhältnis zwischen Blücher und Gneisenau als
zwischen König Wilhelm I. und Moltke, wenn auch Hindenburg die Macht=
befugnisse des Obersten Kriegsherrn fehlten. Daß die nachfolgenden
Untersuchungen und Betrachtungen über die Große Schlacht in Frank=
reich 1918 sich vornehmlich mit der Persönlichkeit und den Maßnahmen
des Ersten Generalquartiermeisters beschäftigen, geschieht darum, weil er
Kopf und Seele dieses gewaltigen Unternehmens genannt werden darf,
nach Hindenburgs eigenen Worten „der wahre Mittelpunkt der gesamten
Arbeit des Generalstabes"***) war und die gemeinsamen „Gedanken und
Pläne auf das Räderwerk der Obersten Heeresleitung umsetzte".

Für die Zwecke unserer Studie bedarf es zuvor der Auseinander=
setzung mit dem Feldherrn Ludendorff, wie er sich auf Grund seiner mili=
tärischen Entwicklung im Weltkriege bis zu seiner Berufung in die Oberste
Heeresleitung gezeigt hat. Es bedarf ferner der Klarlegung, ob und in
welchem Umfange unter dem Zwang der Verhältnisse dieses Krieges die
Bedingungen gegeben waren, an die sich die volle Auswirkung des „Feld=
herrn" — im Sinne Schliffenscher Begriffsbestimmung — knüpfte.

---

*) Ludendorff, Meine Kriegserinnerungen S. 9.
**) v. Hindenburg, Aus meinem Leben S. 77.
***) Worte Hindenburgs an Ludendorff an seinem 70. Geburtstage, 2. Oktober 1917.

Ludendorff ist aus der Schule des Grafen Schlieffen hervorgegangen. Er darf in vollem Sinne sein Jünger genannt werden. Als zum General= stab kommandierter Oberleutnant hat er im Jahre 1894 zum ersten Male die Aufmerksamkeit seines Chefs auf sich gezogen: Als der Krieg zwischen China und Japan in Sicht rückte, schrieb der junge Offizier, während die Stabsoffiziere auf einer großen Generalstabsreise abwesend waren, eine kurze Untersuchung über die Erfolgsaussichten beider Staaten und sagte im Gegensatz zu der Auffassung seiner unmittelbaren Vorgesetzten mit großer Bestimmtheit den Sieg Japans voraus. Die Arbeit fand die Billigung des Grafen Schlieffen. Der Verlauf jenes Krieges bestätigte ihre Richtigkeit.

Mit Unterbrechung von zwei Jahren Frontdienstzeit als Kompagnie= chef gehörte Ludendorff von 1894 bis 1913 dem Generalstab an, zuletzt von April 1908 ab als Chef der Aufmarschabteilung. Wie alle, die Ge= legenheit hatten, dem Grafen Schlieffen nahe zu stehen und einen Einblick in seine operative Gedankenwelt zu tun, stand auch Ludendorff ganz unter dem Eindruck seiner Anschauungen und Lehren. Die Vernichtungsstrategie, wie sie der Meister verkündete, erschien ihm so einfach, klar und folgerichtig, daß er in ihr den Stein der Weisen sah. In der Wirklichkeit des Krieges ist der Feldherr Ludendorff der ausgesprochenste und erfolgreichste Ver= treter der Operation gegen die Flanke und den Rücken des Feindes ge= worden und hat die Richtigkeit der Theorie des Grafen Schlieffen durch seine Taten unwiderleglich bewiesen. Tannenberg darf ein „Über=Cannae" genannt werden, insofern als hier nicht wie einst am Aufidus nur e i n Feind gegenüber stand, sondern die Einkesselung des Gegners im Angesicht und operativen Wirkungsbereich eines zweiten, den Rücken bedrohenden Gegners gewagt und durchgeführt wurde. Auch die Winterschlacht an den Masurischen Seen im Februar 1915 brachte die Zertrümmerung einer ganzen Armee durch allseitige Umzingelung. Diese war hier um so schwieriger zu erzielen, als die Möglichkeit der Umfassung nicht von Hause aus in der Grundaufstellung gegeben war, auch nicht durch einfache Marsch= bewegungen gewonnen werden konnte, sondern erst durch tägliche harte Ge= fechte unter den denkbar ungünstigsten Gelände= und Witterungsverhält= nissen erkämpft werden mußte. In den Operationen, die im September 1914 zur ersten Schlacht in Masuren führten, blieb bei der Anlehnung des feindlichen rechten Flügels an die See eine Umfassung nur auf dem Südflügel möglich. Sie wurde hier mit so viel Kräften erstrebt, als mit Rücksicht auf die gleichzeitig notwendige Bindung der ganzen feindlichen Front flüssig zu machen waren. Die Operation wirkte sich also als An= griff gegen die Front und gegen die freie Flanke des Feindes aus. N u r gegen die Flanke der Russen richtete sich im November 1914 die Offensive

der 9. Armee aus der Linie Gnesen—Thorn, die zur Schlacht bei Lodz
und Lowicz führte. Der Entschluß zu dieser Operation, vielleicht der ge=
nialste im ganzen Weltkriege, konnte nur von einem gottbegnadeten Feld=
herrn gefaßt werden. Es bleibt ewig schade, daß der Mangel an verfüg=
baren Kräften dabei sowohl den gleichzeitigen Frontalangriff wie insbe=
sondere eine auf das rechte Weichsel=Ufer ausgreifende operative Umfassung
unmöglich gemacht hat. Wie sehr Schlieffenscher Geist die strategischen Er=
wägungen und Pläne Ludendorffs im Sommer 1915 durchwehte, ist im
zweiten Teil dieser Studie dargelegt worden.

Auch darin hatte der Jünger die Lehren des Meisters aus der
Friedenszeit richtig verstanden, daß er sich von einseitiger und ausschließ=
licher Anwendung des Versuchs der Cannae=Operation freihielt, wo im
Rahmen der Gesamtlage mit Rücksicht auf die Ungleichheit der Stärkever=
hältnisse ihrer Durchführung Grenzen gezogen waren. Das beweist unter
anderem der Vormarsch der 9. Armee im Herbst 1914 in Südpolen gegen
die Weichsel. Er gehört zu den umstrittensten Operationen des Großen
Krieges. Man hat ihm unseres Erachtens zu Unrecht die Absicht einer
„Einkreisung" der Russen diesseits des Stromes untergelegt. Ludendorff
leitete vielmehr nach seinen eigenen Angaben*) der Gedanke, die von Con=
rad angestrebte Hauptentscheidung am San und bei Przemysl zu erleichtern
und ihn zu entlasten, indem die 9. Armee entweder selbst die Weichsel=Linie
zunächst in Gegend von Iwangorod gewann und hielt oder, wenn es dazu
zu spät war, möglichst starke Kräfte auf sich und von der Hauptentscheidung
in Galizien abzog. In diesem Grundgedanken zeigt die Operation eine
entschiedene Ähnlichkeit mit dem uns schon bekannten Feldzugsplan des
Grafen Schlieffen**), den er in den 90er Jahren für ein enges Zusammen=
wirken einer kleinen deutschen Armee mit den Österreichern entworfen
hatte. Auch die Durchführung der Operation mit dem weiten Ausgreifen
nach Norden gegen Warschau diente nur dieser Absicht: Ludendorff wollte
nicht selbst operativ umfassen, sondern die immer mächtiger hervorquellende
Umfassung des weit überragenden Feindes auffangen und abwehren. Das
ist auch — mag man im übrigen zu den Einzelheiten der Durchführung
stehen, wie man will — in vollem Maße gelungen, schließlich allerdings nur
noch mit Hilfe einer überaus kühnen Rückzugsdefensive. Wenn der Ge=
samtoperation der Erfolg versagt blieb, so lag das in erster Linie an der
zahlenmäßigen Schwäche des Verbündeten, die ihn die erstrebte Haupt=
entscheidung nicht zu seinen Gunsten wenden ließ.

Es hat nicht an Stimmen gefehlt, die der Schlieffenschen Schule vor=

---
*) Ludendorff a. a. O. S. 64, 66.
**) Zweiter Teil S. 72.

werfen, daß sie die Taktik auf Kosten der Strategie vernachlässigt habe. In dieser Form ist die Beanstandung sicherlich unberechtigt. Wenn Graf Schlieffen vorwiegend die großen Operationen zum Gegenstand seiner Generalstabsreisen, Kriegsspiele und Übungsaufgaben machte, so geschah es in der Überzeugung von der unbedingten Notwendigkeit, das Verständnis und Begriffsvermögen der Generalstabsoffiziere für große operative Fragen im Rahmen von Millionenheeren zu wecken und zu fördern, und in der selbstverständlichen Voraussetzung, daß die Ausbildung und Schulung im taktischen Denken in erster Linie Sache der nachgeordneten Stellen war. Vielleicht mag in letzterer Hinsicht zuweilen nicht genug geschehen sein. General Frhr. v. Freytag sagt*): „Im ganzen trieben wir vor dem Kriege reichlich viel Strategie und zu wenig Taktik im großen Rahmen, wie der Massenkrieg sie doch erforderte, und wie sie im Frieden nur bei derartigen Übungen ohne Truppen gelehrt werden konnte." Ludendorff hat sich schon in der Friedenstheorie von einer auch nur vorzugsweisen Beschäftigung mit operativen Gedanken und Aufgaben ferngehalten und dem Studium der Taktik, ihren mannigfach, zumal nach der Entwicklung der Technik wechselnden Lehren, stets vollauf Rechnung getragen. Von eingeweihter Seite wird berichtet, daß er schon damals im verführerischen Spiel der Gedanken auf der Karte seine Strategie auf gesunde taktische Grundsätze gründete, keine operativen Erfolge erstrebte, für die unter den angenommenen taktischen Verhältnissen die Voraussetzungen fehlten, sondern in den Bewegungen und Aufstellungen des Feindes nach taktischen Blößen und Fehlern spähte, sich selbst die Vorbedingungen für taktisch aussichtsvolle Kampfhandlungen schuf. Diesem in der Theorie geübten Verfahren ist er auch in der Praxis des Kriegshandwerks treugeblieben. Es ist eines der charakteristischen Kennzeichen seiner Heerführung, daß er seine strategischen Pläne stets auf taktisch wohldurchdachten und durchführbaren Unternehmungen aufbaute. Schon in der ersten Periode des Krieges warnte er die unterstellten Korpschefs davor, Strategie auf Kosten der Taktik zu treiben. Der Schlachterfolg war ihm stets das wichtigste Ziel. Er winkte am ehesten und sichersten dort, wo der Feind schwach war. Ließ sich die operative Umfassung mit dieser Hauptforderung nicht oder nur um den Preis unverhältnismäßig hoher Opfer in Einklang bringen, so lehnte Ludendorff sie ab. So entschied er sich bei Tannenberg auf dem Südflügel für den Durchbruch mit zwei Armeekorps bei Usdau, statt mit einem Armeekorps (I.) nach Süden zu „umfassen"**). Auch der Einbruch in Rumänien

---

*) Frhr. v. Freytag, Generalfeldmarschall Graf Schlieffen S. 122.
**) Ein Umfassungsversuch hätte das I. Armeekorps voraussichtlich in das gestaffelt vorgehende russische I. Korps hineingeführt.

aus Ungarn geschah — übrigens in voller Übereinstimmung mit dem
handelnden Armeeführer — zunächst an der einzigen, unter den vor=
liegenden taktischen Verhältnissen „reifen" Stelle, am Szurduk=Paß, und
nicht in der an sich operativ wirksamsten Richtung in die Moldau. Selbst=
verständlich bewahrte sich Ludendorff bei solchem Verfahren vor dem Ex=
trem, den Waffenerfolg aus taktischen Gründen an Stellen zu erstreben,
wo seine operative Ausbeutung unmöglich oder bedeutungslos gewesen
wäre. Seine Führung im Bewegungskriege war frei von jeder Methode,
vielseitig, völlig realistisch, heute anders wie gestern. Es war die Kunst
der Heerführung unter konkreten Verhältnissen, und darin lag ihre Souve=
ränität.

Gewiß schätzte Ludendorff den hohen Wert einer gesunden Theorie,
wie sie vornehmlich in den Werken des Kriegsphilosophen Clausewitz zum
Ausdruck kommt. Seine Tätigkeit als Lehrer an der Kriegsakademie be=
weist es. Aber er war doch alles andere als ein Theoretiker, haßte als
Soldat das Gebiet der Abstraktion und sah, wie Clausewitz und Graf
Schlieffen, im Kriege „die höchste Steigerung und gewaltsame Äußerung
des wirklichen Lebens"*). Nach seiner ganzen Veranlagung war er ein
Mann der Tat, dem die Bildung des Charakters, die Erweckung und
Stählung der Führereigenschaften mehr galt, als die Sammlung möglichst
umfassender Kenntnisse und möglichst vielseitigen Wissens. Die harte
Schule des Lebens, seine dienstliche Laufbahn trotz ihrer äußeren Erfolge
machte ihn schon im Frieden zur Kampfnatur. Ihm fiel das Glück nicht
in den Schoß, er rang sich durch und hat sein Leben lang kämpfen müssen.
Getreu seiner unerschütterlichen, freimütig und rückhaltlos für die Stär=
kung unserer Wehrkraft geäußerten Überzeugung, in der sich staatsmänni=
scher Weitblick und realpolitische Einschätzung des Machtbegriffes aus=
drückte, schied er 1½ Jahre vor Kriegsausbruch aus seiner verantwortlichen
Stellung als Chef der Aufmarschabteilung im Großen Generalstab. Der
Beginn des Weltkrieges sah ihn nicht auf dem Posten, für den er wie kein
anderer geschaffen war, an der Seite des Generals v. Moltke, sondern in
der seinen Fähigkeiten und Leistungen nicht annähernd entsprechenden
Stellung als Oberquartiermeister einer Armee. Erst die entscheidende
Rolle, die er bei Lüttich freiwillig, aus innerem Drange und in voller Er=
kenntnis dessen, was auf dem Spiele stand, auf sich nahm, öffnete ihm die
Bahn. Mit Lüttich enthüllte sich der Charakter, mit Tannenberg das
Feldherrntum Ludendorffs.

Was ist's, das seine Größe ausmachte? Wir sehen es ganz einfach

---

*) Graf Schlieffen zur Einführung der 5. Auflage des Werkes „Vom Kriege"
von Clausewitz.

in der Verschmelzung von Verstand, Herz und Wille zu einem ein=
heitlichen, in sich abgerundeten, Widersprüche ausgleichenden Charakter=
bilde. Der Verstand begriff das ganze riesenhafte Ausmaß und die unend=
liche Tragweite des Kampfes um Leben und Tod, den das Reich, die
Monarchie, das deutsche Volk zu führen hatte; das Herz glühte für die
Machtstellung und Ehre des geliebten Vaterlandes, für seine heiligsten
Güter, für seine glückliche Zukunft; der Wille gebar und hielt aufrecht den
Entschluß zu siegen. Verstand, Herz und Wille, gleichmäßig und restlos
bis zur äußersten Schlußfolgerung ein und derselben Idee dienstbar,
wiesen den Weg, den Ludendorff nehmen m u ß t e , als er „aus dem Kreise
dunkler Fügung tretend sein eigener Schöpfer sich sein Los zeichnete". Es
war der Weg des Sieges oder des Unterganges. Alle großen Feldherren
in der Geschichte sind diesen Weg gegangen, ein Alexander, ein Cäsar, ein
Friedrich der Große, aber auch ein Hannibal, ein Karl XII., ein Napoleon.
Wer seinem Schicksal auswich, auf halbem Wege stehen blieb oder um=
kehrte, verwirkte den Anspruch auf die Unsterblichkeit.

Freilich das Wesen des Feldherrntums hat sich in unseren Tagen ge=
wandelt gegen die Zeiten, wo der Feldherr Führer des ganzen Volkes
gewesen.

Graf Schlieffen sagt*): „Zum Feldherrn wird man nicht ernannt,
sondern geboren und vorausbestimmt. . . . Allen Anforderungen kann
nur ein König gerecht werden, der über die gesamten Mittel des Staates
verfügt. Der Feldherr muß also König sein. In der Reihe der großen
Feldherren waren Alexander und Karl der Große, Gustav Adolph,
Karl XII., Friedrich der Große Könige durch Geburt. Cromwell und Na=
poleon machten sich zu Königen, nachdem sie ihre Geeignetheit zum Feld=
herrn dargelegt hatten. Cäsar und Wallenstein hätten das Gleiche getan,
wenn nicht der Dolch Cascas und die Partisane Deveroux' es verhindert
hätten. . . . . . Hannibal war nicht König und wurde nicht König. An
diesem Mangel ist der Feldherr der Carthagischen Republik zugrunde ge=
gangen. . . . .
Solange die uralte Übereinstimmung der Begriffe König und Anführer
im Kriege aufrechterhalten wurde, fehlte es nicht an Material, um Feld=
herren daraus erstehen zu lassen. Es mangelte daran, als die Thron=
insassen der Erbmonarchien sich selbst nicht für geeignet oder berufen
hielten, an die Spitze eines Heeres zu treten, aber doch Kriege führen
wollten und mußten. Sie sahen sich genötigt, die wichtigsten ihrer könig=
lichen Vorrechte einem General anzuvertrauen. Das war nicht unbedent=

*) Graf Schlieffen a. a. O. Bd. I S. 3 ff.

lich). . . . . . . Endlich fand in Preußen das Problem des Feldherrntums
seine Lösung. Der König tritt 1866 an die Spitze der von ihm geschaffenen,
ihm eigenen Armee. Ihm zur Seite stehen ein Staatsmann und ein Chef
des Generalstabs. Keiner der drei Männer erfüllt alle an den Feldherrn
zu stellenden Bedingungen. Aber jeder besitzt ein größeres oder geringeres
Maß von Eigenschaften, die einen solchen ausmachen, und kann die der
andern ergänzen. . . . . . Daß der Feldherr durch ein Triumvirat dar=
gestellt wird, ist 1866 und 1870 geglückt, braucht aber nicht immer zu
glücken. Eins wenigstens der Mitglieder des Komitees, das gegenwärtig
den Feldherrn zu ersetzen hat, muß etwas von dem Salböl Samuels ab=
bekommen haben."

Solange Wilhelm I. regierte, ist in Preußen und Deutschland an dieser
Lösung des Problems des Feldherrntums festgehalten worden, ohne daß
es noch einmal der kriegerischen Probe auf seine Richtigkeit unterworfen
worden wäre. Als 1887 der Krieg mit Frankreich in nahe Sicht rückte,
war der greise Kaiser entschlossen, wiederum an die Spitze des Feldheeres
zu treten. Der Kronprinz sollte ihn begleiten und erforderlichenfalls er=
setzen. Die Titanenkraft des mehr als siebenzigjährigen Bismarck war noch
völlig ungebrochen. Moltke zur Seite stand Graf Waldersee, mit seinen
Ideen aufs innigste vertraut und gleichzeitig in denkbar besten persönlichen
Beziehungen zu Bismarck. Die Einheit des Gedankens und der Tat war
in jenem unvergleichlichen Bunde von Herrscher, Staatsmann und Ge=
neralstabschef verbürgt. Nicht als ob es in den Kriegen Wilhelms I. ohne
Reibungen und Zusammenstöße zwischen dem Herrscher, der politischen und
militärischen Leitung abgegangen wäre. Sie sind bekannt genug, ebenso
bekannt ist aber auch, daß sie stets glücklich überwunden worden sind
und schließlich niemals den Enderfolg beeinträchtigt haben. Bismarcks
Genie wußte trotz der gelegentlichen Widerstände seines Königs und des
Generalstabschefs doch immer den Standpunkt zu wahren und zur aus=
schlaggebenden Geltung zu bringen, daß die militärischen Gesichtspunkte
in der Kriegführung den außenpolitischen unterzuordnen sind. „Denn die
Politik hat den Krieg erzeugt, sie ist die Intelligenz, der Krieg aber bloß
das Instrument und nicht umgekehrt" — sagt Clausewitz*).

Äußerlich betrachtet ist auch im Weltkriege auf deutscher Seite versucht
worden, das Problem des Feldherrntums in dem vom Grafen Schlieffen
gekennzeichneten Sinne durch ein Triumvirat von Herrscher, Staatsmann
und Generalstabschef zu lösen. Aber die Einheit des Gedankens und der
Tat hat gefehlt zwischen der politischen und militärischen Leitung, sie hat

---

*) Vom Kriege. 8. Buch. 6. Kapitel.

gefehlt schon lange vor dem Kriege. Ernste Versuche und redliche Be=
mühungen des jüngeren Generals v. Moltke, sie noch im Frieden anzu=
bahnen, waren erfolglos geblieben — nach unserer, auf Tatsachen be=
gründeten Überzeugung in erster Linie durch die Schuld des damaligen
Staatsmannes. Darüber wird die Geschichte richten. Liegt doch in der
mangelnden Zusammenarbeit der verantwortlichen politischen und militä=
rischen Stellen Deutschlands in den Jahren vor dem Kriege eine verhängnis=
volle Unterlassungssünde, deren Folgen sich im Weltkriege bitter
gerächt haben. Noch viel schlimmer aber war es, daß von Anbeginn des
Krieges diese Unterlassungssünde oft genug aufs neue begangen
worden ist. Dazu kam, daß in dem deutschen Triumvirat von 1914 bis
zum August 1916, in dem „Komitee, das in der Gegenwart den Feld=
herrn zu ersetzen hat", keins der Mitglieder „etwas von dem Salböl Sa=
muels" abbekommen hatte. Das änderte sich erst mit dem Eintritt Hinden=
burgs und Ludendorffs in dieses Komitee. Daß es vierköpfig wurde, war
belanglos, weil in der Geistesgemeinschaft Hindenburgs und Ludendorffs
nur ein Gedanke, ein Wille, ein Ziel zum Ausdruck kam. Es hat sich aber
gezeigt, daß es nicht genügt, wie Graf Schlieffen glaube, wenn eines der
Mitglieder einen göttlichen Funken in sich fühlt, vom himmlischen Feuer
durchglüht ist. Denn es fand sich nicht der Staatsmann vom Format Bis=
marcks, der es verstanden hätte, das Volk zu führen und klare Ziele in
der Außenpolitik aufzustellen und zu verfolgen. Es fand sich aber auch
nicht der Staatsmann, der sich mit der Obersten Heeresleitung über die
Grundbedingungen und Notwendigkeiten des Sieges geeinigt hätte. Im
Weltkriege sind die Wechselbeziehungen zwischen Politik und Kriegführung
unendlich vielgestaltiger geworden als früher. Fragen der inneren und
Wirtschaftspolitik spielten eine ausschlaggebende Rolle. Auf diesen Ge=
bieten stellt sich das Verhältnis zwischen Politik und Kriegführung anders
als in dem oben angeführten Satz von Clausewitz. Hier wird der Staats=
mann zum Gehilfen der Heeresleitung, der ihr die Mittel zur Kriegführung
im weitesten Sinne — physisch, intellektuell und moralisch — geben muß.
Auch dieser Aufgabe ist die politische Leitung des Staates zum mindesten
nicht in vollem Umfange gerecht geworden. Die Art, wie sie zum Teil die
Fragen der inneren Politik behandelte, hat der Kriegführung Eintrag ge=
tan. Der Obersten Heeresleitung ist es trotz heißer Bemühungen nicht ge=
lungen, hierin Wandel zu schaffen.

Noch ein anderes Moment komplizierte das Problem des Feldherrn=
tums im Weltkriege: Die Tatsache des Koalitionskrieges. Die in seiner
Natur liegenden Schwierigkeiten hat die Geschichte hundertfach gezeigt.
Nur der einheitliche Befehl vermag ihrer Herr zu werden, am

sichersten in der von Napoleon geübten Form, der „seine Bundesgenossen nur so weit schätzte, als sie gleichzeitig seine Vasallen waren"*). Dieses Ideal war für Deutschland angesichts der europäischen Mächtegruppierung un= erreichbar. Es hat aber im Frieden überhaupt an jedem Versuche gefehlt, einen einheitlichen militärischen Oberbefehl im Dreibund vorzubereiten und für den Kriegsfall sicherzustellen. Wohl hatte der jüngere General v. Moltke in jahrelangem Briefwechsel mit dem General v. Conrad die ver= schiedensten politischen und operativen Möglichkeiten erwogen. Über die Grundzüge des gemeinsamen militärischen Handelns war ziemliche Ein= helligkeit erzielt, die heikele Frage der Obersten Kriegsleitung indessen nie berührt worden. So konnte es geschehen, daß schon der erste Aufmarsch des Verbündeten, unter einer schwerverständlichen, einseitigen Auffassung der augenblicklichen politischen Gesamtlage eingeleitet und durchgeführt, ent= gegen allen früheren Vereinbarungen und entgegen den dringenden Rat= schlägen des deutschen Generalstabschefs einen unverhältnismäßig großen Teil der Streitkräfte auf einem Kriegsschauplatz festlegte, der Nebenkriegs= schauplatz sein sollte. General v. Conrad hinwiederum klammerte sich an den Buchstaben einer doch nur unter bestimmten Voraussetzungen gegebenen Zusage und sah in der Unterlassung des sofortigen deutschen Offensivstoßes gegen den Narew einen Bruch der getroffenen Abmachungen. Die Ver= schiedenartigkeit der militärischen Auffassungen und Ziele machte sich, wie uns bekannt ist, im weiteren Verlauf zu wiederholten Malen und gerade in entscheidenden Augenblicken nachteilig geltend. Mit der Berufung Hinden= burgs und Ludendorffs in die deutsche Oberste Heeresleitung trat auch hierin Wandel ein: Eine einheitliche Oberste Kriegsleitung für die Mächte des Vierbundes wurde geschaffen. Indessen auch sie mußte Stückwerk bleiben, solange nicht in gleicher Weise eine Oberste politische Leitung zu= stande kam, die ihre wichtigste Aufgabe in der einheitlichen Vertretung der gemeinsamen Interessen der Verbündeten sah und mit der Obersten Kriegs= leitung Hand in Hand arbeitete. Die Entente hat diese Lösung — allerdings auch erst spät, im Frühjahr 1918 — gefunden in dem Bunde des engli= schen Staatsmannes und Diktators mit dem französischen Generalissimus. Unter den Verbündeten Deutschlands sucht man vergebens nach einem Staatsmann, der über alle anderen Köpfe hinweg sich mit Ludendorff zur Einheit des Gedankens und der Tat vereinigt hätte.

So hat Ludendorff ein ähnliches Schicksal erlitten wie Hannibal, der, obwohl ein „Feldherrngenie ersten Ranges und ein glühender Patriot"**) trotz riesengroßer Leistungen schließlich gescheitert ist. Hannibals Ver=

---

*) Graf Schlieffen a. a. O. Bd. I S. 7.
**) Graf Schlieffen a. a. O. Bd. II S. 10.

hängnis war es, wie Graf Schlieffen sagt, daß sein Vaterland ihm nicht die
für seine Aufgabe erforderlichen Mittel lieferte, seine Kämpfe durch Miet=
linge ausfechten ließ, und daß er selbst die Widerstandskraft des römischen
Staates unterschätzt hat. Ludendorffs Tragik ist die größere. Über die
Kräfte seiner Feinde hat er sich keinen Illusionen hingegeben, wohl aber den
Siegeswillen des eigenen Volkes zu hoch eingeschätzt, indem er glaubte,
daß es gleich wie das alte Rom „b i s a u f d e n l e t z t e n M a n n G u t
u n d B l u t f ü r d i e H e i m a t o p f e r n w ü r d e". Gegen das deutsche
Volk soll damit kein Tadel ausgesprochen sein. Es hätte nicht minder willig
und freudig sein alles drangegeben, wenn es von einem s t a r k e n Arm
geführt worden wäre.

Fünftes Kapitel.
Der deutsche Angriffsentschluß 1918.

Als Hindenburg und Ludendorff das Kommando übernahmen, währte
der Krieg schon über zwei Jahre, ohne die Mittelmächte dem ersehnten
Ziele, einem ehrenvollen Frieden, nähergebracht zu haben. Es war nur
mit höchster Anspannung gerade gelungen, die Wage im Gleichgewicht zu
halten. Nicht ein einziger Gegner außer Serbien war entscheidend ge=
schlagen, ins Mark getroffen worden. Sie alle standen, wenn auch aus
mancher Wunde blutend, in festgeschlossenem Ringe um Deutschland und
seine Verbündeten, einig in dem Willen, den Kampf bis zur völligen Ver=
nichtung durchzukämpfen. Es war der Krieg in seiner absoluten Gestalt:
Sieg oder Untergang — kein Kompromiß! Die deutsche Oberste Heeres=
leitung begriff diese weltpolitische Bedeutung des Ringens um Sein oder
Nichtsein und zog entschlossen die Schlußfolgerungen. Hatte General
v. Falkenhayn es als höchstes Gebot der Mittelmächte angesehen, mit der
eigenen Kraft haushälterisch zu verfahren, jede Überspannung zu ver=
meiden, um im Kriegswillen und Kriegsvermögen länger auszuharren als
die Gegner, so versprachen sich die neuen Männer nur von einer Steige=
rung der Energie der Kriegführung bis zur restlosen Ausnutzung und zum
vollen Einsatz der gesamten Volks= und Wirtschaftskraft den Erfolg. Ge=
neral Ludendorff sagt*): „Ich trat an meine Aufgabe mit dem heiligen
Streben, nichts anderes zu tun und zu denken als den Krieg zu einem
siegreichen Ende zu führen." Wir erkennen in diesem Satze die völlige
Übereinstimmung mit der Auffassung des Feldherrnamtes, wie sie ein

*) Ludendorff a. a. O. S. 187.

Schlieffen gelehrt hatte. „Nicht der Wunſch, nicht geſchlagen
zu werden, ſondern das brennende Verlangen, den
Feind zu ſchlagen, muß die Entſchließungen be=
ſtimmen*)". Dieſes Wort des Grafen Schlieffen darf zur Kennzeich=
nung des grundlegenden Unterſchiedes angeführt werden, der zwiſchen den
Syſtemen Falkenhaynſcher und Ludendorffſcher Kriegführung be=
ſtanden hat.

Es gehörte freilich eine ungewöhnliche Charakterſtärke, ein tiefinnerer
Glaube an die eigene Kraft und an die Kraft des deutſchen Volkes dazu,
an dem Sieggedanken feſtzuhalten. Denn die von dem Vorgänger über=
nommene Lage in dieſem ins Gigantiſche geſteigerten Verzweiflungskampfe
war nicht dazu angetan, die Siegesausſichten der Mittelmächte auch nur
einigermaßen günſtig einzuſchätzen. Kaum vermochten ſie ſich noch des ge=
waltigen Anſturms in Weſt, Oſt und Südweſt unter Aufgebot aller Kräfte
zu erwehren, als der Eintritt Rumäniens in die Reihe der Gegner die
Wage ſo ſehr zu ihren Ungunſten beſchwerte, daß die endgültige Nieder=
lage nach menſchlichem Ermeſſen faſt unabwendbar erſchien. So fand denn
auch der Sieggedanke im Geiſte der Feldherren ſeine ganz natürliche, ſelbſt=
verſtändliche Ergänzung in dem andern: Fallen wir, ſo wollen wir in
Ehren fallen. Damit war jede Regung des Zweifels, des Kleinmuts ge=
bannt, das ganze Denken und Handeln, aller Feſſeln ledig, ausſchließlich
auf eine poſitive Aufgabe eingeſtellt.

Uns über die zur Erfaſſung und Nutzbarmachung der Volks= und
Wirtſchaftskraft gewählten Mittel und Wege und über den Grad des Er=
folges auszulaſſen, der ihnen beſchieden war, gehört nicht in den Kreis
dieſer Betrachtungen. Auch ſoll auf eine Schilderung der geſchichtlichen
Ereigniſſe in der zweiten Hälfte des Jahres 1916 und im Jahre 1917 ver=
zichtet werden, in deren Verlauf der deutſche Sieggedanke ſich allen
Schwierigkeiten, Nackenſchlägen und Enttäuſchungen zum Trotz allmählich
zu günſtigen Ausſichten durchrang. Wir nehmen als Ausgangspunkt für
die Behandlung unſeres Problems die Lage um die Jahreswende 1917/18.
Sie ließ das deutſche Feldherrnpaar und mit ihm die überwiegende Mehr=
heit des deutſchen Volkes den erſten Triumph feiern, den das Schickſal dem
fataliſtiſchen, ſich ſelbſt treubleibenden Ausharren in einer faſt ausſichtslos
erſchienenen Sache gönnte. Ludendorff gibt dem alſo Ausdruck**): „Das
Ziel, das ich mit äußerſter Anſpannung aller, auch meiner Kräfte in der
zweiten Jahreshälfte angeſtrebt hatte, war erreicht. Die Weſtfront hatte

---

*) Worte des Grafen Schlieffen aus der Beſprechung der Schlußaufgaben des
Generalſtabes 1901. Mitteilung des Generals v. Hahnke.
**) Ludendorff a. a. O. S. 410.

gehalten, die italienische Armee war geschlagen, und die k. u. k. Armeen in
Italien waren von frischem Geiste belebt. Die mazedonische Front stand
fest. Im Osten waren die Waffenstillstandsverhandlungen beendet, der
Weg zum Frieden für die Diplomatie freigemacht. Die Verhandlungen
sollten um Weihnachten in Brest=Litowsk beginnen. Wir hatten Aussicht,
den Krieg siegreich zu beenden. Nur in Klein=Asien war nicht alles glatt
verlaufen. Das trat gegen die großen Ereignisse in Europa vollständig
zurück."

Aus dieser hoffnungsvollen Beurteilung der Gesamtlage der Mittel=
mächte erwuchs der Entschluß der Obersten Heeresleitung, im Frühjahr
1918 zum Entscheidungskampf auf dem westlichen Kriegsschauplatze über=
zugehen. Prüfen wir seine innere Berechtigung.

Zunächst der Zusammenbruch Rußlands. Es tut der Größe des im
Jahre 1917 Geleisteten und Erreichten keinen Eintrag, wenn man zuge=
steht, daß die Mittelmächte durch die Entwicklung der Dinge in Rußland
vom Glück begünstigt worden sind. Was sich dort aber unter den fort=
gesetzten deutschen Hammerschlägen vollzog, darf das Glück des Tüchtigen
genannt werden. Er wurde belohnt für die klare Erfassung des Problems
des Mehrfrontenkrieges und für die konsequente, logische Durchführung des
Gedankens, daß erst im Osten ganze Arbeit verrichtet werden mußte. Auch
einem Friedrich war das Standhalten und der Endsieg durch den Glücks=
zufall ermöglicht worden, daß Rußland mit dem Tode der Kaiserin Elisa=
beth aus der Reihe seiner Gegner ausschied. Selten aber pflegt das Kriegs=
glück ein vollkommenes zu sein. Das mußte Friedrich erfahren, als mit der
Ermordung Peters die zugesagte russische Waffenhilfe wieder rückgängig
gemacht wurde. Eine größere Enttäuschung erlebten Hindenburg und
Ludendorff, als die Verschleppung der Friedensverhandlungen durch
Trotzki im Frühjahr 1918 nicht nur einen nochmaligen, wenn auch nur
kurzen Appell an die Waffen notwendig machte, sondern schließlich auch
nur „bewaffnete Friedensschlüsse" zustande kamen, die zu ihrer Sicherung
und Auswertung starke Kräfte weiterhin im Osten banden und ihre volle
Nutzbarmachung für die Zwecke der Kriegsentscheidung auf französischem
Boden verhinderten. Gleichwohl steht fest, daß der Zusammenbruch der
Gegner im Osten eine wesentliche, allerdings auch unerläßliche Voraus=
setzung für die Lösung geschaffen hat, an die die Oberste Heeresleitung nun=
mehr herantrat. 44 Divisionen kamen bis Ende März nach dem Westen.
Im Laufe des April und Mai sind dann noch weitere 15 Divisionen,
darunter 3 Kavallerie=Divisionen, gefolgt*).

---

*) Eine letzte Transportbewegung von Ende September bis Ende Oktober 1918
brachte etwa 9 Divisionen vom Osten nach dem Westen.

Von wesentlicher Bedeutung war die Frage, ob und in welchem Umfange sich eine Beteiligung der österreichisch-ungarischen Wehrmacht an
dem bevorstehenden Entscheidungskampfe würde ermöglichen lassen. Das
italienische Heer war durch den kurzen Herbstfeldzug 1917 nicht vernichtet.
Nach der Beweisführung des Generals Krauß*), gegen die sich schwerlich
etwas einwenden läßt, war es vom österreichischen Armee-Oberkommando
verabsäumt worden, die seltene Gunst der taktischen Lage durch sofortiges
kraftvolles Handeln zu einem vollkommenen operativen Erfolge auszu-
gestalten. Immerhin war das erzielte Ergebnis für die Gesamtlage der
Mittelmächte überaus günstig: Der Italiener war so gründlich geschlagen und
in seinem inneren Gefüge so stark erschüttert, daß er mit Fug für die nächsten
Monate als militärischer Gefahrsfaktor aus der Rechnung ausgeschaltet
gelten durfte. Die Offensive hatte außerdem den nicht unwichtigen Erfolg gehabt, 11 Divisionen der Franzosen und Engländer vom französischen Kriegsschauplatz nach Oberitalien abzuziehen. Wie lange diese Wirkung vorhalten
würde, blieb fraglich. Sie hörte voraussichtlich in dem Augenblicke auf, wo
eine erneute Bedrohung Italiens durch die Mittelmächte schwand. Mithin
kam es darauf an, diese Bedrohung auch weiterhin aufrechtzuerhalten. Der
Festlegung deutscher Streitkräfte auf dem italienischen Kriegsschauplatz bedurfte es hierzu nicht**). Der Geist der österreichisch-ungarischen Armee
war durch die Erfolge der letzten Offensive so gehoben, daß sie auch ohne
deutsche Unterstützung dieser ihr zufallenden Aufgabe gewachsen schien.

Die deutsche Oberste Heeresleitung hielt es aber für richtiger, aus der
österreichisch-ungarischen Wehrmacht für die Gesamtlage einen noch
größeren Nutzen durch unmittelbare Beteiligung einer Anzahl besonders ge-
eigneter und kampfkräftiger Divisionen und schwerer Artillerie an den bevorstehenden Kämpfen auf dem westlichen Kriegsschauplatz zu ziehen. In
einer Besprechung mit dem verbündeten Generalstabschef General v. Arz
am 3. November wurde hierüber grundsätzliche Übereinstimmung erzielt.
Einige Tage später kam freilich Graf Czernin in einer dem General Ludendorff übergebenen Beurteilung der militärischen Lage zu dem Ergebnis,
daß der Verbündete kaum imstande sein werde, sich unter den jetzigen
Stärkeverhältnissen in Italien gegen eine etwaige Offensive des Feindes
erfolgreich zu behaupten. Dieser arg pessimistischen Auffassung brauchte
kein Gewicht beigelegt zu werden. Am 16. Dezember schrieb Ludendorff dem
General v. Arz: „. . . . Euer Exzellenz wissen, welche ungeheuren Anstrengungen Franzosen, Engländer und Amerikaner machen, um den Sieg

---

*) Krauß a. a. O. S. 238 ff.
**) Die 6 dort noch befindlichen deutschen Divisionen wurden im Laufe des Winters
bis Ende März auf den französischen Kriegsschauplatz übergeführt.

im letzten Augenblick noch an sich zu reißen. Dem gegenüber heißt es, nicht nachzulassen, sondern alle Kräfte anzuspannen in der Heimat wie an der Front. Der Ausgang dieser Kämpfe entscheidet über die Zukunft Öster=reich=Ungarns und Deutschlands. Der Sieg wird unser sein, wenn beide wie bisher fest zueinander stehen." Am 23. Dezember erbat er die Stellungnahme des österreichisch=ungarischen Generalstabschefs zu der Frage der unmittelbaren Waffenhilfe und Mitteilung seiner sonstigen Absichten für das kommende Frühjahr. General v. Arz erwiderte am 28. Dezember: „Ich schließe mich Euer Exzellenz Ansicht, daß im Frühjahr 1918 ein ent=scheidender Schlag an der Westfront zu führen sei, für welchen man gar nicht stark genug sein kann, vollkommen an. Ich bin von meinem Obersten Kriegsherrn zu der Erklärung ermächtigt, daß sich Österreich=Ungarns Wehrmacht bereitwilligst an diesen Kämpfen beteiligen wird, und daß die Abmachungen bezüglich der Stärke unserer Abgaben an die Westfront vom Verlauf der Friedensverhandlungen mit Rußland abhängig sind. Ich bitte Euer Exzellenz, mir die Wünsche der Obersten Heeresleitung bezüglich der Teilnahme unserer Truppen mitzuteilen, oder aber würde ich den General v. Waldstätten zwecks mündlicher Besprechungen Anfang Jänner nach Berlin entsenden . . . . . Am südöstlichen Kriegsschauplatz beabsichtige ich, sofern die Lage an der russischen Front es zuläßt, im Frühjahr Valona zu nehmen . . . . . Größere Operationen in Italien kämen nur mit jenem Überschuß an Kräften, die nicht im Westen Verwendung fänden, in Betracht."

Am 29. Dezember dankte Ludendorff für dieses Entgegenkommen: „Zahlenmäßig möchte ich, solange die Ostlage noch ungeklärt ist, keine Vorschläge machen. Ich betone aber ausdrücklich, daß die Oberste Heeresleitung jede auf der Ostfront freiwerdende kampfkräftige k. u. k. Division wie die Überweisung schwerer Artillerie mit entsprechender Mu=nition gern annimmt. Der in Aussicht gestellte Besuch des Generals v. Waldstätten ist mir willkommen. Ich schlage Euer Exzellenz jedoch vor, mir die Bestimmung des Zeitpunktes zu überlassen, bis die Lage im Osten durch die Verhandlungen in Brest Anfang nächsten Jahres eine hinreichende Klärung erfahren hat. Es gereicht mir zur besonderen Freude aus Euer Exzellenz Schreiben feststellen zu können, daß bezüglich der Weiterführung des Krieges im Jahre 1918 volle Übereinstimmung der beiderseitigen Obersten Heeresleitungen darin herrscht, daß die Entscheidung auf dem westlichen Kriegsschauplatz herbeizuführen ist, und daß hierzu alle irgend verfügbaren Kräfte der Verbündeten heranzuziehen sind. Die Oberste Heeresleitung ist der festen Überzeugung, daß, wenn dies im richtigen Um=fang, vor allem auch rechtzeitig geschieht, der volle Endsieg unser ist." An=

5*

fang Januar erfah Ludendorff aus einer Mitteilung des Generals Hoff=
mann, daß auch Graf Czernin mit der Mitwirkung österreichisch=ungari=
scher Truppen auf dem westlichen Kriegsschauplatz einverstanden war.

Alles schien somit in bester Ordnung. Indessen andere Einflüsse durch=
kreuzten die Absichten, die in dem dienstlichen Meinungsaustausch der beiden
obersten Kommandobehörden verfolgt wurden.   Wir sind darüber durch
das Buch des Generals v. Cramon unterrichtet.   Dieser erzählt*): „Arz
teilte mir im Vertrauen mit, daß Kaiser Karl die von Deutschland erbetenen
Beweise bundesgenössischer Hilfsbereitschaft nur ungern zugestehen würde,
und daß es namentlich die Kaiserin nicht wünschte, daß österreichische
Truppen auf französischem Boden gegen Franzosen kämpften.   Auch in
den parlamentarischen Körperschaften wurde kein Geheimnis daraus
gemacht, daß die nichtdeutschen Völker der Donaumonarchie — unterstützt
von der Sozialdemokratie — einer Teilnahme am Kriege im Westen
starken Widerstand entgegensetzten." Die Oberste Heeresleitung, über diese
Zusammenhänge unterrichtet, erteilte Anfang 1918 dem General
v. Cramon „den bestimmten Auftrag, auf eine bindende Erklärung zu
dringen. Arz antwortete, daß vor dem Abschluß des Friedens mit Ruß=
land und Rumänien k. u. k. Divisionen nicht zur Verfügung ständen, wohl
aber Artillerie, wenn auch mit geringer Munitionsausrüstung. Die Oberste
Heeresleitung nahm das Angebot an**)." Es gelang dann dem General
v. Cramon, Hindenburg und Ludendorff trotz der bei ihnen durch diesen
Wandel hervorgerufenen ernsten Bedenken erneut zu der Bitte um Bereit=
stellung einiger österreichisch=ungarischer Divisionen für den westlichen
Kriegsschauplatz zu bewegen. Indessen war Cramons Bemühungen beim
General v. Arz kein Erfolg beschieden, der ihm schließlich „ganz vertraulich"
eröffnete, daß die Entsendung österreichischer Infanterie nach dem Westen
an allerhöchster Stelle nicht genehm wäre. . . . . Ludendorff nahm den
erneuten Stimmungswechsel bei den Verbündeten ruhig auf".

Nachdem auf diese Weise der Versuch gescheitert war, Teile der Wehr=
macht des Verbündeten für die unmittelbaren Zwecke der Kriegführung auf
dem Hauptkriegsschauplatz heranzuziehen, blieb nichts übrig, als einen Angriff
gegen die Italiener anzuregen. Von einer österreichisch=ungarischen Offen=
sive war auch als Ablenkung ein großer Erfolg zu erwarten. In dieser Hin=
sicht bildete die Front von der Nordsee bis zur Adria für die Mittelmächte
eine Einheitsfront, die sich bereits im Herbstfeldzug 1917 bewährt hatte. Am
15. März erging an den General v. Arz das nachfolgende Ersuchen Hinden=
burgs: „Die englischen und französischen Truppen sind anscheinend aus der

---

*) v. Cramon a. a. O. S. 146.
**) Es wurden 46 schwere und schwerste k. u. k. Batterien zur Verfügung gestellt.

italienischen Front zurückgezogen*). Ihr Auftreten an der deutschen West=
front ist zu erwarten. Zur Entlastung des deutschen Heeres in seinem
schweren Entscheidungskampf halte ich eine baldige Offensive des öster=
reichisch=ungarischen Heeres in Italien für dringend geboten. Es wird
dies zugleich die wirksamste Art sein, in der sich Österreich=Ungarn an der
Entscheidung im Westen beteiligen kann." General v. Arz erwiderte
zunächst, „daß die materielle Sicherung einer Aktion infolge der Ver=
pflegungsschwierigkeiten, der Transport= und Kohlenkrise, die das Heran=
bringen der Truppen und die Beschaffung der Munition außerordentlich
erschweren, in sehr bedeutendem Maße verzögert werden würde". Am
27. März meldete er indessen, daß er „unter Zusammenfassung aller ver=
fügbaren personellen und materiellen Mittel der Wehrkraft der Monarchie
einen Schlag gegen Italien durchführen werde. Die Vorbereitungen
würden E n d e M a i beendet sein. Als Resultat dieser Operation, die bis
an die Etsch führen solle, erwarte er den militärischen Niederbruch
Italiens". Die deutsche Oberste Heeresleitung mußte sich hiermit wohl
oder übel zufriedengeben. Hindenburg antwortete am 1. April: „Ich
glaube, daß die von Euer Exzellenz in Aussicht genommene Offensive gegen
Italien der Gesamtlage sehr zugute kommen wird, und zwar um so mehr,
j e e h e r d i e O p e r a t i o n e n b e g i n n e n."

Somit blieb Deutschland für die Austragung des Entscheidungs=
kampfes auf französischem Boden auf die eigenen Kräfte angewiesen. Mit
drei Gegnern war zu rechnen: England, Frankreich und Amerika. Wie
waren sie einzuschätzen? England hatte in der zweiten Hälfte des Jahres
1917 die Hauptlast des Kampfes getragen. Die große Flandernschlacht war
das alles überragende Ereignis gewesen. Trotz des Geländeverlustes im
Ypernbogen und trotz der unvermeidlichen schweren Einbuße an Kampf=
kraft durfte sie schließlich als deutscher Sieg gebucht werden, weil der
Engländer das erstrebte operative Ziel, die Zerstörung unserer U=Boots=
basis in Flandern, nicht erreicht hatte. Nicht minder wichtig wie dieser
glückliche Ausgang an sich war für die Beurteilung der künftigen Chancen
die Erkenntnis, daß das System des Angreifers — der rücksichtslose
Masseneinsatz in der Materialschlacht, das methodische Vortragen des An=
griffs in fortgesetzten, gründlich vorbereiteten, räumlich eng begrenzten
Unternehmungen, das starre Festhalten des einmal gewählten Zieles —
versagt hatte. In diesem System sprach sich deutlich der Mangel an ope=
rativer Manövrierfähigkeit aus, der der englischen Führung und dem eng=
lischen Heere anhaftete. Er zeigte sich erneut in der Tankschlacht bei

---

*) Das trof nicht zu.

Cambrai im November, die troß ihrer bedenklich großen Anfangserfolge schließlich mit einem völligen Rückschlage für den Feind endigte. Gelang es den Deutschen im Westen noch einmal, zum Bewegungskrieg zu kommen, so war die Zuversicht auf die operative Überlegenheit von Führung und Truppe über den Engländer wohl berechtigt.

Im Vergleich zu den gewaltigen Bemühungen, die der Engländer in Flandern an die Erringung des Sieges gesetzt hatte, waren die Ziele, die sein französischer Bundesgenosse nach dem Mißerfolge seiner großen Aisne-Offensive im zweiten Halbjahr 1917 anstrebte, auffallend bescheiden gewesen. Zwar verliefen die örtlichen Angriffe, auf die er sich zuerst bei Verdun, später an der Laffaux-Ecke beschränkte, günstig für ihn und brachten den Deutschen erhebliche Verluste bei. Im großen ganzen durfte aber doch aus seiner strategischen Zurückhaltung entnommen werden, daß in Frankreich die nach der Aisneschlacht eingetretene und auch den Deutschen nicht verborgen gebliebene moralische Depression von Volk und Heer zur Zeit noch nicht überwunden war. Hindenburg und Ludendorff lag freilich nichts ferner, als daraus auf eine dauernde Lähmung des Kriegswillens in Frankreich zu schließen. Im Gegenteil rechneten sie mit Bestimmtheit, daß die französische Armee im kommenden Frühjahr nach vollständiger Wiederauffrischung mit gesteigerter Kraft um den Endsieg ringen werde. Sie war im Vergleich zum Engländer der militärisch stärkere, operativ gewandtere und gefährlichere Gegner. Stand man vor dem Zwang, sich zu entscheiden, gegen welchen von beiden der deutsche Schlag zunächst zu führen war, so versprach er gegen den Engländer leichter und sicherer den Erfolg. Hierzu kam noch als ausschlaggebender politischer Gesichtspunkt die Erwägung, daß der Hauptfeind England wohl eher zum Frieden geneigt sein würde, wenn zuerst ihm selbst, nicht seinem Bundesgenossen eine vernichtende Niederlage beigebracht wurde. In dieser Hinsicht hatte sich die Einschätzung unserer Feinde gegen die frühere Beurteilung Falkenhayns, die vor zwei Jahren gelten mochte, erheblich gewandelt. Der Krieg mit eigenen Kräften auf dem europäischen Festlande war seit der Sommeschlacht für England keine „Nebenhandlung"*) mehr. Es führte ihn vielmehr unter Aufgebot aller Kraft und äußerster Zähigkeit mit seinen eigenen Waffen. Im übrigen war mit Sicherheit anzunehmen, daß der deutsche Hammerschlag gegen den einen Feind den anderen nicht als müßigen Zuschauer beiseite stehen, sondern ihn entweder zu unmittelbarer Hilfeleistung beispringen oder zur Entlastungsoffensive schreiten lassen würde. Mit diesem einen Hammerschlage war es also nicht getan.

---

*) S. 15.

Ein allgemeiner Kampf wurde entfesselt. Das brachte Ludendorff im
Vortrag beim Kaiser am 13. Februar 1918 in Schloß Homburg zum
Ausdruck, indem er sagte: „Der Kampf im Westen, den das Jahr 1918
bringen wird, ist die gewaltigste militärische Aufgabe, die je einem Heer
gestellt wurde, und an der sich Frankreich und England zwei Jahre ver=
geblich versucht haben. . . . . . Es darf nicht geglaubt werden, daß wir
eine Offensive haben werden wie in Galizien oder in Italien; es wird ein
gewaltiges Ringen, das an einer Stelle beginnt, sich an der anderen fort=
setzt und lange Zeit in Anspruch nehmen wird."

Was die beiderseitigen Stärkeverhältnisse anbelangt, so gab sich die
Oberste Heeresleitung keinen Illusionen über eine erhebliche zahlenmäßige
Überlegenheit der eigenen Kräfte hin. Durch den Zufluß der vom östlichen
und italienischen Kriegsschauplatz herangeführten Divisionen wurde die
Stärke des deutschen Westheeres bis zu Beginn der Offensive im Früh=
jahr 1918 auf etwa 190 Divisionen gebracht. Diejenige der Verbands=
mächte in Frankreich wird im Februar 1918 auf 167 Divisionen angege=
ben. Rechnet man die 11 von Italien leicht heranzuziehenden französisch=
englischen Divisionen hinzu, so ergab sich nur ein geringes Übergewicht an
Zahl der Divisionen auf deutscher Seite. Ludendorff legte seinem Entschluß
die Annahme zugrunde, daß die Gesamtheit der beiderseitigen Streitkräfte
sich zahlenmäßig die Wage halten würde. Für Deutschland fiel aber als
wesentlicher Faktor die psychische Verfassung der Armee ins Gewicht. Man
hat Ludendorff Unkenntnis und „unheilvolle Irrtümer" in der Beurteilung
des Geistes der Armee vorgeworfen. Sehr zu unrecht. Gerade er hatte
volles Verständnis für das moralische Element in der Kriegführung und
stellte es in seine Rechnung ein. Der Angriff entsprach dem Volkscharakter,
der Tradition, der Erziehung des Heeres. Er war die stärkere Form der
Kriegführung. Ihm verdankte Deutschland bisher alle greifbaren Erfolge.
Der gemeine Mann begriff bei allem in seinem Herzen schlummernden
Friedensbedürfnis doch, daß seinen Anstrengungen nur dann der ver=
diente Lohn winkte, wenn Deutschland seine Gegner niederwarf. Gewiß
machten sich im Heere bereits hier und da die zersetzenden Einflüsse
geltend, die in der Heimat den Kriegswillen untergruben. Der Geist der
weitaus überwiegenden guten Elemente gab aber doch dem Ganzen noch
das Gepräge einer vortrefflichen Truppe. Freilich war es nicht allein reiner
Siegeswille. Die Armee sehnte den Angriff auch herbei als eine Er=
lösung aus der jahrelangen, mit höchster Entsagung und beispiellosem
Opfermut ertragenen Aufgabe, die darin bestanden hatte, immer nur auf sich
herumtrommeln zu lassen. Auf die Dauer konnte eine derartige Aufgabe
an dem inneren Geist auch der besten Truppe nicht spurlos vorübergehen.

Es mußte fraglich werden, ob sie neuen, vielleicht noch wesentlich gestei=
gerten Anforderungen einer Abwehrschlacht voll gewachsen bleiben würde.
Angesichts dieser Verhältnisse gewann die Frage ausschlaggebende Be=
deutung, bis zu welchem Zeitpunkt mit dem aktiven Eingreifen ansehn=
licher amerikanischer Streitkräfte zu rechnen war. Sie wurde von der
Obersten Heeresleitung sorgfältig geprüft. Ludendorff gibt in seinen „Ur=
kunden"*) eine im Winter 1917/18 aufgestellte Beurteilung: „Die Ver=
einigten Staaten sind im Begriff, ein Heer von etwa 50 Divisionen aufzu=
stellen. Hiervon sind bisher erst 3 Divisionen in Frankreich gelandet, von
denen eine zum Anlernen an der Front eingesetzt ist. Die beiden anderen
bedürfen noch längerer Ausbildung hinter der Front. Bis zum Frühjahr
1918 können die amerikanischen Kräfte in Frankreich eine Stärke von
etwa 15 Divisionen erreichen. Die Masse der Divisionen wird nur zur
Verwendung an ruhigen Fronten geeignet sein. An einer Frühjahrs=
offensive ist nur die Beteiligung von 3 jetzt schon in Frankreich befindlichen
Divisionen zu erwarten. Das Offizierkorps ist für die Verhältnisse des
großen Krieges noch nicht ausgebildet. Eine selbständige Verwendung
größerer amerikanischer Verbände in schwierigen Lagen wird schon aus
diesen Gründen zunächst ausgeschlossen sein. Ersatz, Bewaffnung und Aus=
rüstung der amerikanischen Truppen sind gut. Die Ausbildung ist noch
mangelhaft. Der erste an der Front eingesetzte Truppenteil hat sich aber
bei einem deutschen Angriff gut geschlagen. Es ist daher zu erwarten, daß
der amerikanische Soldat bei weiterer Übung und Kriegserfahrung ein
beachtenswerter Gegner wird."

In einer anderen Ausarbeitung vom Dezember 1917 wurde die Ge=
samtzahl der bis zum Frühjahr 1918 in Frankreich gelandeten amerika=
nischen Kräfte auf höchstens 450 000 Mann berechnet. „Eine größere Zahl
ist wegen Schiffsraummangel nicht zu erwarten. Die Masse dieses Heeres
kann im Frühjahr 1918 noch nicht angriffsfähig sein. Der Wert der
Amerikaner wird daher zunächst im Freimachen englisch=französischer Divi=
sionen an ruhigen Fronten bestehen." Tatsächlich ist die hier gegebene
Stärkeberechnung für die Amerikaner zu günstig gewesen. Die Gesamt=
zahl der in Frankreich bis einschließlich März 1918 gelandeten Ameri=
kaner wird vom amerikanischen Kriegsminister auf nicht ganz 370 000
Mann angegeben. Die Kopfstärke der 5 Kampfdivisionen betrug dabei
nur 144 000 Mann**). Daß die auf dringendste Anforderung Englands und

---

*) Ludendorff, Urkunden der Obersten Heeresleitung (E. S. Mittler & Sohn,
Berlin 1921), S. 363.
**) v. Kuhl, Der deutsche Generalstab in Vorbereitung und Durchführung des
Weltkrieges (E. S. Mittler & Sohn, Berlin, zweite neubearbeitete Auflage), S. 211.

Frankreichs vom April an eingetretene erhebliche Transportsteigerung von der deutschen Obersten Heeresleitung nicht sogleich in ihrem vollen Umfange erkannt und gewürdigt worden ist, fällt für die Beurteilung der Lage um die Jahreswende 1917/18 natürlich nicht ins Gewicht. Als Hindenburg und Ludendorff den Entschluß zum entscheidenden Angriff faßten, waren sie zu der Hoffnung berechtigt, bei frühzeitigem Beginn der Operationen einen so durchschlagenden Erfolg über die Engländer und Franzosen zu erringen, daß das erst später wirksam werdende Eingreifen selbst erheblicher amerikanischer Truppenmassen im Bewegungskriege ihnen nicht mehr die Palme des Sieges entreißen konnte. Denkt man sich unter Zugrundelegung der tatsächlichen Ausgangslage für die Offensive die Deutschen am 1. April im Besitz der Linie Doullens—Amiens, was im Bereich der Möglichkeit lag, so konnte im April die Vernichtung der englischen Armee vollzogen sein. Inzwischen war der Kampf auch gegen den Franzosen in vollster Stärke entbrannt. In den Monaten Mai und Juni mußte auch ihm eine entscheidende Niederlage beigebracht werden. Gelang das, so wurde der Amerikaner mit seinen größtenteils für den Bewegungskrieg noch nicht hinreichend ausgebildeten Truppen*) in den allgemeinen Strudel der Ereignisse gerissen. Ihm fehlte jede operative Schulung in der Führung großer Massen. Er hätte schwerlich das Schicksal wenden können.

Man wird uns vielleicht vorhalten, daß das Bild für die Deutschen in zu günstigen Farben gemalt sei. Hören wir, wie der Feind selbst seine Lage und die Gewinnchancen eingeschätzt hat. Ein in der englischen Zeitschrift „Blackwood Magazine" im September 1920 veröffentlichter Aufsatz aus der Feder des Kapitäns Peter Wright**), der sich als Adjutant beim Obersten Kriegsrat in Versailles befand, gibt uns darüber zuverlässige Nachricht. Dort heißt es:

„In der Zwischenzeit zwischen dem Ausfall Rußlands und dem Eintritt Amerikas mußte man den Deutschen gegenüber mit unterlegenen Kräften durchhalten. Aufgabe der Staatsmänner war es, zu prüfen, ob es möglich sei, diese Zwischenzeit zu überwinden. Wurden die Deutschen so stark, daß sie in dieser Zeit den entscheidenden Sieg erzwingen konnten, dann war es Pflicht der Staatsmänner, wenn auch ungeschlagen, doch Frieden zu schließen. War es dagegen möglich, so lange durchzuhalten, bis der ameri-

---

*) Nach v. Kuhl a. a. O. betrug Ende Mai die Kopfstärke der bis dahin gelandeten 16 amerikanischen Kampfdivisionen 461 000 Mann

**) At the supreme war council, eine bedeutsame, in Deutschland bisher so gut wie unbeachtet gebliebene Veröffentlichung. Erst jüngst hat General v. Kuhl die Aufmerksamkeit auf sie gelenkt. Die Darstellung wird ergänzt und bestätigt durch Ausführungen im „Daily Telegraph" vom 7. und 8. Februar 1921 über Lord Milner. Vgl. S. 117.

kanische Zuwachs das Kräfteverhältnis zugunsten der Alliierten verschob, dann war es Pflicht, bis zu diesem Augenblick durchzuhalten. Der Ende 1917 zu fassende Entschluß hing also eng mit einer genauen Feststellung der feindlichen und der eigenen Kräfte zusammen, ohne Rußland und Amerika einzurechnen. Hierzu bildete man einen Kriegskabinettsausschuß, der die notwendigen Angaben von sämtlichen Nachrichtenabteilungen der Alliierten sammelte."

Wright teilt dann das für die Verbandsmächte günstige Ergebnis der zahlenmäßigen Feststellungen des Ausschusses im einzelnen mit und fährt fort: „Alle beratenden Stellen der Alliierten mit Ausnahme e i n e r Stimme erwarteten mit Zuversicht die Ankunft der Amerikaner, um dann erst die Entscheidung zu erzwingen. Selbst Clemenceau war dieser Ansicht. Im Januar 1918 erklärte er den versammelten militärischen und politischen Führern der Alliierten, daß der Endsieg i m H e r b st 1919 zu erwarten sei. Dann sei die amerikanische Hilfe auf ihrer Höhe. Trotz aller An= strengungen der Amerikaner könne ihr Kräftezuwachs erst allmählich in die Erscheinung treten. Als Clemenceau diese Äußerung tat, befanden sich erst 3½ amerikanische Divisionen in Frankreich. . . . . . . Der einzige, der dieser Ansicht widersprach, war Lloyd George. . . . . . Er hatte genau erkannt, daß und warum das seit 1914 von den Alliierten angewandte Verfahren zu Fehlschlägen geführt hatte und dem neuen Angriff nicht mehr widerstehen könne. Hatte es gegen eine starke Unterlegenheit versagt, so mußte es gegen die Überlegenheit erst recht versagen. Während des ganzen Jahres 1917 hatte er sich seinem militärischen Berater, der ihm von Asquith vermacht war, dem General Robertson, gefügt. Dessen Plan bedeutete nichts mehr und nichts weniger, als einfach immer neue Truppen aufzustellen. Würden dann beide Parteien fortfahren, sich gegenseitig zu bekämpfen, so mußte schließlich den Alliierten bei ihrer zahlenmäßigen Überlegenheit mit einem geringen Überschuß der Sieg zufallen. Hierin bestand seine ganze Strategie. . . . . . . Das hatte in der letzten Hälfte des Jahres 1917 zu einem furchtbaren nutzlosen Verbrauch an englischen Truppen geführt. . . . . . . Der Mißerfolg von Caporetto brachte Lloyd George zum Entschluß. Auf der Konferenz zu Rapallo Anfang November wurde der Oberste Kriegsrat gebildet. Er sollte die oberste politische Zen= trale für alle alliierten Staaten darstellen. Ein aus militärischen Sach= verständigen zusammengesetzter Ausschuß hatte als militärischer Beirat zu fungieren."

In diesen Obersten Kriegsrat wurde als englischer militärischer Sach= verständiger General Henry Wilson, vor dem Kriege Chef der Operations= abteilung im Kriegsamt, berufen. Dieser ging sofort mit Foch an die Be=

arbeitung eines gemeinsamen Operationsplanes. Ihr Gedankengang war folgender: „Wir bleiben an der Westfront in der Defensive, bis die Amerikaner eintreffen. Hat der Gegner uns bis jetzt Widerstand geleistet, so werden auch wir ihm widerstehen können, aber nur, wenn die Front von der Nordsee bis zum Adriatischen Meer unter einen einheitlichen Oberbefehl kommt." In Versailles wurde ein gemeinsamer Kriegsvollzugsausschuß mit Foch an der Spitze gebildet, dem Wilson als britischer Abgeordneter angehörte. Dieser Ausschuß erhielt das Recht, von jedem Armeeoberbefehlshaber eine bestimmte Anzahl von Divisionen zu verlangen, die als Generalreserve in Aussicht genommen wurden und von den Oberbefehlshabern ohne Genehmigung des Kriegsvollzugsausschusses nicht eingesetzt werden durften. „Die Generalreserve bildete in gewisser Beziehung ein Bankguthaben, auf das jeder zurückgreifen konnte, wenn er angegriffen wurde."

Wright schildert nun eingehend das Schicksal dieser Neueinrichtung des einheitlichen Oberbefehls. Der Oberste Kriegsrat nahm in den ersten Tagen des Februar die Vorschläge Fochs endgültig an. Dieser beabsichtigte die Bereitstellung seiner Generalreserve in drei Gruppen: die kleinste in der Dauphinée, zur schnellen Verschiebung gegebenenfalls auch auf den italienischen Kriegsschauplatz bereit, die stärkste um Paris, eine dritte um Amiens. Den Angriff der Deutschen erwartete er entweder bei Cambrai oder bei Reims. Am 6. Februar forderte er die Oberbefehlshaber auf, ihm den ihnen zugewiesenen Anteil an der Generalreserve zur Verfügung zu stellen. Am 19. Februar gingen zustimmende Antworten von Frankreich und Italien ein. Haig schweigt. Am 22. Februar einigt sich dieser mit Pétain ohne Wissen Fochs, aber nach der Ansicht Wrights mit Zustimmung von Clemenceau, dahin, daß eine Armee, falls sie angegriffen würde, durch die andere unmittelbar unterstützt werden sollte. Hiernach konnte jeder Armeeführer entscheiden, welche Unterstützung er dem Nachbar gewähren wollte. Nach diesem Grundsatz hatte man früher gehandelt, er war aber von Foch und Wilson als verhängnisvoll verworfen worden. „Am 3. März traf ein Brief Haigs beim Kriegsvollzugsausschuß ein. In ihm weigerte sich Haig, irgendeine Division für die Generalreserve zur Verfügung zu stellen außer den in Italien befindlichen Divisionen, die nicht unter seinem Befehl standen. Sofort erklärte der italienische Vertreter, seine Zusage sei als zurückgezogen zu betrachten, wenn die Engländer sich nicht an der Bildung der Generalreserve beteiligten. Hiermit fiel der Gedanke der Generalreserve und mit ihr der Kriegsvollzugsausschuß, der einzig und allein zu dem Zwecke gebildet worden war, über die Generalreserve zu verfügen.

Er bestand noch einige Zeit als beratendes Organ, verschwand aber bald von der Bildfläche. . . . . . Tatsächlich ist die Generalreserve nie zu= sammengetreten, und so ist Foch nicht in die Lage gekommen, seinen eigent= lichen Plan auszuführen. . . . . . . In den beiden Wochen, die der Schlacht vorangingen, war sich im engeren Stabe Fochs niemand darüber im Zweifel, daß eine Kata= strophe unvermeidlich sei."

Soweit die Darlegung Wrigths. Sie wirft ein bezeichnendes Licht auf die inneren Zustände im Rat der Verbandsmächte, insonderheit der Heer= führer, und zeigt klar, wie Sonderinteressen und persönliche Wünsche noch immer der Herstellung der Einheitsfront im Wege standen. Gibt es eine glänzendere geschichtliche Rechtfertigung des Ludendorffschen Angriffsent= schlusses als dieses von berufener feindlicher Seite gemachte offene Zu= geständnis der deutschen Siegesmöglichkeit?

Gewiß mußte Ludendorff damit rechnen, daß selbst der volle mili= tärische Sieg der Mittelmächte im Jahre 1918 auf dem Festlande den Krieg vielleicht nicht beendigen würde, solange in England der Wille von Lloyd George nicht gebrochen wurde. Wäre auch eine Wiederherstellung der Lage auf dem Festlande den Verbandsmächten schwerlich gelungen, so konnte doch der Aushungerungskrieg mit um so größerer Rücksichtslosigkeit weiter= geführt werden, je weniger wirksam das U=Bootmittel wurde. Die Frage stellte sich dann so, ob die Mittelmächte nach Erledigung ihrer Feinde auf dem europäischen Kontinent wirtschaftlich durchhalten konnten. Die Er= schließung der Ukraine ist so spät erfolgt, daß ernste Zweifel bestehen müssen, ob ihre Erzeugnisse und Schätze noch rechtzeitig den dem wirt= schaftlichen Zusammenbruch nahen Völkern des Vierbundes zugute kommen konnten. Ludendorff hat sich darüber keinerlei Illusionen hingegeben. Er war daher von der unbedingten Notwendigkeit durchdrungen, daß seine militärische Offensive im Westen von einer gleichzeitigen politischen Offensive größten Stils gegen die englische Heimatfront begleitet und unterstützt werden mußte, um Lloyd George zu Fall zu bringen und im englischen Volke der auf Anbahnung eines Friedens zielen= den Lansdowneschen Richtung zur Vorherrschaft zu verhelfen. Eine solche politische Propaganda=Offensive ins Leben zu rufen und durchzuführen, war Sache des Staatsmannes. Der Feldherr konnte sie nur anregen, fordern. Das ist geschehen.

Bereits Mitte Januar 1918 reichte Ludendorff dem Reichskanzler unter dringender Befürwortung eine von Oberst v. Haeften ausgearbeitete Denk= schrift über eine deutsche politische Offensive ein*):

*) Ludendorff, Urkunden der Obersten Heeresleitung S. 473 ff.

„Der militärische Entscheidungskampf zwischen Deutschland und Eng=
land steht bevor. Für dessen Ausgang ist der Grad der Widerstandsfähig=
keit der englischen Heimatfront von ausschlaggebender Bedeutung. Wird
diese unter den militärischen Schlägen zusammenbrechen oder nicht? Das
ist die entscheidende Frage.

Lloyd George ist sich vollständig klar darüber, daß von der Festigkeit
der englischen Heimatfront alles abhängt. Er nimmt noch einmal seine
ganze suggestive Kraft zusammen, um für den kommenden Waffengang
Englands Hilfsquellen und Englands Kriegswillen aufs neue zu mo=
bilisieren.

Es ist heute die große Aufgabe der deutschen Politik, diese Mobili=
sierung zu stören. Die englische Heimatfront muß bei Beginn unserer
militärischen Operationen in einem so zermürbten Zustande sein, daß
unsere militärischen Erfolge ihre größtmögliche Wirkung ausüben können.
Die Wochen vor Beginn der Offensive sind die entscheidende Zeitspanne für
diese politische Vorarbeit."

Es wird dann vorgeschlagen, den breiten Riß, der sich durch die Lans=
downesche Aktion im englischen Volk aufgetan hat, zu einer großangelegten,
unablässigen Propaganda auszunutzen, durch die dem englischen Volke
klargemacht werden soll, daß die Lloyd Georgesche „Knock out-Politik"
allein Schuld an der Fortsetzung des Krieges sei, indem sie imperialistische
Eroberungsziele verfolge, während ein mit der Ehre und Sicherheit Eng=
lands vereinbarer Friede früher ohne weiteres Blutvergießen durch Unter=
handlungen zu haben gewesen wäre. „Wir haben es in der Hand, Lord
Lansdowne zum Reden zu bringen und die sich hinter ihm neu zusammen=
fügende Partei zur Kraftprobe zu drängen. Wohl möglich, daß diese
Kraftprobe auch ohne unser Zutun nach ein paar Monaten automatisch
kommen wird, aber dann hilft sie nur zum Frieden. Wir aber brauchen
eine Politik, die uns zunächst einmal den Krieg gewinnen hilft. Die De=
batte, die Lloyd George ad calendas graecas vertagen will, muß sofort,
jetzt in den Wochen vor der deutschen Offensive, stattfinden. . . . . Worte
sind heute Schlachten: Richtige Worte gewonnene Schlachten, falsche Worte
verlorene Schlachten. Wollen wir den Sieg hinter der englischen Front
zur Vorbereitung des Sieges auf dem Schlachtfelde, so müssen wir solche
Worte wählen, die es der patriotischen Friedenspartei in England möglich
machen, vor das Volk hinzutreten und zu sagen: Wenn Ihr uns folgt, ist
der Weg zur Verhandlung frei, Ehre und Sicherheit Englands sind ge=
währleistet. . . . . . Es muß daher eine ernste Forderung der Heeres=
leitung an die politische Reichsleitung sein, unverzüglich eine solche politische
Propaganda einzuleiten, um hierdurch die Kriegführung zu unterstützen.

Die Wochen bis zu Beginn der militärischen Offensive dürfen nicht politisch ungenutzt verstreichen. Es gilt, alle Kräfte anzuspannen. Kein Mittel, den Sieg zu erringen und dessen Wirkung zu verstärken, darf unbenutzt bleiben."

Der dringende Mahnruf an die politische Reichsleitung verhallte wirkungslos. Sie verharrte in ihrer Untätigkeit. Noch einmal, am 3. Juni 1918, hat Ludendorff, wiederum unter Vorlage einer Denkschrift des Ober= sten v. Haeften, einen geharnischten Appell an den Reichskanzler gerichtet, endlich eine politische Offensive gegen die englische Heimatfront zu unter= nehmen. Die Denkschrift gab auch ausführliche Richtlinien für die Ein= leitung und Durchführung einer solchen Aktion*). Auch dieser Mahnruf ist bei der Reichsleitung erfolglos geblieben.

Man kann die Frage aufwerfen, ob die Oberste Heeresleitung nicht besser getan hätte, statt den großen, im Enderfolge aber doch unsicheren Waffengang zu wagen, sich in diesem Zeitpunkt militärischer Stärke bei der politischen Reichsleitung mit vollster Kraft für die sofortige An= bahnung des Friedens einzusetzen. Wir wissen aus den von Ludendorff veröffentlichten Kriegserinnerungen und Urkunden, daß die Oberste Heeresleitung niemals gegen Bestrebungen gewesen ist, die der Einleitung eines ehrenvollen, die Existenzmöglichkeit und Zukunft des Deutschen Reiches sichernden Friedens dienen konnten. Ludendorff hat dem Obersten v. Haeften gegenüber seinen Standpunkt zu wiederholten Malen dahin zum Ausdruck gebracht, daß die Oberste Heeresleitung jedem Verständi= gungsversuch zustimme, sobald auch auf feindlicher Seite ein ehrlicher Ver= ständigungswille sich zeige**). Alle in dieser Hinsicht von der politischen Lei= tung unternommenen Versuche waren indessen an der gänzlich ablehnenden Haltung der feindlichen Regierungen völlig gescheitert, sie hatten nur Hohn und Spott eingebracht und waren als Zeichen der inneren Schwäche der Mittelmächte gedeutet worden. Wie wenig diese Haltung der Entente= Staatsmänner sich geändert hatte, wie aussichtslos und schädlich jede Er= neuerung eines solchen Versuches sein mußte, das sollte Ludendorff noch ein= mal kurze Zeit vor Beginn der großen Frühjahrsoffensive drastisch vor Augen geführt werden. Er deutet es in seinen Kriegserinnerungen***) an: „Oberst v. Haeften war in diesen Tagen im Auslande gewesen, um Propa= gandafragen zu besprechen. Er trat hierbei ohne mein Wissen in Verbindung mit einer Persönlichkeit des feindlichen Auslandes, die über die Ziele und Absichten der amtlichen Stellen in London und Washington unterrichtet war. Oberst v. Haeften erstattete mir hierüber mündlich Bericht. Die damals ge=

---

*) Ludendorff, Urkunden S. 478 ff.
**) Mitteilung des Generals v. Haeften.
***) Ludendorff, Meine Kriegserinnerungen S. 477.

nannten Bedingungen waren von solcher Härte, daß nur ein geschlagenes
Deutschland sie hätte annehmen können." In der Tat wurde nach diesen Mit=
teilungen der Eintritt in amtliche Friedensverhandlungen von folgenden
Vorbedingungen abhängig gemacht: Bedingungslose Räumung Nordfrank=
reichs und Belgiens, Zahlung der Wiederherstellungskosten, Selbständig=
machung Elsaß=Lothringens, Nichtigkeitserklärung der soeben im Osten
zustandegekommenen Friedensschlüsse, Verweisung aller Ostfragen an eine
von der Entente zu berufende Friedenskonferenz und völliger Wechsel des
Regierungssystems in Deutschland in dem später von Wilson geforderten
und erzwungenen Sinne. Ein Feldherr, der im Frühjahr 1918, ohne an die
Waffenentscheidung appelliert zu haben, bei der politischen Reichsleitung
auf die Anbahnung von Friedensverhandlungen unter derartigen Vor=
bedingungen gedrungen hätte, wäre dem Fluch des Vaterlandes verfallen.

Man mag die Dinge betrachten, wie man will, es gab nur einen Weg,
der einen erträglichen, mit der Ehre des deutschen Volkes vereinbaren
Frieden bringen konnte: den Weg des militärischen Sieges. Dieser wieder=
um war auf keine andere Weise zu erringen als durch entscheidungsuchende
Offensive. Sie setzte freilich auch alles aufs Spiel. Aber ohne großen
Einsatz sind in der Weltgeschichte kriegerische Entscheidungen, bei denen es
um Sein oder Nichtsein eines Volkes ging, noch nie gewonnen worden.
Hätte eine Anzahl kleinerer Angriffe mit beschränkten Zielen oder eine
streng defensive Abwehr einen mehr als vorübergehenden Nutzen bringen,
die Gesamtlage der Mittelmächte dauernd aufrechterhalten können? Bei
derartiger Kriegführung wurde der Gegner nie ins Mark getroffen, nicht
gehindert, den langsam, aber mit mathematischer Sicherheit eintretenden
Kraftüberschuß schließlich seinerseits im Vernichtungsschlage zur Auswirkung
zu bringen. Im Frühjahr 1918 war der letzte Augenblick, der sich den
Mittelmächten bot, um durch den noch einmal in seiner ganzen Tragweite
erfaßten und folgerichtig durchgeführten Schlieffenschen Vernichtungs=
gedanken dem gewaltigen Ringen im Mehrfrontenkrieg einen glücklichen
Ausgang zu geben. Hindenburg und Ludendorff hatten alles bedacht. Sie
hatten keine andere Wahl. Heroisch und entschlossen stellten sie die Frage
an das Schicksal.

Sechstes Kapitel.
Die Entstehung und Entwicklung des operativen Durchbruchsgedankens.

Soweit sich die Entstehungsgeschichte des operativen Angriffsgedankens im Winter 1917/18 verfolgen läßt, geht er auf Erwägungen zurück, die das Oberkommando der Heeresgruppe des Kronprinzen Rupprecht von Bayern mit dem Abflauen der englischen Flandernoffensive Anfang No= vember 1917 über die Fortführung der Operationen nach einer längeren Ruhepause der Obersten Heeresleitung unterbreitet hat.   Das Oberkom= mando ging von der Voraussetzung aus, daß die Engländer im nächsten Frühjahr ihre Kräfte in Flandern erneut zu einer Durchbruchsoperation in Richtung auf unsere U=Bootbasis versammeln würden, und schlug vor, unseren Hauptangriff aus der Front Armentières—La Bassée in Richtung auf Hazebrouck gegen die rechte Flanke und den Rücken der Engländer zu führen.   Der Feind befand sich dann offenbar in schwieriger operativer Lage: die Masse seiner Streitkräfte war am äußersten Nordflügel der ge= samten Westfront zusammengedrängt.   Das Heranführen operativer Re= serven brauchte Zeit.   In seiner linken Flanke und im Rücken war das Meer.   Gerade für den operativ wenig geschulten Engländer würde es nicht leicht sein, sich aus der dicht zusammengedrängten Masse nach der rechten Flanke zu entwickeln und seine bedrohten Verbindungen zu decken, um so mehr als ein großer Teil seiner Kampfmittel starr festgelegt und nicht beweglich war.   Taktisch bestand die Aussicht, die Front zu durchbrechen, da man auf technisch wenig widerstandsfähige, aufgesetzte Stellungen traf.   Zwar wurde nicht verkannt, daß das Gelände für die weitere Fortführung des Angriffs erhebliche Schwierigkeiten bot, da er, eingerahmt von zwei beherrschenden Höhenzügen, nach links hin auch noch beengt durch den La Bassée=Kanal, hauptsächlich in der nassen Lys=Niederung vor= getragen und dann der Aufstieg auf die Höhen von Bailleul und Haze= brouck erkämpft werden mußte.   Der nassen Bodenverhältnisse wegen war daher die Operation wahrscheinlich nicht vor Mitte April zu beginnen.

Zu diesem Vorschlage nahm Ludendorff in einer Besprechung mit den Generalstabschefs der Heeresgruppen Kronprinz von Bayern und Deutscher Kronprinz, General v. Kuhl und Oberst Graf v. der Schulenburg, am 11. November in Mons folgendermaßen Stellung*):

*) Mitteilung des Generals v. Kuhl.

„Die Lage in Rußland und Italien wird es voraussichtlich ermöglichen, im neuen Jahre einen Schlag auf dem westlichen Kriegsschauplatz zu führen. Das beiderseitige Kräfteverhältnis wird etwa gleich sein. Es können für eine Offensive etwa 35 Divisionen und 1000 schwere Geschütze verfügbar gemacht werden. Sie werden zu e i n e r Offensive ausreichen; eine zweite größere Offensive, etwa zur Ablenkung, wird nicht möglich sein.

Unsere Gesamtlage fordert, möglichst früh zu schlagen, möglichst Ende Februar oder Anfang März, ehe die Amerikaner starke Kräfte in die Wagschale werfen können. Wir müssen die Engländer schlagen.

Auf diesen drei Leitsätzen sind die Operationen aufzubauen.

Die von der Heeresgruppe Rupprecht vorgeschlagene Operation über Hazebrouck — Deckname St. Georg — gegen Flanke und Rücken der eng= lischen Hauptkräfte ist zweifellos sehr wirksam, aber die Geländeschwierig= keiten sind doch sehr erheblich. Vor allem aber ist dieser Angriff von der Witterung abhängig und kann nicht früh genug gemacht werden. Um Zeit zu gewinnen, könnte man zuerst die Franzosen durch einen Ablenkungs= angriff, etwa bei Verdun, festhalten, hierbei den dortigen Bogen ab= schneiden und sich dann gegen die Engländer wenden. Aber dazu reichen die Kräfte und die Munition nicht aus.

Es ist zu prüfen, ob nicht weiter südlich günstigere Vorbedingungen für eine Operation gegeben sind. Insbesondere erscheint ein Angriff bei St. Quentin aussichtsreich. Nach Gewinnen der Somme=Linie Peronne—Ham könnte er unter Anlehnung der linken Flanke an die Somme weiter in nordwestlicher Richtung vorgetragen werden und zum Aufrollen der englischen Front führen. Besonders wichtig für ein Gelingen ist es, daß durch weittragendes Flachfeuer und Bombengeschwader die Bahnhöfe un= benutzbar und dadurch das rechtzeitige Heranführen der feindlichen opera= tiven Reserven erschwert werden muß."

Das Oberkommando der Heeresgruppe Rupprecht unterzog daraufhin seine bisherigen Erwägungen einer nochmaligen Prüfung und gab in einer ausführlichen Denkschrift vom 20. November wiederum der Georg=Ope= ration auf der Linie Armentières—La Bassée in Richtung auf Hazebrouck aus operativen und taktischen Gründen den Vorzug vor jeder weiter südlich angesetzten Offensive.

„Die politische Gesamtlage und die Rücksicht auf das Auftreten der Amerikaner weisen darauf hin, den Angriff möglichst früh zu führen. Anderseits ist eine entscheidende Wirkung nur dann zu erreichen, wenn das Ziel, die Masse des englischen Heeres, sicher in massierter Gruppierung in Flandern vereinigt ist. Diese Sicherheit besteht erst dann, wenn der Engländer in Flandern sich zum Angriff anschickt. Erst wenn dies fest=

steht, darf daher unsere Offensive einsetzen. Der Engländer muß im
nächsten Jahre wieder in Flandern angreifen. Unsere U=Bootbasis zwingt
ihn dazu. Wir können also sicher damit rechnen und diese Lage operativ
ausnutzen. Neben diesen Erwägungen fordern die schwierigen Boden=
verhältnisse in der Lys=Niederung, den Angriff n i c h t z u f r ü h zu
führen. Nach bisherigen Erfahrungen und Beobachtungen ist bis etwa
April mit erheblichen Boden= und Wasserschwierigkeiten zu rechnen. . . . .
Der Engländer hat in Flandern ähnliche Bodenverhältnisse. Wenn e r
zur Offensive schreitet, ist auch u n s e r Angriff bei Armentières—Estaire
voraussichtlich möglich. Wir warten also mit Rücksicht auf die operative
Wirkung wie auf die Bodenverhältnisse am besten so lange, bis der Eng=
länder in Flandern angreift. Wir müssen aber dann den feindlichen
Offensiven in Flandern und — soweit möglich — auch auf der französischen
Front zunächst ausweichen. Nehmen wir die Abwehrschlacht an, so müssen
wir dabei so starke Kräfte festlegen, daß wir für unseren Angriff nicht
start genug sind. Wir können in Flandern auch unbedenklich bis zur Linie
Bladsloe—westlich Roselare—Werwicq ausweichen, da dann immer noch
die U=Bootbasis gesichert ist."

Gegen den Angriff aus der Front vom La Bassée=Kanal bis zur Ecke
von Bullecourt sprach nach Ansicht der Heeresgruppe, daß er auf start
ausgebaute und tief gegliederte Stellungssysteme, das Häusergewirr von
Arbeiterkolonien, das Trichterfeld der Arrasschlacht, das Höhengelände von
Vimy und die Lorettohöhe stieß und einen schnellen Anfangserfolg nicht
verhieß. Der Gegner gewann voraussichtlich Zeit, seine Reserven von
Norden und Süden heranzuführen. „Treten nicht besonders günstige Um=
stände ein, so besteht die Gefahr, daß die Operation zu einer sackartigen
Ausbuchtung der Front, nicht aber zu einer Entscheidung im Bewegungs=
kriege führt."

Den Angriff aus der Front der 2. Armee*) beurteilte das Ober=
kommando der Heeresgruppe Rupprecht folgendermaßen:

„Entscheidende Operationen im Bereich der 2. Armee liegen so weit
von der Flandernfront, daß ihr unmittelbares Operationsziel nicht mehr
die englischen Hauptkräfte in Flandern sein können. Flanken= und Rücken=
wirkung gegen die Masse des englischen Heeres — ähnlich wie bei St.
Georg — ist dabei zunächst nicht möglich. Ob und wie sie im weiteren
Verlauf der Operation zu erreichen ist, läßt sich nicht übersehen. Die
Operation wird aber mittelbar auf die Flandernfront einwirken, indem sie

---

*) Ende Dezember 1917 wurde auf der Südhälfte der 2. Armee das A.O.K. 18
unter General v. Hutier eingesetzt. Ende Januar 1918 zwischen 6. und 2. Armee das
A. O. K. 17 unter General Otto v. Below eingeschoben. Vgl. Skizze 4.

den Engländer zwingt, sich mit seinen Reserven dagegen zu wenden. Seine Offensive in Flandern wird gründlich gestört und sicher längere Zeit aufgehalten. Ebenso wird sie die Absichten der Franzosen durchkreuzen und sie zwingen, ihre Reserven dagegen einzusetzen.

Entscheidende Operationen bei der 2. Armee können somit nur zum Ziele haben, die feindliche Front zu durchbrechen und im Bewegungskriege gegen die feindlichen Reserven möglichst entscheidende Erfolge zu erzielen. Dabei ist die Somme — ein Hindernis von seltener Stärke — als Flankenanlehnung zu verwerten. Der Grundzug einer Operation bei der 2. Armee muß daher sein, zunächst die feindliche Front zu durchbrechen, um die linke Flanke gegen die Franzosen zu decken und die feindliche Front nach Norden aufzurollen. Die Operation ist dann gegen die im Raum zwischen der Somme und dem Pas de Calais befindlichen feindlichen Kräfte nach Nordwesten zu im Bewegungskriege weiterzuführen. Der Feind hat das Meer im Rücken. Dies bietet uns Aussicht auf durchschlagende Entscheidungen, wenn die Operation weit genug vordringt. Wie die Operation nach gelungenem Durchbruch im einzelnen weiter verlaufen wird, hängt von den Maßnahmen des Feindes ab und läßt sich nicht übersehen. Voraussetzung für solche Operationen sind aber starke Kräfte, wesentlich stärkere, als bei St. Georg nötig wären.

Günstig ist, daß im Gebiet der 2. Armee Operationen in jeder Jahreszeit möglich sind, daß die feindlichen Stellungen, außer südlich St. Quentin, nicht stark ausgebaut und zur Zeit schwach besetzt sind. Mit starken Reserven des Feindes wird kaum zu rechnen sein, da der Engländer in Flandern, der Franzose kaum bei der 2. Armee angreifen wird. Sollte der Franzose einen Angriff bei St. Quentin vorbereiten, so wäre der eigene Angriff entsprechend nördlicher anzusetzen.

Nachteilig ist, daß die Operationen durch das bei Alberich*) zerstörte Gelände führen und das breite Stellungs- und Trichtergebiet der Sommeschlacht überwinden müssen. Ungünstig ist ferner, daß die Front der 2. Armee von Nordwesten nach Südosten verläuft, während die zu erstrebende Hauptoperationsrichtung nach Nordwesten geht. Dadurch wird das Aufrollen der feindlichen Front nach Nordwesten zu nach gelungenem Durchbruch erheblich erschwert.

Der Angriff muß zunächst in westlicher Richtung bis zur Somme geführt werden und kann sich erst dann nach Nordwesten zu entfalten. Bis die Bewegungsoperation in Fluß kommt, vergeht einige Zeit. Sie kommt

---

*) Alberich = Deckname für die beim Rückzug in die Siegfried-Stellung im Frühjahr 1917 vorgenommene Zerstörung des aufgegebenen Geländes.

dem Feinde für die Heranführung seiner Reserven zugute, was durch das
gute Bahnnetz begünstigt wird. Inwieweit es möglich sein wird, die feind=
lichen Bahnverschiebungen durch Beschießung der wichtigsten Knotenpunkte
mit schwerem Flachfeuer und durch Bombengeschwader zu stören, wird
wesentlich vom Wetter abhängen. Bei länger anhaltendem schlechten
Wetter wird dies nicht möglich sein, da dann die notwendige Mitwirkung
der Flieger ausfällt. Zu bedenken bleibt, daß es den Engländern während
der Flandernschlacht weder durch Beschießung noch durch Bombenangriffe
auf unsere Bahnhöfe gelungen ist, den Betrieb unserer Bahnverbindungen
wesentlich zu stören."

Stimmten General Ludendorff und General v. Kuhl in der Haupt=
frage überein, daß die Offensive gegen die Engländer gerichtet werden
sollte, so nahm der Generalstabschef der Heeresgruppe Deutscher Kron=
prinz, Oberst Graf v. der Schulenburg, zunächst insofern grundsätzlich eine
abweichende Stellung ein, als er einen Angriff gegen die Franzosen für
richtiger hielt. „Das zähe, selbstbewußte England wird aller Voraussicht
nach den Krieg nicht mit einer Teilniederlage seines Heeres beendigen. Es
wird eher zum Frieden bereit sein, wenn die Kraft der Franzosen durch
eine schwere Niederlage gebrochen ist."

Graf v. der Schulenburg schlug vor, „in und östlich der Argonnen anzu=
greifen und gleichzeitig einen starken Angriff aus Gegend St. Mihiel in
westlicher Richtung zu führen. Ziel des Angriffs ist Verdun und wenn
möglich Vernichtung des umfassend angegriffenen Teiles der französischen
Armee. Das waldige, unübersichtliche Aufmarschgelände erleichtert das
Verbergen der Angriffsvorbereitungen. Die Angriffe haben große Aussicht
auf Erfolg, wenn es gelingt, sie überraschend zu führen. Den Verlust von
Verdun verschmerzen die Franzosen nicht. Wird im Verein mit der Fort=
nahme der Festung ein Teil des französischen Heeres entscheidend ge=
schlagen, den Franzosen damit die Möglichkeit zu einer aussichtsreichen
Offensive im Jahre 1918 genommen, so ist ein tiefgehender Stimmungs=
umschwung im französischen Volk und Heer zu erwarten.

Sicher greifen die Engländer in Flandern an, wenn wir die Fran=
zosen bei Verdun anfassen. Ebenso sicher aber ist eine französische Offen=
sive, wenn der Engländer angegriffen wird. Hat die Oberste Heeresleitung
nicht die Mittel, einen großen Angriff zu führen und gleichzeitig an anderer
Stelle eine Abwehrschlacht zu schlagen, so bleibt die Möglichkeit, sich auf
der bedrohten Front dem feindlichen Angriff durch Ausweichen zu ent=
ziehen. Das ist ausführbar bei der 7., 1. und 3. Armee, voraussichtlich in
begrenztem Umfang auch in Flandern, nicht aber östlich der Argonnen und
bei der 5. Armee".

Der am 15. Dezember abgeschlossene Waffenstillstand mit Rußland brachte nun eine wesentliche Änderung der Gesamtlage. Rußland schied als militärischer Machtfaktor aus; das Kräfteverhältnis auf dem westlichen Kriegsschauplatz verschob sich damit zugunsten der Deutschen. Aus allen Nachrichten durfte geschlossen werden, daß die Verbandsmächte sich zunächst auf die strategische Abwehr beschränken und, abgesehen von Teilunter= nehmungen, bis zur Bereitstellung starker amerikanischer Kräfte von einer eigenen großen Offensive Abstand nehmen würden — dies um so mehr, als die bisherige Wirkung des U=Bootkrieges anscheinend doch nicht so hoch einzuschätzen war, daß England gezwungen sein würde, zur baldigen Zer= störung unserer U=Bootbasis in Flandern zu schreiten. Mit dieser Ver= änderung der Lage entfielen die wichtigsten Voraussetzungen für die von General v. Kuhl vorgeschlagene Offensive bei Armentières—La Bassée in Richtung auf Hazebrouck. Auf die enge Massierung der englischen Haupt= kräfte in Flandern im kommenden Frühjahr war nicht zu rechnen, viel= mehr anzunehmen, daß der Gegner seine Reserven hinter der Front ver= teilen und um wichtige Eisenbahnknotenpunkte bereitstellen würde. Daß damit aber auch die operativen Verhältnisse für einen Durchbruch in der Gegend von St. Quentin ungünstig beeinflußt werden konnten, war nicht zu verkennen. Mit der Möglichkeit einer französischen Entlastungsoffensive blieb zu rechnen.

Unter diesen Umständen verzichtete Ludendorff darauf, sich schon jetzt auf eine bestimmte Angriffsrichtung gegen die Engländer festzulegen, son= dern behielt sich die Entscheidung je nach der Entwicklung der Lage vor. Nur daran hielt er fest, daß der Zeitpunkt der Offensive mit Rücksicht auf die Amerikaner so frühzeitig als möglich gewählt werden mußte.

In diesem Sinne ordnete eine am 27. Dezember 1917 erlassene Ver= fügung der Obersten Heeresleitung die Vorbereitung mehrerer Angriffs= operationen nach Wahl an verschiedenen Frontteilen an, und zwar:

Bei der Heeresgruppe Rupprecht:

a) Angriff gegen den Ypernbogen (St. Georg II) verbunden mit Durchbruch in der Gegend von Armentières (St. Georg I)*);

b) Angriff Lorettohöhe—Arras (Mars);

c) Angriff über die Front der 2. und 18. Armee (Michael) in Richtung Bullecourt—Bapaume (Michael I), in Richtung nörd= lich St. Quentin — Peronne (Michael II), in Richtung südlich St. Quentin und bei La Fère (Michael III).

---

*) Hierin lag also eine Erweiterung der ursprünglichen Georg=Operation durch den Angriff in Flandern gegen den Ypernbogen.

Bei der Heeresgruppe Deutscher Kronprinz:
Ausweichen der 3. Armee — Argonnen (Hektor) — und Gegen=
angriff der 1. Armee — Champagne (Achill).

Bei der Heeresgruppe Herzog Albrecht:
Angriff aus dem Breuschtal (Straßburg)*); Abwehr im Sundgau
(Belfort).

Die Vorbereitungen sollten so gefördert werden, daß sie am 10. März
beendet waren.

Auf den früheren Vorschlag des Grafen Schulenburg — Umfassungs=
operation bei Verdun — wurde zwar noch nicht verzichtet, er sollte aber zu=
nächst nur im Entwurf bearbeitet werden, und zwar von der Heeresgruppe
Deutscher Kronprinz als Offensive aus der Champagne und westlich Verdun
auf Clermont, von der Heeresgruppe Gallwitz als Angriff über die
Maas südlich Verdun (Castor und Pollux).

Über eines war sich die Oberste Heeresleitung schon jetzt vollkommen
klar: Die Offensive durfte nicht in der bisher von unseren Westgegnern
immer wieder versuchten und stets ergebnislos verlaufenen Form der Ma=
terialschlacht zum Austrag kommen. Mit einem monatelangen Ausringen
der Kräfte in einer solchen war den Zwecken der Deutschen nicht gedient.
Der Durchbruch mußte zur entscheidenden Operation im freien Felde hin=
ausgeführt werden. Das war nur möglich, wenn das feindliche Stellungs=
system so schnell überrannt wurde, daß die herangeführten Reserven des
Feindes nicht mehr rechtzeitig genug eintrafen, um den Stoß hinter der nur
eingebeulten Front aufzufangen. Ein schneller und durchschlagender Er=
folg war aber nur denkbar mit dem Moment der Überraschung. Dazu
gehörte einmal strengste Geheimhaltung, auch vor den eigenen Truppen
solange als möglich — jede Armee mußte des Glaubens sein, daß der von
ihr vorbereitete Angriff der tatsächlich beabsichtigte sei. Daher Ausdehnung
aller nicht zu verbergenden Angriffsvorbereitungen in bezug auf Ausbau
der Verkehrseinrichtungen, der Unterkunft, Flugplätze usw. möglichst über
die ganze Heeresfront. Die spätere Bereitstellung der Truppen hatte außer=
halb des in Aussicht genommenen Kampffeldes in verschiedenen großen
Gruppen stattzufinden, die im gegebenen Augenblick schnell und über=
raschend nach verschiedenen Richtungen mittels Bahn und Nachtmärschen
aufmarschieren konnten. Es gehörte ferner dazu die Täuschung des Geg=
ners durch seine Beunruhigung vor dem Angriff auf der ganzen Heeres=
front (artilleristisches Einschießen usw.), durch Teilunternehmungen mit be=
grenzten Zielen, durch Vortäuschen eines großen Angriffs an anderer

---

*) Dieser Angriff war nur als Ablenkung, nicht als Hauptoperation gedacht.

Stelle. Alle Angriffsvorbereitungen waren in bezug auf ihre Unauffällig=
keit von der Erde und aus der Luft sorgfältig zu überwachen. War es gleich=
wohl nicht zu vermeiden, daß der Gegner vielleicht doch noch rechtzeitig die
Angriffsrichtung erfahren würde, so durfte man doch hoffen, ihn wenigstens
über den Zeitpunkt, den Umfang und die Art der Durchführung im un=
klaren zu erhalten. Der Erfolg ging daher sehr wesentlich von der schnellen
Ausführung des Angriffs selbst ab. Das Feuer der Artillerie mußte
unter Verzicht auf tagelanges Einschießen der einzelnen Batterien über=
raschend und schlagartig auf Grund des sogenannten Pulkowskischen Ver=
fahrens einsetzen. Die Ausschaltung der feindlichen Artilleriewirkung war
in der Hauptsache durch ausgiebige Vergasung zu erstreben. Die Luft=
streitkräfte waren unbemerkt zusammenzuziehen, jede Steigerung des
Flugdienstes in der Vorbereitungszeit zu vermeiden. Auch die taktische
Ausbildung hatte unter dem Gesichtspunkt raschen Handelns und sofortiger
Ausbeutung des Anfangserfolges zu geschehen. Insbesondere war die In=
fanterie im rücksichtslosen Durchführen des Stoßes bis in große Tiefe zu
üben, das Zusammenwirken mit der Artillerie in der Fortführung des An=
griffs sorgfältig einzuspielen, alle Waffen im schnellen Überwinden von
Hindernissen, besonders des Trichtergeländes, zu schulen. Die Haupt=
schwierigkeit, die sich aus alledem ergab, bestand darin, daß unter der For=
derung des Momentes der Überraschung nicht die Gründlichkeit der Vor=
bereitungen litt.

Von Anfang Januar 1918 an setzte im deutschen Westheer nach
vorstehenden Gesichtspunkten eine ebenso intensive und gründlich durch=
dachte wie straff organisierte Arbeit ein. Der Feldherr schärfte sein
Schwert und schuf sich die Bedingungen für das Gelingen der Riesenauf=
gabe. Die überwältigende Macht einer großen Idee, in deren Dienst sich
ein jeder, vom höchsten General bis zum letzten Troßknecht, gestellt fühlte,
für deren Verwirklichung er sein Alles herzugeben willig entschlossen war
— nicht aus Begeisterung, sondern aus Pflichttreue —, kam zum Ausdruck.
Die Vorbereitung des großen Angriffs von 1918 erscheint nach jeder Rich=
tung hin und auf allen Gebieten als eine so mustergültige Leistung, daß
hier in der Tat jede Kritik schweigen muß. Wenn je eine heroische An=
strengung in der Kriegsgeschichte den Erfolg v e r d i e n t hat, so ist es die
harte und zielbewußte Arbeit, die Ludendorff und das Feldheer in jenem
Vierteljahr vor Beginn des Entscheidungskampfes verrichtet haben. Man
darf wohl sagen, sie hätte einen noch größeren, einen v o l l e n Erfolg
verdient.

Am 24. Januar traf die Oberste Heeresleitung die Entscheidung,
welcher Angriff ausgeführt werden sollte. Sie fiel zugunsten der Michael=

Operation im Bereich der 17., 2. und 18. Armee. Gleichzeitig wurde der Übertritt der 18. Armee zur Heeresgruppe Deutscher Kronprinz ange=
ordnet und ihre Nordgrenze an den Omignon=Bach verlegt — jedenfalls
in der Absicht, die einheitliche Leitung der Operation nicht einer Heeres=
gruppe zu überlassen, sondern in die Hand der Obersten Heeresleitung
selbst zu legen.

Der Michael=Angriff sollte vorbereitet werden: Durch die 17. Armee
in der Richtung nordöstlich Bapaume (Michael I), durch die 2. Armee nörd=
lich des Omignon=Baches (Michael II), durch die 18. Armee südlich des
Omignon=Baches zu beiden Seiten von St. Quentin (Michael III). Die
17. Armee hatte gleichzeitig den Angriff südlich der Scarpe (Mars Süd),
die 7. Armee den Angriff südlich der Oise über die Front der Gruppe
Crepy (Erzengel) vorzubereiten. Die Michael=Operation sollte etwa am
20. März stattfinden, die Angriffe Mars Süd und Erzengel wenige Tage
später nach Umgruppierung der erforderlichen Artillerie und Minenwerfer.
Als Ziel des Michael=Angriffs wurde die Durchbrechung der feindlichen
Front bis zur Somme in Linie Ham—Peronne und Vordringen in Ver=
bindung mit dem Mars=Angriff auf dem rechten Sommeufer über
Peronne—Arras hingestellt, während der Angriff Erzengel lediglich abzu=
lenken und den Besitz der Höhen östlich des Oise—Aisne=Kanals zu er=
streben hatte. Von dem Gedanken, dem Mars=Angriff eine Erweiterung
nach Norden über die Scarpe hinaus zu geben, wurde noch Abstand ge=
nommen.

Die Oberste Heeresleitung bestimmte ferner, daß die Vorbereitungen
für den Angriff über die Lys=Niederung bei Armentières—Estaire
(St. Georg I) und gegen den Ypernbogen (St. Georg II) durch die 6. und
4. Armee derart weiterbetrieben werden sollten, daß sie Anfang April
beendet waren. Der Georg=Operation war dabei im Gegensatz zu den
bisherigen Vorschlägen der beteiligten Armeen von vornherein eine gerin=
gere Ausdehnung zugedacht. Hierüber sprach sich Ludendorff am 10. Fe=
bruar in einem Fernschreiben an die Heeresgruppe Rupprecht folgender=
maßen aus:

„Nachdem die Oberste Heeresleitung sich für Michael als Hauptopera=
tion entschieden hat, kommen Georg I und II nur als zweiter Kampfakt in
Frage und auch nur dann, wenn der Michael=Angriff nicht zu einem großen
Durchbruchserfolg führen, sondern sich an den herbeigeholten englischen und
französischen Reserven festlaufen sollte. Aus der dann eingetretenen Ge=
samtlage heraus wird sich der Aufbau für Georg I und II durch Um=
gruppierung der Kräfte, insonderheit der artilleristischen, des Michael=An=
griffs ergeben. Es wird nicht möglich, aber auch nicht erforderlich sein, die

Georg=Operation in der von den Armeeoberkommandos 4 und 6 bearbei=
teten Form und mit dem dort angeforderten Kräftebedarf durchzuführen.
Wir werden die von den Armeen berechneten Kräfte nicht annähernd in
dem Umfange zur Verfügung haben oder sie in kurzer Zeit, worauf es an=
kommt, heranführen und einsetzen können. Mehr als 20 Divisionen (außer
den Stellungsdivisionen) für Georg I und etwa 12 bis 15 Divisionen (außer
den Stellungsdivisionen) für Georg II werden nicht rechtzeitig verfügbar
gemacht werden können. Es ist jedoch bestimmt anzunehmen, daß die
Georg=Operation auch auf dieser Grundlage einen durchschlagenden Erfolg
als zweiter Kampfakt haben wird, da mit Sicherheit darauf zu rechnen ist,
daß die Masse der englischen Reserven durch den Michael=Angriff weiter
südlich gebunden sein wird. Es würde sich daher für die Georg=Operation
zunächst darum handeln, rasch beiderseits Armentières in Richtung Haze=
brouck vorwärtszukommen und gleichzeitig den Ypernbogen von Nordosten
abzuschnüren."

Der Gedanke eines umfassenden Angriffs bei Verdun (Castor und
Pollux) wurde fallen gelassen, da der Generalstabschef der Armee=
abteilung C einer Offensive südlich Verdun über die Maas nur geringe Er=
folgsaussichten zugebilligt hatte. Hingegen sollte für den Fall eines großen
französischen Angriffs in der Champagne die Operation Hektor—Achill
flüssig erhalten, die Vorbereitungen indessen vorerst auf die Herrichtung des
Kampffeldes und seiner Verbindungen beschränkt werden. Für den Fall,
daß die Michael=Operation steckenbleiben sollte, wurde ferner ein Angriff
aus der Front der 3. Armee in der Champagne (Roland) in Betracht
gezogen.

Ludendorff hielt also an dem Gedanken fest, seinen ersten Offensivschlag
gegen den Engländer zu richten. Für die Wahl der Michael=Operation an
Stelle der Georg=Operation sprach vornehmlich der Umstand, daß sie nicht
an die Jahreszeit und Witterung gebunden, also früher ausführbar war, und
daß der taktische Angriff sich gegen eine schwache Stelle der feindlichen
Front richtete. „Die Taktik war über die reine Strategie zu stellen. Ohne
taktischen Erfolg war eine solche nicht zu treiben. Eine Strategie, die nicht
an ihn denkt, ist von vornherein zur Erfolglosigkeit verurteilt" — sagt
Ludendorff*).

Auf einen vor= oder gleichzeitig mit der Michael=Operation stattfin=
denden Ablenkungsangriff größeren Stils wurde verzichtet, da möglichst
alle zur Verfügung stehenden Kräfte zur erfolgreichen Durchführung des
geplanten einen, großen Schlages nötig erschienen. Hingegen ordnete die

---

*) Ludendorff, Kriegserinnerungen S. 474.

Oberste Heeresleitung T ä u f ch u n g s m a ß n a h m e n an verschiedenen Stellen der Heeresfront an: Lebhaften Artilleriekampf auf den Georg= und Erzengel=Fronten, Teilunternehmungen bei der 1. und 3. Armee und be= sonders bei Verdun, ferner Artilleriekampf auf der lothringischen Front. Über ihren Zweck sprach sich eine Verfügung vom 18. Februar dahin aus: „Nur sorgfältige, auch zeitlich richtig bemessene Vorbereitung und geschickte Durchführung der Täuschungsoperationen verspricht Erfolg. Ungewandte, mit unzulänglichen oder falschen Mitteln unternommene Versuche werden bald als Täuschung erkannt. Sie bergen dann die Gefahr in sich, daß der Gegner die als schwach erkannte Front mit schwächeren Kräften bindet, seine Reserven aber frei hat, um sie rasch an die Stelle zu werfen, wo er kurz darauf den eigentlichen Angriff erkennt." Die Täuschungsmaßnahmen begannen zum Teil bereits Anfang März und wurden dann in den letzten Tagen vor der Schlacht bis über deren Beginn hinaus mit großem Ge= schick durchgeführt.

Am 10. März erließ Generalfeldmarschall v. Hindenburg den ent= scheidenden Angriffsbefehl. Er lautete im wesentlichen:

„Seine Majestät befehlen:

1. Der Michael=Angriff findet am 21. März statt. Einbruch in die 1. feindliche Stellung 9,40 vorm.

2. Heeresgruppe Kronprinz Rupprecht schnürt dabei als erstes großes taktisches Ziel den Engländer im Cambrai=Bogen ab und gewinnt nördlich des Omignon=Baches bis zu seiner Einmündung in die Somme die Linie Croisilles—Bapaume—Peronne—Omignon=Mündung. Bei günstigem Fortschreiten des Angriffs des rechten Flügels (17. Armee) ist dieser über Croisilles weiter vorzutragen.

Weitere Aufgabe der Heeresgruppe ist, Richtung Arras—Albert vor= zustoßen, mit linkem Flügel die Somme bei Peronne festzuhalten und mit Schwerpunkt auf dem rechten Flügel die englische Front auch vor der 6. Armee ins Wanken zu bringen und weitere deutsche Kräfte aus dem Stellungskrieg für den Vormarsch freizumachen. Sämtliche hinter der 4. und 6. Armee stehenden Divisionen sind hierfür eintretendenfalls unver= züglich heranzuziehen*).

3. Heeresgruppe Deutscher Kronprinz gewinnt zunächst südlich des Omignon=Baches die Somme und den Crozat=Kanal. Bei raschem Vor= wärtskommen hat die 18. Armee die Übergänge über die Somme und die

---

*) Das waren im ganzen 8 Divisionen, ferner hinter 17. Armee 2 Divisionen. Außerdem hatten auf Befehl der Heeresgruppe 4. und 6. Armee das Herausziehen von je 2 Divisionen ohne Ersatz aus der Front vorzubereiten.

Kanalübergänge zu erkämpfen. Daneben hat die 18. Armee sich bereitzu=
halten, ihren rechten Flügel bis Péronne auszudehnen. Die Heeresgruppe
nimmt Bedacht auf Verstärkung des linken Flügels der 18. Armee durch
Divisionen der 7., 1. und 3. Armee.

4. Über 2. Garde=Infanterie=Division, 26. württembergische Infan=
terie=Division und 12. Infanterie=Division verfügt die Oberste Heeres=
leitung.

5. Über Mars und Erzengel behält sich die Oberste Heeresleitung
je nach dem Stand der Operationen Entscheidung vor. Vorbereitungen
sind ununterbrochen durchzuführen.

6. . . . . . ."

In Ergänzung dieses Befehls der Obersten Heeresleitung ordnete das
Oberkommando der Heeresgruppe Rupprecht folgendes an (im Auszug):

1. Bereitstellung der für Mars Süd (südlich der Scarpe) bestimmten
Divisionen so, daß eine sofortige Ausnützung des Michael=Angriffs durch
Aufrollen der Front nördlich Croisilles möglich ist. Die weitere Ausdehnung
des Angriffs nach Norden soll durch schnelle Umgruppierung der Artillerie
vorbereitet werden.

2. Erhöhung der Abwehrbereitschaft der Front zwischen La Bassée=
Kanal und der Scarpe für den Fall eines englischen flankierenden Gegen=
angriffs gegen Michael durch Bereitstellung von 4 Divisionen hinter
dieser Front.

3. Um auch die Front nördlich der Scarpe im Falle des Gelingens
von Michael ins Wanken zu bringen, werden die hinter der 4. und 6. Ar=
mee bereitgestellten Divisionen und bei Michael II freiwerdende Artillerie
und Minenwerfer usw. unverzüglich herangezogen, weitere Reserven durch
Lockerung der Fronten der 4. und 6. Armee gewonnen werden. Es ist
dann anzustreben, mit dem rechten Flügel der 17. Armee die Vimy=Höhen
von Südosten her der Länge nach aufzurollen (Mars Nord). Diesem Vor=
dringen hat sich der linke Flügel der 6. Armee südlich des La Bassée=Kanals
anzuschließen oder eine sich sonst bietende günstige Gelegenheit auszunützen
(Walkürenritt). Auch der Nordflügel der 6. Armee und die 4. Armee
müssen gegebenenfalls dem Feinde folgen und das Wegziehen feindlicher
Kräfte verhindern.

Seitens der Heeresgruppe Deutscher Kronprinz wurde für die Durch=
führung des Angriffs der 18. Armee bestimmt:

„18. Armee durchbricht mit starkem rechten Flügel die feindlichen Stel=
lungen zwischen Omignon=Bach und Oise, stößt bis zur Somme vor und setzt
sich für weiteres Vorgehen in Besitz der Übergänge zwischen St. Christ und
Tergnier (beide einschließlich). Starke Reserven sind hinter dem rechten

Armeeflügel dicht aufgeschlossen nachzuführen. Ihre Aufgabe ist, den An=
griff der 18. Armee vorzutragen und bei fortschreitendem Angriff vor
2. Armee noch haltenden Feind in allgemeiner Richtung Tertry—Peronne
in Flanke und Rücken anzugreifen. . . . Die Armee bereitet sich darauf
vor, nach gelungenem Angriff ihren rechten Flügel bis Peronne (aus=
schließlich) auszudehnen."

Für die 7. Armee wurde angeordnet: „Geht der Feind unter dem
Druck des Angriffs der 18. Armee auch südlich der Oise zurück, so hat die
7. Armee mit rechtem Flügel an der Oise auf der Erzengel=Front unter
starker Sicherung der linken Flanke unverzüglich zu folgen. Aufgabe der
Südfront der 7., der 1. und 3. Armee ist es, die linke Flanke des deutschen
Angriffs zu sichern. Sie weichen feindlichen Angriffen auf den bedrohten
Fronten in die vorbereitete Kampfzone aus. Befehl zum Ausweichen er=
teilt die Heeresgruppe. Die Armeen stellen starke Reserven aller Waffen
so bereit, daß sie in kürzester Frist zur 18. Armee oder nach bedrohten
Frontabschnitten befördert oder verschoben werden können."

Nach dem Befehl der Obersten Heeresleitung lag der Schwerpunkt der
Operationen sowohl zu Beginn wie im weiteren Verlauf bei der 17. und
2. Armee. Nach Erreichung des ersten großen taktischen Ziels, der Ab=
schnürung des Engländers im Cambrai=Bogen, sollte die Offensive in der
Richtung auf und über Arras—Albert fortgeführt und dann auch die eng=
lische Front vor der 6. Armee ins Wanken gebracht werden. Der 18. Armee
war nur die linke Flankendeckung und zu diesem Zweck die Gewinnung der
Somme und des Crozat=Kanals zugedacht, wobei ihr tiefgegliederter rechter
Flügel sich gegebenenfalls bis Peronne nach Norden ausdehnen sollte. Der
oben wiedergegebene Zusatzbefehl der Heeresgruppe Deutscher Kronprinz
bahnte für die 18. Armee einem neuen Gedanken den Weg, indem die
Möglichkeit ihres weiteren Vorgehens über die Somme und den Crozat=
Kanal ins Auge gefaßt wurde. General v. Hutier griff diesen Gedanken
sogleich auf — wahrscheinlich hatte er ihn selbst schon früher erwogen —
und stellte in einer am 15. März der Heeresgruppe eingereichten Vorlage
als Aufgabe der 18. Armee hin, „sobald Somme und Crozat=Kanal über=
schritten seien, die zur Unterstützung der Engländer bestimmten f r a n =
z ö s i s c h e n R e s e r v e n auf sich zu ziehen, zu schlagen und die Verbin=
dung zwischen Engländern und Franzosen zu unterbrechen. . . . . Je
früher die Armee die Linie Chaulnes—Roye erreiche, um so mehr könne
sie damit rechnen, den Franzosen noch im Aufmarsch zu treffen, um so
günstiger gestalteten sich die Aussichten für den Begegnungskampf". Das
Oberkommando der Heeresgruppe gab den Vorschlag mit dem Zusatz
weiter: „Je mehr die französische Gegenwirkung sich gegen die Heeres=

gruppe Rupprecht richtet, um so wirkungsvoller wird die vorgeschlagene Operation die Franzosen treffen. Der Feind wird ihre entscheidende Be= deutung und die Bedrohung seiner Hauptstadt schnell erkennen. Mit stärkster Gegenwirkung ist daher zu rechnen. Deshalb müssen st a r t e Kräfte für die Operation angesetzt werden."

Die Stellungnahme Ludendorffs zu diesem Vorschlag ist aus den Akten nicht erkennbar. Daß er die Möglichkeit, ihm je nach der Entwick= lung der Lage Rechnung zu tragen, schon damals in den Kreis seiner Er= wägungen gezogen hat, geht aus einem Ferngespräch hervor, das er am 20. März mit General v. Kuhl hatte. Hierin deutete er die Absicht an, den Schwerpunkt des Vorgehens der 17. Armee in die Richtung auf St. Pol, der 2. Armee in die Richtung auf Doullens—Amiens zu legen, falls die 18. Armee spätestens in der Linie Bray—Noyon starken französischen Widerstand finden würde*). Verdienst der 18. Armee ist es aber, durch sorgfältige und umfassende Vorbereitungen vor Beginn des Angriffs die Grundlagen dafür geschaffen zu haben, daß ihr im Verlauf der Operation die erweiterte offensive Aufgabe gestellt werden konnte.

In der Schlußbesprechung eines seiner letzten operativen Kriegsspiele im Frühjahr 1905 sagt Graf Schlieffen: „Jeder will umfassen und dehnt daher seine Front aus. Jeder will nicht umfaßt werden und dehnt des= halb ebenfalls seine Front aus. Diese beiden Bestrebungen können zu über= großen Ausdehnungen und zu der Möglichkeit des D u r c h b r u c h s führen, zu dem Durchbruch, von dem es heißt, daß Napoleon ihn immer gemacht hat, den er aber tatsächlich nur selten ausgeführt hat. Wenn aber jetzt ein neuer Napoleon durchbrechen will, so findet er nicht die Windmühle, von der aus er die Schlacht übersehen und die schwache Stelle herausfinden kann. Mag der moderne Feldherr den Adlerblick von Napoleon haben, so kann er doch das Schlachtfeld nicht übersehen, und er vermag nicht die schwache Stelle des Feindes zu erkennen. D a s e i n z i g e M i t t e l , d a s f ü r i h n v o r h a n d e n i s t , b e s t e h t d a r i n , d a ß e r ü b e r a l l a n g r e i f t. Durch den Angriff wird sich die schwache Stelle von selbst ergeben. Nach diesem Rezept ist hier verfahren worden. Die Deutschen gingen gewissermaßen auf gut Glück vorwärts, sie fanden den Abschnitt an der Bzura unvollkommen besetzt. Hier also war die Lücke. Es ist hier ungewollt ein Durchbruch gemacht worden. Der Grund, daß er gelang, lag darin, daß eben von der ganzen Front der Angriff verlangt wurde.

---

*) Mitteilung des Generals v. Kuhl.

überall anzugreifen, das ist die Art, mit der man jetzt
Siege gewinnt*)."

Außer diesem Kriegsspiel bietet noch die von uns schon früher er=
wähnte operative Studie des Grafen Schlieffen vom Dezember 1912**) An=
haltspunkte, seine Stellung zum Problem des operativen Durchbruchs
kennenzulernen. Diese Studie beschäftigt sich mit der Führung der Offen=
sive unter der Voraussetzung, daß unseren Westgegnern bei Kriegsbeginn
rechtzeitig die Bildung einer geschlossenen Front von Antwerpen bis zur
Schweizer Grenze gelungen, ihre Umfassung also unmöglich ist. Aber die
operative Ausgangslage für den deutschen Angreifer ist in der Studie von
1912 insofern anders wie im Kriegsspiel von 1905, als in ihr von vorn=
herein Klarheit über den zum Durchbruch bestimmten Frontteil des Feindes
herrscht, dieser also nicht erst durch den Angriff auf der ganzen Front
gewissermaßen auf gut Glück herausgefunden werden soll. Der Grund,
warum Graf Schlieffen gleichwohl auch in der Studie von 1912 auf der
ganzen Front angreifen will, liegt nicht darin, um an irgendeinem sich
als schwach ergebenden Punkte durchzubrechen, sondern um die Kräfte des
Feindes auf der ganzen Linie zu binden, seine Reserven zum Einsatz zu
zwingen, aufzusaugen und in möglichst großer Zahl von späterer Ver=
schiebung an andere Stellen fernzuhalten. Ein solcher Angriff setzt eine
zahlenmäßig starke Armee voraus. Doch damit nicht genug. Gegen die
durch Natur und Kunst verstärkte Verteidigungslinie der französischen Ost=
front von Verdun bis Belfort kann sich der Angriff nicht einfach in den
Formen des Bewegungskrieges vollziehen. Er muß gegen viele Stellen
dieser Front das Gepräge eines systematischen Vorgehens nach Art des
Festungskrieges unter Anwendung zahlreicher schwerer Artillerie und von
Belagerungsgerät tragen, um die ernst gemeinte Drohung des Durchbruchs
zum Ausdruck zu bringen. Sonst sinkt er zum Täuschungsmanöver herab,
das einen kühl wägenden Verteidiger vielleicht im ersten Augenblick, aber
nicht auf lange von der Verschiebung seiner Kräfte aus der Festungsfront,
insbesondere seiner hier stehenden Reserven, an seine schwachen Stellen
hindern wird. Für die Wahl der Durchbruchsstelle darf aber nicht allein ihre
mehr oder weniger erkennbare taktische Schwäche maßgebend sein. Sie
muß auch die Möglichkeit bieten, nach gelungenem taktischem Ein= und
Durchbruch zur Operation zu gelangen, zur Operation in wirkungsvoller
Richtung. Graf Schlieffen legt daher, wie wir wissen, in seiner Studie von

---

*) Der deutsche Führer, der in jenem Kriegsspiel den Entschluß zum Angriff auf
der ganzen Front faßte und damit den Durchbruch erzwang, war der damalige Major
Ludendorff. Mitteilung des Generals v. Hahnke.

**) Erster Teil S. 19ff.

1912 den Schwerpunkt seines Angriffs nach wie vor auf den eigenen rechten Flügel in das belgische Gebiet. Dort war die taktisch schwächere Front des Feindes, dort winkten aber auch der nachfolgenden Operation günstige Aus= sichten, ebenso günstige wie nach dem taktisch schwierigen Durchbruch durch die befestigte Ostfront.

Ludendorff stand 1918 vor dem Problem des Durchbruchs nicht unter den Verhältnissen des Bewegungskrieges. Die äußere Erscheinungsform des Krieges hatte sich in jahrelangem Stellungskrieg von Grund aus ge= wandelt. Der Verteidiger stand auf der ganzen Front in einer den Er= fahrungen der Technik entsprechend ausgebauten modernen Feldstellung, die an Stärke der französischen Festungsfront nicht viel nachgab. Für den deutschen Angreifer handelte es sich jedenfalls überall um die Überwindung eines in taktisch starken Stellungen geleisteten Widerstandes. Er bedurfte, wo immer auch der Durchbruch erstrebt wurde, der Mittel des Belagerungs= krieges, insonderheit einer zahlreichen schweren Artillerie und von Minen= werfern. Gleichwohl war die taktische Widerstandskraft des feindlichen Stellungssystems nicht überall gleich groß. Gelände, Ausbau, Dichte der Frontbesetzung, Aufstellung der Reserven, Güte der Verteidigungstruppen wiesen erhebliche Unterschiede auf und ließen stärkere und schwächere Front= teile erkennen.

Ludendorff traf ganz im Geiste Schliessenscher Lehre seine Entschei= dung. Auch er spähte nach der Schwäche des Feindes. Für die Wahl der englischen Front war freilich wohl in erster Linie der leitende politische Gedanke maßgebend. Er stand aber im Einklang mit den militärischen Erwägungen. Mochte die Güte der englischen und französischen Truppen in Hinsicht auf das Widerstandsvermögen in der taktischen Verteidigung gleich hoch zu veranschlagen sein, so stand der Engländer dem Franzosen doch in der geschickten Führung der Massen in der Abwehrschlacht, in der operativen Wendigkeit nach. Für die innerhalb der 220 Kilometer breiten englischen Front in Frage kommenden Schwächepunkte bei Armentières— La Bassée und bei St. Quentin hatte das Oberkommando der Heeresgruppe Rupprecht eine in jeder Hinsicht erschöpfende Beurteilung gegeben. Wenn Ludendorff sich für den Angriff auf der Michaelfront entschied, so geschah es, weil er dort im gegebenen Zeitpunkt die schwächste Stelle des Feindes traf.

Militärische Kritiker des In= und Auslandes machen den Vorhalt, daß Ludendorff sich zu sehr von taktischen Erwägungen habe leiten lassen, dar= über die Forderungen der Strategie vernachlässigt, seine eigentliche Auf= gabe überhaupt von vornherein in einer Zermürbungsarbeit durch einzelne aufeinander folgende Hammerschläge erblickt habe. Dem kann nicht beige=

treten werden. Es zeigt sich vielmehr nur, daß Ludendorff auch hier seine Strategie auf eine gesunde, aussichtsvolle taktische Kampfhandlung grün= dete. Er stand damit völlig auf dem Boden Schlieffenscher Gedanken. Der vom französischen General Buat empfohlene Angriff von Lens in Richtung St. Pol war taktisch äußerst schwierig, ein schneller Anfangserfolg nicht verbürgt. Darauf aber kam alles an. Im übrigen hat Ludendorff bei der von ihm gewählten Angriffsstelle ein bestimmtes, großes operatives Ziel vorgeschwebt: Die englische Heeresfront sollte auf ihrem Südflügel durch= brochen, von der französischen getrennt und dann durch Druck auf ihre rechte Flanke und Anpacken in der Front zum Wanken und Einsturz gebracht und gegen die Küste gedrängt werden. Was war das anderes als der Gedanke einer Cannä=Operation, bei der „der fehlende Hasdrubal durch ein natürliches Hindernis — das Meer — ersetzt wurde"*)? Ein zweites natürliches Hindernis, die Somme, sollte dem eigenen, in tiefer Staffelung vorgehenden linken Flügel als Schutz gegen einen französischen Flanken= angriff dienen. Die Schwierigkeiten, die das hierbei notwendige Durch= schreiten des zerstörten Alberich=Gebietes und der Trichterfelder der Sommeschlacht namentlich für Unterkunft und Nachschub bot, wurden nicht verkannt. Sie verringerten sich aber, sobald die Operation in das bisher vom Kampf nicht berührte Land westlich dieser Zone ausgriff. Erst wenn das nicht gelang, traten die Nachteile der Wüste als dauernden Aufenthalts= ortes in die Erscheinung.

In einem Punkte freilich, vielleicht dem wesentlichsten, weicht Luden= dorffs Verfahren von Schlieffens operativer Form ab. Der deutsche Angriff richtete sich nicht gegen die ganze feindliche Front, sondern nur gegen einen beschränkten Teil von ihr. Das hatte seinen ganz selbstverständlichen Grund darin, daß die Streitkräfte und Kampfmittel für eine derartige Aufgabe auch nicht annähernd ausreichten. Es fragt sich, ob dem Schlieffen= schen Gedanken, wenn nicht buchstäblich, so doch dem Sinne nach, ent= sprochen werden konnte und mußte. Der Zweck des Angriffs auf der ganzen Front war die Fesselung aller Kräfte des Feindes, insonderheit seiner Reserven, damit sie nicht im weiteren Verlauf den zur Operation ausge= reiften Durchbruch auffangen und abdämmen konnten. Ludendorff ist sich über die hierin liegende Gefahr völlig klar gewesen. Er hat versucht, ihr durch Täuschungsmaßnahmen an möglichst vielen Stellen der Front, durch Drohen mit einem großen Angriff und durch Teilunternehmungen kleineren Stils zu begegnen. Vorübergehend haben diese Maßnahmen auch unstreitig große Wirkung geübt. Pétain weigerte sich noch am 24. März,

---

*) Graf Schlieffen a. a. O. Bd. I S. 266.

mehr als 3 Divisionen der bedrängten Front Haigs zu Hilfe zu senden
mit der Begründung, daß Ludendorffs Hauptangriff bei Reims bevorstehe,
wo der Artilleriekampf begonnen habe. Aber die Wirkung dieser Maß=
nahmen war eben doch nur eine zeitlich und materiell begrenzte. Die Re=
serven des Feindes wurden nicht aufgesogen, sie konnten, wenn auch erst
spät, doch noch verschoben und dem entscheidenden Kampffelde zugeführt
werden. Dem Sinne des Schlieffenschen Gedankens hätte es sicher mehr
entsprochen, wenn neben diesen Täuschungsmaßnahmen und über sie hin=
aus ein e r n s t h a f t e r A b l e n k u n g s a n g r i f f kurz v o r Beginn
des Hauptangriffs unternommen worden wäre. Er mußte — mit starken,
immerhin knapp bemessenen Kräften geführt — einen schnellen Anfangs=
erfolg verheißen und sich ein räumlich begrenztes Ziel setzen. Soweit die
englische Front hierfür in Betracht kam, war die Georg=Operation über die
Lys=Niederung mit Rücksicht auf Jahreszeit und Witterung noch nicht mög=
lich. Ähnlich lagen die Verhältnisse in Flandern. Blieb also nur die Front
der 6. Armee zwischen dem La Bassée=Kanal und Arras. Es darf nach dem
oben Gesagten bezweifelt werden, daß hier der taktisch sehr schwierige An=
griff den Zweck, starke feindliche Reserven zu fesseln, in ausreichendem Maße
erreicht hätte. Jedenfalls sprachen gewichtige Gründe für den Entschluß, an
dieser Stelle von einer zeitlich voraufgehenden Ablenkung abzusehen und
desto stärkere Kräfte zu dem Entscheidungsschlage selbst einzusetzen.

Wesentlich anders aber lagen die Dinge auf der französischen Front.
Für das Gelingen der geplanten Operation war es überhaupt von höchster
Bedeutung, daß sie nicht durch einen starken Flankenangriff d e s F r a n =
z o s e n getroffen oder durch eine Entlastungsoffensive großen Stils vor=
zeitig zum Stillstand gebracht wurde. Wir wissen, daß Ludendorff der
7. Armee einen Ablenkungsangriff zugedacht hat. Er sollte aber erst n a c h
Beginn der großen Offensive erfolgen, konnte also nicht die Wirkung
haben, starke Reserven des Feindes in falsche Richtung abzuziehen und hier
festzulegen. Auch stand er dazu räumlich in zu naher Berührung mit dem
Hauptangriff. Für einen deutschen Ablenkungsangriff auf der französischen
Front kamen verschiedene Stellen in Frage: die Gegend des Damenweges,
die Champagne, — weniger Verdun, weil das einen zu großen Kräfteeinsatz
bedingt hätte. Ein englischer Kritiker urteilt: „Wären die Deutschen zu
einem gleichzeitigen Angriff auf unsere Truppen an der Lys oder auf die
Franzosen am Chemin des Dames in der Lage gewesen, so war es un=
möglich, ihre Angriffe vor Amiens zum Stehen zu bringen*).“ Auch die
Front der Heeresgruppe Herzog Albrecht im Elsaß (Breuschtal) erscheint

---

*) Quarterly Review 1920.

geeignet. Griff man dort an, so wurden die französischen Reserven weit vom Brennpunkt des bevorstehenden Entscheidungskampfes abgezogen. Der Generalstabschef der 17. Armee, General Krafft v. Dellmensingen, hat einen Ablenkungsangriff an dieser Front als Nebenhandlung in Vorschlag gebracht. Er ist auch eine Zeitlang vorbereitet und nur aufgegeben worden, um möglichst starke Kräfte für die Ausbeutung der Hauptoperation flüssig zu erhalten. Schließlich bot auch eine frühzeitige gemeinsame Offensive deutscher und österreichisch-ungarischer Kräfte in Ober-Italien die Möglich-keit einer Ablenkung. An sich standen, was die Zahl angriffskräftiger Divi-sionen anlangt, ausreichende Kräfte zur Verfügung. Mit 62 Divisionen hat die Frühjahrsoffensive am 21. März begonnen. 92 Divisionen sind in ihr bis zum Abschluß am 5. April eingesetzt worden, ohne daß damit alle für Angriffszwecke verfügbaren Divisionen aufgebraucht worden sind. Diese gewaltige Masse wäre wahrscheinlich noch wirkungsvoller zur Geltung ge-kommen, wenn sie nicht ausschließlich und unmittelbar für die Durch-bruchsoperationen selbst, sondern zum Teil auch dazu verwendet worden wäre, die französischen Reserven an anderer Stelle in Fesseln zu schlagen. Buat sieht sogar nur durch eine Reihe gleichzeitiger oder schnell aufein-anderfolgender Ablenkungsangriffe an verschiedenen Stellen den ope-rativen Erfolg des anschließenden Durchbruchs gewährleistet. Er räumt aber ein, — und das ist das Entscheidende in der ganzen Frage — daß ein derartiger Weg für Ludendorff aus Kräftemangel ungangbar war. Denn es handelte sich nicht nur um die Bereitstellung der erforderlichen Zahl von Divisionen, sondern auch um Massen an Artillerie, Minenwerfern, Fliegern, Munition, Kraftwagenkolonnen und um zahl-reiche andere Kriegsmittel. Diese standen der Obersten Heeresleitung nicht in ausreichendem Maße zur Verfügung, um außer dem Hauptangriff in der beschlossenen Ausdehnung unmittelbar zuvor oder gleichzeitig noch einen starken Ablenkungsangriff mit ihnen auszustatten. Ein solcher war also nur unter räumlicher oder materieller Einschränkung des Hauptangriffs denkbar. Jede derartige Einschränkung minderte aber wiederum an der gewählten Stelle die Aussicht auf einen großen und schnellen Schlachterfolg, die unerläßliche Vorbedingung für die Operation.

Somit ergibt sich: Nicht nur die Anwendung der theore-tischen Idealform Schlieffens für den operativen Durchbruch — Angriff auf der ganzen Front — war für Ludendorff ausgeschlossen. Auch der Versuch, in ab-geschwächter Form ihrem Grundgedanken durch einen zeitlich unmittelbar vorangehenden Ablenkungs-angriff großen Stils gerecht zu werden, war im Früh-

jahr 1918 aus Mangel an Kräften nicht empfehlens=
wert. Das praktische Handeln des Jüngers mußte
unter dem Zwange der einmal vorliegenden Ver=
hältnisse hinter der theoretischen Forderung des
Meisters aus der Friedenszeit zurückbleiben.

War darum, wie Buat meint, der operative Durchbruchsgedanke von
vornherein zum Scheitern verurteilt? Strategie ist das System von Aus=
hilfen. Diesen Fundamentalsatz Moltkes hat auch Graf Schlieffen voll
anerkannt. Nach ihm mußte Ludendorff handeln. War es nicht möglich,
die Reserven des Feindes an anderer Stelle zu binden und vom Haupt=
kampfplatz fernzuhalten, stand mithin ihr Auftreten dort früher oder später
zu erwarten, so wurde sicherlich die Kampfarbeit und die Durchführung der
operativen Aufgabe e r s ch w e r t. Ob dennoch dem Angreifer die Kraft inne=
wohnte, nicht nur einen taktischen Sieg, sondern den vollen operativen
Erfolg, die Vernichtung des Feindes, zu erringen, war die große Frage,
auf die nur der Gott der Schlachten selbst die Antwort geben konnte. Ver=
sagte er den heißen Bemühungen den verdienten Lohn, so galt es, stärker
zu sein als das Schicksal, in weiser Mäßigung durch rechtzeitige Einstellung
der Offensive einer Materialschlacht und damit einer Überspannung der
eigenen Kräfte vorzubeugen. Der erste große Hammerschlag hatte dann
wenigstens als Ablenkung gewirkt, im Sinne des Schlieffenschen Ope=
rationsgedankens den Zweck erfüllt, einen großen Teil der feindlichen
Streitkräfte zu zertrümmern und aufzusaugen. Kunst der Führung wurde
es in solchem Falle, so schnell als möglich an anderer wohlerwogener und
vorbereiteter Stelle mit aller noch unverbrauchten Kraft zu neuem, ent=
scheidungsuchendem Angriff anzusetzen. So stand das Problem des Durch=
bruchs für Ludendorff.

Siebentes Kapitel.
Die Große Schlacht in Frankreich vom 21. März bis 4. April 1918.

Da auf deutscher Seite die Mittel nicht hinreichten, um alle Divisionen
der Westfront gleichmäßig auszurüsten, auch ihr innerer Wert aus
Gründen des Ersatzes ein verschiedener war, so hatte man sich notgedrungen
auf eine bestimmte Anzahl von Divisionen beschränkt, die in erster Linie
für Zwecke des Angriffs geeignet erschienen — sogenannte Mob.=Divi=
sionen. Im ganzen wurden von der Obersten Heeresleitung für den Be=

7*

ginn der Michael=Operation 52 derartige Divisionen zur Verfügung gestellt.
10 Stellungsdivisionen waren ferner unmittelbar am Angriff beteiligt, zu=
sammen also 62 Divisionen. Sie verteilten sich auf die Armeen folgender=
maßen:

17. Armee   15 Angriffsdivisionen, 2 Stellungsdivisionen,
 2.   15   =   3
18.   .   19   5

Über 3 Angriffsdivisionen hatte sich die Oberste Heeresleitung zunächst
die unmittelbare Verfügung vorbehalten*). Sie wurden kurz vor Beginn
der Offensive auf Antrag der Heeresgruppe Rupprecht aus der Gegend von
Bouchain in die Gegend um Douai vorgezogen, um für die Durchführung
des Mars=Angriffes, für den sie in erster Linie in Aussicht genommen
waren, schneller zur Hand zu sein.

An Artillerie standen für die Michael=Operation zur Verfügung**):
Bei 17. Armee etwa 315 Feldbatterien, 208 schwere, 16 schwerste Batterien,
  = 2. =   250   196   11 =
 18.   =   385   =   297   =   28 =   =

Im ganzen etwa 950 Feldbatterien, 701 schwere, 55 schwerste Batterien.

Die Heranführung der zunächst zur Offensive bestimmten Angriffs=
formationen vollzog sich planmäßig von Ende Februar an. Am 10. März
begann die Munitionierung. In den letzten Nächten wurde der Aufmarsch
der Artillerie, Minenwerfer und Divisionen durchgeführt. Am Morgen
des 21. März standen alle 3 Armeen angriffsbereit. Die 17. Armee hatte
9 Divisionen im 1., 6 Divisionen im 2., 2 Divisionen im 3. Treffen; die
2. Armee 9 Divisionen im 1., 5 Divisionen im 2., 4 Divisionen im 3. Treffen;
die 18. Armee 12 Divisionen im 1., 8 Divisionen im 2., 4 Divisionen im
3. Treffen.

Die Lage beim Feinde wurde gegenüber der Heeresgruppe Rupprecht
nach allen Aufklärungsergebnissen und dem Verhalten an der Front dahin
beurteilt, daß der Engländer sich zur Abwehr des deutschen Angriffs rüstete,
den er anscheinend in der Gegend Armentières—La Bassée=Kanal sowie
zwischen Arras und St. Quentin erwartete. Er hatte seine Front vor der
4. Armee geschwächt, weiter südlich bei Armentières, vielleicht auch bei Loos
und jedenfalls südlich Arras verstärkt. An Reserven wurden angenommen:
Etwa 4 Divisionen vor 4. Armee, etwa 7 Divisionen vor 6. Armee, etwa
5 Divisionen vor 17. Armee, etwa 1 Division vor 2. Armee. Auch bei
der 18. Armee wurde aus der Gruppierung der feindlichen Artillerie, ge=

---

*) S. 91.
**) Ohne die k. u. k. Batterien.

steigerter planmäßiger Feuertätigkeit sowie starker Luftaufklärung darauf geschlossen, daß der Engländer den deutschen Angriff in Gegend St. Quentin erwartete.

Gegenüber der Gesamtfront der Heeresgruppe Deutscher Kronprinz wurde die Zahl der feindlichen Reserven auf 20 französische Infanterie-Divisionen und 10 Kavallerie-Divisionen — darunter 4 englische — berechnet. Sie waren möglicherweise noch durch 2 bis 3 englische, 2 französische und 1 amerikanische Infanterie-Division verstärkt. Gegenüber den Heeresgruppen Gallwitz und Herzog Albrecht nahm man 13 bis 17 Infanterie-Divisionen — darunter einige amerikanische — in Reserve an. Im ganzen schien der Engländer über höchstens 20, der Franzose über höchstens 40 Infanterie-Divisionen in Reserve zu verfügen. Mit der Erhöhung der Zahl der französischen Reserven durch Einsatz amerikanischer Kräfte an ruhigen Frontteilen war indessen zu rechnen.

Anzeichen dafür, daß der Gegner dem Angriff ausweichen würde, waren nirgends vorhanden. Man mußte aber darauf gefaßt sein, an manchen Stellen auf ein bemessenes Vorfeld zu treffen. Ein entlastender Großangriff der Franzosen bei Reims oder gegen die Front der Heeresgruppe Herzog Albrecht schien möglich, jedenfalls aber nicht unmittelbar bevorstehend.

Soweit heute bekannt, stand gegenüber der deutschen 17. Armee von nördlich Arras bis südlich Marcoing die englische 3. Armee unter General Byng mit 15 Divisionen, davon 7 in Reserve. Rechts von ihr gegenüber der deutschen 2. und 18. Armee deckte die Front bis Barisis südlich der Oise die englische 5. Armee unter General Gough mit 23 Divisionen, von denen 6 in Reserve gestanden haben, — darunter 6 Kavallerie-Divisionen.

Ausgiebige Vergasung der feindlichen Artillerie und dreistündige Artillerie- und Minenwerfervorbereitung gingen am 21. März dem um 9¹⁰ vorm. auf der ganzen, über 80 km breiten Angriffsfront beginnenden Sturm der Infanterie voran.

Die 17. Armee nahm unter schweren Kämpfen auf der Front Croisilles—Doignies überall das 1. Stellungssystem des Feindes und stand am Abend vor der stark besetzten 2. Stellung. Der zur Abschnürung des Cambrai-Bogens bestimmte Vorstoß ihres linken Flügels endigte schon vor Hermies, hatte also nicht entfernt das ihm gesteckte Ziel Ytres erreicht. Der Feind leistete hier besonders hartnäckigen Widerstand und warf seine zur Hand befindlichen Reserven der 17. Armee entgegen.

Auch dem rechten Flügel der 2. Armee gelang es nicht, seinen auf

Equancourt gerichteten Stoß über Gouzeaucourt hinaus vorzutragen. Die Mitte blieb vor dem beherrschenden Höhenrücken um Epéhy liegen, wäh=rend der linke Flügel bis in die 2. Stellung des Feindes eindringen konnte. Die 18. Armee kam bei im ganzen geringerem Widerstande leichter und schneller vorwärts. Auf dem rechten Flügel wurde Maissemy ge=stürmt, weiter südlich um den stark besetzten Holnon=Wald gekämpft, die 2. Stellung an verschiedenen Stellen aufgerissen und durchbrochen. Auf dem linken Flügel kam der Angriff bei Vendeuil zunächst zum Stehen, während ein räumlich abgesetzter Vorstoß bei La Fère über die Oise bis Fargniers gelangte.

Der Angriff der 18. Armee gewann in der Nacht und am folgenden Tage — 22. M ä r z — weiter erheblich Raum. Der linke Flügel erreichte bereits den Crozat=Kanal und erkämpfte sich mehrere Brückenköpfe. Auch nördlich der Somme konnte unter flankierender Mithilfe der südlich des Flusses vorgehenden Divisionen der zähe Widerstand des Feindes ge=brochen und der Angriff bis Beauvois—Foreste—Tugny vorangetragen werden. Linker Flügel und Mitte der 2. Armee hielten sich auf gleicher Höhe mit der 18. und ereichten die Linie Nurlu—Hancourt—Caulain=court, der rechte Flügel hing noch ab. Im Cambrai=Bogen zog sich der Gegner eiligst zurück, gefolgt von den dort stehenden Stellungsdivisionen.

Auch bei der 17. Armee ging der Angriff am 22. vorwärts, aller=dings nur unter schweren Kämpfen und starken Verlusten, so daß der Ge=ländegewinn nicht annähernd so groß war wie bei den beiden anderen Armeen. In ihrer rechten Flanke bemächtigte sie sich des beherrschenden Mühlenberges nördlich Croisilles.

Der 18. Armee waren bereits am ersten Schlachttage unter dem Eindruck ihres raschen Vorwärtskommens 2 Divisionen der 7. Armee*) zur Verfügung gestellt, eine dritte**) hinter den linken Flügel der 2. Armee herangeführt worden. Die Ausladung 3 weiterer***), im Anrollen be=findlicher Divisionen fand vom 22. ab im Bereich der 18. Armee statt. Die 7. Armee erhielt Befehl, 2 Divisionen aus ihrer Front herauszulösen und hinter ihrem rechten Flügel zur Verfügung der Obersten Heeresleitung bereitzustellen†).

Da eine Abschnürung des Engländers im Cambrai=Bogen nicht mehr in Frage kam, befahl Ludendorff am 22. um 6⁴⁵ nachm., daß „die 17. Ar=

---

*) 211. J. D., 223. J. D.
**) 243. J. D.
***) 51. R. D., 52. J. D., 242. J. D.
†) 3. b. J. D., 6. R. D. Am 25. März traten sie zur 18. Armee. Später folgten noch 6. b. R. D. und 6. b. J. D.

mee durch Angriff namentlich in Richtung Bapaume den Erfolg der 2. Ar=
mee vergrößern und unabhängig hiervon den Angriff zu beiden Seiten
der Scarpe (Mars), mit starken Kräften nördlich derselben, vorbereiten"
solle. Das Oberkommando der Heeresgruppe Rupprecht stellte daraufhin
der 17. Armee für die Durchführung des Mars=Angriffes die 4 hinter
den inneren Flügeln der 6. und 17. Armee bereitgehaltenen Divisionen*)
zur Verfügung, während es an deren Stelle 4 hinter der 4. Armee ste=
hende Divisionen herunterzog und 2 neue ohne Ersatz aus der Front der
4. Armee herauslöste. Auch die Umgruppierung der bei 17. und zum
Teil auch bei 2. Armee eingesetzten Artillerie und Minenwerfer zum
Mars=Angriff wurde angeordnet. Die Oberste Heeresleitung behielt sich
die Verfügung über ihre 3 bei Douai stehenden Divisionen noch vor. Sie
wurden aber näher hinter die 17. Armee herangezogen, um sowohl für
die Verwendung in der bisherigen Angriffsfront wie auch beim Mars=
Angriff zur Hand zu sein.

Bereits am Morgen des 23. März ließ sich aus den von der 2. und
18. Armee einlaufenden Meldungen ersehen, daß sie weiter in unaufhalt=
samem Vordringen nach Westen waren und voraussichtlich noch an diesem
Tage ihr nächstes Ziel, die Somme, erreichen würden. Ludendorff stand
vor einem operativen Entschluß von großer Tragweite. Der bisherige
Verlauf der Operationen deckte sich nicht mit dem Grundgedanken des Be=
fehls vom 10. März, nach dem der Schwerpunkt der Offensive im Raume
nördlich der Somme liegen sollte und der 18. Armee mehr eine Neben=
handlung, die Deckung der linken Flanke, zugedacht war. Wie wir wissen,
hatte Ludendorff bereits vor Beginn des Angriffs die Möglichkeit erwogen,
daß die Entwicklung der Dinge bei der 18. Armee eine Erweiterung ihrer
Aufgabe bringen könnte. Jetzt zögerte er nicht, sofort diese Folgerung
zu ziehen. Um 9³⁰ vorm. erging folgende Weisung für die Weiterführung
der Operation, sobald die Linie Bapaume—Peronne—Ham erreicht sein
würde: „17. Armee greift mit starkem Druck Richtung Arras—St. Pol
an, linker Flügel Richtung Miraumont. 2. Armee nimmt Vormarsch=
richtung Miraumont—Lihons. 18. Armee, in sich gestaffelt, nimmt Vor=
marschrichtung Chaulnes—Noyon und führt starke Kräfte über Ham vor."
Der 17. Armee wurden die 3 Divisionen der Obersten Heeresleitung zur
Verfügung gestellt. Mit diesem Befehl wurde die gesamte Operationsfront
stark nach links verschoben. Während bisher die 18. Armee nach Erreichen
der Somme die Front nach Norden bis Peronne ausdehnen, dadurch
Kräfte der 2. Armee für die Fortführung des Angriffs nördlich des Flusses

---

*) S. 91.

freimachen follte, hatte fie nunmehr die Somme zu überschreiten, ihr rechter Flügel von St. Christ aus in schwach südwestlicher Richtung auf Chaulnes vorzugehen. Damit blieben südlich der Somme außer der 18. Armee auch Teile der 2. Armee. Die Somme war also nicht mehr als Anlehnung zur Deckung gegen einen französischen Flankenangriff bestimmt, die Offensive ging vielmehr auf der ganzen Front nördlich und südlich des Flusses vorwärts.

Am Nachmittag des 23. März gab Ludendorff den Generalstabschefs der beiden Heeresgruppen mündlich nähere Aufschlüsse, wie er die Fort= führung der Operation beabsichtigte und welche Ziele ihm bei günstigem Verlauf der Dinge vorschwebten*): „Ein erheblicher Teil des englischen Heeres ist geschlagen. Der Engländer ist noch auf etwa 50 Divisionen zu veranschlagen. Es ist nicht mehr wahrscheinlich, daß der Franzose noch in der Lage ist, eine Entlastungsoffensive an anderer Stelle zu machen. Er wird vor die Michael=Front gezwungen. Er verfügt über etwa 40 Divi= sionen. Ziel der Operation ist jetzt, die Engländer und Franzosen durch rasches Vordringen beiderseits der Somme zu trennen. 17. und 6. Armee, später 4. Armee, führen den Angriff gegen den Engländer nördlich der Somme, um ihn ins Meer zu werfen. Sie greifen daher immer wieder an neuen Stellen an, um die ganze englische Front ins Wanken zu bringen. 17. Armee nimmt Hauptrichtung St. Pol und stößt mit linkem Flügel über Doullens in Richtung Abbéville durch.

Südlich der Somme ist die Operation angriffsweise gegen die Fran= zosen zu führen durch Einschwenken in die Linie Amiens—Montdidier— Noyon und weiteres Vordringen in südwestlicher Richtung. Hierzu hat die 2. Armee beiderseits der Somme mit Hauptrichtung auf Amiens vorzu= stoßen und scharfen Anschluß an 18. Armee zu halten. Bei besonders glücklichem Verlauf dieser Operation wird dem linken Flügel der 18. Armee die Aufgabe zufallen, zwischen Noyon und Chauny nach Süden über die Oise anzugreifen, um in Verbindung mit der 7. Armee die Franzosen über die Aisne zu werfen."

Nach diesen Absichten wurde der bisherige Operationsgedanke — Ver= nichtung des Engländers durch Druck auf seine rechte Flanke und An= packen in der Front — dahin erweitert, daß gleichzeitig die Offensive gegen den heraneilenden Franzosen aufgenommen werden sollte, um beide Gegner voneinander zu trennen. Gleich einem Bündel zuckender Blitze wiesen die operativen Pfeilstriche auf der Karte des Feldherrn strahlen= förmig auseinander.

---

*) Mitteilung des Generals v. Kuhl.

Bei der 18. und 2. Armee entsprach der Verlauf des Kampfes am
2 3. M ä r z ganz den Erwartungen. Er trug vollkommen den Charakter
der Verfolgungsoperation. Die 18. Armee wartete nicht auf Befehle, son=
dern handelte selbständig nach der Lage. Bereits mittags standen ihre Divi=
sionen an der Somme und erkämpften bei Bethencourt, Offoy, Ham,
Pithon die Übergänge. Auch südlich des Flusses drang der linke Armee=
flügel weit über den Crozat=Kanal vor. Bei der 2. Armee erreichte der
linke Flügel gleichfalls die Somme beiderseits Peronne; die Mitte über=
schritt das tiefeingeschnittene Tal von Moislains, während der rechte
Flügel infolge starken Widerstandes auch heute noch zurückhing.

Die 17. Armee stand auch am 23. März noch ganz im schweren Ringen
um den taktischen Erfolg. Sie nahm das 2. Stellungssystem des Feindes
vollends in Besitz und drang bis an seine 3. Stellung vor. Ihr rechter
Flügel erzielte durch Wegnahme des hochgelegenen Monchy in Richtung
auf Arras einen nicht unbeträchtlichen Erfolg, der dem beabsichtigten Mars=
Angriff südlich der Scarpe glücklich vorarbeitete.

Am 2 4. M ä r z änderte sich das Bild der deutschen Bewegungen
insofern, als bei der 18. Armee nur auf dem linken Flügel über Chauny
hinaus bis Abbécourt erheblich Gelände gewonnen wurde, während Mitte
und rechter Flügel, aufgehalten durch die Schwierigkeiten des Flußüber=
ganges zwischen Ham und St. Christ, jenseit der Somme geringere Fort=
schritte erzielten, auch die 2. Armee weiter nördlich bis in Gegend
westlich Cléry noch um die Somme=Übergänge kämpfte. Hingegen drangen
ihre Mitte und ihr rechter Flügel weit über Combles hinaus nach Westen
vor und drohten somit dem vor der 17. Armee östlich und nördlich Ba=
paume hartnäckig widerstehenden Feinde in Flanke und Rücken zu fallen.
Die 17. Armee stürmte aus eigener Kraft auf der ganzen Linie die 3. feind=
liche Stellung und setzte sich in der Nacht zum 25. noch in Besitz von Ba=
paume. Sie hatte damit die ihr beim bisherigen Angriff zugefallene
Rechtsschwenkung vollendet und stand in ziemlich geradlinig nach Westen
gerichteter Front in gleicher Höhe mit der 2. und 18. Armee.

Entsprechend der tags zuvor erlassenen allgemeinen Weisung der
Obersten Heeresleitung ordnete das Oberkommando der Heeresgruppe
Rupprecht am 24. März um 1³⁰ mittags, noch bevor Bapaume gefallen
war, an, „daß die 17. und 2. Armee ununterbrochen in schärfster Verfol=
gung nach Westen bleiben. 17. Armee hat dabei die freiwerdenden Divi=
sionen des linken Flügels als 2. Staffel nachzuführen. Ihr fällt ferner
die Aufgabe zu, mit linkem Flügel über Miraumont vorgehend der 2. Ar=
mee den Ancre=Übergang zu ermöglichen. Ein Stocken des Vorgehens der
2. Armee an der Ancre muß unter allen Umständen vermieden werden".

Die Oberste Heeresleitung wies nachmittags der 17. Armee als Aufgabe für die nächsten Tage „rücksichtsloses Vordringen Richtung Doullens" an. Gelang das, so hoffte Ludendorff vom Mars=Angriff beiderseits der Scarpe auf Arras vielleicht ganz Abstand nehmen zu können. Damit wurde nunmehr auch bei der 17. Armee der Schwerpunkt der Bewegungen mehr nach links von St. Pol auf Doullens verschoben, wo= durch ein engeres Zusammenwirken mit der auf Amiens strebenden 2. Armee gewährleistet schien.

Der Verlauf der Kämpfe am 25. März trug dem Rechnung. Die 17. Armee drang auf ihrem Südflügel ungestüm bis an die Ancre vor und setzte sich in den Besitz von Miraumont. Der rechte Flügel der 2. Armee hielt gleichen Schritt und gelangte bis Pozières. Mitte und linker Flügel der 2. Armee hingen jetzt beiderseits der Somme nicht un= erheblich zurück. Die 18. Armee errang neue große Erfolge, namentlich in der Richtung über Nesle—Etalon bis Liancourt. Auf dem Südflügel näherte sie sich bereits Roye und Noyon. Seit dem Nachmittag des 23. versuchten eiligst in den Kampf geworfene französische Kräfte den Eng= länder zu stützen. Sie vermochten nicht den allgemeinen Rückzug auf= zuhalten.

Unter diesen Umständen befahl das Oberkommando der Heeresgruppe Deutscher Kronprinz, daß die 7. Armee die Stellungsdivisionen ihres rechten Flügels bis zur Ailette vorschieben sollte. Auch schlug es der Obersten Heeresleitung vor, den linken Flügel der 18. Armee zunächst nicht über die Linie Roye—Noyon hinaus vorgehen zu lassen, sondern den Schwerpunkt auf den rechten Flügel zu legen, um sich hier im Verein mit der 2. Armee in Besitz der Linie Caix—Avregrund westlich Roye zu setzen. Ludendorff erklärte sich mit diesen Absichten einverstanden.

Bereits am Vormittag des 25. März hatte er dem General v. Kuhl in Avesnes mündlich neue Weisungen für die Fortführung der Gesamt= operation gegen die Engländer gegeben. „Zunächst sollte die englische Front beiderseits der Scarpe bis zum Becken von Lens durch die Angriffe Mars Süd und Nord und Walkürenritt in einer einheitlichen Gefechts= handlung ins Wanken gebracht und zertrümmert werden. Der Angriff war sodann beiderseits Arras weiter vorzutragen mit dem Hauptdruck über die Loretto=Höhe auf Houdain. Des weiteren sollte der An= griff zwischen Armentières und La Bassée=Kanal in verkleinerter Form vorbereitet werden (Deckname Georgette). Er hatte auch die dortige Front ins Wanken zu bringen. Die Oberste Heeresleitung stellte hierfür 3 bis 4 frische Divisionen in Aussicht, 2 bis 3 sollte die Heeres= gruppe aufbringen. Unter Umständen, wenn Mars und Walkürenritt

Erfolg hatten, könnte Georgette ganz entbehrlich werden. Als Operations=
ziel für die 6. Armee setzte die Oberste Heeresleitung Boulogne fest. Als
Hauptrichtung für die 17. Armee blieb Doullens=Abbéville bestimmt, wobei
ein Teil der 17. Armee voraussichtlich zusammen mit 6. Armee die Rich=
tung auf Boulogne zu nehmen haben werde. Die 2. Armee sollte auf
Amiens angesetzt bleiben, starke Teile waren wegen der Schwierigkeit des
Ancre=Abschnittes über Miraumont vorzuführen*)."

Da die Ausführung des Mars=Angriffes trotz der bisherigen Erfolge
gegen die Engländer taktisch ein schwieriges Unternehmen blieb, das jeden=
falls gründlicher Vorbereitungen bedurfte, wurde als Angriffstag der
28. März festgesetzt. Auf Antrag des Generals v. Kuhl genehmigte die
Oberste Heeresleitung, daß der Angriff des linken Flügels der 6. Armee
— Walkürenritt — gegen die Loretto=Höhe, der noch schwieriger schien,
nicht gleichzeitig mit Mars, sondern erst einen Tag später, am 29. März,
ausgeführt werden sollte. Die Heeresgruppe gab daraufhin noch am
25. März die erforderlichen Befehle.

Die Entwicklung der Dinge am 2 6. M ä r z bei der 17. Armee konnte
bereits zweifelhaft erscheinen lassen, ob bei ihr die Verwirklichung der hoch=
gespannten Ziele möglich werden würde. Sie gewann auf der ganzen
bisherigen Angriffsfront nur wenig Gelände, auf dem linken Flügel west=
lich Miraumont wurde der Brückenkopf über die Ancre etwas erweitert.
Dem rechten Flügel der 2. Armee gelang bei Albert und nördlich der
schwierige Flußübergang, während weiter links nördlich der Somme der
Angriff bis Bray vorangetragen wurde. Südlich der Somme erreichte
man allerdings das von der Obersten Heeresleitung gesteckte Ziel Méri=
court—Harbonnières nicht ganz. Um so größer war der Raumgewinn
der 18. Armee nach Westen. Sie erstürmte Roye und Noyon und über=
schritt die Straße Amiens—Noyon beiderseits des Avregrundes und weiter
südlich beträchtlich.

Auf Grund dieser Lage faßte Ludendorff am Abend des 26. März
die tags zuvor entwickelten Pläne in feste Befehlsform. Während die
Aufgabe der 17. Armee im allgemeinen unverändert blieb, erweiterten
sich die der 2. und 18. Armee gesteckten Ziele dahin, daß die Trennung
der beiden Gegner in Form einer allmählichen Linksvorwärtsschwenkung
gegen die Franzosen erstrebt und zu diesem Zwecke die Somme unterhalb
und bei Amiens sowie die Avre erreicht werden sollte. Dann war die
Offensive in südwestlicher Richtung fortzusetzen. Hierbei war für die
2. Armee die Linie Airaines—Breteuil, für die 18. Armee die Linie

---

*) Mitteilung des Generals v. Kuhl.

Iartigny—Compiègne ins Auge gefaßt. In den Aufgaben beider Armeen wurde insofern ein Unterschied gemacht, als der 2. Armee das Überschreiten der Somme und Avre schon befohlen wurde, während die 18. Armee nur die Übergänge über die Avre in die Hand nehmen, den Vormarsch über den Fluß aber erst auf Befehl der Obersten Heeresleitung antreten sollte. In diesem Falle war ferner durch starke Staffelung hinter dem linken Flügel der 18. Armee mit der Möglichkeit gerechnet, gleichzeitig den Vor=marsch auch über die Oise im Verein mit dem rechten Flügel der 7. Armee in Richtung auf Compiègne—Fontenoy aufzunehmen. Die Absicht, den ursprünglich nur gegen die Engländer gedachten Offensivschlag zu einer exzentrisch weit ausgreifenden Operation gegen beide Gegner auszu= gestalten, hatte in den Befehlen Ludendorffs nunmehr eine ganz bestimmte Ausdrucksform gefunden*).

N ä ch st e Aufgaben waren demnach: für die 17. Armee Vorgehen mit den Hauptkräften in Richtung Doullens, mit Teilen südlich an Arras vorbei auf St. Pol, ferner Frontalangriff auf die feindlichen Stellungen östlich Arras und im Verein mit 6. Armee weiter nördlich bis zum La Bassée=Kanal in zwei zeitlich unmittelbar aufeinander folgenden Kampf= handlungen (Mars und Walkürenritt).

Für die 6. Armee außerdem Vorbereitung des Angriffs gegen Armen= tières—Estaire (Georgette).

Für die 2. Armee Schwerpunkt des Angriffs südlich der Somme auf Amiens.

Für die 18. Armee Einschwenken gegen die Avre in dem bisherigen Vormarschstreifen.

Der 2 7. M ä r z brachte zum Teil Enttäuschungen. Die 17. Armee und der rechte Flügel der 2. Armee fanden so starken Widerstand, daß sie nur an einigen Stellen bis an und etwas über die Straße Arras— Bucquoy—Albert vordringen konnten. Bei Albert zeigte sich aber auch bereits, „daß die Truppe nicht mehr überall fest in der Hand ihrer Offiziere war. Vorgefundene Lebensmittelvorräte hatten sie aufgehalten. Kostbare Zeit war hierüber verlorengegangen**).“

Zwischen Ancre und Somme wurde dafür der Angriff ein gut Stück vorwärtsgetragen bis in die Linie Morlancourt—Sailly—Rosières. Die 18. Armee blieb auf ihrem rechten Flügel in gleicher Höhe mit der 2., stieß mit der Mitte bei und nördlich Montdidier bereits bis über und an die Avre vor. Von Montdidier ab gewann der linke Flügel eine völlig nach Süden gerichtete Front, die sich bei Noyon an die Oise anlehnte. Das

---

*) Vgl. Stizze 6.
**) Ludendorff a. a. O. S. 482.

nächste Operationsziel, über das vor der Hand nicht hinausgegangen
werden sollte, war hier also schon erreicht. In den nächsten Tagen traten
die von Noyon bis La Fère stehenden Kräfte unter den Befehl der
7. Armee.

· Ludendorff zog aus dem Verlauf des Kampfes bei der 17. Armee,
die von Anbeginn an schwere Verluste erlitten hatte und in ihrer Angriffs=
kraft geschwächt erschien, die Schlußfolgerung, daß dort in den nächsten
Tagen ein wesentlicher Erfolg nicht zu erwarten stand. Er befahl daher
noch am 27. März die vorläufige Einstellung ihres Angriffs. Erst nach
Wirksamwerden des Mars=Angriffes, der für den folgenden Tag festgesetzt
war, sollte er allgemein wieder in Fluß gebracht werden. Im übrigen
berechtigte das Ergebnis des 27. März noch zu der Hoffnung, daß die
Operation auf Amiens und auf die Avre mit dem Südflügel der 2. und
mit der 18. Armee erfolgreich fortlaufen werde, wenn sich auch hier der
Widerstand der Franzosen verstärkt zu haben schien.

Der Mars=Angriff nördlich der Scarpe traf am 2 8. M ä r z auf einen
unerschütterten, seit Tagen kampfbereiten Gegner und scheiterte, südlich
des Flusses brachte er nur unbedeutenden Gewinn. Die Front nördlich
der Somme war inzwischen stillgelegt, teils auf höhere Weisung, teils aus
eigenem Verhalten der Truppe. Hingegen wurde die bisher im Raum
zwischen Somme und Avre noch einspringende Front auf den inneren
Flügeln der 2. und 18. Armee durch Vorgehen bis in Linie Marcelcave*)—
Frenoy—Plessier nicht unerheblich verkürzt. Auf der übrigen Front der
18. Armee beschränkte man sich auf die Abweisung zahlreicher, zusammen=
hanglos geführter Gegenangriffe des Franzosen.

Mit dem Ausgang des Mars=Angriffes war die Operation gegen den
Engländer festgefahren. Das Oberkommando der Heeresgruppe Rupp=
recht befürwortete ihre Fortsetzung nach einigen Tagen der Ruhe und
erneuter gründlicher Vorbereitung des Mars=Angriffes mit Einsatz frischer
Truppen. Ludendorff lehnte ab und befahl noch am Abend des 28. März,
daß der Mars=Angriff nicht erneuert werden, der Angriff auf dem linken
Flügel der 6. Armee — Walkürenritt — unterbleiben solle. Die 17. Armee
habe in den nächsten Tagen nur örtliche Angriffe zu machen, um den Eng=
länder zu fesseln. Hingegen beschloß er, sobald als möglich an anderer
Stelle die Front des Engländers anzufassen, und ordnete die sofortige
Vorbereitung des Angriffs auf dem rechten Flügel der 6. Armee an der
Lys=Front in Richtung auf Hazebrouck (Georgette) an. Vor 8 bis 10 Tagen
konnte er voraussichtlich nicht vor sich gehen, auch dann war er von der

---

*) Marcelcave 5 km östlich Villers Bretonneur.

Wetterlage abhängig. Ihm sollte auf dem rechten Flügel der 4. Armee ein Angriff gegen die Belgier folgen, mit dem Ziel, über den Loo=Kanal durchzubrechen.

Was die Fortführung der großen Operation anlangt, so erschien sie jetzt nach der Entwicklung, die sie genommen, nur noch in der Richtung erfolgverheißend, wo die Bewegungen noch im Fluß waren, auf dem Süd= flügel der 2. Armee und bei der 18. Armee. Aus dem bisherigen Eingreifen der Franzosen, das einen überstürzten Eindruck machte, wurde der Schluß gezogen, daß der Gegner noch nicht zu einem planmäßigen Aufbau seiner Kräfte gekommen war. Es galt, ihn daran auch weiter zu hindern. Auf eine Mitwirkung des Nordflügels der 2. Armee durch Vorwärtsschwenkung gegen die Somme unterhalb Amiens war freilich nicht mehr zu rechnen. Desto notwendiger schien es, Amiens selbst auf kürzestem Wege in die Hand zu bekommen und die untere Avre zu überschreiten.

Zunächst erging daher am Nachmittag des 28. der Befehl an die 2. Armee, einen verstärkten Druck auf das Vorgehen südlich der Somme zu legen, wozu sie durch 2 Divisionen der 17. Armee verstärkt werden sollte. Sodann wurde sie angewiesen, bis zum 30. März einschließlich in ihrem Vormarsch mit dem linken Flügel etwa die Linie Ailly sur Noye—Thory*) jenseits der Avre zu gewinnen. Die 18. Armee sollte dieses Vorgehen bis zu einem gewissen Grade abwarten und erst am 30. ihren Angriff fort= setzen. Als Ziel für ihre Mitte wurde dabei die Linie Ferrières—Tricot— Mery—Ressons angegeben. Hinter dem linken Flügel sollte eine starke Staffel folgen, um später durch Einschwenken nach Osten das Vorgehen des rechten Flügels der 7. Armee über die Oise zu erleichtern, der sich am 30. zunächst bis südlich Chauny in den Besitz der Oise=Übergänge setzen sollte.

Während die 18. Armee im Sinne der erhaltenen Weisungen am 29. März auf dem weitaus größten Teil ihrer Front in der Vorwärts= bewegung innehielt und sich statt dessen heftiger werdender Gegenangriffe zu erwehren hatte, blieb ihr äußerster rechter Flügel in Verbindung mit dem linken Flügel der 2. Armee noch in Richtung auf die Avre im Fluß. Doch war der erzielte Geländegewinn gering, er führte nur zur Gerade= legung der Front von Marcelcave nach Plessier.

Inzwischen gab ein nachmittags erlassener Fernspruch Ludendorffs als Anhalt für die Fortführung der Operation die Weisung, „daß der An= griff südlich der Somme in Richtung Amiens und über Montdidier— Noyon—Chauny mit dem linken Flügel der 2. Armee, mit der 18. Armee

---

*) Thory 6½ km südöstlich Ailly sur Noye.

und dem rechten Flügel der 7. Armee fortgesetzt werden solle." Hinter der 18. und 2. Armee sei eine besonders starke Kräftegruppe erforderlich. Die Oberste Heeresleitung werde ihre Reserven dorthin führen*), auch die 17. Armee müsse noch weitere Kräfte zur 2. Armee verschieben**). Dem Angriff südlich der Somme sollte sich die 2. Armee nördlich des Flusses mit scharfem Druck auf Amiens, später auch der linke Flügel der 17. Armee anschließen. Um 6 Uhr nachm. folgte eine neue Weisung: „Trotz der An= strengungen, die bisher von den inneren Flügeln der 2. und 18. Armee gefordert wurden, muß der Angriff bis über die Noye weitergehen. Linker Flügel 2. Armee hat mit aller Kraft bis zur Straße Amiens—St. Fus= cien—Ailly vorzustoßen, rechter Flügel 18. Armee auf La Faloise***)." Hiernach verzichtete Ludendorff nunmehr darauf, den Angriff der 18. Armee erst nach Herumschwenken der 2. Armee bis Amiens und über die untere Avre fortgehen zu lassen, um den Franzosen nicht noch länger Zeit zum geordneten Aufmarsch zu geben. Die 18. Armee befahl für den 30. März: „Der Feind steht augenblicklich noch mit unterlegenen oder geschlagenen Truppen gegenüber. Verstärkungen sollen über St. Just—Compiègne im Anmarsch sein. Sie dürfen nicht zum planmäßigen Einsatz gelangen. Die Armee greift daher am 30. mit allem Nachdruck erneut an."

Der Angriff am 3 0. M ä r z brachte den äußersten linken Flügel der 2. Armee in Besitz von Demuin und des Avre=Überganges bei Moreuil. Weiter nördlich blieb der Kampf ergebnislos. An der Ancre wurden eng= lische Gegenangriffe abgewehrt. Die 18. Armee griff nach kurzer, plan= mäßiger Artillerievorbereitung an. Sie traf auf hartnäckigen Widerstand frischer französischer Divisionen, die heute zum ersten Male starke Artillerie entwickelten. Dem rechten Flügel gelang bei Braches der Übergang über die Avre. Hier sowie bei Montdidier wurden die Höhen des westlichen Ufers erkämpft und damit Brückenköpfe für die weitere Operation ge= wonnen. Auf der Südfront hingegen zeitigte der Angriff keinen Erfolg. Bei Lassigny mußte vorübergehend erreichter Geländegewinn den Ameri= kanern wieder überlassen werden. Ludendorff verzichtete infolgedessen auf das bisher beabsichtigte Vorgehen des rechten Flügels der 7. Armee über

*) Bereits am 28. März hatte die Oberste Heeresleitung 2 Divisionen (14. J. D 80. R. D.) bis Nesle vorgeführt, 2 weitere Divisionen (76. R. D. und Deutsche Jäger=Division) befanden sich im Anrollen zur 18. Armee.
**) Das Oberkommando der Heeresgruppe Rupprecht ordnete daraufhin die Abgabe von 3 kampfkräftigen Divisionen der 17. Armee an die 2. Armee an. Im ganzen wurden in der Zeit vom 28. bis 30. März der 2. Armee 9 Divisionen, darunter 6 bisher noch nicht eingesetzte, zugeleitet (5 Divisionen von der 17. Armee, 1 von der 6., 3 durch die Oberste Heeresleitung). Unter diesen 9 Divisionen waren 2 Stellungsdivisionen.
***) La Faloise an der Noye, 6½ km südlich Ailly.

die Oise zwischen Noyon und Chauny, da die hier stehenden Reserven hinter dem linken Flügel der 18. Armee benötigt wurden. Statt dessen schlug das Oberkommando der Heeresgruppe Deutscher Kronprinz vor, den Gegner wenigstens aus dem vorspringenden Winkel zwischen Chauny und Brancourt über die Ailette zu werfen. Die Oberste Heeresleitung war hiermit einverstanden.

Das hinter den Erwartungen weit zurückgebliebene Ergebnis der Kämpfe am 30. März forderte neue Entschlüsse. Es war klar geworden, daß die Absicht, den Feind vor Aufbau einer geschlossenen Front zu über= rennen, nicht mehr verwirklicht werden konnte. Auf die sofortige Weiter= führung der Angriffsoperation im großen Stil mußte angesichts der starken feindlichen Gegenwirkung verzichtet werden. Ludendorff stand vor der Alternative, entweder die Michael=Operation abzubrechen, um sobald als möglich an einer anderen Stelle einen großen Angriff zu unternehmen — der dann über die bisher nur im Rahmen einer Ablenkung gedachte Georgette=Operation erheblich hinauszugehen hatte — oder nach einigen Ruhetagen mit den inzwischen eingetroffenen frischen Kräften nach gründ= licher Vorbereitung den bisher verfolgten Angriff bei der 2. und 18. Armee gegen die Franzosen wieder aufzunehmen. Er entschied sich für das letztere, steckte sich indessen dabei kein weites Operationsziel mehr, sondern gedachte die Offensive nur noch bis zur Inbesitznahme von Amiens durchzuführen. Fiel dieser wichtige Eisenbahn=Knotenpunkt noch jetzt in deutsche Hand, dann wurde die Verbindung zwischen dem französischen und englischen Heere zwar nicht mehr völlig durchschnitten, wohl aber durch die Beschränkung auf die Küstenbahnen erheblich eingeengt. Ein Druck auf Amiens nördlich der Somme versprach dabei nach dem bisherigen Verlauf wenig Erfolg. Also sollte versucht werden, das Ziel durch Vorgehen beiderseits der Avre, im allgemeinen aus südöstlicher Richtung, zu erreichen. Dazu war er= forderlich, daß zunächst der rechte Flügel der 18. Armee jenseits der Avre sich weiter ausbreitete und den Feind über die Noye zurückwarf.

Ein am 31. März mittags an beide Heeresgruppen gesandtes Fern= schreiben Ludendorffs faßte dementsprechend seine Auffassung über die Verwendung der 18. Armee dahin zusammen, daß sie sich auf Abwehr eines französischen Angriffs einrichten, anderseits auf dem rechten Flügel mit auf schmaler Front versammelter Kraft westlich an Moreuil vorbei etwa zur Gewinnung der Linie Ailly sur Noye—Thory vorstoßen sollte. Hierzu war eine Verstärkung dieses Flügels durch Kräfte der 2. Armee notwendig. Diese selbst hatte dann mit ihrem gleichfalls unverzüglich zu verstärkenden linken Flügel jenseits der Avre von Moreuil in Richtung Dommartin und gleichzeitig zwischen Avre und Somme auf Amiens vorzudrücken. Ein nachmittags erlassener Befehl betonte noch einmal „die Verlegung des Schwerpunktes der 2. Armee in das Gelände südlich der Somme, wo die Kampfverhältnisse nicht so schwierig seien, nicht so scharf den Charakter eines Kampfes um besetzte Stellungen trügen wie nördlich. Der Schwer= punkt südlich der Somme könne nicht ausgesprochen genug sein". Die 2. Armee gab daraufhin 4 bisher noch nicht eingesetzte Divisionen*) an die 18. Armee ab. Ihren eigenen linken Flügel südlich der Somme verstärkte sie durch 2 frische**) und 3 bereits an den bisherigen Kämpfen beteiligte Divisionen***). Der Angriff wurde auf den 4. April festgesetzt. Bei günstigem Verlauf sollte sich ihm am folgenden Tage das Vorgehen des rechten Flügels der 2. Armee nördlich der Somme in Richtung Amiens und des linken Flügels der 17. Armee anschließen.

Nachdem noch am 31. März die Höhe nördlich Moreuil erstürmt war, verliefen die nächsten Tage ohne besondere Ereignisse unter Vorberei= tungen für den beabsichtigten Angriff. Gegen die Stellungen der 18. Armee westlich der Avre lief der Feind wiederholt vergebens an. Am 3. April wurden die Höhen südwestlich Moreuil durch eine frisch eingetroffene Division†) in überraschendem Vorstoß den Franzosen entrissen und damit die Ausgangsstellung für die geplante Offensive verbessert.

Der Angriff wurde am 4. April bei der 18. Armee von 7 Divisionen, bei der 2. Armee von 6 Divisionen in erster Linie geführt. Unter ihnen waren bei der 2. Armee alle, bei der 18. Armee 5 Divisionen bereits an den bisherigen Kämpfen beteiligt. Auch die noch nicht beteiligten konnten ebenso wie 2 zunächst in zweiter Linie zurückgehaltene Divisionen infolge der täglichen beschwerlichen Märsche und mangelnder Unterkünfte auf dem vertrichteten Schlachtfelde nicht mehr als frisch angesehen werden. Der Angriff brachte unter erbitterten Kämpfen nur bei Moreuil auf dem linken Avre=Ufer und zwischen Avre und Somme geringen Geländegewinn. Im übrigen verlief er ergebnislos. „Es war einwandfrei erhärtet, daß der feindliche Widerstand stärker war als unsere Kraft. Eine Zermürbungs= schlacht durfte nicht geschlagen werden. Dies schloß unsere strategische Lage ebenso wie die taktische aus. Die Oberste Heeresleitung mußte in übereinstimmung mit den in Betracht kommenden Kommandobehörden den so überaus schweren Entschluß fassen, den Angriff auf Amiens end= gültig einzustellen††)." An den inneren Flügeln setzten sich jedoch in den

---

*) 2. G. J. D., 2. b. J. D., 204. J. D., 53. R. D. (letztere Stellungsdivision).
**) 54. J. D., 9. b. R. D. (letztere Stellungsdivision).
***) 25. J. D., 228. J. D., 24. R. D. (letztere Stellungsdivision).
†) 2. b. J. D.
††) Ludendorff a. a. O. S. 482.

folgenden Tagen noch heftige Kämpfe fort, da der Gegner mehr oder
minder zusammenhangslose, meist vergebliche, aber hartnäckige Einzel=
vorstöße machte. Dies zwang zum Einsatz der letzten, bisher noch unver=
brauchten Reserven auf deutscher Seite. Die Kraft beider Kämpfer wurde
in den nächsten Wochen besonders in den Kämpfen an der Avre, um Han=
gard und zwischen Somme und Ancre in starkem Maße verzehrt.

Am 24. April versuchte die 2. Armee ihre Stellungen zwischen Somme
und Avre durch einen Teilangriff zu verbessern. Er endigte nach vor=
übergehenden Erfolgen bei Villers Bretonneux mit einem Rückschlag.
Größere Kampfhandlungen fanden seitdem an diesem Frontteil lange Zeit
hindurch nicht mehr statt. Indessen barg die operativ ungünstige Lage
des weit und schmal vorspringenden Bogens der deutschen Aufstellung
ein Gefahrsmoment, das dauernder Beachtung bedurfte und starke Kräfte
an dieser Stelle fesselte.

Der volle operative Erfolg war also der Michael=Offensive versagt
geblieben. Gleichwohl hat sie dem Engländer einen überaus schweren
Schlag versetzt und seine Kampfkraft auf lange Zeit hinaus gelähmt.
Mehr als 40 englische Divisionen waren gründlich geschlagen. Von der
französischen Armee sind, soweit bisher bekannt, etwa 20 Divisionen in
Fesseln geschlagen worden.

Die kritische Betrachtung der Großen Schlacht in Frankreich vom
operativen Standpunkt hat sich vornehmlich mit drei Entschlüssen Luden=
dorffs zu befassen: Mit dem Entschluß vom 23. März, der neben der Fort=
setzung der Operation gegen die Engländer auch die Offensive gegen die
heraneilenden französischen Kräfte auslöste; mit dem Entschluß vom
26. März abends, der dieser letzteren Offensive weite, jenseits der unteren
Somme, der Avre und Oise liegende Ziele steckte; und mit dem Entschluß
vom 31. März, der diese Ziele fallen ließ und nur noch die Inbesitznahme
von Amiens ins Auge faßte.

Wer Ludendorff Mangel an Biegsamkeit im Entschluß vorhält, wird
allein schon durch die Tatsache dieser drei im Zeitraum einer Woche ge=
faßten Entschließungen widerlegt. Hatte er sich auch schon innerlich vorher
mit dem Gedanken befaßt, der 18. Armee bei besonders schnellem und
glücklichem Verlauf der Dinge eine erweiterte Aufgabe zu stellen, den
Flankenschutz gegen die Franzosen in offensiver Form durchzuführen, so
war das doch in der Voraussetzung geschehen, daß auch die 17. und 2. Armee
einen durchschlagenden Anfangserfolg zu verzeichnen haben würden. Diese
Voraussetzung fehlte am Morgen des 23. März für die 17. Armee ganz und

war auch für die 2. Armee nur in der Mitte und auf dem linken Flügel ge=
geben. Die Umstellung auf den neuen operativen Gedanken geschah also als
Eingebung des Ingeniums blitzartig auf Grund einer veränderten Lage.
Der Entschluß entsprang einmal der taktischen Erwägung, den großen Er=
folg, den die 18. Armee verhältnismäßig leicht errungen hatte, durch
rasches Vorwärtsstoßen zum Nutzen der Gesamtkampflage auszubeuten.
Machte die Armee an der Somme und am Crozat=Kanal Halt, wie ur=
sprünglich beabsichtigt war, und dehnte sie dann nur ihren rechten Flügel
nach Norden bis Peronne, so blieb ihr schöner Anfangserfolg ohne Wir=
kung auf das Fortschreiten des Angriffs weiter nördlich, der den Erwar=
tungen nicht voll entsprochen hatte. Griff sie hingegen im Verein mit
dem Südflügel der 2. Armee über die Somme und den Kanal nach Westen
aus, so wurde dadurch der gegenüber der 17. Armee und dem Nordflügel
der 2. Armee noch haltende Feind in seiner rechten Flanke bedroht. Vom
taktischen Gesichtspunkt aus war der Entschluß daher leicht, um so schwie=
riger und folgenschwerer vom strategischen. Der Grundgedanke der Michael=
Operation war von Anbeginn an immer der gewesen, den Engländer, nur
den Engländer zu schlagen, den Franzosen aber von flankierender Ein=
wirkung fernzuhalten. Die ganze 17. und 2. Armee sollten dazu nördlich
der Somme ihr Operationsfeld finden. Auch die von der Obersten Heeres=
leitung herangeführten Verstärkungen mußten in dieser Richtung folgen,
großenteils als Staffel hinter dem linken Flügel der 2. Armee, um von
Peronne Sommeabwärts die Flankendeckung zu übernehmen. Wahr=
scheinlich ließen sich im weiteren Verlauf auch Teile der 18. Armee noch
in diesem Sinne nördlich der Somme zur Verwendung bringen. Dieser
ganze Gedanke wurde hinfällig, wenn man jetzt auf das starke natürliche
Hindernis der Somme als Anlehnung verzichtete. Es war klar, daß der
linke Heeresflügel, mit offensiver Lösung seiner Aufgabe jenseits der
Somme und des Kanals betraut, sehr bald nicht nur erhebliche Feind=
kräfte auf sich ziehen würde, sondern allmählich auch auf eine immer
stärker werdende Gegenwirkung in Front und linker Flanke gefaßt sein
mußte. Das zwang dazu, ihn aus Reserven der Obersten Heeresleitung und
der Heeresgruppe zu verstärken. Diese sowohl wie ein Teil der 2. Armee
fielen somit für die Verwendung in der bisherigen Hauptoperations=
richtung aus.

   Trotz dieser scheinbaren Nachteile wird man dem Entschluß
auch vom strategischen Standpunkt beipflichten müssen. So wie
die Lage bei der 17. Armee und auf dem Nordflügel der 2. sich bis zum
Morgen des 23. März gestaltet hatte, war es zweifelhaft, ob der starke
Widerstand des Feindes hier schnell genug gebrochen werden würde, um

noch vor Eintreffen von feindlichen Verstärkungen überhaupt zur Operation im freien Felde zu gelangen. Es bestand die Gefahr, daß nicht nur der Engländer, sondern auch der Franzose, wenn man ihm nicht das Gesetz vorschrieb, starke Kräfte auf das Schlachtfeld nördlich der Somme warf und den Einbruch in oder dicht hinter dem englischen Stellungssystem abdämmte. Der Anschluß an die Stellungen östlich Arras, der erhalten geblieben war, erleichterte das. Die Somme diente dann — ob bei Peronne oder weiter westlich war gleichgültig — dem Verteidiger nicht minder als sichere Anlehnung, wie sie vordem der Angreifer erhofft hatte, und weiterhin bis Ham als treffliches Fronthindernis. Da mit dem unmittel= baren Eingreifen des Franzosen nach Lage der Dinge nun einmal doch gerechnet werden mußte, kam alles darauf an, zu verhindern, daß es sich planmäßig auswirkte. Der Franzose mußte in den Wirbel des Zu= sammenbruchs hineingerissen werden. Das konnte nur geschehen, wenn man ihn auf die Front Bray—Noyon zwang und ungestüm im freien Felde angriff. Als operatives Ziel ergab sich daraus naturgemäß die Trennung beider Gegner.

An diesem Ziel hielt Ludendorff nun mit Zähigkeit fest. Die Ver= teilung der nachgeführten Reserven wurde entsprechend geregelt. Auch daß der ursprünglich in die Richtung auf St. Pol gelegte Schwerpunkt des Vorgehens der 17. Armee am 24. März mehr nach Süden auf Doullens verschoben wurde, stand mit der operativen Absicht im Einklang. Der Verlauf des Kampfes auf der ganzen Front bis zum 25. März einschließlich berechtigte zu der Erwartung, daß sich das hochgesteckte Ziel erreichen lassen würde. Von besonderer Wichtigkeit war dabei der Erfolg des Südflügels der 17. Armee. Dadurch, daß sie durch das ganze feindliche Stellungs= system hindurchstieß und bis an die Ancre vordrang, gelangte auch sie zur Operation im freien Felde. Die Voraussetzung für den Versuch, die feindliche Front bei Arras und weiter nördlich durch Zupacken in der Front ins Wanken zu bringen, war geschaffen.

Den ersten leisen Zweifel, ob es möglich sein würde, die exzentrisch ge= dachte Hauptoperation im vollen Umfang durchzuführen, konnte der Ver= lauf der Dinge bei der 17. Armee am 26. März erwecken. Diese gewann auf dem entscheidenden Südflügel jenseits der Ancre nur wenig Raum. Da in= dessen dem rechten Flügel der 2. Armee bei Albert der schwierige Übergang glückte, so ließ sich erhoffen, daß nun auch bei der 17. Armee das Vorgehen schnell wieder in Fluß kommen würde. Auf der ganzen übrigen Front gab der bisherige glänzende Verlauf der Offensive, insbesondere durch das unaufhaltsame Vorwärtsdrängen der 18. Armee, die Anwartschaft auf einen verheißungsvollen Fortgang. Daß Ludendorff mit seinen hoch=

fliegenden Plänen, die am Abend des 26. März in bestimmte Befehle ge=
kleidet wurden, nicht Unerreichbarem nachjagte, daß auch hier seine Stra=
tegie auf dem Boden dem Wirklichkeit fußte, dafür finden sich in der aus=
ländischen Fachliteratur vollgültige Belege. Der schon erwähnte Kapitän
Wright schildert die Lage auf seiten des Feindes folgendermaßen:
„Die 9. und 10. französische Division waren am Nachmittag des
23. März am rechten Flügel von Gough in den Kampf getreten, vom all=
gemeinen Sturm aber mit fortgerissen worden. . . . Am 26. März hatte
die Armee des Generals Gough aufgehört zu bestehen. Von der größten
jemals aufgestellten englischen Armee mit 57 Divisionen waren ein Viertel
bis ein Drittel vernichtet. . . In Doullens trafen sich am 26. März Lloyd
George, Lord Milner, General Wilson und Clemenceau. . . Die englische
Regierung verlangte, daß Foch den Auftrag erhalte, das Zusammenwirken
beider Armeen sicherzustellen*). . . . Foch erläuterte seinen Verteidigungs=
plan, falls Paris geräumt werden müsse und die englischen Armeen gegen
die Küste gedrückt würden. Wilson erklärte am nächsten Tag dem Kriegs=
rat in London wenig hoffnungsvoll, daß die Rettung von Amiens davon
abhänge, ob es den Franzosen gelingen werde, genügende Divisionen recht=
zeitig zu versammeln, um die Stadt zu halten. . . .

Bis Ende der Woche (d. h. bis 30. März) trieben die Deutschen die
Reste der Armee von Gough gegen Amiens zurück. Als diese Amiens
erreicht hatten, war die Verbindung zwischen Engländern und Franzosen
immer noch nicht hergestellt. Man kann tatsächlich die Entfernung, die
die Deutschen von ihrem endgültigen Siege trennte, in Schritten messen. .
Waren die Engländer und Franzosen aber einmal getrennt, so konnte
Ludendorff jederzeit seine Operation mit ihren hundert Divisionen gegen
jeden der beiden getrennten Teile umfassend führen. Entweder warf er
die erschütterten Briten gegen die Kanalhäfen oder die Franzosen, die
eine große Front zu halten hatten. . . Ende der Woche verhandelte
man infolgedessen in London, Paris und Versailles über den unglück=
lichen Gang der Dinge und die zu treffenden Maßnahmen. Die Räumung
von Paris wurde angeregt. Clemenceau erklärte, er würde bis an die
Pyrenäen kämpfen. Berechnungen wurden angestellt, um die Reste der
englischen Armee einzuschiffen und zu retten. So entschlossen auch
die Staatsmänner waren, man mußte damit rechnen,
daß die Völker es aufgeben würden, noch weitere
Kriegsanstrengungen zu machen. Der Verlust von

---

*) Eine dramatische Schilderung der Vorgänge, die zur Ernennung Fochs führten,
und der entscheidenden Anteilnahme, die daran Lord Milner zufällt, gibt Daily Telegraph
vom 7. und 8. Februar 1921. Lord Milners Six Year Work.

A m i e n s b e d e u t e t e d e n B e r l u ft d e s K r i e g e s. A l l e s
h i n g h i e r v o n a b. D e n D e u t ſ ch e n w i n k t a b e r m a l s d e r
S i e g *).“

Der deutſche Feldherr mußte nicht, konnte nicht wiſſen, wie es auf
ſeiten des Feindes ausſah. Aber er ahnte die Wirklichkeit, weil er die
Begriffe „activité“, „vitesse“ und Initiative in ihrer Wirkung auf
Freund und Feind richtig einſchätzte. Indeſſen auch auf feindlicher Seite
kommt jetzt, aus höchſter Not geboren, der rückſichtsloſe Wille eines großen
Soldaten zur Herrſchaft, der das Spiel noch nicht verloren gibt, ſondern
alle Kraft zuſammenrafft, um das drohende Verhängnis abzuwehren. Foch
hat im Weltkriege nicht gezeigt, daß er wirklich ein großer Feldherr war.
Eines aber darf er für ſich in Anſpruch nehmen: Er iſt der Retter ſeines
Volkes und der Verbandsmächte geworden durch unbeugſame Tatkraft
und eiſenharten Willen. Darin ſteht er Ludendorff nicht nach.

Man ſoll an dem großgedachten Entſchluſſe Ludendorffs vom Abend
des 26. März, die Operation exzentriſch zur Trennung beider Gegner mit
allem Nachdruck fortzuführen, nicht darum mäkeln, weil der Erfolg hinter
den gehegten Erwartungen zurückgeblieben iſt. Die Kriegsgeſchichte lehrt
es auf tauſend Blättern, daß ſelten durch die Schlacht in vollem Umfange
das erreicht wird, was dem Feldherrn als höchſtes Ziel vorſchwebt. Zu=
fall, unvorhergeſehene Umſtände, der Wille des Gegners und andere un=
wägbare Faktoren legen ſich hindernd in den Weg. Gleichwohl iſt es lehr=
reich, in ſolchen Fällen nachzuprüfen, ob und inwieweit die Minderung
des Erfolges durch Maßnahmen der oberen Führung beeinflußt worden
iſt. Da drängt ſich hier n a ch t r ä g l i ch e r Betrachtung die Frage auf,
ob der leitende operative Gedanke nicht an Ausſicht auf Verwirklichung
gewonnen hätte, wenn der Entſchluß die zu erſtrebenden Ziele nach der
einen oder anderen Seite hin eingeſchränkt hätte. Dadurch, daß man an der
doppelten Abſicht feſthielt, ſowohl die Gegner zu trennen, wie auch die
engliſche Front bei Arras und nördlich durch gleichzeitiges Zufaſſen in
der Front ins Wanken zu bringen, wurde die noch in den Reſerven vor=
handene Stoßkraft zerſplittert, die einheitliche Zuſammenfaſſung möglichſt
ſtarker, noch zu großen Leiſtungen befähigter Kräfte auf ein Ziel un=
möglich. Nach dem vorher Geſagten durfte nur eine Einſchränkung zu=
gunſten der Fortführung der Michael=Operation durch v o r l ä u f i g e n
Verzicht auf den Mars=Angriff und die im Anſchluß hieran weiter nörd=
lich beabſichtigten Frontalangriffe in Frage kommen. Gewiß beſtand

---

*) General v. Kuhl führt in ſeiner „Franzöſiſch=engliſchen Kritik des Weltkrieges“
(E. S. Mittler & Sohn, Berlin 1921) noch eine Reihe gleichlautender Äußerungen von
feindlicher Seite auf.

dann die Gefahr, daß der Engländer, weil in der Front nicht bedroht,
alle seine noch verfügbaren Reserven auf das bisherige Schlachtfeld warf,
zu dem gleichen Zwecke auch noch Kräfte aus seiner Front herauslöste.
Aufgabe der 17. Armee und des an der Ancre fechtenden Teiles der
2. Armee mußte es demgegenüber sein, durch Fortsetzung ihrer Angriffe
diese Kräfte auf sich zu ziehen und vom flankierenden Eingreifen gegen
die deutsche Hauptoperationsrichtung auf Amiens fernzuhalten. Auf er=
heblichen Geländegewinn in Richtung Doullens kam es dabei vorerst
weniger an, wofern nur der entscheidende Stoß auf Amiens beiderseits
der Somme im Fluß erhalten wurde. Der Mars=Nordangriff hat den
Einsatz von 3 frischen deutschen Divisionen — dahinter in Reserve zurück=
gehalten 2 Divisionen — erfordert*). Denkt man sich die Verwendung dieser
Kräfte vom 27. März an zur Fortsetzung der Michael=Operation bei der
17. Armee und auf dem rechten Flügel der 2., so wäre schon jetzt gleich=
zeitig eine Verschiebung erheblicher Reserven, die von der Obersten Heeres=
leitung und den Armeen hinter dieser Front nachgeführt wurden — min=
destens 4 Angriffsdivisionen**) — nach Süden auf den Entscheidungsflügel
möglich geworden. 4 der genannten Divisionen sind dann einige Tage
später mit einer Anzahl bereits an den bisherigen Kämpfen beteiligter
Divisionen allmählich auf den Flügel südlich der Somme geleitet worden,
aber ebenso wie die von der Obersten Heeresleitung dorthin unmittelbar
zugeführten Divisionen***) zu spät eingetroffen, um die inzwischen ins
Stocken geratene Offensive im Fluß zu erhalten. Wir glauben daher,
daß die Dinge operativ einen günstigeren Verlauf genommen hätten, wenn
der Entschluß vom 26. März sich auf das Festhalten des Trennungs=
gedankens beschränkt und diesem unter Verzicht auf die Absicht, gleichzeitig
die ganze englische Front zum Einsturz zu bringen, verstärkten Ausdruck
gegeben hätte.

Das läßt sich h e u t e vom Standpunkt rückschauender Betrachtung
sagen, weil wir wissen, daß der Mars=Angriff mißglückt ist. Es wäre ver=
messen, darum den Entschluß zur Durchführung dieses Angriffs tadeln zu
wollen. Der Feldherr, der im Nebel der Ungewißheit zu handeln gezwungen
war, hatte gewichtige Gründe für das Festhalten am Mars=Gedanken. Ge=
wiß war der taktische Angriff schwierig. Gleichwohl lag bei den sorgfältigen
und umfassenden Vorbereitungen kein Anlaß vor, an seinem Gelingen zu
zweifeln. Kamen aber die entscheidenden Höhen nördlich Arras in unsere
Hand, dann mußte der Engländer seine letzten Reserven dorthin werfen,

---

*) 23. R. D., 41. J. D., 187. J. D., dahinter in Reserve 2. G. J. D., 204. J. D.
**) 26. J. D., 54. J. D., 2. b. J. D., 200. J. D.
***) 14. J. D., 80. R. D., später noch 76. R. D., Deutsche Jäger=Division.

dann boten sich der Fortführung der Michael=Offensive in Richtung
St. Pol—Doullens—Amiens die günstigsten Aussichten.

Das leitet über zur Prüfung des dritten Ludendorffschen Entschlusses
vom 31. März, der unter dem Eindruck des unvollkommenen taktischen
Ergebnisses der Kämpfe vom 28. bis 30. März von der Fortführung einer
weitausgreifenden Operation gegen die Franzosen über die untere Somme,
Avre und Oise Abstand nehmen ließ und sich nur noch die Inbesitznahme
des strategisch wichtigen Eisenbahn=Knotenpunktes Amiens zum Ziele setzte.
Mit frischem Zufassen auf dem Wege des bisherigen Angriffsverfahrens
war selbst dieses beschränkte Ziel, war ein taktischer Erfolg überhaupt nicht
mehr zu erhoffen. Diese aus den Kämpfen der letzten Tage gewonnene
Erkenntnis war denn auch maßgebend für die Absicht, den Angriff auf
Amiens erst nach Eintreffen herangeführter frischer Divisionen, nach gründ=
lichen Vorbereitungen, insbesondere nach Heranschaffung ausreichender
Munitionsmengen, auszuführen. Daß der damit verknüpfte Zeitverlust
auch dem Feinde zur Organisierung eines geschlossenen Widerstandes zu=
gute kam, durfte nicht verkannt werden und wurde auch nicht verkannt.
Man mußte also auf stärkste Gegenwirkung gefaßt sein. Gleichwohl ist der
Angriff am 4. April in der Hauptsache mit bereits mehr oder weniger an
Kampfhandlungen beteiligten Divisionen, zum Teil sogar mit Stellungs=
divisionen, unternommen worden. Wartete man noch einige Tage, so
war die Mitwirkung einer größeren Zahl noch nicht eingesetzter, freilich
auch schon stark ermüdeter Divisionen möglich*). Ob damit aber nach
diesem Zeitverlust das Ergebnis bis zur Inbesitznahme des erstrebten
Zieles Amiens gesteigert worden wäre, darf bezweifelt werden. Vor=
aussichtlich wäre ein überaus hartnäckiger, kraftverzehrender Kampf um
räumlich beschränkten Geländebesitz ohne die Aussicht operativer Aus=
beutung die Folge gewesen. Jede derartige Abnützung der Kampfkraft
in den Formen einer Materialschlacht widersprach den Interessen der
deutschen Kriegführung, dem leitenden Gedanken Ludendorffs. Und doch hat
sich diese Abnützung schon als Folge des Angriffs vom 4. April nicht ver=
meiden lassen. Durch ihn war eine so schwierige Kampflage in der vor=
springenden Ecke beiderseits der Avre entstanden, daß wohl oder übel die
noch zufließende Kraft an Reserven verausgabt werden mußte und ver=
braucht worden ist.

Indessen auch hier hat sich sachlich wägende Kritik vor einer Ver=
urteilung des gefaßten Entschlusses zu hüten. Für Ludendorffs Stellung=
nahme am 31. März war entscheidend, daß die unbefriedigenden Erfolge

---

*) Im ganzen waren 11 Angriffsdivisionen bisher noch nicht zum Einsatz ge=
kommen, eine 12. im Anrollen.

der letzten Tage nach der übereinstimmenden Berichterstattung der
Truppen und höheren Kommandobehörden hauptsächlich mit dem Fehlen
ausreichender Artilleriemunition begründet worden waren. So wollte er
es nun versuchen, nachdem hierin Wandel geschaffen war. Das Ziel
Amiens war sicherlich eines letzten hohen Krafteinsatzes wert. Die miß=
lichen Folgen des Angriffs vom 4. April ließen sich schwerlich in ihrer
Tragweite voraussehen.

Mit solcher Zurückhaltung im kritischen Urteil verträgt es sich ander=
seits wohl, ein Bild zu entwerfen, wie die Ereignisse voraussichtlich ver=
laufen wären, wenn der Entschluß vom 31. März in anderem Sinne aus=
fiel. Heute dürfen wir sagen: Der Augenblick war gekommen, wo der von
Moltke geprägte und wahrgemachte, von Schlieffen und Ludendorff voll ge=
würdigte Satz „Strategie ist das System der Aushilfen" das Recht auf
Geltendmachung heischte. Was hätte man tun können?

Erstlich die f r e i w i l l i g e Einstellung der Michael=Operation unter
Verzicht auf den letzten Versuch, Amiens zu erobern. Die taktische Lage
der inneren Flügel der 18. und 2. Armee an den Avre=Brückenköpfen
konnte freilich auch so schwierig werden, wenn der Feind, wie es geschehen
ist, zu fortgesetzten Gegenangriffen überging. Dann mußte man ent=
schlossen sein, eintretendenfalls die Hauptkräfte der 18. Armee hinter die
Avre zurückzunehmen, insbesondere die kranke Stelle bei Moreuil aufzu=
geben. Das Oberkommando der Heeresgruppe Deutscher Kronprinz hat
in den folgenden Tagen diese Maßnahme wiederholt in Vorschlag gebracht.
Sie ist von der Obersten Heeresleitung, gestützt auf die Auffassung des
Oberkommandos der 18. Armee, nicht ausgeführt worden, da man beim
Feinde den Eindruck vermeiden wollte, als sei die Offensive endgültig auf=
gegeben, und da man sich auch selbst die Möglichkeit der Wiederaufnahme
des Angriffs in dieser Richtung zu gelegener Zeit offen zu halten wünschte.
Aber gerade das letztere stand nicht im Einklang mit der Schlieffenschen
Lösung des Durchbruchsproblems, auch nicht mit den von Ludendorff bis=
her vertretenen Grundsätzen.

An die freiwillige Einstellung der Michael=Operation mußte sich der
Entschluß anreihen, nunmehr an a n d e r e r Stelle der Front sobald als
möglich eine neue entscheidungsuchende Offensive zu unternehmen. Die
Drängnis der Zeit ließ nur zwei Frontabschnitte in Betracht ziehen: Bei
der 7. Armee, wo es bisher zur Durchführung des vorbereiteten Erzengel=
Angriffs noch nicht gekommen war, oder an der Front bei Lille und Ypern,
wo an Stelle der früher geplanten Georg=Operation eine Unternehmung
kleineren Stils — Georgette — auf den 8. April festgesetzt worden war.
Der letzteren Stelle mußte in jeder Hinsicht der Vorzug gegeben werden.

Die Vorbereitungen waren hier auf einer erheblich breiteren Basis als an
der Erzengelfront getroffen und ließen sich auf Grund der früheren Ent=
würfe leicht und schnell zu einer Angriffsoperation großen Stils erweitern.
Vor allem winkte bei Lille und Ypern ein großer operativer Erfolg. Eine
Offensive auf der Front der 7. Armee, selbst wenn sie in großer Breite er=
folgte, führte im besten Falle zu einem tiefen Stoß in Richtung auf Paris
oder weiter östlich in die Champagne. Sie sah sich, je weiter sie fortschritt,
um so gefährlicher einer doppelten Umfassung ausgesetzt. Aussichten auf
einen durchschlagenden operativen Erfolg konnten ihr nicht zugebilligt
werden. Nahm man hingegen an der Front La Bassée — Armentières
und bei Ypern den Gedanken der ursprünglichen Georg=Operation in dem
Umfange wieder auf, wie ihn das Oberkommando der Heeresgruppe
Rupprecht früher vertreten und wie ihn Ludendorff gebilligt hatte*), so
konnte sich unter der Gunst der gebesserten Witterung die Möglichkeit
bieten, durch konzentrisches Vorgehen in der Richtung über Hazebrouck und
Poperinghe auf St. Omer und Caffel den seiner Reserven hier größten=
teils beraubten Engländer auf seinem Nordflügel vernichtend zu schlagen
und in den Besitz der Kanalhäfen an der französischen Nordküste zu ge=
langen. Die Linie Gravelines—St. Omer—Bethune gab dann eine
günstige, keinem Rückschlage ausgesetzte Basis für die Fortführung der
Operation. Ob diese ohne Atempause möglich sein würde, hing von den
Umständen, insbesondere vom Kräfteverbrauch beim ersten Akt der
Schlachthandlung ab. Wahrscheinlich war ein Stillstand unvermeidlich.
Er war aber auch unbedenklich. Mit Sicherheit durfte angenommen
werden, daß der Franzose auch hier wie bei der Michael=Operation durch den
Zusammenbruch des Verbündeten mit starken Kräften an die neu=
geschaffene Front gezwungen wurde. Einen Teil seiner Reserven mußte
er aber notgedrungen zum mindesten zur Deckung von Paris zurücklassen.
Fast ganz auf sich allein angewiesen, war er nirgends mehr wirklich stark.
Im flachen Bogen Gravelines—St. Omer—Lens—Albert—Montdidier
stand er von den Deutschen umspannt. Ludendorff durfte sich Zeit lassen,
aus dieser günstigen operativen Grundstellung nach Wiederauffrischung
der eignen Kräfte und sorgfältigen Vorbereitungen an selbstgewählter
Stelle einen neuen Hammerschlag zu führen. Schien es aber aus Sorge
vor einer Materialschlacht ratsamer, an dieser Front auf die Fortführung
der Offensivoperation zunächst zu verzichten, so konnte entweder durch
einen neuen Ablenkungsangriff am Damenwege oder in der Champagne
eine für die Deutschen vorteilhafte Kräfteverschiebung des Franzosen dort=

---

*) S. 88.

hin und damit seine Schwächung auf der Front zwischen der Nordküste
und Amiens erzwungen oder auch eine entscheidungsuchende Offensive in
das Innere Frankreichs gewagt werden. In jedem Falle war Ludendorff
Herr der Lage. Er diktierte das Gesetz.

Ist die hier gegebene Gedankenentwicklung auf realen Größen auf=
gebaut? War die vorgeschlagene Georg=Operation in diesem Umfange
unter den am 31. März vorliegenden Verhältnissen ausführbar? Es
spricht vieles für die Bejahung der Frage. In Wirklichkeit sind dem
Michael=Angriff Anfang April zwei Angriffe an anderen Stellen gefolgt.
Zunächst vom 6. bis 8. April bei der 7. Armee der Erzengelangriff, der
den Feind hinter die Ailette zurückwarf und damit die rückwärtigen Ver=
bindungen des linken Flügels der 18. Armee besserte. Zu ihm sind 6 Divi=
sionen, darunter 3 bisher noch nicht eingesetzte Angriffsdivisionen ver=
wendet worden*). Ferner vom 9. April an auf den inneren Flügeln der
6. und 4. Armee an der Front westlich und nördlich Lille die Georgette=
Operation mit anschließendem Angriff nördlich von Armentières. Hierzu
sind zunächst 21 Divisionen**) eingesetzt, im weiteren Laufe bis zum
Kemmel=Angriff einschließlich noch 18 Divisionen, davon 14***) von anderen
Fronten, herangeführt worden. Ein großer Teil von ihnen gehörte nicht
zu den für den Angriff ausgebildeten und ausgestatteten Divisionen.
Andere, wie die aus der Michaelfront entnommenen, waren abgekämpft.
Hätte man den Michael=Angriff am 31. März eingestellt und vom Erzengel=
Angriff trotz der für ihn sprechenden Gründe vorläufig Abstand ge=
nommen, so wären sofort 14 Angriffsdivisionen — 11 aus der Michael=
front, 3 von der 7. Armee — freigeworden†). Mit diesem Kraftzuwachs
konnte von Anfang an ein wesentlich verstärkter Druck besonders bei der
4. Armee nördlich Armentières und nordöstlich Ypern ausgeübt werden.
Die Bereitstellung der erforderlichen Artillerie, Minenwerfer, Fliegerforma=
tionen, Kolonnen usw. ließ sich durch Umgruppierung aus der stillgelegten
Michaelfront und aus der Erzengelfront erzielen. Eine etwa nötig
werdende Verschiebung des Zeitpunktes der Offensive um wenige Tage
mußte in Kauf genommen werden. Der wesentlich vermehrte Krafteinsatz
hätte den in Wirklichkeit unvollkommenen Anfangserfolg der Angriffe bei

---

*) 227. J. D., 30. J. D., 14. R. D.
**) Darunter, aus der Michaelfront herangeführt, nur eine Division (6. b. R. D.).
***) 233. J. D., 235. J. D., 4. b. J. D., 13. R. D., 19. R. D., 240. J. D. sowie aus der
Michaelfront: 3. G.J.D., 4. J. D., 12. J. D., 25. J. D., 39. J. D., 119. J. D., 239. J. D.,
1. G. R. D.
†) Siehe Skizze 8. Nur die 6. b. R. D. ist von Anbeginn an zum Georgette=
Angriff herangezogen worden.

der 6. und 4. Armee von vornherein zu der für das volle Gelingen der Operation gebotenen Höhe steigern können, wenn es dabei glückte, die alles beherrschenden Höhen nördlich Bailleul und südöstlich Godewaersfelde in einem Zuge in Besitz zu nehmen. Dann versprach ein nachfolgender Angriff aus dem Houthoulsterwalde gegen die Nordflanke des Ypern= bogens durchschlagende Wirkung. Die Zahl der später zugeführten Divi= sionen ließ sich zur weiteren Ausbeutung dieser Erfolge erhöhen, wenn man auf den am 24. April bei der 2. Armee unternommenen Teilangriff bei Villers Bretonneux verzichtet hätte. Vielleicht wird man das hier ge= zeichnete Bild als zu günstig für die Deutschen ablehnen. Soviel bleibt aber doch wohl sicher, daß die tatsächlich ausgeführte Georgette=Operation durch vermehrten Kräfteeinsatz zu einem größeren, die allgemeine Kriegs= lage nachhaltig beeinflussenden Erfolge der deutschen Waffen ausgestaltet werden konnte.

Was hier als mögliche Lösung vorgeschlagen ist, gründet sich auf Ludendorffs eigene Gedankengänge, auf das, was auch ihm im Drang der Ereignisse vorgeschwebt hat. In den Besprechungen mit den General= stabschefs der Heeresgruppen und Armeen während der Vorbereitungen zum Michael=Angriff hatte er mehrfach dem Gedanken Ausdruck gegeben, „es könne der Fall eintreten, daß die Offensive an einer Stelle sich in einer Materialschlacht festlaufe. Dann beabsichtigte er, den weiteren Angriff an jener Stelle aufzugeben und an anderer Stelle neu anzusetzen." Im Sinne Schlieffenscher Gedankenfolge war dann der erste, rechtzeitig ge= hemmte Offensivschlag als wirkungsvolle Ablenkung anzusehen, sofern es nur gelungen war, durch ihn möglichst starke Teile der feindlichen Reserven anzuziehen und festzulegen*). Aus dieser Erwägung war auch im Februar die Entscheidung über die Vorbereitung des Georg=Angriffs dahin aus= gefallen, daß er im Falle des Festfahrens der Michael=Operation als zweiter selbständiger Kampfakt mit entscheidungsuchender Tendenz geführt werden sollte**). Ist Ludendorff von diesem Gedanken im praktischen Han= deln später abgewichen? Gewiß entsprach es durchaus der Lage, daß der Georgette=Angriff, als seine Durchführung nach Scheitern des Mars= angriffes beschlossen wurde, zunächst nur zur mittelbaren Unterstützung der noch im Fluß gehaltenen Michael=Operation und Ablenkung dienen sollte. Ludendorff ist dann aber weiter voll bestrebt gewesen, ihm die Rolle eines neuen entscheidungsuchenden Aktes zurückzugeben, indem er wesentlich stärkere Kräfte flüssig machte. Noch war der Zeitpunkt, dem arg geschwächten Engländer an anderer Stelle den Todesstoß zu geben, nicht

*) S. 99.
**) S. 88.

verpaßt. Noch drohte vom Amerikaner keine unmittelbare, nahe Gefahr. Noch ruhte die Hilfeleistung ausschließlich auf den Schultern des durch die Michael-Offensive bereits stark in Mitleidenschaft gezogenen Franzosen. Noch durfte man sich von der Wiederholung eines auf Überraschung ge= gründeten Angriffsverfahrens Erfolg versprechen. Das alles überschaute Ludendorff, als er am 9. April an der neuen Front zum Angriff schritt. Indessen — die Kräfte zur Verwirklichung des Schlieffengedankens in seiner vollen Größe und Tragweite waren nicht vorhanden. Not= gedrungen mußte sich der Georgette=Angriff nunmehr mit der Rolle einer räumlich und materiell beschränkte Ablenkung begnügen. Damit wuchsen die Schwierigkeiten, durch einen aus Schlieffenscher Gedankenwelt ge= borenen Entschluß die Kriegsentscheidung vor Wirksamwerden der Ameri= kaner zu erstreben.

Es ist in den folgenden Monaten trotz mehrfacher Ansätze, mit neu= geschmiedeter Waffe an anderer Stelle zu einem feldzugentscheidenden Schlage auszuholen, nicht mehr geglückt, die im Zeitenschoß ruhende Ge= fahr zu beschwören. Nach dem operativ nicht ausreichenden Ergebnis des Georgette=Angriffs hat sich das Kräfteverhältnis beider Parteien mit dem ständigen Anwachsen der amerikanischen Hilfe für die Verbandsmächte mehr und mehr zuungunsten der Deutschen verschoben. Damit soll nicht ge= sagt sein, daß bis zum letzten großen Durchbruchsversuch im Juli 1918 jede Aussicht auf den Endsieg der deutschen Waffen geschwunden war. Wir wissen vielmehr heute aus einwandfreien Zeugnissen des Feindes selbst, wie nahe dem heißerstrebten Ziel wir auch später noch gekommen sind. Aber die Schwierigkeiten hatten sich im Vergleich zur Lage Ende März trotz oder auch wegen des räumlich großen Erfolges der Maioffensive un= endlich gesteigert. Die stark geweitete Ausdehnung der deutschen Fronten beanspruchte unverhältnismäßig hohen Kräfteeinsatz und bot durch ihre überall vorspringenden Bogen gefahrvolle Angriffsflächen. Was uns schließlich den militärischen Endsieg trotz Ludendorffs gigantischen Leistungen versagt hat, war bei der stockenden Ersatzgestellung aus der Heimat der Mangel an ausreichend starken, frei verfügbaren Führungs= reserven.

Achtes Kapitel.
Zusammenfassung.

Als Graf Schlieffen im Januar 1906 aus seiner Stellung schied, sprach zu ihm sein Nachfolger, General v. Moltke*): „Wenn wir auf den Generalstabsreisen in den engen, kleinen Gasthöfen Lothringens und des Elsaß um Euer Exzellenz versammelt waren an den kartenbedeckten Tischen, dann ließen Sie einem gewaltigen Panorama gleich den Auf= marsch eines Volkes in Waffen vor unseren Augen sich entrollen. Dann sahen wir, wie sich in gedrängter Fülle Korps an Korps reihte, wie der gewaltige Heeresorganismus in Tätigkeit gebracht wurde, wie die Massen die feindlichen Grenzen überfluteten, einem gewaltigen Strome gleich, rest= los einem Ziele zustrebend, von einem Willen gelenkt. Das war das Pro= blem, welches Euer Exzellenz sich gestellt, dem Sie immer wieder neue Ge= sichtspunkte abgewannen, vor dessen Lösung Sie immer aufs neue die Führer stellten: den einen einheitlichen Willen zur Tat werden zu lassen durch das Werkzeug von Millionen von Menschen. Das, Euer Exzellenz, haben wir von Ihnen gelernt. Wir haben gelernt, was Euer Exzellenz anstrebten: Nicht Teilerfolge zu erzielen, sondern große, vernichtende Schläge. Euer Exzellenz wollten keinen Krieg, der sich endlos hinziehen mußte, bis die eine Volkskraft an der anderen erlahmte. Sie wollten große, entscheidende Schläge, und Ihr Ziel war die Vernichtung des Gegners. Auf dieses höchste Ziel sollten alle Kräfte gerichtet sein, und der Wille, der sie lenkte, war der Wille zum Siege. Dieser unbeugsame, leidenschaftliche Wille zum Siege ist das Vermächtnis, das Euer Exzellenz dem Generalstab hinterlassen. Es wird an uns sein, es heilig zu halten."

Und nun wird heute gesagt: Die Friedensschulung des Generalstabs, das Werk des Grafen Schlieffen, sei auf ein falsches Ziel eingestellt, die Vernichtung der Gegner für Deutschland im Weltkriege nicht erreichbar gewesen. Das einseitige Festhalten am Schlieffenschen Gedanken habe zur Überspannung unserer Kraft geführt und damit unsere schließliche Nieder= lage verschuldet. Man hätte das Ziel beschränken sollen, dem Gegner zwar starke Schläge versetzen, ihm Wunden schlagen, seine Offensivkraft lähmen, aber mit der eigenen Volks= und Wirtschaftskraft sparsam umgehen, sich in dem voraussichtlich lange währenden Ermattungskriege vor Über= spannung und vorzeitiger Verausgabung dieser Kraft hüten müssen. Deutschland durfte nur danach streben, sich zu behaupten, länger durchzu= halten als seine Gegner.

---

*) Graf Schlieffen a. a. O. Bd. II S. 459.

Der Schlußsatz ist unanfechtbar. Er steht darum aber auch durchaus in keinem Widerspruch zum Schlieffenschen Gedanken. Es kann sich also nur darum handeln, ob der Weg, auf dem das Ziel der Selbstbehauptung erreicht werden sollte, ein falscher war; ob das Streben, den Gegner zu vernichten, ersetzt werden mußte durch das Streben, ihn zu ermatten und friedenswillig zu machen.

Der tatsächliche Verlauf des Weltkrieges hat das Problem mehr aus= gesprochen als gelöst. In seinem ersten Stadium war der Vernichtungs= gedanke die Triebfeder der deutschen Kriegführung. Nach seinem Scheitern gelangte der Gedanke zur Herrschaft, durch Verfolgung be= schränkter Ziele und Haushalten mit der eigenen Kraft den Kriegswillen des Gegners zu lähmen und schließlich zu brechen. Das brachte uns dem Ziel der Selbstbehauptung nicht näher. Neue Männer nahmen den Schlieffenschen Vernichtungsgedanken wieder auf. Der Endsieg blieb auch ihnen versagt.

Wenn unsere Studie einen Beitrag zur Lösung des Problems bringen wollte, so konnte es nur auf mittelbarem Wege geschehen. Es war scharf zu unterscheiden zwischen dem Vernichtungsgedanken an sich und der operativen Form, in der man versucht hat, ihn zu verwirklichen. Es mußte geprüft und festgestellt werden, ob der Grund für den Mißerfolg im Vernichtungsgedanken an sich zu suchen ist oder in der Art, wie er zum Ausdruck gebracht wurde.

Das Ergebnis darf dahin zusammengefaßt werden: Der Mißerfolg der deutschen Heerführung im ersten Stadium des Weltkrieges — bezeichnet durch die Marneschlacht — ruht nicht im Schlieffenschen Vernichtungs= gedanken an sich. Dieser fand vielmehr in der gewählten operativen Form nicht den unerbittlich strengen, folgerichtigen Ausdruck, den ihm der Schöpfer 1905 zu geben gewillt war und der ihm auch auf Grund der tat= sächlichen Lage 1914 noch hätte gegeben werden können und müssen*). Unter der unzulänglichen, im Laufe der Operationen noch abgeschwächten Form verlor der Gedanke mehr und mehr an innerer Kraft. Verkümmert und verblaßt rang er an der Marne in einer ausgesprochenen Nicht=

---

*) Ich möchte nicht unterlassen, an dieser Stelle eine Einschränkung des im Ersten Teil S. 52 über die Bedeutung der Lothringer Schlacht Gesagten zu machen. Nicht die Lothringer Schlacht an sich — mag man über ihre Zweckmäßigkeit und den Zeit= punkt des Angriffs denken, wie man will — schloß die Möglichkeit aus, die Operationen in Schlieffenschem Sinne zu führen, sondern erst die ihr durch die Oberste Heeresleitung in der Verfolgung gegebene Auswirkung. Die Bemerkung Eugen Zimmermanns (Süddeutsche Monatshefte März 1921, Um Schlieffens Plan), gerade ich hätte die schon im Frieden vorgenommene Änderung des Aufmarsches „am leidenschaftlichsten verurteilt", weise ich unter Bezug auf S. 15 und 16 des Ersten Teils als unzutreffend zurück.

Schlieffenschen Form nur noch um den „ordinären Sieg". Auch dieser
blieb ihm bei der Selbstausschaltung der Obersten Heeresleitung und bei
zum Teil nicht einwandfreier Teilführung versagt. Moltkes Nachfolger,
General v. Falkenhayn, hielt dann bis Ypern unter wenig aussichtsvollen
Verhältnissen noch an dem Gedanken fest, die Westgegner vernichtend zu
schlagen. Die gewählte operative Form entsprach auch hier nicht
Schlieffenscher Gedankenrichtung. Es folgte der bewußte Verzicht auf den
Vernichtungsgedanken, die Abkehr zur Kriegführung mit beschränkten
Zielen. Die nach Kraft, Zeit und Raum im Sommer 1915 gegebene Mög=
lichkeit, das nur auf die Lähmung der feindlichen Offensivkraft gerichtete
Ziel nach Hindenburgs und Ludendorffs Plan zum Vernichtungsschlage
gegen Rußland zu steigern, ging ungenützt vorüber. Das Zwischenspiel
auf dem Balkan im Herbstfeldzug 1915 war unerläßlich, mochte man das
allgemeine Kriegsziel auf den Vernichtungsgedanken oder auf den Er=
mattungsgedanken einstellen. Auch jetzt noch war es möglich und aus=
sichtsvoll, durch eine Offensivoperation in die Ukraine im Frühjahr 1916
Rußland militärisch und wirtschaftlich niederzuwerfen. Der statt dessen ge=
wählte Versuch, bei Verdun mit eigenem, bescheidenem Aufwand Frank=
reich zum Ausbluten zu bringen, zeitigte in der praktischen Durchführung
einen mit dem verfolgten Ziele nicht vereinbaren hohen Kräfteverbrauch
und blieb doch ohne Wirkung auf die Kriegsentscheidung. Die Lage der
Mittelmächte im Sommer 1916 war bitterernst geworden. Hindenburg
und Ludendorff stellten die Frage auf Sieg oder Untergang. Volks= und
Wirtschaftskraft wurden aufs äußerste angespannt, restlos in den Dienst
des Vernichtungsgedankens gestellt. Rumäniens Niederwerfung war der
erste Schritt auf langem Wege. Unter der Wucht der Verhältnisse und
fortgesetzt wachsenden Schwierigkeiten konnte der Gedanke erst allmählich
seiner Verwirklichung nahe gebracht werden. Zuerst wurde Rußland ab=
getan, dann Italien als Gefahrsfaktor ausgeschaltet. Der Angriffsent=
schluß im Westen im Frühjahr 1918 trug ganz das Gepräge Schlieffen=
schen Geistes. Die theoretische Idealform des Meisters für den operativen
Durchbruch kam aus Mangel an verfügbarer Kraft nicht in Betracht.
Auch ihrer sinngemäßen Anwendung in abgeschwächter Form stellten sich
aus dem gleichen Grunde große Schwierigkeiten entgegen. Sie waren nur
zu überwinden durch das System der Aushilfen. In ihm wurde der Ver=
nichtungsgedanke an sich lebendig erhalten. Auch die gewählte operative
Form ließ ihm zielbewußt Ausdruck, sie führte indessen in der ersten
Offensive zu einem so hohen Kräfteverbrauch, daß der Vernichtungs=
gedanke in der nachfolgenden Operation an der Lys nicht mehr zu der für
die Erringung des Vollsieges erforderlichen vollkommenen Auswirkung
gelangt ist.

Nicht Schlieffens großer Gedanke hat im Weltkriege versagt. Er ist zu Beginn nur unzulänglich in die Tat umgesetzt worden, war dann lange Zeit gänzlich aufgegeben und wurde nach seiner späten Wiedergeburt unter unendlich gesteigerten Schwierigkeiten seiner Vollendung nahe ge= bracht. Ihn voll zu verwirklichen, ist der operativen Form aus Kräftemangel auch dann nicht mehr gelungen*).

---

*) Vorstehendes war niedergeschrieben, bevor Hans Delbrück im Märzheft der Preußischen Jahrbücher 1921 zum Schlieffenschen Operationsplan Stellung genommen hat. Ein ganz kurzes Eingehen auf das dort Gesagte erscheint notwendig. Hans Delbrück behauptet, daß der Kriegsplan falsch gewesen sei, weil wir „nach Schlieffens eigener Feststellung auch nach erfochtenem Siege nicht schnell genug mit genügender Kraft gegen die Russen umkehren konnten". Eine derartige Feststellung hat Graf Schlieffen niemals gemacht. Seine von uns im Ersten Teil S. 6 ff. angeführten Worte, auf die sich Hans Delbrück offenbar zu stützen sucht, bekämpfen vielmehr nur die irrige Anschauung, als ob ein erster Sieg im Westen das sofortige Hinüberwerfen der Masse des Westheeres nach dem Osten erlauben würde. Sie dienen lediglich der Beweisführung, daß es notwendig war, während des voraussichtlich mehrmonatigen Ringens um die Ent= scheidung auf der Westfront den Osten nicht schutzlos dem Einfall der Russen preiszugeben, sondern von Anfang an Teilkräfte, wenn auch in möglichst geringer Stärke, dort zu belassen. Die Ereignisse in Ostpreußen 1914 haben bewiesen, daß Graf Schlieffen die Russengefahr richtig eingeschätzt hat. Gewiß durfte auf einen derartig günstigen Verlauf der Dinge nicht mit Sicherheit gerechnet werden. Das aber hat auch Graf Schlieffen nicht getan. Er war sich vielmehr völlig darüber klar, daß die schwachen deutschen Ostkräfte unter Umständen zum Rückzug hinter die Weichsel gezwungen werden könnten. Nach seiner Ansicht war es besser, „eine Provinz zu sakrifizieren, als eine Armee, mit der man siegen will und muß, zu teilen". Wir schrieben schon im Ersten Teil: „Was im Osten vorübergehend verloren wurde, ließ sich später wiedergewinnen und wiedergut= machen. Und gingen Milliardenwerte dabei in Trümmer, was wogen sie im Vergleich zu dem endlichen Siegespreise?" Das gilt auch für die Lage unseres österreichisch= ungarischen Bundesgenossen. „Das Schicksal Österreichs wird sich nicht am Bug, sondern an der Seine entscheiden," schrieb Graf Schlieffen im Dezember 1912. Tatsächlich ist über unseren Bundesgenossen die schwere, seine Selbstbehauptung in Frage stellende Krisis doch erst Anfang November 1914 hereingebrochen, zu einem Zeitpunkt, wo ein Schlieffen sein Schicksal an der Seine längst entschieden haben würde. Der tatsächliche Hergang der Dinge im Osten 1914 bietet also keine Stützung für die Delbrücksche Behauptung: „Was Schlieffen hinterlassen hat, war, auf 1914 angewandt, eine Idee, die wohl anregen, aber kein Plan, der besser oder schlechter ausgeführt werden konnte."

Hans Delbrück meint weiter: „Wenn unser Kriegsplan richtig war, mußten wir siegen können, selbst dann, wenn Fehler und sogar erhebliche Fehler vorkamen. Natürlich hat das seine Grenzen. Die Fehler dürfen nicht gar zu viel schlimmer sein, als sie der Gegner auch macht." Gewiß, der große Moltke hat glänzend gezeigt, wie man trotz Fehler, sogar erheblicher Fehler seiner Unterführer siegen kann, und niemand hat das begeisterter gepriesen als Graf Schlieffen. Die Fehler, die 1914 auf deutscher Seite gemacht worden sind, kommen aber nur zum geringen Teil auf das Konto der Unter= führer. Für den operativen Mißerfolg, dafür, daß Schlieffens genialer Plan bis zur Undurchführbarkeit abgeschwächt wurde, ist in allererster Linie die deutsche Oberste

War vom Ermattungsgedanken für Deutschland inmitten einer Welt
von Feinden der Sieg zu erhoffen? Die Ergebnisse der Kriegführung mit
beschränkten Zielen bis zum Sommer 1916 berechtigen schwerlich zu
dieser Annahme. Vielleicht war es aber auch hier nur die operative Aus=
drucksform, die dem Gedanken den verdienten Erfolg versagte? Das bei
Verdun praktisch betätigte Verfahren steht sicher nicht im Einklang mit der
Theorie des Ermattungsgedankens. Indessen auch da, wo die operative
Form seinen Zwecken voll Genüge leistete, wie bei der Ostoffensive 1915,
vermißt man eine entscheidende Wirkung auf den Kriegsverlauf zu=
gunsten der Mittelmächte. Schwerste Krisen blieben als mittelbare
Folgen jedenfalls nicht erspart. Sie wären mit Sicherheit auch weiterhin
eingetreten, und hätten schließlich die Katastrophe unausbleiblich gemacht,
wenn die Kriegführung mit beschränkten Zielen nach dem Wechsel in der
Obersten Heeresleitung Ende August 1916 beibehalten worden wäre.

Man weist auf das Beispiel Friedrichs des Großen hin. Läßt sich
aber überhaupt ein Vergleich ziehen zwischen seiner militär=politisch=wirt=
schaftlichen Lage und derjenigen der Mittelmächte im Weltkriege? Es tut
der Größe seines Heldenkampfes sicherlich nicht im mindesten Abbruch,
wenn man feststellt, daß ihm die Selbstbehauptung gegenüber einer Welt
von Feinden schließlich doch nur darum geglückt ist, weil es diesen Feinden
— unter denen England fehlte! — an dem aufs höchste gesteigerten Ver=
nichtungswillen und Kriegsvermögen gebrach, mit dem unsere Gegner im
Weltkriege gekämpft haben. Sonst war auch er dem Untergange geweiht.
Er wäre freilich mit seinem Volk i n E h r e n gefallen. Die Welt=

Heeresleitung selbst verantwortlich. Wie will man von einem Operationsplan verlangen,
daß er zum Siege führt, wenn man ihm in der Durchführung derart untreu wird, wie
es geschehen ist?

Nach Hans Delbrücks Ansicht hätte der deutsche Sieg im Westen die sofortige
Einführung der allgemeinen Wehrpflicht in England, den sofortigen Eintritt Amerikas
in den Krieg zur Folge gehabt. Die Möglichkeit sei zugegeben, wiewohl erhebliche
Zweifel berechtigt sind. Ein Schlieffensches Cannae auf französischem Boden war auch
dagegen das wirksamste Mittel. Denn unbestreitbar wäre lange Zeit vergangen, bis
diese neuen Gefahrsmomente zur Auswirkung kommen konnten. Lag Frankreich und
mit ihm das englische Expeditionskorps einmal am Boden, so durfte eine Landung
„gigantischer Heere der Überseer", d. h. neu aufgestellter, völlig kriegsungewohnter
englischer oder amerikanischer Truppen auf dem europäischen Festlande jedenfalls als
ausgeschlossen gelten. Ausreichende Zeit, um inzwischen Rußland militärisch und wirt=
schaftlich zu Boden zu werfen, stand zu Gebote. Die englisch=amerikanische Kraft hätte
sich dann ausschließlich oder doch vorwiegend im Wirtschaftskriege geäußert. Hatten
die Mittelmächte aber den Ring auf dem Festlande gesprengt, war ihre Absperrung
undurchführbar geworden, so bot der Plan ihrer Aushungerung wenig verheißungs=
volle Aussichten.

geschichte lehrt, daß ein rücksichtslos und unbeugsam betätigter Ver=
nichtungswille des Gegners durch Lähmung seiner Offensivkraft sich wohl
vorübergehend schwächen, niemals aber brechen läßt. Das ist stets nur
durch seine Niederwerfung möglich gewesen. Wo Kriegführung mit be=
schränkten Zielen den Endsieg erstritt, geschah es noch nie gegen einen zum
Vernichtungskampf entschlossenen und befähigten Gegner. „Deutschland
war eine belagerte Festung, unsere Kämpfe wurden zu Ausfällen der
Festungsbesatzung, um das Fortschreiten der Belagerung hinzuhalten*)."
Fehlte diesen Ausfällen der Wille und die Kraft, den Ring zu sprengen,
so war es nur eine Frage der Zeit, wann die Festung durch Hunger oder
Sturm fiel.

---

*) v. Kuhl, Der Marnefeldzug 1914 (Berlin 1921, E. S. Mittler & Sohn), S. 22.